Neufang · Rühl
Elektronik-Wörterbuch
Englisch-Deutsch

Otger Neufang
Horst Rühl

Elektronik-Wörterbuch

Englisch-Deutsch

26.000 englische Begriffe

Verlag Zimmermann-Neufang · Antoniusstraße 9 · D-5441 Ulmen

Prof.Dr.Otger Neufang, 5441 Ulmen
Prof.Dr.Horst Rühl, 5245 Mudersbach

CIP-Kurztitelaufnahme der Deutschen Bibliothek

Neufang, Otger:

Elektronik-Wörterbuch: engl.-dt.; 26.000 engl.
Begriffe / Otger Neufang; Horst Rühl. - Ulmen:
Zimmermann-Neufang, 1985.
   ISBN 3-922410-08-1
NE: Rühl, Horst:; HST

Das Werk ist urheberrechtlich geschützt. Die dadurch begründeten Rechte, insbesondere die des Nachdrucks, der Wiedergabe auf photomechanischem oder ähnlichem Wege und der Speicherung in Datenverarbeitungsanlagen bleiben, auch bei nur auszugsweiser Verwertung, vorbehalten.

Bei Vervielfältigungen für gewerbliche Zwecke ist gemäß § 54 UrhG eine Vergütung an den Verlag zu zahlen, deren Höhe mit dem Verlag zu vereinbaren ist.

© 1986 Verlag Zimmermann-Neufang, Ulmen
Printed in Germany

Vorwort

Der Konzeption dieses **Elektronik-Wörterbuches (Englisch-Deutsch)** liegen folgende Ziele zugrunde:

- Eine Sammlung von Begriffen zu erstellen, mit deren Hilfe englischsprachige Fachbücher und Fachzeitschriften aus den Bereichen Datenverarbeitung und Mikrocomputertechnik, Grundlagen der Elektrotechnik, Halbleitertechnik, Integrierte Schaltungstechnik, Nachrichtentechnik (im weitesten Sinn) und Unterhaltungselektronik gelesen werden können.

- Wichtige, in der Elektronik immer wiederkehrende Begriffe aus den Gebieten Chemie, Mathematik und Physik aufzunehmen.

- Weniger bekannte Begriffe in kurzer Form zu definieren.

- Allgemein verwendete Fremdwörter in ihrer Bedeutung darzulegen.

- Häufig vorkommende, in der Literatur als bekannt vorausgesetzte Abkürzungen aufzuführen.

- Im Anhang einige Themen zu behandeln, die anderweitig oft erst nach langem Suchen gefunden werden (SI-Einheiten, griechisches Alphabet, Naturkonstanten, Symbole der Kenngrößen von elementaren Halbleiterbauelementen).

Die Autoren und der Verlag sind den Lesern für Anregungen und Kritik sehr dankbar.

Juli 1985   O.Neufang / H.Rühl

Hinweise für den Benutzer

1. **Alphabetische Anordnung**
   a) Zusammengesetzte Wörter sind unter dem Oberbegriff eingeordnet. Beispiel:
   balance
   balance error
   balance return loss
   balanced

   b) Durch Bindestrich verknüpfte Begriffe haben alphabetischen Vorrang. Beispiel: *go-on* steht im Alphabet vor *goal*.

   c) Bei gleichlautenden Verben und Substantiven hat das Verb immer den Vorrang. Beispiel:
   access, to   zugreifen auf
   access   Zugang, Zugriff

   d) Das Schreiben zusammengesetzter Begriffe wird im Englischen sehr unterschiedlich gehandhabt: Zum Teil werden die Begriffe zusammengeschrieben, zum Teil durch Bindestrich getrennt. (Beispiel: *by-pass, bypass*). Da wir uns an die amerikanische Schreibweise angelehnt haben, wurde überwiegend die zusammengesetzte Schreibweise gewählt (also: *bypass*). Dieser Begriff wurde dann nach den mit Bindestrich zusammengesetzten Begriffen ins Alphabet eingeordnet. Beispiel:
   by-name
   by-product
   bypass

   e) Die deutschen Äquivalente eines englischen Begriffs wurden alphabetisch aufgeführt, da sie fachspezifisch unterschiedlich bewertet werden.

2. **Englischsprachige Abkürzungen**
   Die Bedeutung englischsprachiger Abkürzungen wurde jeweils in Klammern und magerer Schrift hinter das Akronym gesetzt.

3. **Schreibweise deutscher Begriffe mit "f" und "ph"**
   Zu einiger Verwirrung kommt es beispielsweise bei der Schreibweise von Photodiode bzw. Fotodiode. Bei wissenschaftlichen Begriffen haben wir die "ph"-Schreibweise belassen und bei kommerziellen Anwendungen die "f"-Schreibweise gewählt. Beispiel: *Photodiode*, aber *Telegrafie*.

4. **Sonstiges**
   a) Bei mehreren englischsprachigen Bedeutungen für einen deutschen Begriff wurden die englischen Wörter - durch einen Querstrich getrennt - hintereinander aufgeführt. Beispiel: *aiming circle/field/symbol* wird gelesen: *aiming circle* oder *aiming field* oder *aiming symbol*.

b) Englische Begriffe, die in fetter Schrift in Klammern stehen, **können** mitgelesen werden, müssen aber nicht bei dem jeweiligen Begriff stehen. Beispiel: *air (spaced) capacitor* kann gelesen werden: *air spaced capacitor* oder *air capacitor*.

c) Schließt sich einem deutschen Begriff unmittelbar ein in Klammern stehender Begriff an, so haben sowohl der erste, nicht in Klammern stehende Begriff als auch der Gesamtbegriff eine Bedeutung. Beispiel: *Basis(anschluß)* kann gelesen werden: *Basis* **und** *Basisanschluß*.

d) Steht vor einem deutschen Begriff ein anderes Wort in Klammern, so haben sowohl der hinter den Klammern stehende Begriff als auch der zusammengesetzte Begriff eine Bedeutung. Beispiel: *(Trichter)Lautsprecher* kann gelesen werden: *Trichterlautsprecher* **und** *Lautsprecher*.

e) Fremdwörter oder im Deutschen verwendete englische Begriffe werden häufig erklärt. Bei Wörtern aus Spezialgebieten wird meist eine kurze Definition gegeben. Betrifft das Wort ein Randgebiet der Elektronik, wird das Gebiet aufgeführt.

f) Bei englischen Begriffen, die von einem Oberbegriff abhängen (z.B. *balance error*), werden bis auf einige Ausnahmen nur diejenigen Begriffe aufgenommen, deren Bedeutung nicht unmittelbar aus den Einzelbegriffen abgeleitet werden kann. Ist ein zusammengesetzter englischer Begriff, den der Leser sucht, nicht im Wörterbuch aufgeführt, sollte er das zweite Wort des zusammengesetzten Begriffs im Alphabet nachschlagen. Die Bedeutung des Begriffs ergibt sich dann unmittelbar. Diese Redundanzvermeidung wurde gewählt, um das Wörterbuch nicht zu umfangreich werden zu lassen.

g) Handelsnamen oder geschützte Warenzeichen werden nicht gesondert aufgeführt.

5. Wortneuschöpfungen

Viele neue englische Wortschöpfungen stammen - insbesondere im Mikrocomputerbereich - aus der englischen Allgemeinsprache. Zum Verständnis des englischen Begriffs ist es daher empfehlenswert, auf allgemeinsprachige englisch-deutsche Wörterbücher zurückzugreifen.

Bedeutung der Abkürzungen

Ak	Akustik	Inf	Informatik
amerik	amerikanisch	Krist	Kristall
angels	angelsächsisch	Log	Logik
angloam	angloamerikanisch	magn	magnetisch
Ant	Antennen	Math	Mathematik
Astr	Astronomie	mathem	mathematisch
astron	astronomisch	Mech	Mechanik
B	Beispiel	Med	Medizin
Chem	Chemie	menschl	menschlich
Dv	Datenverarbeitung	Met	Meteorologie
Einh	Einheiten	Nt	Nachrichtentechnik
elektr	elektrisch	Opt	Optik
Erkl	Erklärung	opt.Nt	optische Nachrichtentechnik
Et	Elektrotechnik	Phys	Physik
FM	Frequenzmodulation	Rad	Radar
Fs	Fernsehen	Trans	Transistor
Gegens	Gegensatz	Tv	Fernsehen
geom	geometrisch	veralt	veraltet
gr	groß	Verm	Vermittlungstechnik
griech	griechisch	wörtl	wörtlich
Hl	Halbleiter	Zusammens	Zusammensetzung

A

A (ampere, Angström, anode, argon) Abk. f. Ampere, Angström, Anode, Argon
a (atto) Atto... (10^{-18})
ab Vorsatz bei in elektromagnetischen Einheiten ausgedrückten Größen (B: abampere)
abac Nomogramm
abacus Abakus, Rechenbrett
abampere angloam. Stromeinheit (1 abampere = 10 A)
abandon, to aufgeben, fallenlassen
abate, to vermindern, verringern
abatment Abnahme, Verminderung
abbreviate, to abkürzen, kürzen
abbreviated address calling Kurzwahl
abbreviated dialling Kurzwahl
ABC (automatic bass control) automatische Lautstärkeregelung
ABC (automatic brightness control) automatische Helligkeitssteuerung
abcd-parameter Kettenparameter
abcoulomb angloam. Einheit der Elektrizitätsmenge (1 abcoulomb = 10 C)
abend (abnormed end of task) anomales Programmende
aberration Aberration, Ablenkung
abhenry angloam. Einh. der Induktivität (1 abhenry = 10^{-9} H)
ability Fähigkeit, Möglichkeit
able fähig
abmho angloam. Einh. des Leitwerts (1 abmho = 10^9 S)
abnormal abnormal (nicht üblich)
  abnormal system end Systemzusammenbruch
  abnormal termination Progammabbruch

abohm angloam. Einh. des Widerstandes (1 abohm = 10^{-9} Ohm)
abort, to abbrechen
abort Abbruch
about etwa, über, um, ungefähr
above oben, oberhalb, über
abrade, to abschleifen, reiben
abrasion Abrieb
  abrasion resistance Abriebfestigkeit, Verschleißfestigkeit
  abrasive powder Polierpulver
  abrasive trimming Abgleichen (eines Widerstandes) durch ein Schleifmittel
abrupt abrupt, sprunghaft
  abrupt junction abrupter Übergang
ABS (air bearing surface) Oberfläche mit Luftpolster
abscissa Abszisse (horizontale Achse)
absence Abwesenheit
absent abwesend
absolute absolut, vollständig, Absolut...
  absolute address absolute Adresse
  absolute addressing absolute Adressierung
  absolute code Maschinencode
  absolute convergent series absolut konvergente Reihe
  absolute error absoluter Fehler
  absolute frequency absolute Häufigkeit
  absolute gain isotropischer Gewinn (einer Antenne; isotrop: in allen Richtungen gleiche Eigenschaft)
  absolute instruction ausführbarer Maschinenbefehl
  absolute language Maschinensprache
  absolute loader Absolutlader
  absolute maximum ratings Grenzdaten
  absolute program Programm im Maschinencode

absolute programming Programmierung im Maschinencode
absolute scale Kelvin-Skala
absolute system of units absolutes Einheitensystem
absolute temperature scale absolute Temperaturskala
absolute term Absolutglied
absolute threshold Hörschwelle
absolute value Absolutwert, Betrag
absolute value device Absolutwertgeber
absolute value sign Absolutstriche
absolute zero absoluter Nullpunkt
absorb, to absorbieren, auffangen, aufnehmen, schlucken (Schall)
absorbance Absorptionsgrad
absorbed absorbiert
absorber Absorber, Absorptionsmittel
absorber circuit Absorptionskreis, Saugkreis
absorbing power Absorptionsvermögen
absorptance Absorptionsgrad
absorption Absorption, Aufnahmevermögen
absorption band Absorptionsbande
absorption capacity Absorptionsvermögen
absorption coefficient Absorptionskoeffizient
absorption discontinuity Absorptionssprung (Chem)
absorption edge Absorptionskante
absorption fading Absorptionsschwund
absorption loss Absorptionsverlust
absorption mesh Absorptionsschleife
absorption modulation Absorptionsmodulation
absorption power Absorptionsvermögen
absorption power meter Absorptionsleistungsmesser

absorption trap Absorptionsfalle, Absorptionshaftstelle
absorptive aufnahmefähig
absorptive attenuator absorbierender Abschwächer
absorptivity Absorptionsvermögen
abstract abstrakt
abstract Zusammenfassung, Kurzdarstellung
abstract mathematics reine Mathematik
abstract space abstrakter Raum
abstraction Abstraktion
abundance Häufigkeit
abundance curve Häufigkeitskurve
abundance ratio Isotopenverhältnis
abundant häufig
abuse Mißbrauch
abut, to angrenzen, mit den Enden zusammenfügen
abvolt angloam. Spannungseinheit (1 abvolt = 10^{-8} V)
a.c. (alternating current) Wechselstrom
a.c. controller Wechselstromsteller
a.c. converter Wechselstromumrichter
a.c. coupled wechselstromgekoppelt
a.c. dump Netzausfall
a.c. feedback Wechselstromgegenkopplung
a.c. impedance Wechselstromimpedanz
a.c. keying Wechselstromtastung
a.c. mains Wechselstromnetz
a.c. meter Wechselstromzähler
a.c. operated wechselstrombetätigt
a.c. pick-up Netzbrumm
a.c. plate Anode einer Röhre
a.c. plate current Anodenwechselstrom
a.c. plate resistance Innenwiderstand einer Elektronenröhre

a.c. plate voltage Anodenwechselspannung
a.c. polyphase motor Drehstrommotor
a.c. powered wechselstromgespeist
a.c. resistance Hochfrequenzwiderstand, Wechselstromwiderstand
a.c. section Wechselstromteil
a.c. source Wechselstromquelle
a.c. supply Wechselstromnetz
a.c. system Wechselstromanlage
a.c. technique Wechselstromtechnik
a.c.-to-d.c. converter Wechselspannungs-Gleichspannungs-Umsetzer
a.c. voltage Wechselspannung
a.c. working voltage Betriebswechselspannung
ACC (accumulator) Akkumulator (Dv)
accelerate, to beschleunigen
accelerated aging beschleunigte Alterung
accelerated life test beschleunigte Alterungsprüfung
accelerated motion beschleunigte Bewegung
accelerating Beschleunigungs...
  accelerating voltage Beschleunigungsspannung
acceleration Beschleunigung
  acceleration potential Beschleunigungsspannung
  acceleration time Anlaufzeit, Startzeit
  acceleration transducer Beschleunigungsgeber
  acceleration voltage Nachbeschleunigungsspannung
accelerator Beschleuniger
accentuated contrast hervorgehobener Kontrast
accentuation Vorverzerrung, Akzentuierung, Betonung

accentuator Anhebeschaltung
accept, to akzeptieren, annehmen, aufnehmen, verarbeiten (Daten)
accept-reject Gut-Schlecht...
accept statement Annahmeanweisung
acceptable annehmbar
  acceptable quality level Annahmegrenze
acceptance Akzeptanz, Annehmbarkeit, Übernahme
  acceptance angle Einfallswinkel, Einfangwinkel, Eintrittswinkel, Öffnungswinkel
  acceptance checking/test Abnahmeprüfung
  acceptance gate Annahmetor
  acceptance number Annahmezahl
  acceptance probability Annahmewahrscheinlichkeit
  acceptance sampling Stichprobe
  acceptance test/checking Abnahmeprüfung
acceptor Akzeptor (Fremdatom, das ein Elektron anlagern kann)
  acceptor circuit Saugkreis, Serienkreis
  acceptor impurity Akzeptorstörstelle
  acceptor level Akzeptorniveau
  acceptor state Akzeptorzustand
  acceptor-type semiconductor P-dotierter Halbleiter
access, to zugreifen auf
access Zugang, Zugriff, Zutritt
  access authority Zugriffsberechtigung
  access code Zugangscode, Zugangszahl
  access control Zugriffssteuerung
  access fault/violation Zugriffsfehler
  access grant Zugriffszuweisung

access line Anschlußleitung, Teilnehmerleitung
access mode Zugriffsart
access network Anschaltnetz
access path Zugriffspfad
access prefix Vorwahlziffer
access switching network Anschaltenetzwerk
access time Zugriffszeit
access tree Suchbaum
accessibility Erreichbarkeit, Verfügbarkeit
accessible zugänglich
accessor Zugriffsmechanismus
accessory zusätzlich
accessory Zubehörteil, Zusatz
accessory unit Zusatzgerät
accident Unfall, Zufall
accidental zufällig
accidental coincidence Zufallskoinzidenz
accidental contact zufällige Berührung
accidental error zufälliger Fehler
accidental ground ungewollter Masseanschluß
accidental jamming zufällige Signalstörung
accidental overload test Prüfung auf unbeabsichtigte Überlast
accidental switching unbeabsichtigtes Schalten
accomodate, to anordnen, sich anpassen, unterbringen
accompany, to begleiten
accompanying picture nebenstehendes Bild
accomplish, to ausführen, durchführen, erfüllen, leiten, tun, vollenden
according to entsprechend, gemäß
accordingly demgemäß, folglich
accordion cable harmonikaförmiges Kabel
account Rechnung, Berechnung
accountable time verfügbare Anwenderzeit
accounting Abrechnung
accounting machine Abrechnungsmaschine, Buchungsmaschine
accrete, to klicken, knacken, zuschnappen
accretion Zunahme, Zuwachs
accretion of ions Anlagerung von Ionen
accumulate, to akkumulieren, anhäufen, summieren (z.B. Fehler)
accumulated error akkumulierter Fehler, Summenfehler
accumulating counter addierender Zähler
accumulation Anhäufung, Anreicherung, Häufung
accumulation point Häufungspunkt
accumulation region Anreicherungsgebiet
accumulator Akkumulator (Dv, Et), Batterie
accumulator register Akkumulator (Dv)
accuracy Genauigkeit, Sicherheit
accuracy class Genauigkeitsklasse
accuracy of control Regelgenauigkeit
accuracy of multiplication Multipliziersicherheit
accuracy of reading Ablesegenauigkeit
accurate genau, richtig, sorgfältig
accurately matched genau angepaßt
ACE (automatic circuit exchange) automatische Wählvermittlung
acetate Acetat (Chem)

achievable erreichbar
achieve, to erreichen, erzielen
achromatic achromatisch, farblos
  achromatic color unbunte Farbvalenz
  achromatic lens achromatisches Objektiv
  achromatic locus achromatischer Bereich, Unbuntbereich
  achromatic point Unbuntbereich, Weißpunkt
  achromatic region achromatischer Bereich, Unbuntbereich
achromatopsia Farbenblindheit
ACIA (asynchronous communications interface adapter) Schnittstellenschaltung zur bitseriellen Datenübertragung
acicular nadelförmig
acid Säure
  acid dip Säuretauchung
  acid flux Flußmittel
  acid residue Säurerest
acidfree säurefrei
acidic sauer, säurehaltig
acidity Azidität, Säuregehalt, Säuregrad
acidproof säurefest
acidresistant säurefest
ACK (acknowledge) Bestätigung, positive Rückmeldung, Quittung
acknowledge, to anerkennen, bestätigen, quittieren
acknowledge Bestätigung, positive Rückmeldung, Quittung
acknowledgement Anerkennung, Bestätigung, Quittung
  acknowledgement signal Quittungszeichen
aclinic line Akline (magnetischer Äquator)
acorn tube Knopfröhre

acoustic akustisch
  acoustic absorbing material schallschluckendes Material
  acoustic amplifier Oberflächenwellenverstärker
  acoustic announcement Durchsage
  acoustic baffle Schallwand
  acoustic burglar alarm akustisches Einbruchsignal
  acoustic(al) coupler Akustokoppler
  acoustic delay line akustische Verzögerungsleitung
  acoustic depth finder Echolot
  acoustic energy Schallenergie
  acoustic feedback Schallrückkopplung
  acoustic(al) filter akustisches Filter
  acoustic horn Schalltrichter
  acoustic inertance akustische Masse
  acoustic intrusion detector akustisches Einbruchsignal
  acoustic irradiation Beschallung
  acoustic line akustische Leitung
  acoustic memory Schallspeicher
  acoustic output Sprachausgabe
  acoustic power Schalleistung
  acoustic shock Knall
  acoustic source Schallquelle
  acoustic velocity Schallgeschwindigkeit
  acoustic wave Schallwelle
acoustical impedance Schallimpedanz
acoustical-to-electrical transducer akustoelektrischer Wandler
acoustics Akustik
acoustoelectronics Akustoelektronik
acquire, to aufnehmen, erfassen, ermitteln
acquisition Erfassung, Errungenschaft, Erwerbung
  acquisition radar Erfassungsradar

acquisition time Einstellzeit, Erfassungszeit (bei Abtast-Halte-Gliedern)
acre angloam. Flächeneinheit (1 acre = $4,05 \cdot 10^3$ m^2)
acronym Akronym (Kunstwort, bestehend aus den Anfangsbuchstaben anderer Wörter)
across entlang, längs, (quer)über
ACT- (anti-comet-tail) **plumbicon** ACT-Plumbikon (Bildaufnahmeröhre)
act, to arbeiten, funktionieren, handeln, wirken
 act on, to verarbeiten
acting aktiv, funktionierend, wirksam
 acting force angreifende Kraft
 acting time Regelzeit
actinic chemisch wirksam (Strahlung)
 actinic screen Leuchtschirm
actinism Aktinität (Lichtstrahleneinwirkung auf photochemische Stoffe)
actinium Actinium (chem. Element)
actinoelectric lichtelektrisch, photoelektrisch
actinometer Strahlenmesser
action (Ein)Wirkung, Handlung, Tätigkeit
 action area wirksame Fläche
 action at a distance Fernwirkung
 action current Wirkstrom
 action cycle Arbeitstakt
 action paper selbstdurchschreibendes Papier
 action period Abtastzeit
activate, to aktivieren, anregen, ansteuern
activated charcoal Aktivkohle
activation Aktivierung, Anschaltung, Ansteuerung
 activation energy Aktivierungsenergie (Chem)
 activation stress Aktivierungsspannung
activator Aktivator (Substanz, die durch Zusatz einen nichtleuchtenden Stoff zum Leuchten bringt)
active aktiv, tätig, wirksam, Wirk...
 active area Wirkfläche
 active carbon Aktivkohle
 active component aktives Bauelement
 active computer arbeitende Rechenanlage
 active current Wirkstrom
 active deposit radioaktiver Niederschlag
 active device aktives Bauelement
 active element aktives Bauelement, aktives Element
 active filter aktives Filter
 active job in Arbeit befindlicher Programmteil
 active line Abtastzeile
 active load Wirklast
 active material aktive Masse, radioaktives Material
 active power Wirkleistung
 active redundancy funktionsbeteiligte Redundanz
 active resistance Wirkwiderstand
 active return loss Echodämpfung
 active transducer aktiver Wandler
 active transition aktiver Pegelübergang
 active voltage Wirkspannung
 active volume Arbeitsvolumen
activity Aktivität, Radioaktivität, Wirkung, Anpassungs...
 activity rate Bewegungshäufigkeit (Dv)
 activity ratio Bewegungshäufigkeit
actual aktuell, echt, eigentlich, faktisch, tatsächlich, wirklich, Ist...

actual address effektive Adresse
actual argument Aktualparameter
actual code Maschinencode
actual decimal point Druckdezimalpunkt (genauer: Druckradixpunkt)
actual frequency Arbeitsfrequenz
actual instruction effektiver Befehl
actual instrument recording Istanzeige eines Gerätes
actual key (aktueller) Adreßschlüssel
actual level Augenblickspegel
actual load Wirklast
actual output Nutzleistung
actual parameter Aktualparameter
actual power Wirkleistung
actual size natürliche Größe
actual storage physischer Speicher
actual value Istwert
actually in Wirklichkeit, jetzt, tatsächlich
actuate, to auslösen, beeinflussen, betätigen, erregen, in Gang setzen
actuating lever Betätigungshebel
actuating range Stellbereich
actuating signal Regelabweichung, Auslösesignal
actuating variable Stellgröße
actuation Betätigung
actuator Aktor, Stellglied, Zugriffsarm
acuity Schärfe (z.B. Hörschärfe)
acute akut, empfindlich, schrill, spitz
acute angle spitzer Winkel
acyclic azyklisch (zeitlich unregelmäßig)
AD (analog-to-digital) Analog-Digital...
ADA ADA (Programmiersprache)
adapt, to (sich) anpassen

adaptability Anpaßbarkeit
adapter Adapter, Anpassungsglied, Anschluß, Zwischenstück, ...anschluß
adapter circuit Anpassungsschaltung
adapter plug Steckadapter
adaption Adaption, Anpassung
adaptive adaptiv (anpassungsfähig)
adaptive array adaptive Antenne
adaptive control adaptive Regelung
adaptive delta modulation adaptive Deltamodulation
adaptive logic Anpassungslogik
adaptor s. adapter
ADC (analog-to-digital converter) Analog-Digital-Umsetzer
add, to addieren, summieren, anhängen, beimengen, einbauen (von Atomen), hinzufügen, zuführen
add noise, to Rauschen verstärken
add carry Übertrag (aus einer Addition)
add-in memory Ergänzungsspeicher (zum Arbeitsspeicher)
add-on Zusatz, Zusatz...
add-on component diskretes Bauelement
add time (reine) Additionszeit
added zusätzlich, Zusatz...
added alloys Legierungszusätze
added ion Fremdion
addend (zweiter) Summand
adder Addierer, Addierglied, Addierschaltung, Volladdierer (Logik)
adder-subtractor Addier-Subtrahier-Schaltung
adding operator Summationsoperator
addition Addition, Einbau (von Teilchen), Zusatz
addition sign Pluszeichen
addition without carry exklusives ODER (wörtl.: Addition ohne Übertrag)

additional zusätzlich, Ergänzungs...,
Zusatz...
additional character Sonderzeichen
additional noise Zusatzrauschen
additional record Zusatzdatensatz
additional resistance Vorwiderstand
additive Zusatz
   additive color additive Farbe
   additive mixing additive Mischung
address, to adressieren
address Adresse
   address adjustment Adreßkorrektur, Adreßrechnung
   address allocation Adreßzuordnung
   address area Adreßraum
   address buffer Adreßregister
   address bus Adreßbus
   address calculation Adreßbestimmung
   address chaining Kettung
   address computation Adreßrechnung
   address constant Adreßkonstante (bei relativer Adressierung)
   address field Adreßfeld
   address format Adreßformat, Befehlstyp
   address instruction Adreßbefehl
   address latch Adreßzwischenspeicher
   address mapping Adreßabbildung
   address modification Adreßänderung
   address part/portion Adreßteil
   address register Adreßregister
   address selection Adreßaufruf
   address space Adreßraum
   address syllable Adreßteil
   address track Adreßspur
   address translation Adreßübersetzung, Adreßumsetzung
addressable adressierbar
   addressable storage Adreßraum
addressee Adressat, Empfänger einer Nachricht
addressing Adressierung
   addressing capability Adressierungsmöglichkeit
   addressing mode Adressierungsart
addressless instruction Befehl ohne Adreßteil
addrout file Sortierdatei
adequate angemessen, ausreichend
adherence Adhäsion (Haftvermögen)
adherend Klebfläche
adhesion Adhäsion, Haftfestigkeit, Haft...
adhesive Kleber, Klebstoff
   adhesive film/foil Klebfolie
   adhesive force/power Adhäsionskraft, Haftvermögen
   adhesive label Aufkleber
   adhesive strength Haftfestigkeit
adiabatic adiabatisch (Zustandsänderung ohne Wärmezufuhr oder Wärmeabfuhr)
adiactinic lichtundurchlässig
adjacent benachbart, Nachbar...
   adjacent angle Nebenwinkel
   adjacent channel selectivity Trennschärfe
adjoining adjungiert, angrenzend, benachbart, Neben...
   adjoining matrix adjungierte Matrix
adjoint Adjungierte (Math)
adjunct Anhang, Zubehör, Zusatz
   adjunct unit Anschlußgerät, Zusatzgerät
adjust, to abgleichen, einregeln, einstellen, justieren
   adjust in clockwise direction, to durch Rechtsdrehung einstellen
   adjust the voltage, to Spannung regeln
   adjust to zero, to auf Null einstellen

adjustable einstellbar, verstellbar
  adjustable capacitor Stellkondensator
  adjustable dimension veränderbare Indexgrenze
  adjustable resistor Abgleichwiderstand, Regelwiderstand
adjuster Einstellvorrichtung, Justiervorrichtung
adjusting Einstell..., Stell...
  adjusting capacitor Abgleichkondensator
  adjusting command Stellbefehl
  adjusting of amplitude Amplitudenregelung
  adjusting screw Justierschraube
adjustment Abgleich, Abstimmung, Einstellung, Justage, Nachregelung
ADLC (advanced data link control) ADLC (programmierbare Steuerschaltung für Schnittstellen)
ADM (adaptive delta modulation) adaptive Deltamodulation (Sonderform der Pulscodemodulation)
administration Verwaltung
admire, to bewundern
admissible berechtigt, zulässig
  admissible error zulässiger Fehler
  admissible mark zulässiges Zeichen
admission Einlaß
  admission potential Eintrittsspannung
admit (light), to Licht durchlassen
admittance Admittanz, komplexer Scheinleitwert
adopt, to annehmen, einführen
ADP (automatic data processing) automatisierte Datenverarbeitung
adsorption Adsorption (zeitlich begrenzte Anlagerung von Molekülen an der Oberfläche eines Festkörpers)

adsorptivity Adsorptionsvermögen
ADU (automatic dialling unit) Rufnummerngeber
advance, to fortschreiten, erhöhen (z.B. Inhalt eines Registers), vorrücken
  advance a motor, to einen Motor beschleunigen
advance Fortschreiten, Fortschritt
advanced fortgeschritten, modern
  advanced mathematics höhere Mathematik
advancement Vorrücken
advancing Voreilen, Vorrücken
  advancing option Vorschubangabe
advantage Vorteil, Nutzen
advection Zufuhr
advent Ankunft
adventure Abenteuer, Risiko
advertise, to werben
advertisement Anzeige, Werbung
advice, to benachrichtigen, beraten
advice Hinweis, Rat, Ratschlag
aerial atmosphärisch, Flieger..., Luft...
aerial (antenna) Antenne (Zusammens.: s. antenna)
aerodynamics Aerodynamik
aerology Luftkunde
aerometer Aerometer (Gerät zur Bestimmung der Dichte der Luft)
aeronautical mile Luftmeile (1 a.m. = 1852 m)
aeronautical station Bodenfunkstelle
aerophysics Aerophysik
aeroplane Flugzeug
aerosol Aerosol (feinste Verteilung z.B. von Flüssigkeiten in einem Gas)
aerospace Luft- und Raumfahrt, Raumfahrt...
aerosphere Lufthülle

AF (audio frequency) Niederfrequenz...
AFC (automatic frequency control) automatische Frequenznachstimmung, automatische Frequenzregelung
affair Angelegenheit
affect, to beeinflussen, steuern
affiliate, to eng verbinden, herleiten, verschmelzen
affiliation Verbindung, Mitgliedschaft
affine affin (chemisch verwandt)
affinity Affinität, Ähnlichkeit, enge Verbindung
afford, to gewähren
AFIPS (American Federation of Information Processing Societies) AFIPS
aforementioned wie oben erwähnt
after nach, nachdem, nachher, Nach...
afterglow Nachglühen, Nachleuchten
afternoon Nachmittag
afterpulse Nachimpuls
afterwards danach, nachher
again ferner, nochmals, wieder
against gegen, entgegen
AGC (automatic gain control) automatische Schwundregelung
age, to altern
age Alter
  age determination Altersbestimmung
  age hardening Aushärtung, Auslagern
  age variable Laufzeit (bei Impulsen)
aged eingebrannt
ageing s. aging
agency Instanz, Tätigkeit, Vermittlung
agenda geordnete Anweisungsliste
agent Mittel, wirkende Kraft, Wirkstoff
agglomeration Anhäufung
agglutinant Klebemittel
aggregate Aggregat, Datenverbund, Gesamtheit

aggregation Anhäufung, Ansammlung, Aggregatzustand (Chem)
  aggregation in parantheses Klammerausdruck
agility Behendigkeit, Gewandtheit
aging Alterung, Aushärtung
  aging coefficient Alterungszahl
  aging rate Alterungszahl
  aging resistance Alterungsbeständigkeit
agitation Anregung, Erschütterung
ago vor
agravic schwerelos
agree, to übereinstimmen, zustimmen
agreement Abkommen, Übereinstimmung, Vereinbarung
ahead voran
aid, to helfen, unterstützen, verstärken
aid Beistand, Hilfe, Hilfsmittel
aided tracking halbautomatische (Ziel)Verfolgung
Aiken code Aiken-Code
AIM (avalanche induced migration) AIM (Teilchenwanderung aufgrund des Lawineneffektes)
aim, to zielen
aim Ziel
aiming zielend
  aiming circle/field/symbol Richtzeichen, Zielzeichen
air Luft, Luft...
  air blower Gebläse
  air capacitor Luftkondensator
  air cell Luftsauerstoff-Zelle
  air circulation Luftumwälzung
  air conditioner Klimaanlage
  air-cooled luftgekühlt
  air core cable Papierhohlkernkabel
  air cored transformer Lufttransformator

air cushion Luftpolster
air densimeter Luftdichtemesser
air density Luftdichte
air dielectric capacitor Luftkondensator
air duct Luftkanal
air gap Luftspalt
air humidity Luftfeuchte
air level Wasserwaage
air photo Luftaufnahme
air pollution Luftverschmutzung
air pressure gauge Luftdruckmesser
air search radar Radarsuchgerät
air shower kosmischer Primärstrahlungsschauer
air (spaced) capacitor Luftkondensator
air spaced coax Koaxialkabel mit Luftspalt
air supply Luftversorgung
air surveillance Luftüberwachung
air thermometer Luftthermometer
air time Sendezeit
air-to-ground communication Bord-Boden-Verkehr
air traffic control radar beacon system Sekundärflugsicherungsradar
air traffic system Flugsicherungssystem
air transport suitable test Prüfung der Eignung für Lufttransport
air vent Auslaßventil, Luftschacht
air volume Förderleistung
airborne aus der Luft, Bord... (Flugzeug)
airborne intercept radar Bordradar
airborne magnetometer Förstersonde
aircondition, to klimatisieren
aircraft Flugzeug
aircraft radio transmitter Bordsender

airplane Flugzeug
airport Flughafen
airproof luftdicht
airspace Luftraum
airtight luftdicht
airwaves Radiowellen
alarm Alarm, Warnung
  alarm ciruit Alarmschaltung, Schutzschaltung, Warnschaltung
  alarm message Fehlermeldung
  alarm system Warnsystem
albedo Albedo (Oberflächenhelligkeit)
alcohol Alkohol
  alcohol burner Spiritusbrenner
alert, to alarmieren, signalisieren
alert munter, wachsam
alert Alarmsignal, Warnsignal
algebra Algebra (Math)
algebraic algebraisch
  algebraic adder algebraische Addiereinrichtung
  algebraic calculus Algebra
  algebraic language Programmiersprache, die algebraische Ausdrücke verarbeitet
  algebraic linguistic mathematische Linguistik
  algebraic structure theory of automata Automatentheorie
ALGOL (algorithmic language) ALGOL (Programmiersprache)
algorithm Algorithmus, Verfahren
  algorithm translation Übersetzung einer Computersprache in eine andere mit Hilfe eines Algorithmus
algorithmic language algorithmische Programmiersprache
  algorithmic pattern generation über einen Algorithmus erzeugte Testmuster
algorithmically generated pattern per Programm erzeugtes Datenfeld

alias Parallelbezeichnung, Pseudonym
aliasing Alias-Effekt, Bandüberlappung (Überlappung von Spektren bei abgetasteten Signalen)
align, to abgleichen, ausrichten, justieren
aligned ausgerichtet
alignment Abgleich, Ausrichtung, Eichung, Gleichlauf, Justage, Synchronisation, Justier...
  alignment bit Synchronisierbit
  alignment chart Nomogramm
  alignment mark Justiermarke (Wafer), Vorschubzeichen
alike ähnlich, wie
alinement s. alignment
alive lebendig, stromdurchflossen
alkali Alkali... (Chem)
alkaline basisch, Alkali...
all alle, alles, ganz
  all-electronic vollelektronisch
  all-or-nothing relay Hilfsrelais
  all-pass network Allpaß
  all-purpose Universal...
  all waiting Anklopfen
alleviate, to erleichtern, herabsetzen, mindern
alligator clip Krokodilklemme
allobar Allobar (chemisches Element mit anderer Isotopenzusammensetzung als die natürliche)
allocatable space belegbarer Speicherplatz
allocate, to belegen, zuordnen, zuweisen
allocated belegt
  allocated frequency zugeteilte Sollfrequenz
allocation Verteilung, Zuordnung, Zuteilung, Zuweisung
  allocation unit Zuweisungsbereich

allochromatic allochromatisch (gefärbt)
allot, to verteilen, zumessen
allotment Anteil, Verteilung, Zuweisung
allotropy Allotropie (Vielgestaltigkeit)
allotter Vorwähler
allotting Vorwahl (einer nichtaktivierten Schaltung)
allow, to erlauben, ermöglichen
allowable erlaubt, zulässig
allowance Toleranz, Spielraum
alloy Legierung
  alloy-diffused transistor Legierungsflächentransistor
  alloy diffusion Legierungsdiffusion
  alloy diode Legierungsdiode
  alloy junction legierter PN-Übergang
  alloy junction transistor Legierungsflächentransistor
alloying Legierungsverfahren
almost beinahe, fast
alnico Alnico-Legierung (Aluminium-Nickel-Kobalt-Legierung)
alone allein, nur
along entlang, längs
alpha Alpha (griech. Buchstabe), Alpha-Verstärkung (bei einem Transistor in Basisschaltung)
  alpha cut-off frequency Alpha-Grenzfrequenz (Transistor)
  alpha decay Alphazerfall
  alpha detection Alphanachweis
  alpha emitter Alphastrahler
  alpha format Zeichenformat
  alpha-lock key Tastaturtaste zum Umschalten von Groß- auf Kleinbuchstaben
  alpha particle Alphateilchen (Heliumkern)

alpha radiation Alphastrahlung
alpha ray Alphastrahl
alphabet Alphabet
alphabetic(al) alphabetisch
  alphabetic character Buchstabe
  alphabetic coding alphabetische Codierung
  alphabetic key Buchstabentaste
  alphabetic keyboard alphanumerische Tastatur
  alphabetic-numeric alphanumerisch
  alphabetic string Buchstabenfolge
alphageometric alphageometrisch
alphameric alphanumerisch
alphamosaic character alphanumerische und graphische Zeichen
alphamosaic mode Alphamosaik-Verfahren
alphanumeric alphanumerisch
  alphanumeric code alphanumerischer Code
  alphanumeric display alphanumerische Anzeige
alphaphotographic alphaphotographisch
already bereits, schon
ALS (advanced low-power Schottky) ALS (schnelle TTL-Familie kleiner Verlustleistung)
also auch, ebenfalls
alter, to ändern, umwandeln
alter statement Schaltanweisung
alterable memory veränderbarer Speicher
alteration Änderung, inklusives ODER
  alteration switch Umschalter
alternate, to wechseln
alternate abwechselnd, alternierend, Ersatz...
  alternate cylinder Ersatzzylinder
  alternate frequency Ausweichfrequenz
  alternate key Alternativschlüssel
  alternate routing Alternativweg (Ersatzweg)
  alternate track Ersatzspur
alternating current Wechselstrom (Zusammens.: s. a.c.)
alternating electronic quantity elektronische Wechselgröße
alternating matrix alternierende Matrix
alternating ripple voltage Brummwechselspannung
alternating voltage Wechselspannung
alternation ODER-Verknüpfung, Wechsel
alternative Alternative, Wahl, Zusatz...
  alternative denial NAND-Verknüpfung
  alternative diffusion Legierungsdiffusion
  alternative routing alternative Verkehrslenkung
alternator Umformer, Wechselstrommaschine
although obwohl
altimeter Höhenmesser
altitude Höhe
altogether alles in allem, im ganzen, zusammen
ALU (arithmetic and logic unit) Rechenwerk (bei Mikroprozessoren)
alumina Aluminiumoxid, Tonerde
aluminium Aluminium (chem. Element)
  aluminium arsenide Aluminiumarsenid (Chem)
  aluminium-clad aluminiumplattiert
  aluminium foil capacitor Aluminiumfolienkondensator
  aluminium-stranded conductor Aluminiumkabel
aluminization Überzug mit Aluminium
aluminized screen aluminiumhinterlegter Schirm

always immer, stets
AM (amplitude modulation) Amplitudenmodulation
AMO (air mass zero) AMO (spektr. Verteilung der Sonnenstrahlung im Weltraum)
amalgam Amalgam (Quecksilberlegierung)
amalgamate, to fusionieren, verschmelzen
amateur Amateur (Nichtfachmann)
  amateur band Amateurband
  amateur radio Amateurfunk
ambient einschließend, umgebend, Umgebungs...
  ambient noise Nebengeräusch, Störgeräusch, Umgebungsgeräusch
  ambient rated umgebungsbezogen
  ambient (operating) temperature Raumtemperatur, Umgebungstemperatur
ambiguity Mehrdeutigkeit
  ambiguity error Übergangsfehler
  ambiguity function Mehrdeutigkeitsfunktion
ambiguous mehrdeutig, vieldeutig, zweideutig
ambipolar ambipolar (beide Polaritäten betreffend)
amenable abhängig von, zugänglich für
amend, to ändern
amendment Änderung, Berichtigung, Korrektur, Nachtrag
  amendment file Änderungsdatei
  amendment record Transaktionssatz
American Wire Gauge amerikanische Drahtlehre
americium Amerikum (Transuran)
AMI (alternate-mark-inversion) AMI (Bipolarcode)
ammeter Amperemeter, Strommesser
ammonia Ammoniak
  ammonia process Lichtpausverfahren

amorphous amorph, gestaltlos, nichtkristallin
  amorphous memory Speicher aus amorphen Werkstoffen
amoung unter, zwischen
amount Betrag, Menge
  amount of current Stromstärke
  amount of feedback Rückkopplungsgrad
  amount of heat Wärmemenge
  amount of information Datenmenge, Nachrichtenmenge
amp (amplifier) Verstärker
ampacity zulässige Stromstärke in Ampere
amperage Stromstärke in Ampere
ampere Ampere (Einh. d. elektr. Stromes)
  ampere balance Stromwaage
  ampere/circular mil angloam. Einh. d. Stromdichte (1 ampere/circular mil = $1,97 \cdot 10^9$ Am^{-2})
  ampere-hour Amperestunde
  ampere/inch^2 angloam. Einh. d. Stromdichte (1 ampere/inch^2 = $1,55 \cdot 10^3$ Am^{-2})
  ampere-turn(s) Amperewindung(en)
ampersand & (kommerzielles "und")
amphoteric amphoter (chemische Lösung, die das Verhalten einer Säure oder einer Base zeigt)
amp-hr (ampere hour) Amperestunde
AMPL (advanced microprocessor prototyping language) AMPL (höhere Dialogsprache)
amplidyne (amplifier dyne) Amplidyne (Querfeldverstärkermaschine)
amplification Verstärkung
amplifier Verstärker
  amplifier bandwidth Verstärkerbandbreite

amplifier response Frequenzgang eines Verstärkers
amplify, to verstärken
amplifying step Verstärkerstufe
amplitron Amplitron (Elektronenröhre)
amplitude Amplitude
 amplitude-amplitude distortion
 nichtlineare Amplitudenverzerrung
 amplitude compressor Dynamikpresser
 amplitude correction Amplitudenentzerrung
 amplitude density spectrum Amplitu-
 dendichtespektrum (Fourier-Spektrum)
 amplitude detection Amplitudendemo-
 dulation
 amplitude discriminator Amplitudensieb
 amplitude display Amplitudendarstel-
 lung
 amplitude distortion Amplitudenverzerrung
 amplitude distribution Amplituden-
 spektrum
 amplitude factor Scheitelfaktor
 amplitude fading Amplitudenschwund
 amplitude filter Amplitudensieb
 amplitude-frequency characteristics
 Frequenzgang (der Amplitude)
 amplitude-frequency distortion lineare Amplitudenverzerrung
 amplitude limiter/looper Amplitudenbegrenzer
 amplitude locus Amplitudenortskurve
 amplitude modulation Amplitudenmodulation
 amplitude permeability Amplituden-
 permeabilität
 amplitude ratio Amplitudenverhältnis
 amplitude response Amplitudengang
 amplitude selection Amplitudenselek-
 tion

amplitude separator Amplitudensieb
amplitude shift-keying Amplitudentastung
amplitude variation Amplituden-
schwankung
ampoule Ampulle
 ampoule diffusion Ampullendiffusion
 (Diffusionsverfahren)
amu (atomic mass unit) atomare Masseeinheit (1 amu = 931,48 MeV)
AMX (automatic message exchange) automatische Speichervermittlung
AN (alphanumeric) alphanumerisch
analog analog
 analog computer Analogrechner
 analog display Analoganzeige
 analog meter Analogmeßgerät
 analog readout Analoganzeige
 analog recording Analogaufzeichnung
 analog signal analoges Signal
 analog state analoger Zustand
 analog telemetering analoge Entfernungsmessung
 analog-to-digital converter Analog-
 Digital-Umsetzer
 analog-to-frequency converter Ana-
 log-Frequenz-Umsetzer
 analog value Analogwert
analogue s. analog
analogy Ähnlichkeit, Analogie
analyser s. analyzer
analysis Analyse, Analysis (Math),
Auswertung, Untersuchung
analyst Analytiker
analytic(al) analytisch (zerlegend)
 analytical scales Analysewaage
analyzer Analysegerät, Untersuchungs-
programm
anastigmat Anastigmat (Gerät, das
Astigmatismus und Bildwölbung herab-
setzt)

anchor, to   verankern
ancient   alt
ancillary   Hilfs..., Zusatz...
and   und, und auch
  AND circuit   UND-Schaltung
  AND element   UND-Glied
  AND function   UND-Funktion
  AND gate   UND-Gatter
  AND-NOT gate   NAND-Gatter (invertiertes UND-Gatter)
  AND operation   Konjunktion, UND-Verknüpfung
  AND operator   logisches UND-Zeichen
and so forth   und so weiter
anechoic chamber   schalltoter Raum
anemometer   Anemometer, Windstärkemesser
aneroid (barometer)   Dosenbarometer
angel echo   Engelecho
anger   Ärger
angle   Winkel
  angle conversion   Winkelumrechnung
  angle dependence   Winkelabhängigkeit
  angle diversity   Winkeldiversity
  angle encoder   Winkelcodierer
  angle modulation   Winkelmodulation (Oberbegriff für Frequenz- und Phasenmodulation)
  angle noise   Einfallswinkelfehler
  angle of arrival   Einfallswinkel
  angle of ascent   Anstiegswinkel
  angle of beam spread   Öffnungswinkel
  angle of convergence   Konvergenzwinkel
  angle of (current) flow   Stromflußwinkel
  angle of deflexion   Ablenkwinkel
  angle of departure   Abstrahlwinkel
  angle of divergence   Streuungswinkel
  angle of effective direction   Wirkrichtungswinkel
  angle of elevation   Erhebungswinkel
  angle of emergence   Austrittswinkel
  angle of feed direction   Vorschubrichtungswinkel
  angle of friction   Reibungswinkel
  angle of impact   Aufprallwinkel
  angle of incidence   Einfallswinkel
  angle of inclination   Neigungswinkel
  angle of lag   Nacheilwinkel
  angle of lead   Voreilwinkel
  angle of reflection   Reflexionswinkel
  angle of refraction   Brechungswinkel
  angle of slope   Neigungswinkel
  angle only tracking   Richtungsverfolgung
  angle position encoder   Winkelcodierer
  angle-preserving   winkeltreu
angstrom   Ångström (10^{-10} m)
angular   winkelförmig, Kreis..., Winkel...
  angular acceleration   Winkelbeschleunigung
  angular adjustment   Winkeleinstellung
  angular aperture   Öffnungswinkel
  angular cut-off frequency   Winkelgrenzfrequenz
  angular degree   Winkelgrad
  angular distance to first zero   Nullwertsbreite
  angular frequency   Kreisfrequenz, Winkelgeschwindigkeit
  angular impulse   Flächenträgheitsmoment
  angular momentum   Bahndrehimpuls, Drehimpuls
  angular motion transducer   Drehgeber
  angular phase difference   Phasenwinkel
  angular phase shift   Phasendrehung

angular pitch Teilungswinkel
angular spread Divergenz
angular velocity Kreisfrequenz, Winkelgeschwindigkeit
anharmonic anharmonisch
anharmonic oscillation anharmonische Schwingung
anhydric wasserfrei
anhydrous wasserfrei
anion Anion (negativ geladenes Ion)
anisochronous signal anisochrones Signal
anisotropic anisotrop
anisotropy Anisotropie (Abhängigkeit des Verhaltens von der Richtung)
anneal, to ausheilen, glühen, tempern
annealing Ausheilen (Ionenimplantation), Glühen, Temperung
  annealing color Anlauffarbe
  annealing time Glühdauer
annihilation Vernichtung
  annihilation of dislocation Ausheilen von Versetzungen
annotate, to kommentieren, mit Anmerkungen versehen
annotation Anmerkung, Bemerkung, Kommentar
announcement Ankündigung
annual jährlich
annul, to annullieren, aufheben, außer Kraft setzen
annular ringförmig, Ring...
  annular conductor Ringleiter
  annular guard ring Schutzring
  annular transistor Transistor, bei dem die Halbleiterbereiche ringförmig um den Emitterbereich angeordnet sind
annulus Kreisring
annunciator Signaleinrichtung
  annunciator relay Melderelais

anode Anode
  anode-balancing coil Saugdrossel
  anode-bend detection Richtverstärkung
  anode-B-modulation Anoden-B-Modulation
  anode bypass capacitor Anodenableitkondensator
  anode choke Anodendrossel
  anode dark space Anodendunkelraum
  anode dissipation Anodenverlustleistung
  anode drop/fall Anodenfall
  anode efficiency Wirkungsgrad der Anode
  anode follower Anodenfolger, Anodenverstärker
  anode impedance Anodenwiderstand
  anode keying Anodentastung
  anode modulation Anodenmodulation
  anode rays Anodenstrahlen (positiv geladene, von der Anode einer Elektronenröhre ausgesendete Ionen)
  anode sputtering Anodenzerstäubung
  anode strap Anodenstrapp (Magnetron)
anodic oxidation anodische Oxidation
anodic polishing anodisches Polieren
anodization Anodisierung
anodized eloxiert
anomalous anomal (nicht normal, unregelmäßig)
  anomalous displacement dielektrische Nachwirkung
  anomalous propagation anomale Ausbreitung
anomaly Anomalie, Unregelmäßigkeit
another ein weiterer, noch ein, weitere
ANSI (American National Standards Institute) ANSI (amerik. Normenausschuß)

answer, to antworten
answer Antwort, Ergebnis
  answer delay Meldeverzug
  answer set Lernelement
  answer signal Beginnzeichen
  answer-signal delay Meldedauer
answerback Kennung, Rückantwort
  answerback code Kennung
answering Abfragen, Anrufbeantwortung, Melden
  answering delay Meldeverzug
  answering phase Meldephase
  answering tone Antwortton
answerphone Anrufbeantworter
antarctic antarktisch (Gebiete, die den Südpol betreffen)
antenna Antenne
  antenna array Antennengruppe
  antenna characteristics Antennencharakteristik, Richtcharakteristik
  antenna crosstalk Antennenübersprechen
  antenna diplexer/duplexer Antennenweiche
  antenna directivity diagram Antennenrichtdiagramm
  antenna feed system Antennenspeisesystem
  antenna gain Antennengewinn
  antenna helix Antennenwendel
  antenna holder Antennenträger
  antenna lobe Antennenkeule
  antenna pattern Antennendiagramm, Richtcharakteristik
  antenna pick-up Antenneneinstreuung
  antenna polar diagram Antennencharakteristik, Richtcharakteristik
  antenna reflector Antennenspiegel
  antenna response Antennengang
  antenna rigging Antennenaufbau
  antenna support Antennenabstützung
  antenna tilt error Antennenneigungsfehler
  antenna tower Antennenmast
  antenna tuning Antennenabstimmung
antennafier Antenne mit eingebautem Verstärker
antennamitter Antenne mit eingebautem Oszillator
antennaverter Antenne mit eingebautem Wandler
anti Anti..., Gegen...
  anti-scatter grid Streustrahlraster
antialiasing filter Bandbegrenzungsfilter (zur Vermeidung von Bandüberlappungsfehlern bei abgetasteten Signalen)
antiblocking contact sperrfreier Kontakt
antiblocking interference Entstörung
antiblocking jamming Gegenstörung
antibond electron Antivalenzelektron
antibonding orbital electron nichtbindendes Elektron auf einem Orbital
antibugging Fehlervermeidung
anticathode Antikatode (Anode einer Elektronenröhre)
anticipate, to erwarten, verhindern
anticipated answer erwartete Antwort
anticipation Erwartung, Vorwegnahme
anticipative (system) nichtkausales System
anticipatory Vorweg...
anticlockwise im Gegenuhrzeigersinn, linksläufig
anticlutter Entstörung
anticoincidence Antikoinzidenz, Antivalenz-Funktion (Logik)
  anticoincidence element Antivalenzglied
  anticoincidence operation Antivalenz-Verknüpfung

antifading schwundmindernd
antifatigue ermüdungsfrei
antiferroelectric solid Antiferroelektrika (zeigen im Gegensatz zu Ferroelektrika kein Dipolmoment)
antiferroelectricity Antiferroelektrizität
antiferromagnetism Antiferromagnetismus (paramagnetisches Material mit hoher Suszeptibilität)
antigoggles Blendschutzbrille
antihunt circuit Ausgleichsschaltung, Dämpfungskreis
antijamming Maßnahme gegen Störungen
antilog (antilogarithm) Numerus (Zahl, zu der der Logarithmus gesucht wird)
antilogous poles ungleichnamige Pole
antimatter Antimaterie
antimony Antimon
antineutron Antineutron
antinode Schwingungsbauch
antinoise geräuschdämpfend
  antinoise microphone Mikrophon mit Raumgeräuschunterdrückung
antiparallel connection Antiparallelschaltung, Gegenparallelschaltung
antiparticle Antiteilchen
antiphase gegenphasig
antiphase Gegenphase
antiplane linearisiert
antipode Antipode (auf dem gegenüberliegenden Punkt der Erde)
antiproton Antiproton (Elementarteilchen mit der Masse des Protons, aber negativer Ladung)
antireflexion coating reflexmindernder Belag
antiresonance Parallelresonanz
antisidetone rückhördämpfend
antistatic antistatisch
antisurge fuse träge Sicherung

antisymmetric antisymmetrisch
antivalence Antivalenz-Funktion (Logik)
anxious ängstlich, besorgt
any irgendein, jeder (beliebige)
anything alles, irgendetwas
anywhere irgendwo
AOQ (average outgoing quality) Durchschlupf
a priory probability a priori-Wahrscheinlichkeit (vorhersehbare Wahrscheinlichkeit)
apart (räumlich) entfernt
  apart from abgesehen von
APCVD (atmospheric pressure chemical vapor deposition) Pyrolyse bei Normaldruck
APD (avalanche photodiode) Lawinenphotodiode
aperiodic aperiodisch, gedämpft, nichtperiodisch
aperture Apertur, Blende, Öffnung
  aperture antenna Flächenstrahler
  aperture card Mikrofilmlochkarte
  aperture delay time Öffnungszeit (bei Abtast-Halte-Gliedern)
  aperture distortion Aperturverzerrung, Auflösungsunschärfe, Öffnungsverzerrung
  aperture illumination Aperturflächenausleuchtung
  aperture jitter Unsicherheit der Öffnungszeit (bei Abtast-Halte-Gliedern)
  aperture mask Lochmaske
  aperture ratio Öffnungsverhältnis
  aperture setting Blendeneinstellung
  aperture time Verzugszeit
apex Scheitelpunkt
aphelion Aphel (Sonnenferne)
aphonic schalltot

APL (a programming language) APL (Programmiersprache)
APL (average picture level) mittlere Bildhelligkeit
apochromatic aberrationsfrei (abbildungsfehlerfrei)
apogee Apogäum (Punkt der größten Entfernung eines Himmelskörpers von der Erde)
apostilb Apostilb (veralt. Einh. d. Leuchtdichte)
apostrophe Apostroph
apothem Inkreisradius
apparatus Apparat, Gerät
apparent augenscheinlich, offenbar, scheinbar
  apparent impedance Scheinwiderstand
  apparent permeability wirksame Permeabilität
  apparent power Scheinleistung
  apparent storage Scheinspeicher
appear, to auftreten, erscheinen
appearance Erscheinung
append, to anfügen, anhängen, ketten
appendix Anhang
apple-shaped nierenförmig
appliance Gerät, Vorrichtung, Mittel
  appliance connector Gerätestecker
appliances Zubehör
applicable anwendbar
application Anwendung, Einsatz(möglichkeit), Gebrauch, Verwendungszweck, Anwendungs...
  application layer Anwendungsschicht
  application of heat Wärmezufuhr
  application-oriented language Programmiersprache für spezielle Anwendungen
  application package Anwenderprogramme
  application program Anwenderprogramm

applications software Anwendersoftware
applied angelegt, angewandt, angewendet
  applied heat zugeführte Wärme
  applied impulse zugeführter Impuls
  applied mathematics angewandte Mathematik
  applied research angewandte Forschung
  applied voltage angelegte Spannung, Klemmspannung
applique circuit Anwenderschaltung
apply, to anlegen (z.B. Spannung), anwenden, aufbringen (z.B. Schicht)
  apply an electrical signal, to ansteuern
  apply by spinning, to Photolack (bei gleichzeitiger Drehung des Wafers) aufbringen
  apply heat, to Wärme zuführen
appoint, to bestimmen
appraisal Bewertung, Gutachten
appreciable beträchtlich, merklich, wesentlich
appreciate, to schätzen, wahrnehmen, würdigen
appreciation (Ein)Schätzung
approach, to sich nähern
approach Annäherung, Lösungsweg, Lösungsvorschlag, Näherung
approachable erreichbar
appropriable anwendbar
appropriate entsprechend, geeignet, zweckmäßig
appropriation Bereitstellung, Verwendung
approval Bestätigung, Genehmigung, Zulassung
approve, to zulassen
approved genehmigt, zugelassen

approximate angenähert, ungefähr, Näherungs...
approximation Approximation, Näherung
APT (automatic position telemetering)
  APT (automatische Fernübertragung der Lageparameter)
APT (automatically programmed tools)
  APT (automatische Steuerungen)
apt geeignet, tauglich
aptitude Eignung, Fähigkeit
  aptitude test Eignungsprüfung
APU (arithmetic processing unit) Arithmetikprozessor (Zusatzprozessor, der arithmetische Operationen ausführt)
AQL (acceptable quality level) Annahmegrenze
aqueous wasserhaltig, wäßrig
Arabic numeral arabische Ziffer
arbitrary beliebig, frei, willkürlich
  arbitrary function generator Universalfunktionsgenerator
ARC (attached resource computer) angeschlossener Hilfscomputer
arc Bogen, Drahtbrücke, Lichtbogen, Arcus (Math)
  arc baffle Ablenkplatte
  arc discharge Lichtbogenentladung
  arc function Arcusfunktion
  arc furnace Lichtbogenofen
  arc lamp Bogenlampe
  arc quenching Funkenlöschung
  arc-shaped bogenförmig
  arc suppression diode Löschdiode
  arc-trigometric zyklometrisch
  arc welding Lichtbogenschweißen
arcback Rückzündung
architectural architektonisch, baulich
  architectural acoustics Raumakustik
  architectural diagram Installationsplan

architecture Aufbau, (System)Architektur
archival storage archivierender Speicher
archive Archiv (Bereich, in dem Informationen abgelegt werden)
archiving Archivieren (Informationen einlagern)
arcing Lichtbogenbildung
arcover Überschlag (eines Funkens)
arctic arktisch (zum Nordpolargebiet gehörend)
area Bereich, Fläche, Flächenanordnung, Flächeninhalt, Gebiet, Zone
  area code Ortsnetzkennzahl
  area defect Flächendefekt
  area integral Flächenintegral
  area scanner Flächenabtaster
  area search Grobrecherche (oberflächliche Suche)
  area utilization factor Flächennutzungsfaktor
areal Flächen...
  areal curl Flächenrotation
areometer Aräometer, Tauchwaage
argon Argon (chem. Element)
argue, to argumentieren, erörtern
argument Argument, Beweis, Parameter, unabhängige Variable
  argument association Parameterzuordnung
arise, to ansteigen, (Problem) auftauchen, entstehen, sich ergeben, sich erheben, erhöhen
arithmetic arithmetisch
arithmetic Arithmetik, Rechnen, Rechen...
  arithmetic and logical unit Rechenwerk
  arithmetic array arithmetische Anordnung

arithmetic capability Fähigkeit, arithmetische Operationen auszuführen
arithmetic check Rechenprobe
arithmetic circuit Rechenschaltung
arithmetic element Rechenwerk
arithmetic function Rechenfunktion
arithmetic logic unit Rechenwerk
arithmetic mean arithmetisches Mittel
arithmetic(al) operation Rechenoperation
arithmetic organ Rechenwerk
arithmetic performance Rechenleistung
arithmetic processor Arithmetikprozessor (Zusatzprozessor, der arithmetische Operationen ausführt)
arithmetic(al) progression arithmetische Reihe (Math)
arithmetic(al) shift Stellenwertverschiebung
arithmetic statement arithmetische Anweisung
arithmetic unit Rechenwerk
arm Arm, Zweig
armature Armatur, Anker
armor Armierung, Bewehrung (Kabel), Ummantelung
around um...herum
ARQ (automatic request for repetition) ARQ (automatische Wiederholanfrage)
arrange, to anordnen, auslegen
arrangement Anordnung, Aufbau, Gruppierung
array, to anordnen
array Anordnung, Aufstellung, Bereich, Feld, Gitter, Gruppe, Gruppierung, Matrix
  array antenna Gruppenantenne
  array bounds Indexgrenzen

array data Felddaten
array declaration Feldvereinbarung, Matrixvereinbarung
array element Matrixelement
array expression Matrixausdruck
array factor Gruppencharakteristik
array identifier Matrixname
array list Feldliste
array of collinear dipoles Dipollinie
array of parallel dipoles Dipolzeile
array of structure Strukturmatrix
array processor Feldrechner, Vektorenrechner
array storage Matrixspeicher
arrester Blitzableiter, Überspannungsableiter
arresting facility Feststelleinrichtung
arrival Ankunft, Eintreffen
  arrival process Ankunftsprozeß, Anrufprozeß
  arrival rate Anruffolgedichte
arrive, to ankommen, erreichen, gelangen (zu)
arrow Pfeil, Richtungspfeil
arrowhead Pfeilspitze
arrowtail Pfeilschaft
arsenic Arsen (chem. Element)
art Handwerk, Kunst, Technik
  art of manufacturing Herstellungstechnik
article Artikel, Gegenstand
articulate, to gliedern
articulation (deutliche) Aussprache, Sprachverständlichkeit
artificial künstlich
  artificial antenna künstliche Antenne
  artificial black Testsignal für Schwarz (Fs)

artificial dielectric künstliches Dielektrikum
artificial intelligence künstliche Intelligenz
artificial language künstliche Sprache (Dv)
artificial line Leitungsnachbildung
artificial load Ersatzlast
artificial-mains network Netznachbildung
artificial radioactivity künstliche Radioaktivität
artificial resin Kunstharz
artificial traffic künstlicher Verkehr
artificial variable Hilfsvariable, Scheinvariable
artificial voice künstlicher Mund
artwork Druckvorlage (für gedruckte Schaltungen)
as als, da, weil, wie
as...as so...wie
asb (apostilb) Apostilb (veralt. Einh. d. Leuchtdichte)
ASBC (advanced standard buried collector) technology ASBC-Technik (Doppeldiffusionsverfahren zur Herstellung integrierter Bipolarschaltungen)
asbestos Asbest
ascend, to (an)steigen
ascending aufsteigend
ascertain, to feststellen, (nach)prüfen
ascertainment Ermittlung, Feststellung
 ascertainment model Erfassungsmodell, Ermittlungsmodell
ASCII (American Standard Code for Information Interchange) ASCII (genormter Standardzeichensatz)
ascribe, to zurückführen auf, zuschreiben

aser Aser, Quantenverstärker
aside from abgesehen von, außer
ASK (amplitude shift-keying) Amplitudentastung
ask, to bitten, fragen
ASN (average sample number) durchschnittlicher Stichprobenumfang
aspect Aspekt, Aussehen, Erscheinung, Verhältnis
 aspect ratio Bildformat, Bildseitenverhältnis, Geometrieverhältnis (MOSFET)
ASR (airport surveillance radar) Flughafenrundsichtgerät
ASR (automatic send and receive) automatisches Senden und Empfangen
assay Analyse, Probe, Test
assemble, to assemblieren (übersetzen in den Maschinencode), montieren, umwandeln
assembled zusammengebaut
assembler Assembler (Übersetzungsprogramm), Assemblersprache
 assembler directive Assembleranweisung
 assembler program/routine Assemblerprogramm
assembling force Einpreßkraft
assembly Assemblierung (Umwandeln in Maschinencode), Baugruppe, Montage, Zusammenbau
 assembly diagram Montageschema
 assembly language Assemblersprache
 assembly line Fließband
 assembly list Assemblerprotokoll
 assembly program Assemblerprogramm
 assembly time Umwandlungszeit
assert, to aussagen, behaupten, ansteuern (Signal)
assertion Aussage, Behauptung, Zusicherung

assertion logic Aussagelogik
assess, to abschätzen, beurteilen, bewerten
assessment Bewertung, Feststellung
assessment level Gütebestätigungsstufe
assign, to zuordnen, zuweisen
assignment Belegung, Zuordnung, Zuweisung
assignment problem Zuordnungsproblem, Zuteilungsproblem
assignment statement Ergibtanweisung
assist, to helfen, mitwirken, unterstützen
assistance Hilfe, Mitwirkung
assistance call Handvermittlung
associate, to verbinden, zuordnen, zusammenhängen
associated vereinigt, zugehörig
associated signaling zugeordnete Zeichengabe
associated software ergänzende Software
associated wave Begleitwelle
association Assoziation, Zuordnung
associative assoziativ (sich verbindend), Assoziativ...
associative memory/storage Assoziativspeicher
assume, to annehmen, voraussetzen
assumed decimal point Rechendezimalpunkt
assumption Annahme, Voraussetzung
assurance Garantie, Sicherheit, Vertrauen
assure, to sicherstellen
assuredly sicherlich, unzweifelhaft
astable astabil
astable multivibrator astabiler Multivibrator, astabile Kippstufe
astatic astatisch

astatine Astatin (chem. Element)
asterisk, to mit einem Sternchen versehen
asterisk Stern, Sternchen (Satzzeichen)
astigmatism Astigmatismus (Abbildungsfehler von Linsen)
astonish, to erstaunen
astrionics Raumfahrtelektronik
astronautics Raumfahrt
astronomer Astronom
astronomic(al) astronomisch
astronomy Astronomie (Himmelskunde)
astrophysics Astrophysik (Physik der Sterne)
asymmetric asymmetrisch, unsymmetrisch
asymmetrical cell Gleichrichterzelle
asymmetry Asymmetrie (Ungleichmäßigkeit)
asymmetry error Asymmetriefehler, Koma (Optik)
asymptote, to sich asymptotisch nähern
asymptote Asymptote (Gerade, die sich einer Kurve nähert, sie jedoch nicht schneidet)
asynchronism Asynchronität
asynchronous asynchron (nicht gleichzeitig, taktunabhängig)
asynchronous balance method Mischbetrieb
asynchronous communications control Start-Stop-Steuerung
asynchronous line Start-Stop-Einrichtung
asynchronous machine Asynchronmaschine
asynchronous motor Asynchronmotor
asynchronous operation asynchrone Übertragung, Asynchronbetrieb, Asynchronverfahren, Start-Stop-Übertragung

asynchronous response mode Spontanbetrieb
asynchronous shift register asynchrones Schieberegister
asynchronous transmission Asynchronübertragung
asynchronous working Asynchronbetrieb
at an, in, um, zu
at all überhaupt
at compile time während des Compilierens
at end phase Endezusatz (Dv)
at first zuerst
at infinity unendlich fern
at last endlich
at least mindestens
at most höchstens
at object time während der Programmausführung
at once sofort, sogleich, auf einmal
AT (ampere-turns) Amperewindungen
ATC (air traffic control) Radar
ATE (automatic test equipment) ATE (automatisches Testgerät)
athermanous infrarotundurchlässig
atmosphere Atmosphäre
atmospheric atmosphärisch, Luft...
atmospheric absorption Luftabsorption
atmospheric duct atmosphärische Leitschicht
atmospheric electricity Luftelektrizität
atmospheric noise atmosphärisches Rauschen
atmospheric pressure Luftdruck
atmospheric pressure CVD Pyrolyse bei Normaldruck
atmospherics atmosphärische Störungen

ATN (attention) Signal zur Unterscheidung von Daten und Steuerbefehlen
atom Atom
  atom bomb Atombombe
  atom site Gitterplatz
  atom smasher Beschleuniger
atomic Atom..., Kern...
  atomic battery Kernbatterie
  atomic bond/bonding Atombindung, homöopolare Bindung
  atomic charge Kernladung
  atomic clock Atomuhr
  atomic core Atomkern
  atomic defect atomarer Gitterfehler
  atomic disintegration Atomzerfall
  atomic energy Kernenergie
  atomic envelope Atomhülle
  atomic fission Kernspaltung
  atomic frequency standard Atomfrequenznormal
  atomic hydrogen atomarer Wasserstoff
  atomic hydrogen welding Wolfram-Wasserstoff-Schweißen
  atomic kernel Atomkern
  atomic mass Atommasse (bezogen auf ^{12}C)
  atomic migration Atomwanderung
  atomic number Atomzahl, Ordnungszahl
  atomic pattern Atommodell
  atomic plane Gitterebene
  atomic space lattice Atomgitter
  atomic spacing Atomabstand
  atomic stopping power atomares Bremsvermögen
  atomic structure Atomaufbau
  atomic theory Atomtheorie
  atomic time Atomzeit
  atomic weight Atommasse (bezogen auf ^{12}C)
atomizer Zerstäuber
atonic tonlos

attach, to anbringen, befestigen
attached angeschlossen
  attached foreign materials (im Halbleiter) gebundene Fremdatome
attachment Anlagerung, Zusatz, Befestigung
  attachment cord Verbindungsschnur
  attachment plug Verbindungsstecker
attack, to angreifen
attack time Ansprechzeit, Einregelzeit
attainable erreichbar
attempt Versuch
attend, to bedienen
attended time Betriebszeit
attention Abruf, Achtung, Beachtung
  attention display Warnanzeige
  attention line Signalleitung (zur Mitteilung, daß der Bus einen Befehl enthält)
  attention signal Warnsignal
attenuate, to abschwächen, dämpfen
attenuation Abschwächung, Dämpfung
  attenuation coefficient Dämpfungskonstante
  attenuation constant Dämpfungsmaß, spezifische Dämpfung
  attenuation distortion Dämpfungsverzerrung
  attenuation element Dämpfungsglied
  attenuation equalizer Dämpfungsentzerrer
  attenuation equivalent Dämpfungsmaß
  attenuation factor Dämpfungszahl
  attenuation network/pad Dämpfungsglied
  attenuation ratio Dämpfungsgrad
  attenuation skirt Dämfungskante
  attenuation standard Dämpfungsmaß
  attenuation variation Dämpfungsschwankung

attenuator (pad) Dämpfungsglied
attitude (Flug)Lage, Haltung, Stellung
  attitude stabilized satellite lagestabilisierter Satellit
atto Atto...(10^{-18})
attract, to anziehen
attraction Anziehung
attractive force Anziehungskraft
attribute, to zurückführen auf, zuschreiben
attribute Attribut(merkmal), Eigenschaft, Ergänzung, Merkmal
ATU (autonomous transfer unit) autonome Übertragungseinrichtung
AU (astronomical unit) astronomische Einheit (Abstand Sonne - Erde; 1 AU = $1,496 \cdot 10^{11}$ m)
audibility Hörbarkeit
  audibility threshold Hörbarkeitsschwelle
audible akustisch, Hör...
audible Hörhilfe
audio Nf..., Radio..., Ton...
  audio amplifier Nf-Verstärker, Tonfrequenzverstärker
  audio conference Fernsprechkonferenz
  audio disk Sprachplatte
  audio engineering Tontechnik
  audio frequency Hörfrequenz, Niederfrequenz, Sprechfrequenz, Tonfrequenz
  audio-frequency channel Niederfrequenzkanal
  audio(-frequency) peak-limiter Tonfrequenzamplitudenbegrenzer
  audio-frequency spectrum Tonfrequenzbereich (30 Hz bis 20 000 Hz)
  audio-frequency transformer Tonfrequenzübertrager
  audio gain control Lautstärkeregelung

audio generator Tonfrequenzgenerator
audio level Tonpegel
audio link Sprechverbindung
audio muting Stummschaltung
audio oscillator Tonfrequenzgenerator
audio recording equipment Tonbandgerät
audio response Tonfrequenzgang
audio response unit Sprachausgabe
audio spectrum Tonfrequenzbereich (30 Hz bis 20 000 Hz)
audiogram Hörbarkeitsdiagramm
audiometer Gehörmeßgerät
audion Audion (Verstärkerröhre)
audiophile Tonliebhaber
audiovisual audiovisuell (das Hören und das Sehen ansprechend)
audit, to überprüfen
audit Rechnungsprüfung
  audit trail Prüfliste
auditing Schreiben von Protokollen (Dv)
auditory Auditorium, (großer) Saal
  auditory acuity Hörschärfe
  auditory perspective Raumeffekt
  auditory sensation Hörempfinden
augend (erster) Summand
augment, to erweitern, erhöhen (z.B. Registerinhalt), vergrößern
augment Erweiterung
augmentation Vergrößerung, Zunahme
aural Ohr..., Ton...
  aural carrier Tonträger
  aural masking Tonmaskierung
  aural signal Tonsignal
  aural transducer akustischer Wandler
  aural transmitter Tonsender
aurora Aurora, Morgenröte
auroral storm Ionosphärensturm

author Autor
  author language Autorensprache (computerunterstützer Unterricht)
authorization Zugriffsberechtigung
authorized befugt, berechtigt
  authorized frequency genehmigte Frequenz
auto Selbst...
  auto-adaptive selbstanpassend
  auto-answer equipment automatische Anrufbeantwortung
  auto-correlogram graphische Darstellung der Autokorrelationsfunktion
  auto-transformer Spartransformator
autoalarm (automatic alarm receiver) selbsttätiger Alarmempfänger
autobalance Selbstabgleich
autocorrelation Autokorrelation
  autocorrelation function Autokorrelationsfunktion
autodoping Selbstdotierung
autodyne Autodyn, Schwingungsaudion
autofocussing automatische Scharfeinstellung
autogenous autogen (selbsttätig, unmittelbar)
autoindexing Selbstindizierung
autolanding Blindlandung
automanual-exchange halbautomatisches Amt
automat Automat
automate, to automatisieren
automatic automatisch, selbsttätig, Selbst...
  automatic aiming automatische Nachführung
  automatic answering automatische Rufbeantwortung
  automatic back bias automatische Rückwärtsregelspannung
  automatic balancing Selbstabgleich

automatic brightness control automatische Helligkeitssteuerung
automatic calling automatisches Wählen
automatic carriage automatischer Vorschub
automatic chrominance control automatische Farbtonregelung
automatic control Regelung, Regel...
automatic control engineering Automatisierungstechnik
automatic control loop Regelkreis
automatic control technique Steuerungstechnik
automatic cut out Automat (als Sicherung)
automatic data processing automatisierte Datenverabeitung
automatic dialer automatischer Wähler
automatic dictionary Maschinenwörterbuch
automatic direction finder Funkpeilung
automatic erase circuit Löschautomatik
automatic exchange automatischer Datenverkehr, Fernsprechvermittlung, Wählvermittlungsstelle
automatic gain control Schwundregelung, selbsttätige Verstärkungsregelung
automatic interlock Selbstsperrung
automatic landing system Blindlandesystem
automatic logon automatische Anmeldung
automatic machine Automat
automatic message accounting selbsttätige Berechnung eines Gesprächs
automatic network Wählnetz

automatic noise limiter automatischer Rauschbegrenzer
automatic overload control automatische Überlastregelung
automatic peak limiter selbsttätiger Begrenzer des Weißzipfels
automatic processing automatische Bearbeitung
automatic ranging unit Bereichsautomatik
automatic reception automatischer Empfang
automatic release Selbstauslösung
automatic request automatische Wiederholung, Rückfrage (nach jedem Wort)
automatic request system ARQ (Telegrafen-Übermittlungssystem mit Fehlerkorrektur durch automatische Rückfrage)
automatic restart automatischer Wiederanlauf
automatic sensitivity control Verstärkungsregelung
automatic sequencing Programmsteuerung
automatic shut-off Abschaltautomatik
automatic speech output automatische Sprachausgabe
automatic speech recognition automatische Spracherkennung
automatic threshold control Schwellenregelung
automatic tracking automatische Zielverfolgung
automatic voltage regulator Spannungskonstanthalter
automatic volume compressor Dynamikkompressor
automatic volume control automatische Lautstärkeregelung

automatic volume expander   Dynamikdehner
automatic zero adjustment   automatische Nullpunktkorrektur
automatic zeroing   automatischer
Nullabgleich
automatically   automatisch
automatics   Automatentheorie
automation   Automatisierung(stechnik),
Automation
automatization   Automatisierung
automaton   Automat
autonomous   autonom, selbständig,
unabhängig
autopatch   automatische Programmkor-
rektur
autopilot   automatische Kurssteuerein-
richtung
autopolling   automatischer Abrufbe-
trieb
autoranging   Bereichsautomatik
autoregistration   Selbstjustierung
autoscale   selbständige Maßstabsfest-
legung
autostop   Selbstabschalten
autotracking   automatische Nachführung
autotransformer   Spartransformator
autotriggering mode   Eigentriggerung
autotune, to   selbsttätig abstimmen
autumnal equinox   Herbstnachtgleiche
auxiliary   Hilfs..., Neben..., Not...
   auxiliary antenna   Behelfsantenne
   auxiliary equipment   Zusatzgerät
   auxiliary input statement   ergänzende
   Eingabeanweisung
   auxiliary memory   Ergänzungsspeicher
   auxiliary route   Alternativweg
   auxiliary routine   Hilfsprogramm
   auxiliary set   Zusatzgerät
   auxiliary storage   Ergänzungsspeicher
availability   Verfügbarkeit

availability ratio   Verfügbarkeitsgrad
available   verfügbar
   available address   freie Adresse
   available line   nutzbarer Bildseiten-
   teil, nutzbare Leitung
   available power   verfügbare Leistung
   available time   nutzbare Zeit
avalanche   Lawine
   avalanche breakdown   Lawinendurch-
   bruch
   avalanche diode   Lawinendiode
   avalanche effect   Lawineneffekt
   avalanche induced migration   Wanderung geladener Teilchen aufgrund des
   Lawinendurchbruchs
   avalanche multiplication   Vervielfa-
   chung von Ladungsträgern durch Stoßionisation
   avalanche noise   Lawinenrauschen
   avalanche photodiode   Lawinenphotodiode
   avalanche transit time diode   Lawinenlaufzeitdiode (Mikrowellendiode)
AVC (automatic volume control)   automatische Lautstärkeregelung
AVC amplifier   Regelverstärker
average, to   mitteln
average   Durchschnitt, Mittelwert
average   durchschnittlich, mittlere(r,s),
Mittel...
   average deviation   mittlere Abweichung
   average error   mittlerer Fehler
   average information content   mittlerer Informationsgehalt
   average noise figure   Bandrauschzahl
   average outgoing quality   Durchschlupf
   average output   mittlere Ausgangsleistung
   average rate   Durchschnittsrate

average speech power durchschnittliche Sprechleistung
average time Integrationszeit
average value arithmetischer Mittelwert
averaging Mittelwertbildung
averaging circuit Integrationsschaltung
aviation Flugwesen
avionics Luftfahrtelektronik
Avogadro's number Avogadro-Zahl
avoid, to vermeiden
AVR (automatic volume recognition) automatische Lautstärkeregelung
awake, to aufwachen
away fort, weg
AWG (American wire gauge) amerik. Drahtlehre
awhile eine Zeitlang, für kurze Zeit
axial axial, Axial...
 axial field Längsfeld
 axial lead axialer Drahtanschluß
 axial ratio Achsenverhältnis
axially parallel achsenparallel
axiom Axiom (Math), Grundsatz
 axiom of choice Auswahlaxiom
axis Achse, Mittellinie
 axis control Achssteuerung
 axis crossing Nulldurchgang
 axis of coordinates Koordinatenachse
 axis of ordinates Ordinatenachse (senkrechte Achse)
axle (Rad)Achse, Welle
azerty Tastatur mit der Belegung AZERTY
azimuth Azimut
 azimuth angle Richtungswinkel
 azimuth display Azimutdarstellung (Rad)
azimuthal quantum number Nebenquantenzahl

B

babble Nebensprechen, Störgeräusch
back, to beistehen, (unter)stützen
 back-bias, to in Rückwärtsrichtung vorspannen
 back off, to kompensieren
 back up, to retten, sichern
back Rückseite
back zurück, Rück..., Rückwärts...
 back and forth rückwärts und vorwärts
 back bias Rückwärtsspannung
 back bonding rückwärtige Drahtkontaktierung
 back connection rückseitiger Anschluß
 back contact Ruhekontakt
 back coupling Rückkopplung
 back current Rückwärtsstrom
 back diffusion Rückdiffusion
 back diode Backward-Diode, Rückwärtsdiode
 back echo Nebenkeulenecho
 back electromotive force gegenelektromotorische Kraft
 back emission Gegenemission
 back-end computer Nachrechner
 back-light von hinten beleuchtet
 back-lit display (von hinten) beleuchtete Anzeige
 back lobe Hinterkeule (Ant, Mikrofon)
 back-off voltage Gegenspannung
 back porch hintere Schwarzschulter
 back resistance Sperrwiderstand
 back-shunt keying Antennenkreistastung
 back surface Rückseite

back-to-back antiparallel, gegeneinander
back-to-back diodes gegeneinandergeschaltete Dioden
back-to-back operation Kurzschlußbetrieb
back-to-back rectifier Gegentaktgleichrichter
back view Rückansicht
back wave Rückwärtswelle
back wave amplifier Rückwärtswellenverstärker
backbiased in Rückwärtsrichtung vorgespannt
backfire Fehlzündung, Rückschlag, Rückzündung
backfire antenna Backfire-Antenne
background (akustischer) Hintergrund, Untergrund
background brightness Grundhelligkeit
background count Hintergrundzählstöße
background display Anzeigehintergrund
background doping Grunddotierung
background image Anzeigehintergrund
background level Störpegel
background noise Eigenrauschen, Grundrauschen, Nebengeräusch, Störgeräusch
background processing Hintergrundverarbeitung
background program Hintergrundprogramm
background programming Hintergrundprogrammierung
background radiation Hintergrundstrahlung
background return Bodenrückstrahlung
backgrounding Hintergrundverarbeitung

backheating Rückheizung
backing Belag, Überzug, Träger
backing-off current Kompensationsstrom
backing-off voltage Gegenspannung
backing storage Hilfsspeicher, Hintergrundspeicher, Zusatzspeicher
backlash (toter) Gang, Spiel
backplane Chassis (für Leiterplatten), Rückseite, Rückwand
backplate Rückwand
backplate electrode Gegenelektrode
backscatter, to rückstreuen
backscattering Rayleigh-Streuung (in optischen Systemen), Rückstreuung
backside rückseitig
backslash Schrägstrich (von links oben nach rechts unten)
backspace, to rücksetzen, schrittweise zurückschalten
backspace Rücksetzen
backspace key Rücktaste
backspace statement Rücksetzanweisung
backspacing Rücksetzen
backstop hinterer Anschlag der Kontaktfeder
backup, to ergänzen, sichern, unterstützen
backup Reserve...
backup computer Satellitenrechner
backup copy Datensicherungskopie, Reservekopie, Sicherheitskopie
backup data set Sicherungsdatei
backup file Sicherungsdatei
backup processing Datensicherungsverfahren
backward rückwärts, rückwärts gerichtet, Rückwärts...
backward channel Hilfskanal, Rückkanal

backward counter Rückwärtszähler
backward current Rückwärtsstrom
backward diode Backward-Diode, Rückwärtsdiode
backward recovery time Sperrverzögerungszeit
backward signal Rückwärtszeichen
backward wave rücklaufende Welle
backward-wave oscillator Karzinitron (Rückwärtswellenoszillator)
bad schlecht, schlimm
bad parity Paritätsfehler
badge Kennzeichen, Merkmal
badge reader Ausweisleser
baffle Reflexionsplatte, Schallwand
baffle angle Prallwinkel
baffle plate Ablenkplatte, Prallplatte
bag Beutel, Sack, Tasche
bail Bügel, Sicherheit
bake, to (aus)härten, backen
bakeout Entgasung
baking Einbrennen
balance, to abgleichen, ausgleichen, kompensieren
balance Abgleich, Gleichgewicht, Kompensation, Unruh (einer Uhr), Waage
balance capacitor Abgleichkondensator
balance condition Gleichgewichtsbedingung
balance error Abgleichfehler, Nullpunktfehler
balance meter Nullinstrument
balance return loss Fehlerdämpfung
balanced abgeglichen, symmetrisch
balanced amplifier Gegentaktverstärker, symmetrischer Verstärker
balanced antenna symmetrische Antenne
balanced bridge abgeglichene Brücke

balanced capacitor Ausgleichskondensator, Entkopplungskondensator
balanced circuit symmetrische Schaltung
balanced condition Gleichgewichtszustand
balanced converter Symmetrieübertrager
balanced error symmetrischer Fehler
balanced feeder symmetrische Speiseleitung
balanced input symmetrischer Eingang
balanced line (erd)symmetrische Leitung
balanced load symmetrische Belastung
balanced mixer Brückenmischer
balanced station Hybridstation
balanced-T section H-Schaltung
balanced-to-earth erdsymmetrisch
balanced-to-ground erdsymmetrisch, symmetrisch gegen Masse
balanced transistor Gegentakttransistor
balanced twin symmetrische Doppelleitung
balanced two-port symmetrischer Vierpol
balanced voltage erdsymmetrische Spannung
balancing Abgleich, Kompensierung
balancing apparatus Nullinstrument
balancing component Abgleichwiderstand
balancing current Ausgleichsstrom
balancing diode Kompensationsdiode
balancing error kompensierter Fehler
balancing frequency Abgleichfrequenz
balancing method Abgleichmethode
balancing network Entzerrungsschaltung, Nachbildung (einer Leitung)

balancing out Abgleichen
balancing resistor Abgleichwiderstand
balancing voltage Kompensationsspannung
ball, to (sich) zusammenballen
ball Ball
 ball bearing Kugellager
 ball bonding Nadelkopfkontaktierung
 ball microphone Kugelmikrofon
 ball-shaped kugelförmig
ballast Ballast, Halt, Stütze
 ballast resistor Ballastwiderstand,
 Stabilisator
ballistic ballistisch
 ballistic curve Schußbahn
 ballistic galvanometer ballistisches
 Galvanometer
ballistics Ballistik (Lehre vom Wurf)
balloon antenna Ballon-Antenne
balun Symmetrieübertrager
banana jack Buchse für Bananenstecker
banana plug Bananenstecker
band Band, Energieband, Wellenbereich,
 Spurengruppe
 band bending Bandkrümmung, Bandver-
 biegung
 band distortion Bandverzerrung
 band edge Band(en)kante
 band elimination Bandunterdrückung
 band elimination filter Bandfilter,
 Bandsperre, Sperrfilter
 band gap Energiebandabstand
 band model Bändermodell
 band of frequency Frequenzband,
 Frequenzbereich
 band overlap Bandüberlappung
 band rejection filter Bandsperre
 band selector Wellen(um)schalter
 band separation Bandtrennung, Energiebandabstand

 band spacing Energiebandabstand
 band structure Bandstruktur
 band suppressor Bandsperre
 band tailing / widening Bandver-
 breiterung
bandage Bandage (Kabel)
bandlimited bandbegrenzt
bandpass (filter) Bandpaß
 bandpass amplifier Bandpaßverstärker
 bandpass ladder filter Bandfilter-
 kette
 bandpass with minimum number of coils
 spulensparender Bandpaß
bandsplitting Bandverschachtelung
bandspreading Banddehnung
bandstop filter Bandsperre
bandswitch Bereichsschalter, Wellen-
 (um)schalter
bandwidth Bandbreite
bang (lauter) Knall, (heftiger) Schlag
 bang-bang control Zweipunktregelung
bank Anordnung, (Daten)Bank, Gruppe,
 Reihe(nanordnung), Satz, (Speicher)Be-
 reich
 bank of buttons Tastenreihe
 bank of filters Filterbank
 bank phasing Speicherverschränkung
 bank switching erweiterte Adressierung (Parallelschalten von Speicher-
 bereichen)
bann, to verbannen
banner line Schlagzeile
bar Bar (1 bar = 10^5 Pascal)
bar Balken, Querstreifen, Querstrich,
 Schranke, Stab, Stange, Strich, Stab...
 bar chart Balkendiagramm
 bar code Strichcode
 bar code scanner Strichmarkierungs-
 leser
 bar controller Stabregler
 bar graph Balkendiagramm

bar line display Balkenanzeige
bar (line) printer Stabdrucker
bar magnet Stabmagnet
bar pattern Strichmuster, Strichraster
bar presentation Balkenanzeige
bar signal Sprungsignal
bare, to abisolieren, freilegen
bare blank, bloß, nackt
　bare wire blanker Draht
barely dürftig, gerade so eben, kaum
bargraph display Balkendiagramm-Anzeige
Baritt (barrier-injected transit time)
　diode Baritt-Diode (Mikrowellendiode)
barium Barium
Barlett's bisection theorem Barlettsches Theorem
barometer Barometer
barometric barometrisch
　barometric pressure Luftdruck
　barometric switch Barometerrelais
　barometric thermometer Siedethermometer
barrage Sperre, (Stau)Damm
　barrage jammer Breitbandstörer
barrel angels. Hohlmaß (1 barrel = 158,758 l)
barrel Faß, Projektionssystem (bei der Herstellung integrierter Schaltungen), Verkleinerungseinheit, Walze, zylindrischer Teil
　barrel distortion Tonnenverzeichnung
　barrel printer Typenstangendrucker
barretter Barretter (Stabilisatorröhre), Eisenwasserstoffwiderstand, Stromregler
barrier Barriere, Wall, Potentialschwelle, Potentialwall, Sperrschicht, Steg

barrier capacitance Sperrschichtkapazität
barrier diode Sperrschichtdiode
barrier frequency Grenzfrequenz
barrier grid Sperrgitter
barrier height Höhe des Potentialwalls
barrier jump Potentialsprung (Hl)
barrier layer Sperrschicht
barrier surface layer Randschicht
barrier voltage Sperrschichtspannung
barrier width Randschichtbreite
barring Sperre
base Base (Chem), Basis (eines Zahlensystems), Basis(anschluß), Block, Fundament, Grundplatte, Sockel, Träger, Grund...
base address Anfangsadresse, Basisadresse, Bezugsadresse
base-b notation of numbers Zahlencode zur Basis b
base bias/voltage Basisvorspannung
base circle Grundkreis
base-collector diode Basis-Kollektor-Diode, Basis-Kollektor-Strecke
base connection Masseanschluß
base contact Basisanschluß
base depth Basistiefe (Hl)
base diagram Sockelschaltung
base-emitter diode Basis-Emitter-Diode, Basis-Emitter-Strecke
base function Ausgangsfunktion, Basisfunktion, Grundfunktion
base intrinsic resistance Basisbahnwiderstand
base item Grundgröße
base layer Basisschicht, Basiszone
base line Basisleitung, Grundlinie, Nullinie
base-loaded antenna fußpunktbelastete Antenne

base material Ausgangsmaterial, Basismaterial, Grundmaterial, Substrat, Trägermaterial
base metal unedles Metall
base modulation Basismodulation
base mounting Montage auf einer Grundfläche
base notation Stellenwertschreibweise (genauer: Radixschreibweise)
base number Basiszahl (eines Zahlensystems)
base-one-current Basis-1-Strom
base plane Grundfläche
base region Basisbereich, Basisgebiet, Basiszone
base register Bezugsregister
base resistance Basiswiderstand
base size Grundfläche
base spreading resistance Basisinnenwiderstand
base station Zentralstation
base transit time Laufzeit (der Ladungsträger durch die Basis eines Transistors)
base width Basisbreite, Basisweite, Dicke der Basiszone
base zone Basisbereich (Trans)
baseband Basisband
baseband modem Basisband-Modem
baseband transmission equipment Basisband-Übertragungseinrichtung, Codec
based bezogen auf
based variable zeigerbezogene Variable
baseline Grundlinie
baseline dwell time Verweilzeit auf der Grundlinie
baseline overshoot Nachschwinger
baseplate Grundplatte
bashful verlegen, zaghaft

BASIC (beginners all purpose symbolic instruction code) BASIC (Programmiersprache)
basic grundlegend, grundsätzlich, Grund...
basic access Basiszugriff
basic block Programmteil
basic character repertoire Grundzeichenvorrat
basic circuit Grundschaltung
basic code Maschinencode
basic concept Grundmodell
basic format Grundformat
basic frequency Grundfrequenz
basic instruction set Grundbefehlsvorrat
basic language Grundsprache
basic law Grundgesetz
basic linkage Grundverknüpfung
basic mode Basismodus
basic module Grundbaustein
basic noise Eigenrauschen
basic operation of arithmetic Grundrechenart
basic pattern Grundstruktur
basic peripherals periphere Grundgeräte
basic pitch Schreibschritt
basic principle Grundgesetz
basic processing unit Befehlsprozessor, Zentralprozessor
basic repetition rate Grundimpulsfolgefrequenz
basic research Grundlagenforschung
basic setup Grundschaltung
basic size range Grundmeßbereich
basic symbol Grundsymbol
basic units Grundeinheiten
basic value Bezugswert
basic wave Grundwelle, Hauptwelle
basic width spacing Schreibschritt

basis metal unedles Metall
basis vector Basisvektor
basket Verdampfungsschiffchen
  basket winding Kettenwicklung
bass Baß
  bass boost Tiefenanhebung
  bass control Tiefeneinstellung
  bass treble control Höhen- und Tiefeneinstellung
bat Druckwelle, Gebläse, Fledermaus
  bat-handle switch Kippschalter
batch, to abzählen, schubweise (stapelweise) verarbeiten
batch Stapel, Charge, Füllung, Grundsubstanz, Haufen, Ladung, Masse
  batch counter Vorwahlzähler
  batch file Verarbeitungsstapel
  batch job Stapelverarbeitungsauftrag
  batch mode Stapelbetrieb, Stapelverkehr
  batch of data Datenstapel
  batch operation Tastbetrieb
  batch process zyklischer Vorgang
  batch processing Stapelbetrieb, Stapelverarbeitung
  batch production Serienherstellung
  batch testing Serienprüfung
  batch total Zwischensumme
batching Stapelverarbeitung
  batching counter Vorwahlzähler
bath Bad
bathtub capacitor Badewannenkondensator
bathtub case Badewannengehäuse
bathtub curve/diagram Badewannenkurve (Kurve, die die Ausfallhäufigkeit von Bauteilen in Abhängigkeit der Zeit angibt)
bathtub distribution Badewannenverteilung
bathymetrie Tiefenmessung

battery Akkumulator, Batterie
battery backup system Batteriereservesystem
battery charching Batterieladung
battery charger Batterieladegerät
battery clip federnde Batterieklemme
battery-fed/-operated/-powered batteriebetrieben
battery supply Batterieversorgung
batwing antenna Schmetterlingsantenne
baud Baud (Einh. d. Schrittgeschwindigkeit; 1 Baud = 1 Schritt/s oder 1 Bit/s)
Baudot code Baudot-Code (Fernschreibcode)
bay Gestell, Rahmen, Einschnitt, Lükke, Zwischenraum
bayonet Bajonett...
  bayonet connector Bajonettstecker
  bayonet coupling Bajonettkupplung
  bayonet nut connector BNC-Stecker
  bayonet socket Bajonettfassung
bazooka Symmetrieübertrager
BBD (bucket brigade device) Eimerkettenschaltung (Ladungsverschiebebauelement)
BCC (block check character) Blockprüfzeichen
BCCD (bulk charge-coupled device) Ladungsverschiebebaustein
BCCD (buried channel CCD) Ladungsverschiebebaustein mit vergrabener Schicht
BCD (binary coded decimal) BCD (binärcodierte Dezimalziffer)
BCI (broadcast interference) Rundfunkstörungen
BCS (block check sequence) Blockprüfzeichenfolge
Bd (baud) Baud (1 Baud = 1 Schritt/s oder 1 Bit/s)

BDI (base diffusion isolation) BDI (Basisdiffusions-Isolation)
BDI (bearing deviation indicator) Sonar-Richtungszeiger
be, to sein
  be a good idea, to angebracht sein
beacon, to lenken, leiten, mit Leuchtfeuern versehen
beacon Funkfeuer, Leuchtfeuer, Signalanlage
bead kleiner Programmbaustein, Perle, Stützscheibe (in Koaxialleitung)
  bead thermistor Perlenthermistor
beam Strahl, Hauptkeule, Peilstrahl, Richtstrahlantenne, Strahlenbündel
  beam accessed Zugriff zu einem Halbleiterspeicher (über Elektronen-, Laser-, Lichtstrahlen)
  beam addressed Adressierung eines Halbleiterspeichers (über Elektronen-, Laser-, Lichtstrahlen)
  beam aerial Richtstrahlantenne
  beam alignment Bündelzentrierung, Zentrierung
  beam angle Öffnungswinkel
  beam balance Balkenwaage
  beam bending Strahlversetzung
  beam coupling Elektronenkopplung
  beam current Strahlstrom
  beam deflection Strahlablenkung
  beam jitter Strahlschwankung
  beam lead technology Beam-Lead-Technik, Stegetechnik (Kontaktierungsverfahren)
  beam loading Strahlbelastung
  beam-lobe switching Keulenumtastung
  beam magnet Konvergenzmagnet
  beam modulation Hell-Dunkel-Tastung, Hellsteuerung
  beam pattern Richtcharakteristik
  beam pointing error Schielfehler
  beam position Hauptkeulenrichtung
  beam power Strahlstärke
  beam scale Balkenwaage
  beam scanning Strahlabtastung
  beam shape loss Absuchverlust
  beam sharpening Verringerung der Halbwertbreite
  beam splitting Strahlaufspaltung
  beam spread Ausstrahlungsbreite, Bündelöffnung (Licht), Strahlbreite
  beam storage Speicheranordnung mit Elektronen-, Laser-, Lichtstrahlabtastung
  beam trajectory Strahlenverlauf
  beam transmitter Richtstrahler
  beam unblanking Helltastung, Strahlaustastung
  beam waveguide Strahlwellenleiter
BEAMOS (beam-accessed MOS) BEAMOS (durch Elektronenstrahlen abgetasteter Speicher)
beamsplitter Strahlteiler (Opt)
beamwidth Keulenbreite (Ant)
bear, to tragen
bearing Azimut, Lage, Lager(ung), Orientierung, Peilung, Peilwinkel
  bearing deviation indicator Sonar-Richtungsanzeiger
  bearing resolution Richtungsauflösungsvermögen
beat, to schlagen
  beat with, to überlagern
beat Schlag, Schritt, Schwebung, Schwingung
  beat component Überlagerungskomponente
  beat frequency Schwebungsfrequenz, Überlagerungsfrequenz
  beat frequency oscillator BFO (Telegrafieüberlagerer)
  beat note Schwebungston

beat reception   Überlagerungsempfang
beating   Schwebung
beats   Flatterschwingung
Beaufort's scale   Beaufort-Skala (Windstärkeskala)
beaver tail   Biberschwanz(antenne)
because   weil
  because of   wegen
Beckmann thermometer   Beckmann-Thermometer
become, to   werden
  become familiar with, to   vertraut werden mit
  become steady, to   sich stabilisieren
bed-of-nail   Nagelbett...
bedspring array   Antennenwand mit ebenem Reflektor
beep   Piepton
before   bevor, vor, vorher
beg, to   bitten
begin, to   anfangen, beginnen
begin   Anfang
beginner   Anfänger
beginning of conversation   Gesprächsbeginn
beginning of stress   Beanspruchungsbeginn
behave, to   sich verhalten
behaviour   Verhalten, Verlauf
behind   hinter
being   (menschliches) Wesen
bel   Bel (logarithmisches Verhältnis von Energiegrößen)
believe, to   glauben
bell   Glocke, Klingel, Wecker
  bell crank   Winkelhebel
  bell jar   Vakuumglocke
  bell shape   Glockenkurve
  bell wire   Klingeldraht
belong, to   gehören (zu)
below   unter(halb)

belt   Band, Gürtel
  belt drive   Riemenantrieb
belting   Gurtung
bench   Bank
  bench-mounting   Tischaufbau
benchmark   Benchmark, Bezugspunkt, Festpunkt
  benchmark comparison   Leistungsvergleich von (Mikro)Computern
  benchmark program   Bewertungsprogramm, Prüfprogramm (zur Überprüfung der Leistungsfähigkeit eines Computers)
  benchmark run   Vergleichslauf
  benchmark test   Prüfstandversuch
bend, to   krümmen, umlenken, (ver)biegen
  bend downward, to   nach unten biegen
  bend up, to   sich aufbiegen
bend   Kurve
  bend point   Extrempunkt (einer Kurve)
bending   Biegung, Krümmung
  bending force   Biegekraft
  bending moment   Biegemoment
  bending oscillation   Biegeschwingung
  bending stress   Biegespannung
beneficial   vorteilhaft
benefit   Beihilfe, Hilfe, Nutzen, Vorteil
benzene   Benzol
benzine   Benzin
BER (bit error rate)   Bitfehlerquote, Bitfehlerrate
berkelium   Berkelium (Transuran)
beryllium   Beryllium (chem. Element)
beside   außer, neben
Bessel filter   Bessel-Filter
Bessel function   Bessel-Funktion
best   beste(r,s)
bestride, to   einen Schritt machen über, überspannen, umfassen

BET (balanced emitter transistor) Vielfachemittertransistor mit leistungsabgeglichenen Emittern (Hochleistungs-Hf-Transistor)
beta Beta (griech. Buchstabe)
  beta current gain factor Betaverstärkung
  beta decay Betazerfall
  beta disintegration Betazerfall
  beta emitter Betastrahler
  beta gain Betaverstärkung
  beta particle Betateilchen
  beta radiation Betastrahlung
  beta rays Betastrahlen (energiereiche Elektronenstrahlen)
betatron Betatron, Elektronenbeschleuniger
better besser
between zwischen
BeV (billion electronvolt) Gigaelektronenvolt
bevel abgeschrägt, schief, schräg
beyond über
bezel Schneide
BFL (buffered FET logic) BFL (gepufferte FET-Logik (auf der Basis von Galliumarsenid))
BFO (beat frequency oscillator) BFO (Telegrafieüberlagerer)
BH loop Hystereseschleife
bias, to vormagnetisieren, vorspannen
bias angelegte Spannung, Neigung, Schräge, systematischer Fehler, Vorspannung
  bias address Distanzadresse
  bias current Ruhestrom
  bias distortion einseitige Verzerrung
  bias (of estimate) Ablage, Abweichung (von einer Schätzung)
  bias point Arbeitspunkt
  bias resistor Vorspannungswiderstand
  bias voltage Bezugsspannung, Vorspannung
  bias winding Vormagnetisierungswicklung
biased vorgespannt
  biased relay Schutzrelais
biaxial biaxial, zweiachsig
BIBO (bounded-input, bounded-output) BIBO-Stabilität
bicap (binary capacitor) Bicap (MOS-Kondensator)
biconical (horn) antenna Doppelkonusantenne
bicrystal Doppelkristall
bid Angebot
bidirectional bidirektional, in zwei Richtungen arbeitend, Zweirichtungs...
  bidirectional antenna zweiseitige Richtantenne
  bidirectional counter Vorwärts-Rückwärts-Zähler
  bidirectional microphone zweiseitig gerichtetes Mikrofon
  bidirectional thyristor diode Zweirichtungsthyristordiode, Diac
BIFET (bipolar FET) BIFET (mit Bipolartransistor integrierter FET)
bifilar bifilar, verdrillt
  bifilar winding bifilare Wicklung
bifurcated connector Gabelschalter
bifurcated contact Gabelkontakt
big groß
BIGFET (bipolar insulated gate FET) BIGFET (FET mit isoliertem Gate, der mit einem Bipolartransistor integriert ist)
bilateral bidirektional, zweiseitig
  bilateral characteristic Achtercharakteristik

bildschirmtext Bildschirmtext
  bildschirmtext decoder Bildschirmtext-Decodierer
  bildschirmtext field-trial Bildschirmtext-Feldversuch
  bildschirmtext modem Bildschirmtext-Modem
  bildschirmtext network Bildschirmtext-Netz
bilinear bilinear
bill Rechnung
  bill feed Blattführung
  bill feed printer Schnelldrucker
billboard antenna/array Antennenwand mit ebenem Reflektor
billet Barren, Block
billion Billion (USA: Milliarde)
bimetal Bimetall
  bimetallic strip Bimetallstreifen
bimorph cell Quarzzelle mit zwei Rochelle-Kristallen
bimorph system Zweielementensystem
BIMOS (bipolar MOS) BIMOS (mit Bipolartransistor integrierter MOS-Transistor)
bin Behälter, Magazin
binary binär, dual
  binary arithmetic binäres Rechnen
  binary capacitor Bicap (MOS-Kondensator)
  binary cell Binärelement, Speicherelement
  binary character Binärzeichen
  binary code Binärcode, Dualcode
  binary code disk Codierscheibe für den Binärcode
  binary coded binär verschlüsselt
  binary coded decimal code BCD-Code (Ziffern des Dezimalsystems dual dargestellt)
  binary compound binäre Verbindung
  binary counter Binärzähler, Dualzähler
  binary digit Binärzeichen, Binärziffer, Bit
  binary element Binärzeichen
  binary notation Binärdarstellung, Dualdarstellung
  binary number Binärzahl, Dualzahl
  binary number system Dualzahlensystem
  binary scaler Binärzähler
  binary signal Binärsignal
  binary synchronous communications BSC-Prozedur (blockweise Datenübertragung)
  binary synchronous communications adapter BSC-Anschluß
  binary-to-decimal conversion Dual-Dezimal-Umwandlung
  binary weighted binär gewichtet
binaural effect Raumtoneffekt
bind, to binden, befestigen, umwinden
binder Binder (Dv)
binding Bindung (Chem)
  binding energy Bindungsenergie
  binding force Bindungskraft
  binding post Verbindungsklemme
  binding type Bindungstyp
binistor Binistor (Vierschichtdiode)
binomial binomisch, Binomial...
  binomial antenna array Binomialantenne
  binomial coefficient Binomialkoeffizient
  binomial distribution Binomialverteilung
  binomial series binomische Reihe
bio Bio...
biochemistry Biochemie
biological cybernetics Biokybernetik
biomedicine Biomedizin

bionic arm Roboterarm
bionics Bionik
biosphere Biosphäre
bipolar bipolar, Bipolar...
  bipolar amplifier Verstärker mit zwei gegenpoligen Ausgängen
  bipolar integrated circuit integrierte Bipolarschaltung
  bipolar operation Bipolartastung
  bipolar technique Bipolartechnik
  bipolar transistor Bipolartransistor (meist kurz: Transistor)
biprism Doppelprisma
biquinary biquinär (5- bzw. 7-Bit-Code)
birdie Zwitschern
birefringence Doppelbrechung
birth Geburt
bisect, to halbieren
bisecting line Winkelhalbierende
bisection theorem Barlettsches Theorem
bisector of an angle Winkelhalbierende
bismuth Wismut
bistable bistabil
  bistable multivibrator bistabile Kippstufe, bistabiler Multivibrator, Flipflop
  bistable operation bistabiler Betrieb
bistatic radar Radar mit getrennter Sende- und Empfangsantenne
biswitch diode Fünfschichtdiode
BISYNC (binary synchronous communication) BSC-Prozedur
bit etwas, ein klein wenig
bit (binary digit) bit (Einh. für die Anzahl der Binärentscheidungen), Bit (Binärzeichen)
  bit allocation Bitzuweisung
  bit array Bitmatrix
  bit cell Speicherplatz
  bit density Bitdichte

bit error Bitfehler
bit error probability Bitfehlerwahrscheinlichkeit
bit error rate Bitfehlerhäufigkeit, Bitfehlerrate
bit error ratio Bitfehlerhäufigkeit
bit location Bitposition, Bitstelle
bit manipulation Bitverarbeitung
bit-parallel bitparallel
bit pattern Bitmuster
bit per inch Bit pro Zoll
bit position Bitstelle
bit rate Übertragungsgeschwindigkeit (in Bit/s), Bitrate
bit-serial bitseriell
bit sequence Bitfolge
bit slice Bitanteil (Bitstrukturen (meist zwei Bit), aus denen sich Mikroprozessoren beliebiger Wortlänge erstellen lassen)
bit soldering Kolbenlöten
bit string Bitkette, Binärzeichenfolge
bits per inch Bits pro Zoll
bits per second Bits pro Sekunde
biunique eineindeutig
bivalent zweiwertig
black dunkel(farbig), schwarz, strahlenabsorbierend
  black and white schwarzweiß
  black and white television Schwarzweißfernsehen
  black anodized schwarz eloxiert
  black body schwarzer Körper, schwarzer Strahler
  black box Black Box (Wiedergabe z.B. einer Schaltung, deren Struktur unbekannt ist)
  black compressor Schwarzsättigung
  black hole schwarzes Loch
  black lead Graphit

black level Schwarzpegel, Schwarzwert
black level control Schwarzwerthaltung
black level restoration Schwarzwertsteuerung
black level setup Schwarzabhebung
black light ultraviolettes Licht
black peak Maximum an Schwarz
black positive Positivspannung für Schwarz
black radiator schwarzer Strahler
black recording Schwarzwertempfang
black saturation Schwarzsättigung
black signal Schwarzsignal
black transmission Schwarzwertübertragung
blackout Gesamtausfall, Sperrung, Totalausfall, Totalschwund
blackout failure Totalausfall
blackout pulse Austastimpuls
bladder Blase
blade Blatt, Flügel, Flügelrad, Klinge
blade contact Messerkontakt
blade diameter Flügeldurchmesser
blank, to austasten, löschen
blank out, to löschen
blank leer, bloß
blank Leerstelle, Leerzeichen
blank character Leerzeichen
blank common unbenannter Bereich
blank space Leerstelle, Zwischenraum
blank transfer Leerübertragung
blanked ausgetastet
blanked area Überstrahlungsbereich
blanked beam unsichtbarer Elektronenstrahl
blanked element unsichtbares Element
blanket, to maskieren, überdecken

blanket gas Schutzgas
blanketing Überdecken eines Senders durch einen Störsender
blanking Austasten, Nullstellenunterdrückung, Austast...
blanking gap/interval Austastlücke
blanking level Austastpegel, Austastwert
blanking pulse Austastimpuls
blanking voltage Sperrspannung
blast, to durchbrennen (Programmierung eines Festspeichers)
blast Gebläse, Luftzug, Druckwelle
blasting Durchbrennen, Sprengung, Übersteuern (Mikrofon), Verzerrung
bleach, to entfärben
bleed, to ablassen, verlieren
bleeder Vorbelastungswiderstand, Entladewiderstand
bleeder current Vorbelastungsstrom
bleeder resistor Belastungswiderstand
blemish Fehlstelle (Magnetband)
blend, to mischen
blind blind
blind area tote Zone
blind occupation Blindbelegung
blind traffic Blindverkehr
blind traffic carried Blindbelastung
blinking Blinken
blinking jammer Impulsstörer
blip Echoimpuls, Pips, Zacke, Zielanzeige
Bloch function Bloch-Funktion
Bloch wall Bloch-Wand
block, to blockieren, sperren
block Baustein, (Daten)Block, Datensatz, Quader
block-by-block blockweise
block check character Blockprüfzeichen

block check sequence Blockprüfzeichenfolge
block code Blockcode
block diagram Blockdiagramm, Blockschaltbild, Programmablaufplan, Übersichtsplan
block error probability Blockfehlerwahrscheinlichkeit
block error rate Blockfehlerhäufigkeit
block header Blockkopf
block length Blocklänge
block name (Speicher)Bereichsname
block security Blocksicherungsverfahren
block size Blocklänge
block sort(ing) blockweises Sortieren
block transfer blockweises Übertragen
blocked grid keying Gittervorspannungstastung
blocked impedance Leerlaufimpedanz
blocked list Liste aller in Wartestellung befindlichen Programme
blocked resistance Realteil der Leerlaufimpedanz
blockette Teilblock (eines Datensatzes)
blocking Blockierung, Komprimieren, Sperren, Verdichten, Sperr...
  blocking attenuation Echosperrdämpfung
  blocking bias Sperrspannung
  blocking capacitor Sperrkondensator
  blocking characteristic Sperrkennlinie
  blocking circuit Verriegelungsschaltung
  blocking contact Sperrkontakt
  blocking current Blockierstrom
  blocking layer Doppelschicht, Sperrschicht
  blocking oscillator Sperrschwinger
  blocking period positive Sperrzeit
  blocking state Sperrzustand
  blocking state region Sperrbereich
  blocking time Blockierungsdauer
blood Blut
blooming Überstrahlen (Fs)
blooper Störsender
blow, to blasen, durchbrennen (Programmieren eines Festspeichers)
blower Gebläse, Ventilator
blowing Durchbrennen
blown fuse durchgebrannte Sicherung
blowout magnet Blasmagnet
blue Blau
  blue beam magnet Blaustrahlmagnet
  blue glow blaues Glimmlicht
  blue gun Elektronenkanone für Blau
  blue response Blauempfindlichkeit
  blue-sensitive blauempfindlich
blunt stumpf
blur trübe, unscharf, verschwommen
  blur factor Klirrfaktor
blurred unscharf, verschwommen, verzerrt
blurring Verwaschen
BNC (bayonet nut connector) BNC-Stekker (Bajonettsteckverbinder mit Überwurfmutter)
BNF (Backus normal form; Backus-Naur form) Backus-Normalform
board Brett, Leiterplatte, Pappe, Platine, Platte, Schalttafel, Tafel, Versammlung
  board address Einschubadresse
  board foot amerik. Raumeinheit (1 board foot = 2,36 dm^3)
boat Boot, Schiffchen
bobbin Spule

bobbin core Spulenkörper
Bode diagram Bode-Diagramm
body Hauptteil, Körper, Text
body axis Figurenachse
body breakdown Durchschlag im Materialinneren
body capacitance Körperkapazität
body-centered raumzentriert
body-fixed körperfest
body form Gehäuseform
body line Textzeile
body of the plug Steckerkörper
Bohr's magneton Bohrsches Magneton
boil, to kochen, sieden
boiling point Siedepunkt
boiling temperature Siedetemperatur
boiling water reactor Siedewasserreaktor
bold fett, halbfett
bold face/type fette Schrift, halbfette Schrift
bolometer Bolometer, Thermoumformer
Boltzmann constant Boltzmann-Konstante ($1,38 \cdot 10^{-23}$ JK^{-1})
Boltzmann statistics Boltzmann-Statistik
bombardement Beschuß
BOMOS (buried oxide MOS) BOMOS (MOS-Technologie mit vergrabener Oxidschicht)
bond, to anschließen, kontaktieren, verbinden
bond Bindung (Chem), Strombrücke, Verbindung
bond-bending vibration Deformationsschwingung
bond energy Bindungsenergie
bond strength Bindungsstärke, Haftfestigkeit
bondability Kontaktierungsfähigkeit
bonded atom gebundenes Atom

bonded barrier transistor Legierungs-Punktkontakt-Transistor
bonding Bindung, Kleben, Kontaktieren, Kontaktierungsmethode
bonding electron Valenzelektron
bonding energy Bindungsenergie
bonding pad Kontaktierungsfleck, metallischer Anschlußstreifen (auf einer integrierten Schaltung)
bonding strength Bindungsstärke, Haftfestigkeit
bonding technique Klebetechnik
bonus Prämie
book Buch
book capacitor Klappkondensator
bookkeeping Buchführung, Buchhaltung
boolean boolesch (sprich: bolsch)
Boolean addition ODER-Verknüpfung
Boolean algebra/logic Boolesche Algebra
Boolean connective Boolescher Operator
Boolean multiplication UND-Verknüpfung
boom microphone Galgenmikrophon
boost, to anheben, verstärken
boost Aufladung, Verstärkung
booster Booster, Spannungsverstärker, Zusatzgleichrichter, Hilfs..., Zusatz...
booster amplifier Nf-Zwischenverstärker, Zusatzverstärker
booster diode Schalterdiode
boosting Verstärkung
boot, to (Systemprogramm) laden, stoßen, nützen
booting Laden des Urladeprogramms
bootless nutzlos, zwecklos
bootstrap circuit Bootstrap-Schaltung (Verstärkerschaltung)
bootstrap loader Urladeprogramm

bootstrap program Ladeprogramm
bootstrapping Laden des Urladeprogramms
BOP (bit oriented protocol) bitorientiertes Steuerungsverfahren
BORAM (block-oriented RAM) BORAM (RAM mit Blockeinteilung)
border, to abgrenzen, begrenzen, grenzen an
border Grenze, Rand
borderline Begrenzungslinie, Grenzgebiet
boresight Antennenreferenzachse
  boresight error Schielfehler
boron Bor (chem. Element)
borrow, to borgen, entlehnen, leihen
borrow negativer Übertrag (Math)
BORSCHT (battery, overload, ringing, signalling, coding (or charging), hybrid testing) BORSCHT (relevante Funktionen für Teilnehmerschnittstellen in digitalen Netzen)
Bose-Einstein distribution Bose-Einstein-Verteilung
Bose-Einstein statistics Bose-Einstein-Statistik
boson Boson (Elementarteilchen)
both beide, sowohl als auch
  both-way operation wechselgerichteter Betrieb
  both ways beidseitig, von beiden Seiten
Bott-Duffin procedure Bott-Duffin-Prozeß
bottle Flasche
bottleneck Engpaß
bottom Boden, untere(r,s)..., Grund...
  bottom brazed an der Unterseite angelötet
  bottom layer Grundschicht
  bottom limit untere Grenze
  bottom-up procedure Programmieren kleiner Einheiten, die später zu größeren Einheiten zusammengefaßt werden
  bottom view Ansicht von unten
bottomed condition übersteuerter Zustand
bottomface Grundfläche
bottoming voltage Kniespannung
boule (aus der Schmelze gezogener) Halbleiterstab
bounce, to prellen
bounce Federkraft, Prellen
  bounce buffer Entprellschaltung
  bounce time Prellzeit
bouncefree prellfrei
bouncing Prellen
bound, to begrenzen, beschränken
bound Grenze, Grenzgebiet, Maß, Schranke (Math)
  bound charge gebundene Ladung
  bound electron gebundenes Elektron
boundary Grenze, Grenzfläche, Grenzschicht, Rand, Trennungslinie, Umgrenzung
  boundary condition Grenzbedingung, Randbedingung
  boundary integral Randintegral
  boundary layer Grenzfläche, Grenzschicht, Randschicht
  boundary region Randzone
  boundary surface Grenzfläche
  boundary value Grenzwert, Randwert
bounded begrenzt, beschränkt
boundedness Beschränktheit
bow, to durchbiegen, (ver)beugen
bow Durchbiegung, Wölbung
box Kasten
  box diffusion Kastendiffusion
  box plate Kastenplatte
  box process Boxverfahren (Diffusionsverfahren)

boxing Einpassen
bpi (bits per inch) Bits pro Zoll
bpmm (Bits per millimeter) Bits pro Millimeter
bps (bits pro second) Bits pro Sekunde
brace geschweifte Klammer
brachistrochrone Brachistrochrone (Math)
bracket eckige Klammer, Halterung, Rahmenimpuls
  bracket mounting Montage auf einem Träger
braid, to umflechten
Braille numerals Braille-Ziffern (Blindenschrift)
Braille pip Braille-Punkt
brain Gehirn
brainware Wissen über Computer
brake, to abbremsen, bremsen
brake Bremse
  brake shock Bremsstoß
braking Brems...
  braking by plugging Gegenstrombremsung
branch, to verzweigen
branch Abzweigung, Sprung (Dv), Verzweigung, Zweig
  branch circuit Abzweigschaltung
  branch connection Anschluß
  branch current Zweigstrom
  branch instruction Sprungbefehl
  branch-off sleeve Abzweigmuffe
  branch office Geschäftsstelle
  branch-on-condition Verzweigen bei Bedingung
  branch termination Abzweigklemme
branching (Spur)Verzweigung
branchpoint Knoten, Verzweigungspunkt
brass Messing
Braun tube Braunsche Röhre
Bravais lattice Bravais-Gitter
brave tapfer
braze, to hartlöten
braze welding Hartlöten
brazing Hartlöten
breadboard Versuchsaufbau (einer Schaltung)
  breadboard circuit Versuchsschaltung
breadboarding Brettaufbau (einer Schaltung), Brettschaltung
breadth Breite
break, to aufschlagen, brechen, öffnen, unterbrechen
  break down, to durchbrechen, versagen
  break over, to überschlagen
break Bruch, Knick, Öffnen, Pause, Unterbrechung, Verbindungsabbruch (Dv)
  break-before-make contact Umschaltkontakt mit Unterbrechung
  break contact Öffner, Ruhekontakt
  break-off Abbruch
  break sign Trennungszeichen
breakdown Ausfall, (elektrischer) Durchbruch, Durchschlag
  breakdown diode Z-Diode
  breakdown strength Durchschlagfestigkeit
  breakdown voltage Durchbruchspannung, Durchschlagsspannung
breaker Öffnungskontakt, Ruhekontakt
breakover Überschlag
  breakover voltage Kippspannung
breakpoint bedingter Stop, Haltepunkt
breakproof bruchfest
breakthrough Durchbruch
breakthru s. breakthrough
breed, to brüten, sich vermehren, wachsen
breeder reactor Brutreaktor, Brüter
bremsstrahlung Bremsstrahlung

brevity code Kürzungscode
brew, to zustande bringen
Brewster angle Brewster-Winkel
brick Ziegel
bridge, to überbrücken
bridge (Meß)Brücke, Brücken...
  bridge balancing Brückenabgleich
  bridge circuit Brückenschaltung
  bridge connection Brückenschaltung
  bridge leg Brückenzweig
  bridge network Brückenschaltung
  bridge rectifier Brückengleichrichter
  bridge unbalance Brückenverstimmung
bridged überbrückt
  bridged-T network überbrücktes T-Glied
  bridged-T section überbrückte T-Schaltung
bridging Überbrücken, Umschalten (Dv)
  bridging amplifier Kontrollverstärker
  bridging loss Anschaltdämpfung
Briggs logarithm dekadischer Logarithmus
bright hell
  bright-up Aufhellen
brighten, to aufhellen
brightness Helligkeit
  brightness control Helligkeitsregelung
brillance Helligkeit
  brillance control Hell-Dunkelsteuerung
brillant display helle Anzeige
Brillouin zone Brillouin-Zone
Brinell hardness Brinell-Härte
bring, to bringen, mitbringen
  bring into operation, to in Betrieb setzen
  bring out, to herausführen

British Thermal Unit angels. Einheit der Arbeit bzw. Wärmemenge (1 btu = 1,055 kJ)
brittle brüchig, spröde
broad breit
  broad tuning unscharfe Abstimmung
broadband Breitband, Breitband...
  broadband antenna Breitbandantenne
  broadband communication Breitbandkommunikation
broadcast, to senden (Radio), übertragen
broadcast Radio, Rundfunk, Sendung
  broadcast band Rundfunkband
  broadcast command Sammelbefehl
  broadcast receiver Rundfunkempfänger
  broadcast recording Rundfunkempfang
  broadcast transmission Rundfunksendung
  broadcast videography Broadcast-Videographie (Videotext)
  broadcast videotext service Fernsehtext, Videotext
broadcasting Rundfunk
  broadcasting satellite Rundfunksatellit
broaden, to (sich) aufweiten, erweitern, (sich) verbreitern
broadening Verbreiterung
broadside array Querstrahler
broadside radiator Querstrahler
broken gebrochen, kaputt, unterbrochen
  broken line gestrichelte Linie
broker's call Makeln
bromine Brom (chem. Element)
bronce Bronze
brown Braun
Brownian motion Brownsche Molekularbewegung
brownout fast vollständiger Schwund
browse, to brausen

browsing schnelles Durchsuchen auf dem Bildschirm, Suchen, Suchlauf
Brune procedure Brune-Prozeß
brush Bürste
  brush discharge Büschelentladung, Elmsfeuer
  brush track Kontaktbahn
brute-force method Gewaltmethode
BS (backspace) Rückwärtsschritt
BSA (band selectable analysis) selektive Frequenzbandanalyse
BSC (binary synchronous communication)
BSC (blockweise Datenübertragung)
BTU (British Thermal Unit) angels. Einheit der Arbeit bzw. Wärmemenge (1 btu = 1,055 kJ)
bubble, to perlen, sprudeln
bubble Blase, Magnetblase, Blasen...
  bubble chamber Blasenkammer
  bubble memory Magnetblasenspeicher
  bubble sort Austauschsortierung
buck out, to kompensieren
bucket Eimer, Speicherplatz (in einem Halbleiterspeicher)
  bucket brigade device BBD, Eimerkettenschaltung (Ladungsverschiebbauelement)
bucking coil Kompensationsspule
bucking voltage exakt abgestimmte Gegenspannung
buckling Krümmen, Verbiegen
buffer, to puffern, zwischenspeichern
buffer Puffer, Schutzmantel (um eine Glasfaser), Puffer..., Trenn...
  buffer amplifier Pufferverstärker, Trennverstärker
  buffer diode Trenndiode
  buffer storage Pufferspeicher
buffered gepuffert
buffering Pufferbetrieb
buffle Sperre, Leitblech

bug (Programm)Fehler (wörtl.: Wanze), Störung, Abhörgerät ("Wanze")
build, to bilden
build in, to einbauen
build up, to sich aufbauen, entstehen
build-up Aufbau, Aufschaukeln
  build-up time Einschwingdauer, Einschwingzeit
  build-up transient Einschwingvorgang
building block Funktionsbaustein, Modul
  building block construction Baukastenprinzip
building brick Baustein
built-in eingebaut, inneres
  built-in command residenter Befehl
  built-in voltage Diffusionsspannung
built-up mica zusammengefügte Glimmerplatte
bulb Glühbirne, Kolben, Wulst
  bulb resistor Widerstandskopf
bulge Ausbuchtung, Schwingungsbauch
bulk kompakt, massiv
bulk Last, Ladung, Masse, Materialinneres, (große) Menge, Substrat, (großer) Umfang, Vollmaterial
  bulk arrival Gruppenankunft
  bulk breakdown Volumendurchbruch
  bulk density Schüttdichte
  bulk doping Volumendotierung
  bulk effect Volumeneffekt
  bulk eraser Löschspule
  bulk material Grundmaterial, Substrat
  bulk memory Massenspeicher
  bulk modulus Kompressionsmodul
  bulk of the crystal Kristallinneres
  bulk region neutraler Bereich (z.B. bei einem PN-Übergang)
  bulk registration Summenerfassung

bulk resistance Bahnwiderstand, Massewiderstand, Volumenwiderstand
bulk resistor Materialwiderstand
bulk service Gruppenabfertigung
bulky sperrig, unförmig
bullhorn Richtlautsprecher mit Verstärker
bull's eye scale Kreisskala
bump, to mit Kontaktflecken versehen
bump Dauerschocken, erhöhte Kontaktflecken, nicht adressierbarer Zusatzspeicher
bumping test Prellprüfung, Stoßprüfung
bunch (together), to bündeln, zusammenfassen
bunched gebündelt
bunching Bündelung
bundle, to bündeln
bundle Bündel
Bunsen cell Bunsen-Element
buoyancy Auftrieb
burden Belastung, Bürde, Last
buried vergraben
  buried cable Erdkabel
  buried/diffused layer vergrabene Schicht
burn, to brennen, einbrennen
  burn away, to wegbrennen
  burn in, to einbrennen
  burn out, to durchbrennen
  burn through, to durchbrennen
burn (spot) Einbrennfleck
burner Brenner
burning Verbrennen
burr, to entgraten
burst, to bersten, (auf)brechen, platzen, trennen (Endlosformular)
burst Bersten, Farbsynchronsignal, geschlossene Datenkette, Impuls, Signal endlicher Dauer im Zeitbereich, Stoß, Zerspringen

burst amplifier Burstverstärker
burst jammer Impulsstörer
burst mode Blockbetrieb, Burst-Betrieb, Impulsbetrieb, Ping-Pong-Verfahren
burst of disturbing pulses Bündelstörung
burst of errors Fehlerbündel
bury, to vergraben
bus Bus (Leitungsbündel), Busleitung, Mehrfachdatenleitung, Sammelleitung, Übertragungsweg
bus-grant Gewährung der Kontrolle über einen Datenbus
bus line Steuerkabel
busbar s. bus
bush Buchse
bushel angels. Hohlmaß (1 bushel = 36,37 dm^3)
bushing Buchse, Durchführung, Lagerbuchse
bushing-type capacitor Durchführungskondensator
business Geschäft
business data processing betriebliche Datenverarbeitung, kommerzielle Datenverarbeitung
busing Verbindung zweier oder mehrerer Schaltungen
busy belegt, beschäftigt, besetzt, tätig
busy condition Belegtzustand, Besetztzustand
busy hour Hauptverkehrsstunde
busy hour call attempt Hauptverkehrsstunde-Belegungsversuch
busy period Blockierdauer
busy phase Besetztphase
busy signal Besetztzeichen
but aber, außer, sondern
butt, to zusammenfügen

butt (end) stumpfes Ende
  butt contact Kuppenkontakt
  butt-coupled connector Verbindungsprinzip bei Lichtwellenleitern (Anpassung der stumpfen Enden zweier Adern)
  butt joint Flachflanschverbindung
butterfly charakteristischer Programmablaufplan einer FFT- (fast Fourier transform) Basisrecheneinheit, Schmetterling
  butterfly capacitor Schmetterlings-Drehkondensator
  butterfly circuit Schmetterlingskreis
Butterworth filter Potenzfilter
button Druckknopf, Knopf, Taste, Knopf...
  button cell Knopfzelle
buy, to kaufen
buzz, to brummen, summen
buzzer Sirene, Summer
by nahe bei, von, mit
  by means of mit (Hilfe von)
  by-name gleichnamig
  by-product Nebenprodukt
bypass, to überbrücken, umgehen
  bypass to earth, to gegen Erde ableiten
bypass Nebenschluß, Überbrückung
  bypass capacitor Ableitkondensator, Überbrückungskondensator
  bypass resistor Parallelwiderstand, Shunt
byte Byte (Gruppe von n Datenbits; meist n = 8)
  byte-at-a-time byteseriell
  byte-parallel byteparallel
  byte per second Byte pro Sekunde
  byte-serial byteseriell
  byte-sharing Byteschachtelung

C

C C (Programmiersprache)
cabinet Gehäuse
cable, to verdrahten
cable Kabel, Leitung, Kabel...
  cable clamp socket Klemmkabelschuh
  cable code Kabelcode, Leitungscode
  cable core Kabelader, Kabelseele
  cable coupler Kabelverbinder
  cable distribution Kabelaufteilung
  cable duct Kabelkanal
  cable entrance facility Kabelschacht
  cable fill Kabelauslastung
  cable harness Kabelbaum
  cable inlet Kabeleinführung
  cable lug Kabelschuh
  cable rack Kabelgestell
  cable routing Leitungsführung
  cable run Kabelführung, Kabelweg
  cable sheat Kabelmantel
  cable sleeve Kabelhülse
  cable television Kabelfernsehen
  cable terminal Kabelklemme
  cable text Kabeltext
  cable videotex Kabeltext, Kabelabruf
cableform Kabelbaum
cables for power installation Starkstromleitung
cabling Verdrahtung
cache Pufferspeicher, Versteck, versteckter Vorrat
  cache memory Cache-Speicher (schneller Pufferspeicher im Hauptspeicher)
CAD (computer-aided design) CAD (computerunterstützter Entwurf)
CAD (controlled avalanche diode) CAD (gesteuerte Lawinendiode)

cadmium Cadmium (chem. Element)
  cadmium cell Weston-Element
CAE (computer-aided engineering) CAE (computerunterstützte Ingenieurarbeit)
cage Käfig
  cage aerial Käfigantenne
CAI (computer-assisted instruction) CAI (computerunterstützter Unterricht)
CAL (computer-aided learning) CAL (computerunterstütztes Lernen)
calcium Calcium (chem. Element)
calculate, to (be)rechnen
calculating rule Rechenregel
calculation Berechnung, Rechnung
  calculation method Rechenmethode
  calculation of percentage Prozentrechnung
  calculation on the side Nebenrechnung
  calculation with decimals Dezimalrechnung
calculations of perturbations Störungsrechnung
calculator Rechner, Taschenrechner
calculus Kalkül (Math), Rechnung
  calculus of interpolation Interpolationsrechnung
  calculus of observations Ausgleichsrechnung
  calculus of probability Wahrscheinlichkeitsrechnung
  calculus of variation Variationsrechnung
calendar Kalender, Zeitrechnung
calescence zunehmende Wärme
calibrate, to eichen, einteilen, kalibrieren, normieren, teilen
calibrated accuracy bezogene Genauigkeit

calibration Eichung, Einteilung, Normierung, Unterteilung, Eich...
  calibration curve Eichkurve
  calibration set-up Prüfanordnung
californium Californium (Transuran)
caliper (Maß)Lehre
call, to abrufen (Daten), anfordern, aufrufen (Programm), nennen, rufen
call Aufruf, Ruf, Nachrichtenverbindung
  call accepted Rufannahme
  call attempt Anruf, Anforderung, Belegungs...
  call back Rückfrage
  call circuit Dienstleitung
  call collision Rufzusammenstoß
  call confirmation Anrufbestätigung
  call connected signal Verbundensignal
  call control procedure Verbindungssteuerungsverfahren
  call forwarding Anrufumleitung
  call forwarding attendant Abwerfen zur Abfrage
  call intend Anrufabsicht, Bedienungswunsch, Verbindungswunsch
  call inter-arrival distribution Verteilung der Einfallsabstände
  call key Ruftaste
  call letters Rufzeichen
  call mix Belegungsspektrum
  call not accepted Rufabweisung
  call overloading Belegungsüberlastung
  call processing Anrufverarbeitung
  call progress signals Dienstmeldungen, Dienstsignale
  call rate Anruffolgedichte
  call repetition Anrufwiederholung
  call request abgehender Ruf
  call responder Anrufbeantworter

call sender Nummerngeber
call setup time Verbindungsaufbauzeit
call sharing Anrufteilung
call sign Rufzeichen
call-termination rate Endefolgedichte
call tracing Fangen
call transfer Umlegen
call type Belegungsart
call-type simulation belegungstreue Simulation
call waiting Anklopfen
call word Kennwort
called line identification Anschlußkennung (gerufene Station)
called party release Auslösen einer Nachrichtenverbindung, wenn der Anrufende den Hörer auflegt
calligraphic display Vektorbildschirm mit Bildwiederholung
calling device Anrufeinrichtung
calling line anrufende Leitung (rufende Station)
calling register Abrufregister
calling routine aufrufendes Programm
calling sequence Aufruffolge, Aufrufliste, Ruffolge
calling signal Anrufsignal
callmaker Gerät zur automatischen Anrufwiederholung
calm ruhig, (wind)still
calomel Kalomel (Quecksilberverbindung)
calorescence Kaloreszenz (Umwandlung von UV- in sichtbares Licht über Wärme)
caloric theory Thermodynamik, Wärmelehre
calorie Kalorie (veralt. Einh. d. Wärmemenge)
calorific value Brennwert

CAM (computer-assisted manufacturing)
CAM (computerunterstütztes Fertigen)
CAM (content-addressable memory)
CAM (Assoziativspeicher)
cam Nocke, Steuerkurve
camera Fotoapparat, (Fernseh)Kamera
camera tube Bildaufnahmeröhre
camouflage Tarnung, Täuschung
camp-on circuit Warteschaltung (Warten auf das Freiwerden der angewählten Teilnehmerleitung)
can, to kapseln, umhüllen
can Dose, (Rund)Gehäuse
canal rays Kanalstrahlen
canaries Zwitschern
cancel, to annullieren, (aus)löschen, kürzen (Math), stornieren, streichen
cancel out, to sich aufheben
cancel command Rücknahmebefehl
cancellation Aufhebung, Kompensation, Kürzung, Löschung, Streichung
cancellation key Löschtaste
canceller Löschstufe
candela Candela (Einh. d. Lichtstärke)
candela per square meter Candela pro Quadratmeter (Einh. d. Leuchtdichte)
candle Kerze
candle lamp Kerzenlampe
candlepower angloam. Einh. d. Lichtstärke (auch internationale Kerze; definiert durch Kohlefadenlampen, die mit 120 g/h abbrennen)
canned konserviert, Konserven...
canned program fertiges Programm
cannibalize, to ausschlachten
canning Tonkonserve, Umhüllung
canonic kanonisch (meist für Schaltungsrealisierung mit der geringstmöglichen Anzahl von Bauelementen)

canonical kanonisch
  canonical distribution kanonische Verteilung
  canonical linkage kanonische Zwischenleitung
  canonical switching unit kanonische Koppelgruppe
cap Abdeckung, Deckel, Kappe, Ohrmuschel (des Kopfhörers)
capability Fähigkeit, Möglichkeit
  capability of reacting Reaktionsvermögen
capable fähig
  capable of withstanding stress beanspruchbar
capacitance Kapazitanz, kapazitive Impedanz
  capacitance bridge Kapazitätsmeßbrücke
  capacitance current Ladestrom, Verschiebungsstrom
  capacitance diode Kapazitätsdiode
  capacitance ratio Kapazitätsverhältnis
capacitive kapazitiv
  capacitive coupling kapazitive Kopplung
  capacitive diaphragm kapazitive Blende
  capacitive feedback kapazitive Rückkopplung
  capacitive heating kapazitive Erwärmung
  capacitive load kapazitive (Blind)-Last
  capacitive pick-up kapazitiver Meßfühler
  capacitive reactance kapazitive Reaktanz, Kondensanz
capacitivity Dielektrizitätskonstante, allgemeiner: Permeabilität

capacitor Kondensator
  capacitor bank Block aus Kondensatoren
  capacitor bushing Kondensatordurchführung
  capacitor coupling Kondensatorkopplung
  capacitor microphone Kondensatormikrophon
  capacitor quenching Kondensatorlöschung
capacity Fassungsvermögen, Gehalt, Kapazität, Leistungsfähigkeit
  capacity measure Hohlmaß
  capacity-to-earth (ground) Erdkapazität
  capacity top kapazitives Dach (Ant)
capillary Kapillare (Röhrchen mit kleinem Innendurchmesser)
capital hauptsächlich, Kapital...
  capital letter Großbuchstabe
capstan Antriebswelle, Treibrolle
capsule Kapsel
Captain (character and pattern telephone access information network system) Captain (Zeichen- und Bildzugriffssystem über Fernsprechleitungen)
caption Kopfzeile
capture, to einfangen, erfassen
capture Anlagerung, Besitzergreifung, Einfang, Transpondermitnahme
  capture area Absorptionsfläche
  capture effect Übertönen
  capture range Fangbereich
carat Karat (angels. Masseeinheit, 1 ct = 0,2 g)
carbon Kohle, Kohlenstoff (chem. Element), Kohlestift (Bogenlampe), Kohle...
  carbon-14 dating C-14-Altersbestimmung

carbon compound Kohlenstoffverbindung
carbon cycle Kohlenwasserstoffzyklus (Phys)
carbon-deposited resistor Kohleschichtwiderstand
carbon dioxide laser CO_2-Laser
carbon film Kohleschicht
carbon film resistor Kohleschichtwiderstand
carbon microphone Kohlekörnermikrofon
carbon noise Kohlekorngeräusch
carbon oxide Kohlenstoff(I)-oxid
carbon paper Kohlepapier
carbon pile regulator Kohlesäulenregler
carbon resistor Kohleschichtwiderstand
carbon ribbon Kohlefarbband
carbonic acid Kohlensäure
carbonized filament wolframkarbidummantelter Glühdraht
carborundum Siliciumkarbid
carburation Vergasung
carburization Kohlung
carcinotron Karzinotron, Rückwärtswellenröhre
card Karte, Lochkarte, Platine
  card code Lochkartencode
  card deck Kartenstapel
  card feed Kartenzuführung
  card punch(er) Lochkartenstanzer
  card reader Lochkartenleser
  card record Kartensatz
cardanic kardanisch, Kardan...
cardiac pacemaker Herzschrittmacher
cardinal number Grundzahl, Kardinalzahl
cardinal point Hauptrichtung, Himmelsrichtung

cardioid Kardioide (Herzkurve)
  cardioid microphone Mikrofon mit Nierencharakteristik
care, to aufpassen, Obacht geben
careful sorgfältig, vorsichtig
careless nachlässig
carmine Karmin(rot)
carriage Vorschub, Schlitten, Wagen (einer Schreibmaschine)
  carriage return Wagenrücklauf
carrier (Ladungs)Träger, Trägerfrequenz, Trägerwelle
  carrier amplifier Trägerfrequenzverstärker
  carrier art Trägerfrequenztechnik
  carrier beat Trägerschwebung
  carrier compression Trägerkompression
  carrier concentration Ladungsträgerkonzentration
  carrier dispersal Trägerverwischung
  carrier frequency Trägerfrequenz
  carrier injection Ladungsträgerinjektion
  carrier lack Trägerrest
  carrier lifetime Ladungträgerlebensdauer
  carrier line link Tf-Grundleitung (Tf = Trägerfrequenz)
  carrier mobility Ladungsträgerbeweglichkeit
  carrier offset Trägerversatz
  carrier sense multiple access network CSMA-Netze (lokale Netze, auf die dezentral zugegriffen wird)
  carrier signaling Trägerfrequenzruf
  carrier suppression Trägerunterdrückung
  carrier storage Ladungsspeicherung
  carrier telegraphy Wechselstromtelegrafie

carrier-to-noise ratio   Träger-Rausch-Verhältnis
carrier traffic   Verkehrswert
carrier transmission   Trägerfrequenzübertragung
carrier wave   Trägerwelle
carry, to   ausführen (Befehl), leiten (Strom), (über)tragen
  carry off, to   ableiten (Strom)
  carry out, to   ausführen
carry   Überlauf, Übertrag
  carry bit   Übertragsbit
  carry-look-ahead adder   Addierer mit Parallelübertrag
  carry-over time   Übertragszeit
  carry-ripple-adder   Addierer mit seriellem Übertrag
carrying capacity   Strombelastbarkeit
cartesian   kartesisch (von Cartesius (Descartes) eingeführt)
cartridge   (Magnetband)Kassette
cascadable   kaskadierbar
cascade   Kaskade (in Reihe angeordnete gleichartige Teile)
  cascade action control   Folgeregelung, Folgesteuerung
  cascade amplifier   Kaskadenverstärker
  cascade connection   Hintereinanderschaltung, Reihenschaltung, Serienschaltung
  cascade matrix   Kettenmatrix
  cascade shower   Kaskadenschauer (kosmischer Strahlen)
cascaded   hintereinandergeschaltet
cascode circuit   Kaskodenschaltung (direkt gekoppelte Bauelemente mit gleichen Eigenschaften)
case, to   einkapseln, umhüllen
case   Angelegenheit, Fall, Gehäuse, Mantel
case capacitance   Querkapazität
case dimensions   Gehäuseabmessungen
case study   Fallstudie
case temperature   Gehäusetemperatur
Cassegrain antenna   Cassegrain-Antenne (Parabolantenne)
casseiver   (cassette receiver) Empfänger mit Kassettenteil
cassette   Kassette
  cassette data storage   Datenspeicherung auf Kassette
Cassinian ellipse   Cassinoide (Math)
cast, to   umformen (mathem. Gleichung)
cast resin   Gießharz
casting   Guß
  casting compound   Vergußmasse
castling   Rochade (bei Computerschach)
casual   gelegentlich, zufällig
  casual user   gelegentlicher Benutzer
CAT   (computer-assisted training) computerunterstützte Ausbildung
CAT   (computer-assisted translation) computerunterstützte Übersetzung
cat whisker   Spitzendetektor (wörtl.: Katzenhaar)
catalog   Katalog, Verzeichnis
  catalog entry   Katalogeintrag
cataloged   katalogisiert
catalysis   Katalyse (Beschleunigung einer chemischen Reaktion)
catalyst   Katalysator (Stoff, der eine chemische Reaktion einleitet, ohne sich dabei zu verändern)
cataphoresis   Elektrophorese (Bewegung geladener Teilchen in nichtleitenden Flüssigkeiten unter dem Einfluß elektrischer Felder)
catastrophic   katastrophal, verhängnisvoll
catch, to   (ein)fangen, erfassen, nachweisen

catching diode Klemmdiode
catchword Schlagwort
categorization Zuordnung
category Kategorie (Gruppe, in die etwas eingeordnet wird)
catena Kettenlinie (Math)
catenary (curve) Kettenlinie
catenate, to verketten
cathode Katode (negative Elektrode), Katoden...
   cathode follower Katodenfolger(stufe), Katodenverstärker
   cathode protection galvanischer Korrosionsschutz
   cathode ray Katodenstrahl (Elektronenstrahl)
   cathode-ray oscilloscope Katodenstrahloszilloskop
   cathode-ray tube Braunsche Röhre, Katodenstrahlröhre, Oszilloskopröhre
   cathode sputtering Katodenzerstäubung
cation Kation (positiv geladenes Ion)
   cation migration Kationwanderung
CATT (controlled avalanche transit-time) **device** CATT (gesteuertes Lawinenlaufzeitbauelement)
CATV (cable television) Kabelfernsehen
causal kausal, ursächlich
cause, to bewirken, verursachen
cause Ursache
   cause of malfunction Störungsursache
caused by hervorgerufen durch
caustic ätzend, scharf, Ätz...
   caustic curve Brennlinie (Opt), Kaustik
   caustic soda Natronlauge
   caustic surface Brennfläche (Opt)
caution Vorsicht
cavitation Kavitation (Hohlraumbildung)

cavity Hohlraum, Lufteinschluß (Isoliermaterial), Resonator (Laser)
   cavity magnetron Vielfachmagnetron
   cavity mode Resonatorbetriebsart
   cavity radiation Hohlraumstrahlung, schwarze Strahlung
   cavity resonator Hohlraumresonator, Topfkreis
CB (citizen band) CB (Funksprechverkehr für die Allgemeinheit im 11-m-Band)
CCCL (CMOS compact cell logic) CCCL (vorgefertige Zellstrukturen aus CMOS-Bausteinen)
CCCL (complementary constant current logic) CCCL (komplementäre Konstantstromlogik)
CCD (charge coupled device) CCD (ladungsgekoppeltes Bauelement)
CCFL (capacitor-coupled FET logic) CCFL (kondensatorgekoppelte FET-Logik)
CCIR (Comité Consultatif International des Radiocommunications) CCIR (internationale Fernmeldeunion)
CCITT (Comité Consultatif International Télégraphique et Téléphonique) CCITT (internationale Fernmeldeunion)
CCMOS (clocked CMOS) **circuit** getaktete CMOS-Schaltung
CCO (crystal-controlled oscillator) quarzgesteuerter Oszillator
CCS (current-controlled current source) CCS (stromgesteuerte Stromquelle)
CCSL (compatible current sinking logic) CCSL (etwa: verträgliche stromziehende Logik)
CCTV (closed-circuit television) Betriebsfernsehen, Industriefernsehen
CDI (collector diffusion isolation) CDI (Kollektordiffusionsisolation)

CE (customer engineer) Außendiensttechniker
cease, to aufhören
Ceefax Ceefax (Videotextsystem)
ceiling, to aufrunden
ceiling Decke (eines Raumes), Höchstgrenze, Wolkenhöhe
celebrate(d) berühmt
celestial Himmels...
cell (Speicher)Zelle
  cell area Fläche einer Elementarzelle
  cell cover Zellendeckel
  cell library Zellenbibliothek
cellular array Anordnung von Elementarzellen
cellular structure Netzwerkstruktur
Celsius Celsius
  Celsius (temperature) scale Celsius-Skala
cement, to verkitten
cement Klebstoff, Zement
cental angels. Masseeinheit (1 cental = 45,3 kg)
center, to zentrieren
center Mitte, Mittelpunkt, Zentrum, Mittel..., Mitten...
  center angle Zentriwinkel
  center frequency Mittenfrequenz
  center marking Zielmittenmarkierung
  center of curvature Krümmungsmittelpunkt
  center of gravity Schwerpunkt
  center of mass Massenmittelpunkt, Schwerpunkt
  center reading instrument Meßgerät mit Nullpunkt in Skalenmitte
  center stable relay polarisiertes Relais mit stabiler Mittelstellung
  center tap Mittenanzapfung
centering Zentrieren

centerline spacing Mittenabstand
centesimal in hundert Teile eingeteilt
centi Zenti... (10^{-2} m)
centigrade 100-Grad-Skala
  centigrade heat/thermal unit angels. Einheit der Wärmemenge
  centigrade temperature scale Celsius-Skala
centimeter Zentimeter
  centimeter wave Zentimeterwelle (3 GHz bis 30 GHz)
central zentral, zentrisch, Zentral...
  central angle Mittelpunktswinkel
  central control unit Zentralsteuerwerk
  central processing element Prozessorelement
  central processing unit Prozessor, Zentraleinheit
  central screw mounting zentrale Schraubbefestigung
  central site Zentralbereich
  central station Leitstation, Leitstelle
centralization Zentralisierung
centralized automatic message zentralisierte automatische Gebührenerfassung
centre s. center
centrifugal force Zentrifugalkraft, Fliehkraft
centrifugate, to schleudern, zentrifugieren
centrifuge Zentrifuge
centripedal zentripedal (zum Mittelpunkt gerichtet)
centroid Schwerpunkt
century Jahrhundert
cepstrum Abbildung des logarithmischen Leistungsspektrums (Wortverdrehung von "spectrum")

ceramic Keramik, Keramik...
  ceramic bushing keramische Durchführung
  ceramic capacitor Keramikkondensator
  ceramic fumel plug Keramiktrichterstopfen
  ceramic package Keramikgehäuse
  ceramic-to-metal seal Keramikdurchführung
ceramics Keramikerzeugnisse
CERDIP (ceramic dual-in-line package) keramisches DIL-Gehäuse
Cerenkov radiation Tscherenkow-Strahlung
cerium Cer (chem. Element)
cermet (ceramic and metal) Cermets (metallkeramische Werkstoffe)
CERPAC (ceramic package) keramisches (Flach)Gehäuse
CERT (character error testing) Prüfung auf Zeichenfehler
certain bestimmt, gewiß, sicher
certainly zweifellos
certification Bescheinigung, Bestätigung
cesium Cäsium (chem. Element)
  cesium clock Cäsium-Uhr
CF (carrier frequency) Trägerfrequenz
CGS system of units CGS-System (Zentimeter-Gramm-Sekunde-System)
chad Papierschnipsel (einer gestanzten Lochkarte)
chaff Düppel (Rad)
chain angels. Längeneinheit (1 chain = 20,12 m)
chain Kette, Ketten...
  chain code Kettencode
  chain network Kettenschaltung
  chain printer Kettendrucker
  chain rule Kettenregel
  chain scission Kettenspaltung

chained gekettet, verkettet
chaining (Ver)Ketten
  chaining address Anschlußadresse
chaldron angels. Hohlmaß (1 chaldron = 1,31 m^3)
chalk Kreide
challenger Abfragesender, Herausforderer
chance Chance, Gelegenheit, Wahrscheinlichkeit, Zufall
change, to (sich) ändern, (sich) verändern, (sich) verwandeln, substituieren, übergehen, umwandeln, wechseln
  change over, to umschalten
  change the mind, to die Meinung ändern
  change the polarity, to umpolen
change Umwandlung, Änderung, Substitution, Veränderung, Wechsel
  change file Änderungsdatei
  change lever Umschalthebel
  change (of) sign Vorzeichenwechsel
  change-over Umschalten, Überblenden
  change-over contact Umschaltkontakt, Wechselkontakt
  change record Änderungssatz
changing-over Stromumschaltung
channel (Nachrichten)Kanal, Übertragungskanal
  channel-busy tone Belegtton
  channel capacity Kanalkapazität
  channel characteristics Kanaleigenschaften
  channel control check Kanaldatenfehler
  channel decoding Kanaldecodierung
  channel encoding Kanalcodierung
  channel expansion Kanalerweiterung
  channel latency Kanallatenzzeit, Kanalruhezeit
  channel modulation Kanalumsetzung

channel modulator Kanalumsetzer
channel monitoring Kanalüberwachung
channel scanning Kanalabtastung
channel selector Kanalwähler
channel spacing Kanalabstand
channel time slot Zeitkanal
channel transfer rate Datenrate, Kanalrate
channel translation Kanalumsetzung
channel width Bandbreite, Kanalbreite
channelling Kanalbildung (durch Ionenimplantation), Kanalbündelung
chapter Kapitel
char, to schmoren, verkohlen
character Kennzeichen, Merkmal, Symbol, Zeichen, Zeichen...
character alignment Zeichenbildung, Zeichensynchronisierung
character crowding Packen von Zeichen, Zeichenverdichtung
character density Zeichendichte
character fill Auffüllen von Dateien mit gleichen Zeichen
character font Zeichensatz
character framing Zeichenbildung
character generator Zeichengenerator
character interleave Zeichenverschachtelung
character multiplexed Zeichenverschachtelung
character-oriented machine Stellenmaschine
character parity Zeichenparität
character printer Zeichendrucker
character rate Zeichengeschwindigkeit, Zeichenrate
character reader Belegleser
character recognition Zeichenerkennung
character repertoire Zeichenvorrat

character rounding Zeichenrundung
character row Bildzeile
character separation Zeichenabstand
character set Zeichensatz, Zeichenvorrat
character spacing Zeichenabstand, Zeichendichte
character speed Zeichengeschwindigkeit
character string Zeichenfolge, Zeichenkette
character subset Zeichenteilmenge
character variable Zeichenvariable
character writing tube Sichtspeicherröhre
characteristic charakteristisch
characteristic Charakteristik, Gleitpunktexponent, Kenngröße, Kennlinie, Kennziffer, Merkmal, Eigen...
characteristic curve Kennlinie
characteristic curve tracer Kennlinienschreiber
characteristic distortion charkteristische Verzerrung, Einschwingverzerrung
characteristic frequency Eigenfrequenz
characteristic function Eigenfunktion
characteristic impedance (Schall)-Wellenwiderstand
characteristic resistance Wellenwiderstand
characteristic state Eigenzustand
characteristic value Eigenwert
characteristic wave impedance Feldwellenwiderstand
characteristics Eigenschaften, Kennlinie, Kenndaten
characters per inch Zeichen pro Zoll
charge, to (auf)laden

charge   Gebühr, Kosten, elektrische Ladung, Ladungs...
  charge carrier   Ladungsträger
  charge control   Ladungssteuerung
  charge coupled device   CCD (ladungsgekoppeltes Bauelement)
  charge-coupled image sensor   ladungsgekoppelter Bildsensor
  charge density   Ladungsdichte
  charge injection device   Halbleiterbauelement mit Ladungsträgerinjektion
  charge packed memory   Ladungsspeicher
  charge pattern   Ladungsverteilung
  charge retention   Ladungserhaltung
  charge-storage diode   Ladungsspeicherdiode
  charge-storage time   Speicherverzögerungszeit
  charge transfer device   CTD (Ladungsverschiebebauelement)
charger   Ladegerät, Ladungsgleichrichter
charging   elektrische Aufladung, Gebührenerfassung
  charging information   Zuschreiben von Gebühren
  charging time   Aufladungszeit, Ladungsdauer
chart, to   graphisch darstellen
chart   Diagramm, graphische Darstellung, Landkarte, Tabelle
chassis   Chassis, Montagerahmen
  chassis for circuit board mounting   Chassis für Schaltkarten
chatter, to   flattern, klappern, rasseln
chatter   Kontaktprellen, Klappern
cheap   billig, preiswert
check, to   kontrollieren, prüfen, überprüfen

check up, to   (nach)prüfen
check   Kontrolle, Probe, Prüfung, Test, Prüf...
  check bit   Prüfbit
  check card phone   Wertkartentelefon
  check character   Prüfzeichen
  check digit   Prüfbit, Prüfziffer
  check routine   Prüfprogramm
checker   Prüfgerät
checking   Kontrolle, Prüfen
  checking feature   Prüfeinrichtung
checkout, to   (aus)testen
checkout   (Aus)testen, Kontrolle
checkpoint   bedingter Programmstopp, Fixpunkt, Kontrollstelle
checksum   Prüfwort
cheese aerial/antenna   Tortenantenne
chemical   chemisch
  chemical bond   chemische Bindung
  chemical deposition   chemische Ablagerung, chemisches Ausscheiden
  chemical etching/milling   chemisches Ätzen
  chemical laser   chemischer Laser
  chemical reaction   chemische Reaktion
  chemical transfer process   Diffusionsverfahren
  chemical vapor deposition   Abscheidung aus der Dampfphase
chemiluminescence   Chemolumineszenz (durch chemische Vorgänge ausgestrahltes Licht)
chemisorption   chemische Adsorption
chemist   Chemiker
chemistry   Chemie
chief   hauptsächlich, Haupt...
CHIL (current hogging injection logic)
  CHIL (Überstrom-Injektions-Logik)
CHILL (CCITT high intelligent level language)   CHILL (Programmiersprache für Vermittlungssysteme)

chip Chip, Halbleiterplättchen
  chip architecture Chipaufbau
  chip capacitor Chipkondensator
  chip carrier package Chipträgergehäuse
  chip-enable Signalfreigabe eines Bausteins
  chip-on heatsink Aufsteckkühlkörper
  chip-select Signalaussteuerung eines Bausteins
chirp, to zirpen, zwitschern
chirp (fast sine wave) sinusförmiges Signal mit schneller Frequenzänderung
  chirp burst Chirp-Signal endlicher Zeitdauer
  chirp radar Pulsradar
chirping Zwitschern
CHL (current hogging logic) CHL (Überstrom-Logik)
chlorine Chlor (chem. Element)
choice (Aus)Wahl
  choice device Auswähler
choke Drossel(spule)
cholesteric cholesterisch (Krist)
choose, to auswählen
chop, to zerhacken
chopper Chopper, Zerhacker
chopping current Abreißstrom
chopping relay Unterbrecherrelais
chord Sehne (Math)
  chord galvanometer Saitengalvanometer
chroma Farbintensität, Farbreinheit
chromatic chromatisch
  chromatic aberration chromatische Aberration (Farbfehler)
  chromatic dispersion Farbdispersion
  chromatic spectrum Farbspektrum
chromaticity Farbart
  chromaticity diagram Farbdreieck

chromatography Chromatographie (Verfahren zum Trennen chemisch verwandter Stoffe)
chromatology Farbenlehre
chrome Chrom (chem. Element)
  chrome-dioxide tape CrO_2-Band (Chrom(II)-oxid-Band)
chrominance Chrominanz (Farbdifferenz)
  chrominance carrier Farbträger
  chrominance filter Chromafilter
  chrominance modulator Farbmodulator
  chrominance signal Chrominanzsignal, Farbartsignal
  chrominance subcarrier Farbträger
chromium Chrom (chem. Element)
chromosphere Chromosphäre (glühende Gasschicht der Sonne)
chronology Zeitrechnung
chronometer genau gehende Uhr
chu (central heat unit) angels. Einheit der Wärmemenge (1 chu = 1,9 kJ)
chuck Vakuumansaugvorrichtung
chunk große Menge, großes Stück
cicero Cicero (1 Cicero = 4,513 mm)
CID (charge-injection device) CID (Halbleiterbauelement mit Ladungsträgerinjektion)
Cifax Cifax (Faksimileverschlüsselung)
cigar antenna Zigarrenantenne
cinch plug Cinchstecker (Art Klinkenstecker)
cinnabar Zinnober (Chem)
cipher, to verschlüsseln
cipher Ziffer
ciphony (cipher, telephony) verschlüsseltes Fernsprechen
circle Kreis, Zirkel, Kreis...
  circle coefficient Streufaktor
  circle diagram Kreisdiagramm
  circle segment Kreisabschnitt

circuit Leitung, Schaltkreis, Schaltung, Stromkreis
circuit algebra Schaltalgebra
circuit analysis Schaltungsanalyse
circuit analyzer Multimeter
circuit board Leiterplatte, Platine
circuit breaker Ausschalter, Schutzschalter, Trennschalter, Unterbrecher
circuit card Leiterkarte
circuit configuration Schaltungsanordnung
circuit design Schaltungsentwurf
circuit diagram Schaltbild, Schaltplan, Stromlaufplan
circuit family Schaltkreisfamilie
circuit layout Schaltungsanordnung
circuit path Leiterbahn
circuit performance Schaltungsleistung
circuit plaque kleines Schaltungsbrett
circuit Q Kreisgüte
circuit selector Stufenschalter
circuit shrinking Schaltkreisverkleinerung
circuit speed Schaltzeit
circuit-switched connection durchgeschaltete Verbindung
circuit switching Durchschaltevermittlung, Leitungsvermittlung
circuit switching network Durchschaltnetz
circuit synthesis Schaltungssynthese
circuit technology Schaltungstechnik
circuital integral Kreisintegral
circuitry Schaltungsaufbau
circular kreisförmig, Kreis...
  circular array Kreisgruppenantenne
  circular cone Kreiskegel
  circular connector Rundstecker
  circular file Ringdatei
  circular inch 1/4 Zoll (6,35 mm)
  circular integral Kreisintegral
  circular orbit Kreisbahn
  circular polarization kreisförmige Polarisation
  circular scale Kreisskala
  circular wait Verklemmung
  circular waveguide Rundhohlleiter
circulate, to kreisen, umlaufen
circulating memory/storage Umlaufspeicher
circulating register Ringschieberegister
circulation Kreisbewegung, Kreislauf
  circulation speed Umlauffrequenz
circulator Zirkulator
circumcircle Umkreis
circumference Peripherie, Umfang
circumferential angle Peripheriewinkel
circumstance Fall, Umstand
cite, to anführen, zitieren
citizen band CB (Funksprechverkehr für die Allgemeinheit im 11-m-Band)
city Stadt
civil bürgerlich, freundlich, zivil
clad plattiert, umkleidet
  clad printed-circuit board metallkaschierte Platine
cladded-core optical fibre Mantellichtwellenleiter
cladding Überzug, Umkleiden (eines Lichtwellenleiters mit einem Material geringerer Brechzahl)
claim, to beanspruchen, behaupten, fordern
claim Anspruch, Forderung
clamp, to blockieren, festklemmen, klammern, verriegeln
clamp Klemme
  clamp-on circuit Warteschaltung
clamper noise Zeilenrauschen

clamping Klemm...
  clamping circuit Klemmschaltung
  clamping diode Abfangdiode, Kapp-
    diode, Klemmdiode
  clamping distortion Klemmverzerrung
  clamping saddle Klemmbügel
Clapp oscillator Clapp-Oszillator
clapper-type relay Klappankerrelais
clarifier Feinabstimmung
clarify, to (ab)klären
class Klasse
  class-A operation A-Betrieb
  class-AB operation AB-Betrieb
  class-B operation B-Betrieb
  class-C operation C-Betrieb
  class of data signal rate Geschwin-
    digkeitsklasse
  class of line Anschlußklasse
  class of service Anschlußberechti-
    gung
classes of bit rates Geschwindigkeits-
  klassen (bei Bitraten-Übertragung)
classes of emission Sendearten
classification Einteilung, Klassifi-
  kation
  classification of defects Fehler-
    gruppierung
  classification of signals Signalar-
    ten, Signalklassifikation
classify, to einstufen, Klassen bilden
clause Klausel (Schlußformel)
CLDATA (cutter location data) Werk-
  zeugpositionsdaten
clean, to reinigen
  clean up, to löschen
clean deutlich, rein, sauber
  clean room staubfreier Raum
cleaning Reinigen
cleanup Reinigung, Reinigungs...
clear, to freigeben, löschen, zurücksetzen

clear klar, deutlich, gelöscht (z.B.
  Flipflop)
  clear area Weißzone
  clear-back signal Schlußsignal
  clear confirmation Auslösebestäti-
    gung
  clear-input Löscheingang
clearance Sicherheit, Beseitigung,
  Reinigung, Spielraum
  clearance distance Sicherheitsab-
    stand
clearing Auslösung, Freischalten, Löschen
  clearing delay Verzug der Verbin-
    dungsauslösung
cleavability Spaltbarkeit
cleavage (Auf)Spaltung, Spalte, Spalt-
  linie
  cleavage face Spaltfläche
  cleavage plane Spaltungsebene
cleave, to (auf)spalten, zerbrechen
clerk Angestellter
clever geschickt, klug
click, to klicken, knacken, zuschnappen
  click in, to einschnappen
click Harttastung, Knacken, Schaltklinke
  click filter Filter zum Unterdrücken
    von Knackgeräuschen
  click suppressor diode Gehörschutz-
    diode
climate Klima
climatic klimatisch
climax Höhepunkt
climb, to ersteigen, klettern
climb Anstieg
clip, to abschneiden, kappen, umklam-
  mern
  clip off, to abschneiden
  clip on, to aufstecken

clip

clip Klammer, Klemme, Schelle
  clip connection Klammerverbindung
  clip contact connector Federleiste
clipper Begrenzer
  clipper circuit Amplitudenbegrenzer
  clipper diode Begrenzerdiode
clipping Abschneiden, Löschen
clobber, to zerstören
clock, to ansteuern, takten, triggern
  clock into a register, to in ein Register einlesen
  clock out, to mit einem Taktsignal auslesen
clock Takt(Impuls), Uhr, Takt...
  clock accuracy Taktgenauigkeit
  clock cycle Taktzyklus
  clock frequency Taktfrequenz
  clock generator Taktgeber, Taktimpulsgenerator
  clock input Takteingang
  clock pendulum Uhrpendel
  clock period Taktabstand, Taktintervall
  clock pulse Taktimpuls
  clock rate Taktfrequenz
  clock ratio Taktverhältnis
  clock sequence Taktfolge
  clock signal Taktsignal
  clock time Taktzeit
  clock track Taktspur
  clock unit Takteinheit, Zeiteinheit
clocked flip-flop taktgesteuertes Flipflop, taktgesteuerte Kippstufe
clocked service getaktete Abfertigung
clocked system getaktetes System
clocking Gleichlaufsteuerung
clockwise im Uhrzeigersinn, rechtsgängig
  clockwise polarized wave rechtsdrehende, elliptisch polarisierte Welle
clog, to verharzen, verkleben

close, to (ab)schließen, beenden, einschalten, sperren (Gatter)
close down, to stillegen
close (to) dicht, eng, lückenlos, nahe (bei)
close joint soldering Spaltlöten
close loop geschlossener Regelkreis
close range Nahbereich
close-up Nah...
close user group geschlossene Teilnehmergruppe
closed abgeschlossen, geschlossen, Ruhe...
closed circuit contact Ruhekontakt
closed-circuit television Betriebsfernsehen
closed loop Closed-Loop (Steuerung ohne menschliche Einwirkung), Regelkreis
closed loop gain Kurzschlußverstärkung, Schleifenverstärkung
closed magnetic circuit geschlossener magnetischer Kreis
closed numbering verdeckte Numerierung
closed-packed structure dichteste Kugelpackung
closed routine geschlossenes Programm
closed shop für Programmierer nicht zugänglicher Computerraum
closed system abgeschlossenes System
closely packed dicht gepackt
closer Schließkontakt
closure Hülle, Schließen (Kontakt)
clothoid Klotoide (Math)
cloud Wolke
  cloud chamber Nebelkammer
cloverleaf aerial Kleeblattantenne
clue Anhaltspunkt
cluster, to (sich) zusammenballen

cluster Anhäufung, Bündel, Büschel, Gebirge, Gruppe, Überlappen gestörter Kristallbereiche
clustered error totaler Störeinbruch
clustered node Mehrfachnetzknoten
clusting Cluster-Bildung
clutch Kupplung
clutter Störecho
  clutter suppression Störunterdrückung
clystron Klystron (Elektronenröhre zur Erzeugung von Mikrowellen)
CM (common mode) Gleichtakt
CMD (conductivity modulated device) leitfähigkeitsmoduliertes Bauelement
CML (current mode logic) CML, Stromschaltertechnik
CMOS (complementary MOS) CMOS (komplementärsymmetrisches MOS)
CMR (common-mode rejection) Gleichtaktunterdrückung
CMRR (common-mode rejection ratio) Gleichtaktunterdrückungsverhältnis
CNC (computer numerical control) Werkzeugsteuerung mittels Computer
CO (crystal oscillator) Quarzoszillator
coagulate, to gerinnen
coal Kohle
coalesce, to vereinigen (mehrerer Datenmengen)
coalescence Verschmelzen, Verwachsen
coarse grob, Grob...
  coarse adjustment Grobeinstellung
coat, to beschichten, überziehen
coat Mantel, Überzug
coated beschichtet, umhüllt, vergütet (Glas)
coating Anstrich, Belag, Beschichtung, Schicht, Überzug, Umhüllung, Vergütung (Glas)

coax (coaxial cable) Koaxialkabel
coaxial koaxial (mit gemeinsamer Achse)
coaxial cable Koaxialkabel, Koaxialleitung
coaxial feeder konzentrische Speiseleitung
coaxial line Koaxialkabel
cobalt Kobalt (chem. Element)
COBOL (common business oriented language) COBOL (Programmiersprache)
cobweb cellular logic spinnenwebartige Zellenlogik
co-channel transmitter Gleichkanalsender
codan (carrier-operated device antinoise) trägerwellengesteuerte Rauschunterdrückung
code, to chiffrieren, codieren, verschlüsseln
code Code, Kennzahl
  code alphabet Codealphabet
  code conversion Codeumsetzung, Codewandlung, Umcodierung
  code converter Codeumsetzer
  code element Codeelement
  code letter Kennbuchstabe
  code pattern Codeschema
  code plug Codierstecker
  code rate Codefaktor
  code translation Codeübersetzung, Codeumwandlung
  code transparency Codetransparenz
  code word Codewort
CODEC (coder/decoder) CODEC (Schaltung zur Aufbereitung der Arbeitsschritte bei der ADU und DAU)
coded data verschlüsselte Daten
coded program codiertes (verschlüsseltes) Programm
coded stop programmierter Stop

coder Codierer, Zuordner
coding Codierung, Kennzeichnung (Wafer), Verschlüsselung
coding sheet Codierformular
coding theory Codierungstheorie
coefficient Koeffizient (kennzeichnende Größe bei physikalischen Vorgängen)
coefficient of coupling Kopplungsfaktor
coefficient of expansion Ausdehnungszahl
coefficient of friction Reibungszahl
coefficient of interest Interessenfaktor
coefficient of measure Maßzahl
coefficient of mutual inductance Gegeninduktivitätskoeffizient
coefficient of nonlinear distortion Klirrfaktor
coefficient of refraction Brechzahl
coefficient potentiometer Koeffizientenpotentiometer
coercitive koerzitiv, Koerzitiv...
coercitive force Koerzitivfeldstärke
coercitivity Koerzitivkraft (Beibehalten der angenommenen Magnetisierung)
cognition Erkenntnis(vermögen)
coherence Kohärenz (Lichtbündel gleicher Wellenlänge und Schwingungsart)
coherent kohärent, zusammenhängend
coherent oscillator Kohärenzoszillator
coil Spule
  coil aerial Rahmenantenne
  coil-driven loudspeaker dynamischer Lautsprecher
  coil-loaded circuit Pupinisierung, Pupin-Leitung
  coil Q Spulengüte

coin Münze
coincide, to sich decken, zusammenfallen
coincidence Koinzidenz (gleichzeitiges Auftreten), Zusammenfallen
coincidence circuit Koinzidenzschaltung
coincidence element Äquivalenzglied
cold Kälte
cold kalt, kühl, ruhig, Kalt...
  cold boot Kaltstart, Urstart
  cold-cathode indicator tube Kaltkatoden-Anzeigeröhre
  cold-cathode tube Kaltkatodenröhre
  cold joint kalte Lötstelle
  cold light Kaltlicht (z.B. von Glühwürmchen ausgesendetes Licht)
  cold line stromlose Leitung
  cold (solder) joint kalte Lötstelle
  cold soldering Kaltlöten
  cold start Kaltstart, Urstart
  cold welding Kaltschweißen
collaborate, to zusammenarbeiten
collapsar schwarzes Loch (Astr)
collapse, to vernichten, zusammenbrechen
collate, to abgleichen, mischen
collate key Sortierschlüssel
collating sequence Sortierfolge
collator Mischer
collect, to sammeln
collecting Sammlung, Fang..., Sammel..
collection Ansammlung, Anhäufung
collector Kollektor(anschluß), Kollektorzone
  collector-base cut-off current Kollektorreststrom
  collector depletion layer Kollektorsperrschicht
  collector-diffusion isolation Kollektordiffusionsisolation

collector series resistance Kollektorbahnwiderstand
college Hochschule
collide, to zusammenprallen, zusammenstoßen
collimate, to einstellen, justieren
collimated light paralleles Licht
collimation Kollimation (Erzeugung paralleler Lichtstrahlen in einem Kollimator)
collimator Kollimator (Gerät zur Erzeugung paralleler Lichtstrahlen)
collineatory kollinear (einander entsprechende gerade Linien)
Collins filter Collins-Filter (LC-Schaltung als Antennentransformator)
collision Stoß, Zusammenprall, Stoß...
colloid Kolloid (feinste aufgeschlämmte Teilchen in einer Flüssigkeit)
colloidal suspension kolloidale Suspension (Aufschlämmung)
colon Doppelpunkt
  colon equal Ergibt-Symbol
color Farbe
  color analysis Zerlegung von Farben
  color band Farbring
  color bar Farbbalken
  color blending Farbmischung
  color blindness Farbblindheit
  color burst Farbsynchronsignal
  color carrier Farbträger
  color code Farbkennzeichnung
  color difference signal Farbdifferenzsignal
  color display farbige Bildschirmanzeige
  color distortion Farbverfälschung
  color fringing Farbrand, Farbsaum
  color game Farbvideospiel
  color gradation Farbabstufung
  color graphic Farbgraphik
  color image tube Farbbildröhre
  color matrix unit Farbmatrixschaltung
  color mixture Farbmischung
  color phase Phasenwinkel des Chrominanzsignals
  color picture tube Farbbildröhre
  color preception Farbempfindung
  color primaries Grundfarben
  color purity error Farbverfälschung
  color rendering Farbwiedergabe
  color response spektrale Empfindlichkeit
  color sensation Farbempfindung
  color-sensitive farbempfindlich
  color signal Farbwertsignal
  color stimulus specification Farbvalenz
  color subcarrier Farbträger
  color television Farbfernsehen
  color temperature Farbtemperatur
  color triangle Farbdreieck
  color TV receiver Farbfernsehgerät
colorfast farbecht
colorimeter Farbmeßgerät
colorimetry Kolorimetrie (Verfahren zur Bestimmung der Farbintensität)
colorless farblos
colour s. color
Colpitts oscillator Colpitts-Oszillator (Oszillator mit kapazitiver Dreipunktschaltung)
column Kolonne, Spalte
  column heading Spaltenüberschrift
columnar structure Säulenstruktur
COM (computer output microfilm) Computerausgabe auf Mikrofilm
comb Kamm
  comb antenna Kammantenne
  comb filter Comb-Filter, Kammfilter

combination Kombination, Vereinigung, Verbindung
combination color Mischfarbe
combination heat Bindungswärme
combinational circuit Schaltnetz
combinational logic Schaltalgebra
combinational theory Kombinatorik (Math)
combine, to kombinieren, (sich) verbinden, (sich) vereinigen
combined station Hybridstation
combiner Weiche
combustible Brennstoff
combustion Oxidation, Verbrennung
come, to kommen
comet Komet
comfort telephone set Komfortfernsprecher
comfortable bequem, komfortabel
comma Komma
command, to anweisen, befehlen
command Befehl
  command identifier Befehlskennzeichen
  command key Steuertaste
  command language Kommandosprache, Steuersprache
  command processor Befehlsprozessor
  command retry Befehlswiederholung
  command string Befehlskette
commence, to beginnen
commensurate entsprechend, im richtigen Verhältnis
comment Anmerkung, Kommentar
commentary Kommentar
commerce Handel
commercial industriell, kommerziell
  commercial line (öffentliches) Netz
  commercial satellite Nutzsatellit
commission, to beauftragen, in Betrieb nehmen

committed zweckgebunden
common Masse(anschluß)
common allgemein, geerdet, gemeinsam, gewöhnlich, üblich, Gleich...
common area gemeinsamer (Speicher)-Bereich
common base Basis...
common base circuit Basisschaltung
common block Speicherblock, (gemeinsamer) Speicherbereich
common channel transmitter Gleichkanalsender
common collector Kollektor...
common collector circuit Kollektorschaltung
common conductor Nulleiter
common decoder Gemeinschaftsdecoder
common divisor gemeinsamer Teiler
common drain Drain...
common emitter Emitter...
common emitter circuit Emitterschaltung
common gate Gateschaltung
common ground Masse
common logarithm Briggscher Logarithmus (Math)
common mode Gleichtakt, Gleichtakt..
common mode driving Gleichtaktsteuerung
common mode gain Gleichtaktverstärkung
common mode interference Gleichtaktstörung
common mode noise voltage asymmetrische Störung
common mode rejection Gleichtaktunterdrückung
common mode rejection ratio Gleichtaktunterdrückungsverhältnis
common mode voltage gain Gleichtaktverstärkung

common multiple gemeinsames Vielfaches
common network Nachrichtennetz
common point Masseanschlußpunkt
common pool gemeinsamer Speicherbereich
common return Betriebserde
common signaling channel zentraler Zeichenkanal
common source Quell..., Source...
common storage area gemeinsamer Speicherbereich
common technique Nachrichtenübertragungstechnik
common trunk gemeinsame Abnehmerleitung
commonly used allgemein gebräuchlich
communicate, to kommunizieren, mitteilen, sich verständigen, übertragen, verkehren
communication Fernmeldetechnik, Informationsaustausch, Kommunikation, Nachricht, (Daten)Übermittlung
communication channel Übertragungskanal
communication control Fernbetriebseinheit
communication engineering Nachrichtentechnik
communication line Fernmeldeleitung
communication link Datenübertragungseinrichtung, Nachrichtenverbindung
communication net(work) Fernmeldenetz, Nachrichtennetz
communication phase Nachrichtenaustauschphase
communication processor Kommunikationsrechner
communication protocols (höhere) Kommunikationsprotokolle
communication satellite Nachrichtensatellit
communication system Nachrichtensystem
communication terminal Datenstation
communication theory Informationstheorie
communications Nachrichtenübertragung, Nachrichten...
communications adapter Modemanschluß
communications link Nachrichtenverbindung
communications switching Nachrichtenvermittlung
communications technique Nachrichtenübertragungstechnik
communications tower Fernmeldeturm
community antenna system Gemeinschaftsantennenanlage
commutate, to kommutieren, umpolen, umschalten, vertauschen
commutate Kommutieren (Umkehren)
commutating capacitor Löschkondensator
commutation Kommutierung
commutative kommutativ, vertauschbar
commutator Kommutator (Stromwender)
compact dicht, fest, gedrängt, kompakt
compaction Verdichtung, Speicherbereinigung
compander Kompander (Dynamikpresser und -dehner)
companding Dynamikregelung
companion Leitfaden, Ratgeber
comparability Vergleichbarkeit
comparable vergleichbar
comparative measurement Vergleichsmessung
comparator Komparator, Vergleicher
compare, to vergleichen
comparison Vergleich

compass Kompaß, Umkreis
compatibility Verträglichkeit
compatible (anschluß)verträglich
compensate, to ausgleichen, kompensieren
compensated kompensiert (gegeneinander ausgeglichen)
compensated semiconductor Kompensationshalbleiter
compensating kompensierend, Ausgleich...
   compensating lead Ausgleichsleitung
   compensating network kompensierendes Netzwerk
   compensating self-recording instrument Kompensationsschreiber
compensation Ausgleich, Ersatz, Kompensation
compensator Kompensator, Entzerrer
competition Wettbewerb
compilation Übersetzung, Umwandlung
compile, to übersetzen, umwandeln
compiler Compiler (DIN: Kompilierer), Übersetzungsprogramm
   compiler (level) language Compilersprache (z.B. FORTRAN)
compiling Compilieren (Programmübersetzung)
complain, to beklagen
complaint Beschwerde, Klage
complement Ergänzung, Komplement
   complement on nine Neunerkomplement
   complement on two Zweierkomplement
complementary ergänzend, komplementär, Ergänzungs..., Komplementär...
   complementary angle Komplementwinkel (Ergänzungswinkel)
   complementary color Komplementärfarbe (Ergänzungsfarbe)
   complementary trigonometric function Kofunktion

complete, to ausführen (Befehl), ergänzen, vervollständigen, vollenden
complete komplett, vollständig, Voll...
   complete failure Vollausfall
   complete linkage vollständige Zwischenleitung
completed fertig
completely nested nest vollständige Schachtelung (von Schleifen)
completeness Vollständigkeit
completion Abschluß, Beendigung
complex komplex, kompliziert
   complex fraction Doppelbruch
   complex number komplexe Zahl
   complex power Scheinleistung
   complex quantity komplexe Größe
   complex wave zusammengesetzte Welle
complexity Komplexität (Vielschichtigkeit)
compliance Nachgiebigkeit, reziproke Steifigkeit, Zustimmung
   compliance voltage Verträglichkeitsspannung
complicated kompliziert, schwierig
component Bauelement, Bauteil, Bestandteil, Komponente
   component density Packungsdichte
   component insertion Bestückung mit Bauelementen
componentry Bauteileaufwand
compose, to zusammensetzen
composing system Setzmaschine
composite vielfältig, zusammengesetzt, Verbund...
   composite attenuation Betriebsdämpfung
   composite circuit Simultanschaltung
   composite color picture signal FBAS-Signal (Farbvideo-Signalgemisch)
   composite color signal Farbbildsignalgemisch

composite filter Wellenparameter-
filter
composite picture signal Signalgemisch
composite resistor Masse(fest)wi-
derstand
composite signal Signalgemisch,
Summensignal
composition Einsetzen, Gemisch, Satz,
Substitution, Zusammensetzung
composition of mathematical notation
Formelsatz
composition resistor Masse(fest)wi-
derstand
compound Verbindung
compound zusammengesetzt
 compound address zusammengesetzte
Adresse
 compound battery Blockbatterie
 compound fraction Doppelbruch
 compound semiconductor Verbindungs-
halbleiter
compress, to komprimieren, packen,
verdichten
compressed komprimiert, Druck...,
Preß...
compression Kompression, Verdichtung,
Preß...
 compression capacitor Quetschkon-
densator
 compression ratio Verdichtungsver-
hältnis
compressional wave Druckwelle
compressive stress Druckspannung
compressive yield stress Quetsch-
spannung
compressor Kompressor
compromise network angenäherte Schaltung
Compton scattering Compton-Streuung
(Phys)

computability Berechenbarkeit
computable berechenbar
 computable function rekursive Funktion (Math)
computation Berechnung, Rechnung
 computation of errors Fehlerrech-
nung
computational Rechen...
 computational item Rechenfeld
compute, to (be)rechnen, errechnen
computed go to berechneter Sprung
computer Computer, Datenverarbeitungsanlage, Rechenanlage, Rechner
computer-aided computergestützt,
computerunterstützt
computer-aided design computerunterstützter Entwurf
computer-aided manufacturing compu-
tergestütztes Fertigen
computer architecture Rechnerarchi-
tektur
computer art Computerkunst
computer-assisted computergestützt,
computerunterstützt
computer-assisted learning computerunterstützter Unterricht
computer-assisted translation computerunterstützte Übersetzung
computer-based/aided instruction
computerunterstützter Unterricht
computer classification Rechnerklassifizierung
computer control digitale Regelung
computer-controlled computerge-
steuert
computer engineering Computertech-
nik
computer feedback control digitale
Regelung
computer forward control digitale
Steuerung

computer game Computerspiel
computer graphics Computergraphik, graphische Datenverarbeitung
computer language Maschinensprache
computer-managed computergeleitet
computer network Rechnernetz
computer-oriented language maschinenorientierte Programmiersprache
computer output microfilm Computerausgabe auf Mikrofilm
computer program Maschinenprogramm
computer readable maschinell lesbar
computer science Informatik
computer supported computerunterstützt
computer taxonomy Rechnerklassifizierung
computer usage Computernutzung
computerized computergestützt
computerized numerical control CNC-Steuerung (computergesteuerte numerische Steuerung)
computerized tomography Computertomographie
computing Verarbeiten (von Daten), Rechen...
computing amplifier Rechenverstärker
concatenate, to verbinden, (ver)ketten
concatenation Kette, Verbindung, Verkettung
concave hohl, konkav, Hohl...
concentrate, to anreichern, bündeln, konzentrieren
concentration Anreicherung, Konzentration
concentrator Konzentrator
concentric konzentrisch (einen gemeinsamen Mittelpunkt habend)
concentric cable/line Koaxialkabel
concentric transmission line Koaxialkabel

concentricity Mittigkeit, Rundlauf
concept Begriff, Konzept
conceptional konzeptionell (gedanklich entwerfen)
conceptual begrifflich
concern, to betreffen
conchoid Muschellinie
conclude, to folgern, schließen
conclusion Folgerung, Konklusion, Schluß
conclusive schlüssig
concordance Konkordanz, Übereinstimmung
concrete konkret, wirklich
concrete Beton
concurrency Gleichzeitigkeit
concurrent gleichzeitig, nebenläufig
concurrent operation Parallelbetrieb
concurrent processing überlappte Verarbeitung
concussion Stoß
condensance kapazitiver Blindwiderstand, Kondensanz
condensation Kondensation (Verdichtung von Gasen zu Flüssigkeiten)
condense, to kondensieren, sich verdichten
condition, to festsetzen, formen, klimatisieren
condition Bedingung, Voraussetzung, Zustand, Zustands...
condition of stability Stabilitätskriterium
conditional bedingt, eingeschränkt
conditional alternative routing bedingte alternative Verkehrslenkung
conditional assembly bedingte Umwandlung
conditional branch bedingter Sprung
conditional equation Bestimmungsgleichung

conditional information content Verbundinformationsentropie
conditional jump bedingter Sprung
conditional path search bedingte Wegsuche
conditional selection bedingte Wegsuche
conditioning Anpassung, Behandlung
conduct, to leiten
conductance Konduktanz, Wirkleitwert
conducted heat abgeleitete Wärme
conducting leitend, Leit...
　conducting composition Leiterpaste
　conducting path Strompfad
　conducting state voltage Vorwärtsspannung
　conducting test Durchgangsprüfung
　conducting wire Leitungsdraht
conduction Leitung, Leitungs...
　conduction angle Phasenanschnittwinkel
　conduction band Leitungsband
　conduction current Leitungsstrom
　conduction electron Leitungselektron
　conduction test Durchgangsprüfung
conductive leitend
　conductive material leitfähiges Material
　conductive pattern Leiterbild (einer Leiterplatte)
conductivity Leitfähigkeit, Leitwert
conductor (elektrischer) Leiter, Stromleiter
　conductor pad Anschlußflecken
　conductor pattern Leiterbild (einer Leiterplatte)
　conductor track Leiterbahn
conduit Schutzrohr
cone Kegel, Konus
conference Besprechung, Konferenz, Sitzung

conference call Konferenzverbindung
conference circuit Konferenzschaltung
conference traffic Konferenzverkehr
confidence Vertrauen
confidence coefficient Aussagewahrscheinlichkeit
confidence interval Vertrauensbereich
confidence level Aussagewahrscheinlichkeit, Vertrauensbereich
configuration Anordnung, Konfiguration
configure, to anordnen, zusammenstellen
confine, to begrenzen, beschränken
confinement Begrenzung, Einschränkung
confirm, to bekräftigen, bestätigen, erhärten
confirmation Bestätigung, Zielbestätigung (Rad)
conflict Konflikt (wörtl.: Zusammenstoß)
confocal konfokal (mit gleichen Brennpunkten)
conform, to (sich) anpassen
conformal konform (maßstabsgetreu)
　conformal coating gleichmäßiger Überzug
　conformal mapping konforme Abbildung (Math)
conformity Konformität (Maßstabstreue)
confuse, to verwirren
congestion Blockierung, Überlastung
congratulate, to gratulieren
congress microphone Konferenzmikrofon
congruent kongruent (deckungsgleich)
conic section Kegelschnitt
conjugate konjugiert (einander zugeordnet)

conjugate angle

conjugate angle Ergänzungswinkel
conjunction Konjunktion, UND-Verknüpfung
conjunctive konjunktiv, verbindend
connect, to anschließen, verbinden, verknüpfen, zusammenschalten
connect in parallel, to parallelschalten
connected zusammenhängend
connected in tandem hintereinandergeschaltet
connecting block Klemmleiste
connecting delay Anschalteverzug
connecting lead Anschlußdraht, Anschlußleitung
connecting terminal Anschlußklemme
connecting unit Datenanschlußgerät
connection Schaltung, Verbindung
connection arrangement Kontaktbelegung
connection diagram Schaltplan
connection lead Verbindungsleitung
connection lug/tag Anschlußfahne
connection set Reihenklemme
connectivity Anschlußfähigkeit
connector Stecker, Steckverbinder, Übergangsstelle (Programmablaufplan)
connector cable Verbindungskabel
connector pin Anschlußstift
connector plug Stecker
connector receptable Steckdose
connector sleeve Steckbuchse
conscious bewußt
consecutive fortlaufend, laufend
consecutive failure Folgeausfall
consequence logische Folgerung
consequent folgerichtig
consequent Divisor (Math)
consider, to berücksichtigen, betrachten
considerable beträchtlich

consideration Betrachtung, Überlegung
consist of, to bestehen aus
consistency Konsistenz, Widerspruchsfreiheit
CONSOL CONSOL (Navigationsverfahren)
console Bedienungspult, Konsole, Tastatur
console display Datensichtgerät
console typewriter Bedienungsblattschreiber
consonance Gleichklang
constant konstant, Dauer...
constant accessibility konstante Erreichbarkeit
constant current Dauerstrom
constant current source Konstantstromquelle
constant multiplier Festwertmultiplizierer
constant source diffusion Diffusion aus einer unendlichen Quelle
constant voltage source Konstantspannungsquelle
constant weight code gleichgewichtiger Code
constant Konstante (Größe, deren Wert sich nicht verändert)
constantan Konstantan (Legierung mit 40% Nickel und 60% Kupfer)
constitute, to bilden
constitution Beschaffenheit
constrained zwangsläufig
constrained feed Leitungsspeisung
constraint Druck, Randbedingung, Zwang
constrict, to einengen
construct, to aufbauen, konstruieren
construction Aufbau, Ausführung, Ausgestaltung, Herstellung, Konstruktion
consultation Beratung
consulting call Rückfragen

consume, to (Strom) aufnehmen, verbrauchen
consumer Abnehmer, Verbraucher
consumption Verbrauch
contact, to kontaktieren
contact Anschluß, Berührung, Kontakt, Kontakt...
   contact area Berührungsfläche
   contact bounce Kontaktprellen
   contact breaker Stromunterbrecher
   contact chatter Kontaktprellen
   contact copy Kontaktkopie
   contact float Kontaktspiel
   contact force Kontaktkraft
   contact hole Kontaktfenster
   contact insert Kontakteinsatz
   contact maker Kontaktgeber
   contact miss mangelhafte Kontaktierung
   contact pad Kontaktflecken
   contact pin Kontaktstift
   contact potential Kontaktpotential, Kontaktspannung
   contact printing Kontaktbelichtung
   contact rebound Kontaktprellen
   contact rectifier Sperrschichtgleichrichter
   contact resistance Durchgangswiderstand, Übergangswiderstand
   contact rivet Kontaktniete
   contact spring Kontaktfeder
   contact surface Berührungsfläche
   contact tag Kontaktfahne
contactless berührungslos
contactor Schütz
contain, to enthalten
container Behälter
contamination Kontamination, Verunreinigung, Verschmutzung
contaminating signal Störsignal
content, to zufriedenstellen
content Gehalt, (Speicher)Inhalt
   content addressable memory Assoziativspeicher
   content analysis Inhaltsanalyse, semantische Analyse
contention Meinungsstreit, Wettstreit
   contention mode Konkurrenzbetrieb
context Wortlaut, Text, Sinnzusammenhang
   context switch Programmschaltung
contextual vom Text abhängig, Kontext...
contexture Gliederung, Struktur
contiguous anstoßend, fortlaufend, zusammenhängend
   contiguous item strukturabhängiges (Daten)Feld
contingency Eventualfall, Zufälligkeit
   contingency table Vierfeldertafel
continual (an)dauernd
continuance Fortdauer
continuation Fortsetzung, Folge...
   continuation address Folgeadresse
continue, to fortfahren, fortsetzen
continue Folge...
   continue statement Leeranweisung
continued division Kettendivision
continued fraction Kettenbruch
continued fractions arrangement Kettenbruchschaltung
continuity Kontinuität, Stetigkeit, Durchgang (einer Leitung)
   continuity checker Leitungsprüfer
   continuity equation Kontinuitätsgleichung
continuous andauernd, kontinuierlich, stetig, Dauer...
   continuous action controller stetiger Regler
   continuous contour control Bahnsteuerung

continuous current stationärer
Gleichstrom
continuous maximum rating maximale Dauerleistung
continuous memory Festspeicher
continuous operation Dauerbetrieb
continuous oscillation ungedämpfte Schwingung
continuous paper form Endlosformular
continuous process dynamischer Prozeß
continuous progressive code einschrittiger Code
continuous radiation Bremsstrahlung
continuous rating Nenndauerlast
continuous signal Dauerkennzeichen, Zustandskennzeichen
continuous-time signal zeitkontinuierliches Signal
continuous-value signal wertkontinuierliches Signal
continuous wave CW-Betrieb, Dauerbetrieb, ungedämpfte Welle, Dauerstrich...
continuous wave laser Dauerstrich-Laser
continuous wave power Dauerstrichleistung
continuum Kontinuum (lückenloser Zusammenhang)
contour, to formen
contour Umriß
  contour analysis Konturauswertung
  contour error Nachformfehler
  contour following Konturabtastung
  contour line Höhenlinie, Isohyphe
contra Gegen...
contract, to (sich) zusammenziehen
contract Vertrag
contractible zusammenziehbar
  contractible force Kontraktionskraft

contraction Kontraktion, Zusammenziehen
contradict, to widersprechen
contradiction Widerspruch
contradictory kontradiktorisch (sich widersprechend)
contrary Gegenteil
contrast Gegensatz, Kontrast
  contrast control Dynamikregelung
control, to kontrollieren, prüfen, regeln, (an)steuern
control Kontrolle, Regelung, Steuern, (Ablauf)Steuerung, Regel..., Steuer...
  control accuracy Regelgüte
  control area Regelfläche
  control ball Rollkugel
  control bit Steuerbit
  control break Gruppenwechsel
  control break item Gruppenbegriff
  control center Leitstelle
  control characteristic Steuerkennlinie
  control circuit Regelkreis, Steuerkreis
  control counter Befehlszähler
  control criterion Gütekriterium
  control current Steuerstrom
  control dial Abstimmskala
  control engineering Regelungstechnik
  control field Sortierfeld, Steuerfeld
  control footing report group Gruppenfuß
  control group Gruppenabschnitt
  control instruction Steuerbefehl
  control key Bedienungstaste
  control knob Bedienungsknopf
  control lever Schalthebel
  control loop Regelkreis
  control panel Bedienungsfeld, Konsole

control pulse Ansteuerimpuls, Regelimpuls, Steuerimpuls
control quantity Führungsgröße
control range Aussteuerintervall, Regelbereich
control register Befehlsregister
control sequence Steuerzeichenfolge
control setting Sollwerteinstellung
control statement Steueranweisung
control station Leitstation
control storage Steuerspeicher
control system Steuersystem
control theory Regelungstheorie
control unit Leitwerk, Steuerwerk
control variable Laufvariable, Steuervariable
controllability Steuerbarkeit
controllable regulierbar, steuerbar
  controllable accessibility steuerbare Erreichbarkeit
controlled geregelt, gesteuert
  controlled avalanche diode CAD (gesteuerte Lawinendiode)
  controlled base gesteuerte Basis
  controlled system Regelstrecke
  controlled variable Laufvariable, Regelgröße
  controlled voltage source gesteuerte Spannungsquelle
controller Regler, Steuereinheit, Controller, Steuer...
convection Konvektion (Strömung in Flüssigkeiten oder Gasen aufgrund von Temperaturunterschieden)
convenience Erleichterung, Vorteil
  convenience outlet Netzsteckdose
  convenience receptable Steckdose
convenient bequem, geeignet
convention Abkommen, Vereinbarung
conventional konventionell, herkömmlich

converge, to konvergieren, sich (an)nähern
convergence Konvergenz (Zusammenlaufen)
convergent konvergent
conversation Gespräch, Gesprächszustand
conversational dialogorientiert, Dialog
  conversational mode Dialogbetrieb (Eingabe von Computerinformationen über Bildschirm)
converse Umkehrung
conversely umgekehrt
conversion Konvertierung, Umrechnung, Umsetzung, Umwandlung
  conversion chart Umrechnungstabelle
  conversion factor Umrechnungsfaktor
  conversion loss Mischdämpfung
  conversion program Übersetzerprogramm
  conversion rate Übersetzungsgeschwindigkeit
  conversion service Kompatibilitätsdienst
  conversion speed Umsetzungsgeschwindigkeit
  conversion table Umrechnungstabelle
  conversion time Umsetzzeit
convert, to umformen, umkehren, umrechnen, umwandeln
converter Konverter, Stromrichter, Umformer, Umsetzer, Wandler
convertible umsetzbar
convertor s. converter
convex konvex (erhaben, nach außen gewölbt)
convey, to abführen, mitteilen, übermitteln, vermitteln
convolution Faltung (Math), Gang (einer Schraube, Windung)

convolutional code Faltungscode (Math)
cook, to kochen
cool kühl
cool, to abkühlen, kühlen
coolant Kühlmittel
cooling (Ab)Kühlen, Erkalten
  cooling baffle Luftleitblech
  cooling curve Abkühlkurve
  cooling down Abkühlen
  cooling fin Kühlrippe
  cooling plate Kühlblech
  cooling vane Kühlfahne
Cooper pairs Cooper-Paare (Phys)
coordinate, to koordinieren, zuordnen
coordinate Koordinate
  coordinate graphics Liniengraphik
  coordinate system Koordinatensystem
coordinateograph Koordinatengraph
coordination lattice Koordinationsgitter
coplanar koplanar (in einer Ebene liegend)
copper Kupfer
  copper-laminated kupferkaschiert
  copper-oxide rectifier Kupferoxydul-Gleichrichter
coprocessor Coprozessor (Prozessor, der in einem Computer bestimmte Aufgaben übernimmt)
copy, to duplizieren, kopieren
copy Exemplar (eines Buches), Kopie
cord angels. Raumeinheit (1 cord = 3,6 m^3)
cord Anschlußleitung, Schnur
  cord plug Leitungsstecker
cordless schnurlos
core Ader (Kabel), Kern, Kernspeicher, Seele (Kabel)
  core jig Kernjoch
  core loss Eisenverluste, Kernverluste

core matrix Kernspeichermatrix
core memory Magnetkernspeicher
core wire Kernader (Kabel)
Coriolis force Coriolis-Kraft (Phys)
corkscrew nach Art des Korkenziehers, spiralig
  corkscrew aerial Wendelantenne
cornea Hornhaut
corner Ecke, Eckpunkt
  corner frequency Eckfrequenz
Cornu's spiral Klothoide (spiralförmige Kurve)
corollar(y) Folgeerscheinung, Folgesatz
corporate feed Netzwerkspeisung
corpuscle Korpuskel, Teilchen
corpuscular korpuskular, Körper...
correct korrekt, richtig
correct, to berichtigen, korrigieren, verbessern
correcting element Stellglied
correction Berichtigung, Fehlerbeseitigung, Korrektur
  correction key Korrekturtaste
  correction of amplitude Amplitudenentzerrung
  correction of distortion Entzerrung
  correction time Ausregelzeit
corrective Berichtigungs..., Korrektur...
  corrective error Ausgleichsfehler
correctness Korrektheit (Logik)
correlate, to korrelieren (in Wechselbeziehung stehen), verketten
correlation gegenseitige Abhängigkeit, Korrelation
  correlation analysis Korrelationsanalyse
correlator Korrelator (Korrelationsanalysator)
correspond, to entsprechen

correspondence Korrespondenz (Übereinstimmung)
corresponding entsprechend, zugehörig, zugeordnet
corrode, to korrodieren, (ver)rosten
corrosion Korrosion, Rost
  corrosion resistance test Korrosionsprüfung
corrosionproof rostbeständig
cosecant Cosecans (Umkehrfunktion des Sinus)
cosine Cosinus (trigonometrische Funktion)
  cosine law Cosinussatz
  cosine series Cosinusreihe
cosmic kosmisch
  cosmic rays Höhenstrahlen
cosmogony Kosmogonie (Wissenschaft über die Entstehung der Welt)
cosmology Kosmologie (Lehre von der Entstehung des Weltalls)
cosmonautics Raumschiffahrt
COSMOS (complementary symmetrical MOS) CMOS (komplementärsymmetrisches MOS)
cosmos Kosmos, Weltall
cost, to kosten
cost Kosten
  cost benefit analysis Kosten-Nutzen-Analyse
  cost saving Kosteneinsparung
cotangent Cotangens (Umkehrfunktion des Tangens), Kotangente
Cotton-Mouton effect Cotton-Mouton-Effekt (Phys)
coulomb Coulomb (Einh. d. elektr. Ladung)
Coulomb Coulomb...
  Coulomb force Coulombkraft
  Coulomb's law Coulombsches Gesetz
coulombmeter Coulombmeter

count, to rechnen (mit), zählen
  count down, to zurückzählen
  count up, to vorwärtszählen
countable abzählbar
countdown Rückwärtszählen, Antwortbakenausbeute (Rad)
counter Zähler, Gegen...
  counter latch-up Zählersperrung
  counter voltage Gegenspannung
counteract, to entgegenwirken
counterbalance Gegengewicht
counterclockwise im Gegenuhrzeigersinn, linksgängig
counterconnection Gegenschaltung
countermeasure Gegenmaßnahme
counterpart Gegenstück
counterphase Gegenphase, Gegentakt
counting Zählen
  counting frame Abakus, Rechenbrett
  counting module Zählerbaustein
  counting tube Zählrohr
country Land, Landes...
  country code Landeskennnummer, Landeskennzahl
counts (Zähl)Impulse
couple, to anschalten, koppeln
couple Paar (z.B. Kräftepaar)
coupled gekoppelt
  coupled attenuation Koppeldämpfung
  coupled circuit angekoppelter Stromkreis
coupler Koppler, Kopplungsstecker, Stecker, Steckvorrichtung
coupling Kopplung, Koppel...
  coupling capacitor Koppelkondensator
  coupling coefficient Kopplungsfaktor
  coupling condensator Koppelkondensator
course (Ab)Lauf, Gang, Verlauf, Weg
courseware Unterrichtsprogramm
court Hof

covalent

covalent kovalent (paarig), unpolar
covalent bond kovalente Bindung, homöopolare Bindung (Chem)
cover, to bedecken, erfassen
cover Abdeckung, Deckel, Gehäuse
cover plate Abdeckplatte, Verkleidung
coverage Bedeckung, Umfang, Versorgungsbereich (Rundfunk)
coverage diagram Erfassungsdiagramm
covered umhüllt
covering Überzug
CPE (central processing element) Prozessor
cpm (cycles per minute) Perioden pro Minute
CPM (critical path method) CPM (Methode der Netzplantechnik)
cpmm (characters per millimeter) Zeichen pro Millimeter
cps (cycle per second) Hertz
CPU (central processing unit) Zentraleinheit
crack, to brechen, fraktionieren, knacken
cracking Aufspaltung, Fraktionierung
crackle, to knacken, knistern
cradle Gestell
cradle relay Kammrelais
cramp, to klammern
crank Kniestück, Kurbel
cranky nicht in Ordnung
crash, to abstürzen, zusammenstoßen
crashproof bruchfest
crazy verrückt
CRC (cyclic redundancy check) zyklische Blockprüfung
create, to (er)schaffen, erstellen
creative schöpferisch
creep, to kriechen, schleichen
creep distance Kriechstrecke
creepage Kriechstrom
creeping current Kriechstrom
crest Maximum, Scheitel
crest factor Formfaktor, Scheitelfaktor
crest voltage Spitzenspannung
crest working voltage Scheitelspannung
crimp, to crimpen (quetschen), umbördeln
crimp connection Crimpanschluß, Quetschverbindung
cripple, to außer Funktion setzen
criterion Kriterium (unterscheidendes Merkmal)
critical kritisch, Grenz...
critical angle Winkel der Totalreflexion
critical flicker frequency Flimmergrenze
critical parameter kritischer Wert
CRO (cathode-ray oscilloscope) Katodenstrahloszilloskop
crocodile clip Krokodilklemme
cropping Beschneiden eines Kristallblocks
cross, to schneiden (Math), (sich) kreuzen
cross Kreuz
cross assembler Cross-Assembler (erzeugt in einem Computer den Maschinencode für einen systemfremden Computer)
cross axis Querachse
cross-coil instrument Kreuzspulinstrument
cross connection Kreuzschaltung
cross coupling gegenseitige Beeinflussung
cross-coupling capacitor Koppelkondensator

cross feed Übersprechen
cross field Transversalfeld (Feld senkrecht zur Ausbreitungsrichtung)
cross guide Richtungskoppler
cross hairs Fadenkreuz
cross modulation Kreuzmodulation
cross product Vektorprodukt
cross reference Querverweis
cross section Querschnitt
cross-section paper Koordinatenpapier
cross wire Fadenkreuz
crossband Frequenzumsetzung
crossbar Koordinaten..., Kreuzschienen...
   crossbar switch Koordinatenschalter, Kreuzschienenverteiler
crosscorrelation (function) Kreuzkorrelation(sfunktion) (Math)
crosshatching Doppelschraffur
crossing Kreuzung
crossover Kreuzungspunkt, Übergang
crosspoint Koppelpunkt
   crosspoint screw Kreuzschlitzschraube
   crosspoint switch Koordinatenschalter, Schaltmatrix
crosstalk Nebensprechen, Übersprechen
   crosstalk attenuation Nebensprechdämpfung
crossunder Unterkreuzung
crowbar Schnellabschaltung, Überspannungsschutz
crowded überfüllt, voll
crowding Einschnüren, Verdichtung, Zusammendrängen
CRT (cathode ray tube) Braunsche Röhre, Katodenstrahlröhre
crucial entscheidend, kritisch
crucible (Schmelz)Tiegel

crude roh, Roh...
crush, to pressen, vernichten, zusammendrücken
cry, to rufen, schreien
cryoelectronics Kryoelektronik (Elektronik im Bereich tiefer Temperaturen)
cryogenic kryogen (tiefe Temperaturen betreffend), supraleitend
   cryogenic storage kryogener (supraleitender) Speicher, Tieftemperaturspeicher
cryogenics Tieftemperaturforschung
cryometer Kryometer (Thermometer für tiefe Temperaturen)
cryophysics Kryophysik (Tieftemperaturphysik)
cryosar Kryosar (Tieftemperatur-Halbleiterbauelement)
cryostat Kryostat (Kälteregler)
cryotron Kryotron (supraleitendes Schaltelement)
cryptanalysis Analyse verschlüsselter Texte
cryptography Kryptographie, Sprachverschlüsselung
crystal Kristall, Schwingquarz, Quarz...
   crystal blank Kristallrohling
   crystal-clear kristallklar
   crystal clock Quarzuhr
   crystal-controlled quarzgesteuert
   crystal defect Kristallstörstelle
   crystal detector Kristalldetektor
   crystal diode Halbleiterdiode
   crystal dislocation Kristallversetzung
   crystal face Kristallfläche
   crystal facet Kristallseitenfläche
   crystal filter Quarzfilter
   crystal growth Kristallwachstum

crystal imperfection Kristallbaufehler
crystal lattice Kristallgitter
crystal orientation Kristallrichtung
crystal oscillator Kristalloszillator
crystal pick-up piezoelektrischer Tonabnehmer
crystal plane Kristallebene, Kristallfläche
crystal pulling Kristallziehen
crystal rectifier Gleichrichter
crystal structure Kristallaufbau
crystal unit Schwingquarz
crystalline kristallin, Kristall...
crystallize, to kristallisieren
crystallographic kristallographisch
crystallography Kristallographie
CSL (current-sinking logic) CSL (stromziehende Logik)
CSL (current switch logic) CSL (Stromschalterlogik)
CSMA (carrier sense multiple access) CSMA (Paketvermittlungsverfahren für Bussysteme)
CTD (charge transfer element) CTD (Ladungsverschiebebauelement)
CTL (complementary transistor logic) CTL (komplementäre Transistorlogik)
CTU (centigrade thermal unit) angels. Einheit der Wärmemenge (1 CTU = $1,9 \cdot 10^3$ J)
CTV (cable television) Kabelfernsehen
cubage Volumenberechnung
cubature Volumenberechnung
cube dritte Potenz, Würfel
cubic kubisch, räumlich, Kubik...
  cubic face centered kubisch flächenzentriert
cubical s. cubic
cubicle (Fernsprech)Zelle

cuboid Quader
cue, to auffordern
cue Aufruf, Hinweiszeichen, Übertragungsbefehl
cumulative angehäuft
  cumulative absolute frequency aufsummierte Besetzungszahl
  cumulative frequency Summenhäufigkeit
  cumulative frequency function Häufigkeitssummenverteilung
cup Becher, Behälter, Kalotte
  cup anemometer Schalenkreuzanemometer
  cup core Topfkern
cupric Kupfer...
cure, to aushärten (Kunststoff), beheben, heilen
curie Curie (veralt. Einh. der Aktivität radioaktiver Substanzen)
  Curie point Curie-Punkt (Phys)
curious merkwürdig, seltsam
curium Curium (chem. Element)
curl rot (Rotation; Math), Rotation
curl up, to aufrollen, zusammenrollen
curly bracket geschweifte Klammer
currency Währung
  currency symbol Währungszeichen
current aktuell, derzeit, gegenwärtig, geläufig, laufend, momentan
current (elektrischer) Strom, Strömung
  current attenuation Stromdämpfung, Stromdämpfungsmaß
  current balance Stromwaage
  current booster Stromverstärker
  current carrying stromführend
  current carrying lug Stromfahne
  current conductor Stromleiter
  current controlled stromgesteuert
  current controlled current source stromgesteuerte Stromquelle

current crowding Stromzusammendrängung, Stromverdichtung
current density Stromdichte
current displacement Stromverdrängung
current-driving stromtreibend
current feed Stromspeisung
current hogging Überstromaufnahme
current intensity Stromstärke
current limiter Strombegrenzer
current mirror Stromspiegel
current mismatch Stromfehlanpassung
current mode logic CML (Stromschaltertechnik)
current noise Stromrauschen
current path Strompfad
current pulse Stromstoß
current rating Nennstrom
current regulator diode Stromreglerdiode, Stromstabilisator
current rush Stromstoß
current sharing Stromteilung
current sinking stromziehend
current source Stromquelle
current sourcing stromtreibend
current strength Stromstärke
current supply Stromversorgung
current surge Stromstoß
current switch logic CSL (Stromschalterloçik)
current-to-voltage converter Strom-Spannungs-Umsetzer
current transfer Stromübernahme
current transfer ratio Gleichstromverstärkung, Stromverhältnis
current transmission coefficient Stromübertragungsfaktor
currently derzeit, momentan
cursor Cursor (Leuchtmarke auf Bildschirm), Meßlinie (Rad), Zeiger

curtail, to (ab)kürzen, beschneiden
curtain Vorhang, Abschirmwand
  curtain antenna Vorhangantenne
curvature Krümmung, Kurvenverlauf, Verbiegung, Wölbung
curve, to biegen, krümmen
curve Biegung, Kurve, Kurven...
  curve follower Kurvenleser, Kurvenschreiber
  curve plotter Kurvenzeichner
  curve plotting Kurvendarstellung
  curve tracer Kennlinienschreiber
  curve tracing Kurvendiskussion (Math)
curved gekrümmt, krumm
curvilinear krummlinig
cushion, to dämpfen, unterdrücken
cusp Scheitelpunkt, Umkehrpunkt
custom Kunden...
  custom array Kundenschaltung
  custom-built kundenspezifisch
  custom design kundenspezifischer Entwurf
customarily üblich, wie gewohnt
customer Anwender, Kunde, Teilnehmer, Verbraucher
  customer application service Teilnehmeranwendungen
customize, to nach Kundenwunsch herstellen
cut, to abschalten, (ab)schneiden, trennen, unterbrechen
  cut down, to erniedrigen (Spannung), reduzieren, verringern
  cut in, to einschalten (Batterie)
cut (Durch)Schnitt
cutage Ausfall
cutback method Cutback-Methode (Meßmethode der Dämpfung bei Lichtwellenleitern)
cutin-voltage Einschaltspannung

cutoff Einsatzpunkt, Kennlinienknick, Sperren
cutoff-angle Anschnittwinkel
cutoff-bias Sperrspannung
cutoff-collector current Kollektorsperrstrom
cutoff-current Reststrom, Sperrstrom
cutoff-frequency Grenzfrequenz
cutoff-voltage Abschnürspannung
cutoff-wavelength Grenzwelle
cutout Sicherungsautomat, Unterbrechung
cutting Schneiden, Trennen
cutting angle Schnittwinkel
CVD (chemical vapor deposition) CVD (Abscheiden von Isolationsschichten auf einem Substrat aus der Dampfphase)
CVS (current-controlled voltage source) stromgesteuerte Spannungsquelle
cw (continuous wave) Dauerstrich...
cw magnetron Dauerstrichmagnetron
cw power amplifier travelling wave tube Wanderfeld-Verstärkerröhre
cwt (hundredweight) angels. Gewichtseinheit (1 cwt = 50,8 kg)
cyan Blaugrün
cybernetics Kybernetik (Forschungsgebiet, das sich mit den Gesetzmäßigkeiten zwischen biologischen und technischen Systemen auseinandersetzt)
cyborg (cybernetic organism) Kyborg (menschenähnliche Maschine)
cycle, to zyklisch durchlaufen
cycle Bearbeitungszyklus, Folge, Periode, Schwingungsdauer, Zyklus (periodischer Ablauf)
cycle accuracy Ganggenauigkeit
cycle duration Periodendauer
cycle index counter Schleifenzähler

cycle period Periode (etwas sich regelmäßig Wiederholendes)
cycle precision Ganggenauigkeit
cycle stealing Cycle Stealing (Unterbrechen eines Programms für die Zeitdauer eines Zyklus)
cycle time Zykluszeit
cycles per second Hertz
cyclic periodisch, zyklisch
cyclic code zyklischer Code
cyclic duration factor Einschaltdauer
cyclic field Wirbelfeld
cyclic frequency Kreisfrequenz
cyclic memory Umlaufspeicher
cyclic operation periodischer Ablauf
cyclic permutation zyklische Vertauschung
cyclic redundancy check zyklische Blockprüfung
cyclic store Umlaufspeicher
cyclic transmission zyklischer Betrieb
cycling Durchlaufen, Schwingung
cycloconverter Direktumrichter, Steuerumrichter
cycloid Zykloide (Kurve, die ein auf dem Kreisumfang befindlicher Punkt beim Abrollen des Kreises beschreibt)
cyclotron Zyklotron (Beschleuniger für Elementarteilchen und Ionen)
cylinder Zylinder
cylindric(al) zylinderförmig, zylindrisch, Zylinder...
cylindrical cell Rundzelle, Stabbatterie
cylindrical coordinates Zylinderkoordinaten (Math)
cylindrical wave Zylinderwelle
Czochralski process Tiegelziehverfahren

D

D/A (digital-to-analog) conversion Digital-Analog-Umsetzung
DAC (digital-to-analog converter) Digital-Analog-Umsetzer
dagger operation NAND-Funktion
daily täglich
daisy chain Verkettung
daisy wheel Schreibscheibe, Typenrad
daisy-wheel printer Typenraddrucker
dalek voice Sprachausgabe geringer Qualität
damage, to beschädigen, zerstören
damage Schaden, Zerstörung
damageable leicht zu beschädigen, empfindlich
damp, to abschwächen, befeuchten, benetzen, dämpfen
damp out, to abklingen
damp Dunst, Feuchtigkeit
damped abklingend, gedämpft
dampen, to benetzen, dämpfen
damper Dämpfer
damper diode Zeilendiode
damping Abschwächung, Dämpfung
damping decrement Abklingkonstante
damping medium Dämpfungsmittel
damping power (property) Dämpfungsvermögen
dampness Feuchtigkeit
dampproof feuchtigkeitsbeständig
danger Gefahr
dangerous gefährlich
dangling bond nichtpaarige Bindung
daraf 1/Farad (USA)
darcy angels. Einh. d. mechanischen Permeabilität (1 D = $0,897 \cdot 10^{-12}$ m^2)
dare, to wagen

dark dunkel, Dunkel...
dark adapted dunkeladaptiert
dark current Dunkelstrom
dark discharge Dunkelentladung
dark satellite schweigender Satellit
dark space Dunkelraum
dark spot signal Schwarzsignal
dark trace tube Dunkelschriftröhre
darken, to verdunkeln, verfinstern
darkening Verdunklung, Verfinsterung
darkness Dunkelheit
Darlington amplifier Darlington-Verstärker
Darlington circuit Darlington-Schaltung
Darlington pair Darlington-Verstärker
Darlington power transistor Darlington-Leistungstransistor
DAS (data acquisition system) Datenerfassungssystem
dash Linie, Stoß, Strich
dash and dot line strichpunktierte Linie
dash dotted strichpunktiert
dashboard Instrumentenbrett
dashed line gestrichelte Linie
dashpot relay gedämpftes Relais
data Angaben, Daten, (Daten)Text, Informationen, Werte, Zahlen
data access Datenzugriff
data acquisition Datenerfassung, Meßwerterfassung
data acquisition system Datenerfassungssystem
data adapter unit Datenanschlußgerät
data administration Datenverwaltung
data administrator Datenverwalter
data aggregate Datengruppierung
data amplifier Meßwertverstärker
data area Datenbereich

data attribute Datenattribut
data bandwidth Informationsbandbreite
data bank/base Datenbank
data base computer Datenbankrechner
data base management Datenbankverwaltung
data base system Datenbanksystem
data bit Datenbit
data block Datenblock
data break Ein-Ausgabe von Daten in einen Computer, ohne den Programmablauf zu unterbrechen
data bus Datenbus (Datenübertragungsstrecke)
data capsule Datenkapsel
data capture Datenerfassung
data carrier Datenträger
data cartridge Datenkassette
data catalog Datenverzeichnis
data cell Speicherzelle
data channel Datenkanal
data circuit terminating equipment Datenübertragungseinrichtung
data collecting Datensammlung
data collection Datenerfassung
data communication Datenaustausch, Datenübermittlung, Datenübertragung
data compaction/compression Datenverdichtung
data concentrator Datenkonzentrator
data connection Datenverbindung
data conversion Datenumsetzung
data converter Meßwertwandler
data delimiter Trennsymbol
data description Datenbeschreibung
data dictionary Datenverzeichnis
data directed datengesteuert
data directory Datenverzeichnis
data display unit Datensichtgerät
data division Datenteil

data editing Datenaufbereitung
data element Datenelement, Datenkategorie
data enable signal Datenfreigabesignal
data encryption Datenverschlüsselung
data entry Dateneingabe, Datenerfassung
data equipment Datenendgerät
data exchange Datenaustausch
data exchange service Datexdienst
data field Datenfeld
data file Datei
data file directory Dateiverzeichnis
data flow Datenfluß, Informationsfluß
data flowchart Datenablaufplan
data format Datenformat, Datenstruktur
data gathering (Meß)Datenerfassung
data handling Datenverarbeitung, Meßwertverarbeitung
data haven Datenoase (Land mit lückenhaftem Personendatenschutz)
data hierarchy Datenhierarchie
data highway Datenweg
data identifier Datenname
data initialization statement Anfangswertanweisung
data input Dateneingabe
data input bus Dateneingabebus
data interchange Datenaustausch
data item Datenfeld
data latch getaktetes D-Flipflop
data line Datenleitung
data link Datenübertragung, Datenverbindung
data logger Datenerfassungsgerät, Datenschreiber
data logging Datenerfassung, Meßwerterfassung

data management Dateiverwaltung
data manipulation Datenbearbeitung, Datentransformation
data medium Datenträger
data movement Datenbewegung, Datenverschiebung
data network Datennetz
data oasis Datenoase (Land mit lückenhaftem Personendatenschutz)
data origination Datenursprung
data output Datenausgabe
data path Datenstrecke, Datenweg
data phone Datenfernsprecher
data pointer Datenregister (enthält den Operanden eines Befehls)
data preparation Datenaufbereitung
data printer Datendrucker
data processing Datenverarbeitung
data processing equipment Datenverarbeitungssystem
data processing machine Computer, Rechner
data processing terminal Datenstation
data processor Computer, Rechner
data protection Datenschutz
data protection measure Datenschutzmaßnahme
data rate Datengeschwindigkeit, Datenrate, Kanalrate
data record Datensatz
data record office Datenträgerarchiv
data recording Datenerfassung, Datenaufzeichnung
data reduction Datenverdichtung, Datenreduktion
data register Datenregister
data representation Datendarstellung
data retention time Datenspeicherzeit

data retrieval Datenwiedergewinnung
data safeguarding Datensicherung
data scatter Flußwechselversatz
data security Datensicherheit, Datensicherung
data selector Multiplexer (Einheit, die Nachrichten zwischen verschiedenen Nachrichtenkanälen vermittelt)
data set Datei, Datensatz
data sheet Datenblatt
data signaling rate Übertragungsgeschwindigkeit
data sink Datenempfänger, Datensenke
data source Datenquelle
data station Datenendgerät
data storage Datenspeicherung
data stream Datenfluß
data switching system Datenvermittlungssystem
data tablet Datentablett (Eingabe von Daten mit einem Griffel und einem graphischen Datenerfassungsgerät)
data telecommunication Datenfernübertragung
data telecommunication services Dateldienste
data teleprocessing Datenfernverarbeitung
data terminal Endstelle
data terminal equipment Datenendeinrichtung
data time Datenübertragungszeit
data track Datenspur
data transcription Datenumsetzung
data transfer Datentransport, Datenübertragung
data transfer rate Datenübertragungsgeschwindigkeit
data transformation Datentransformation
data translation Datenumsetzung

data transmission Datenübertragung
data under voice Übertragung von Daten auf einem Sprachkanal
data word Datenwort
datagram Datagramm (Datenpaket, das über ein Datennetz mit Datenpaketvermittlung übertragen wird)
datagram service Datagrammdienst
dataphone Fernsprecher zur Datenübertragung
date Daten, Datum, Meßwerte, Zahlenwerte
date entry terminal Dateneingabegerät
date of day Tagesdatum
date terminal Endstelle
datex (data exchange) Datex (Datenübertragung)
datex circuit switching network Datex-L-Netzwerk
datex network Datexnetz
datex packet switching network Datex-P-Netzwerk
dating Altersbestimmung
datum Bezugsgröße, (Untersuchungs)Ergebnis
datum line Bezugslinie
daughter Tochter(substanz)
daughter board Platine, aufgesteckt auf eine Platine
DAV (data valid) die Bereitschaft in einem Bussystem, Daten zu übernehmen
day Tag
dazzle, to blenden
dB (decibel) Dezibel (Verstärkungs- bzw. Dämpfungsmaß)
dBa (dB adjusted) angloam. dB-Angabe für Geräuschpegel (bewertet nach der F1A-Kurve)
dB(A) dB-Angabe für frequenzabhängige Schalldruckbewertung nach der A-Kurve

dBf dBf (Dezibel bezogen auf 1 fW)
dBk dBk (Dezibel bezogen auf 1 kW)
dBm dBm (Dezibel bezogen auf 1 mW)
DBM (double balanced mixer) Ringmischer
dBmp dBmp (Dezibel für Geräuschpegel; psophometrisch bewertet)
dBµ dBµ (Dezibel bezogen auf 1 µV)
dBp dBp (Dezibel bezogen auf 1 pW)
dBr dBr (Dezibel für relative Pegel)
dBrn (dB reference noise) angloam. dB-Angabe für Geräuschpegel (abweichend von Psophometerkurve)
dBrn(c) (dB reference noise) angloam. dB-Angabe für Geräuschpegel (bewertet nach C-Kurve)
dBv dBv (Dezibel bezogen auf 1 V)
dBW dBW (Dezibel bezogen auf 1 W)
DC (device control characters) Gerätesteuerzeichen (CCITT-Alphabet Nr. 5)
d.c. (direct current) Gleichstrom
d.c. a.c. Allstrom
d.c. amplifier Gleichstromverstärker
d.c. beta Gleichstromverstärkung (eines Transistors)
d.c. bias voltage Gleichstromvorspannung
d.c. blocking Blockieren des Gleichstromanteils
d.c. bridge Gleichstrommeßbrücke
d.c. characteristics statische Kenndaten
d.c. circuit Gleichstromkreis
d.c. condition Gleichstrombedingung
d.c. control amplifier Gleichstromregelverstärkung
d.c.-coupled galvanisch gekoppelt
d.c.-energized gleichstromgespeist
d.c.-excited gleichstromerregt
d.c. feedback Gleichstromgegenkopplung

d.c.-isolated gleichspannungsmäßig getrennt
d.c. machine Gleichstrommaschine
d.c.-operated gleichstromgespeist
d.c. plant Gleichstromanlage
d.c. resistance ohmscher Widerstand
d.c. response Ansprechen auf Gleichstrom
d.c. restoration Schwarzwerthaltung
d.c. supply Gleichstromquelle
d.c. telegraphy Gleichstromtelegrafie
d.c.-to-a.c. conversion Gleichstrom-Wechselstrom-Umsetzung
d.c.-to-a.c. converter Wechselrichter
d.c.-to-d.c. converter Gleichspannungsumsetzer, Gleichstrom-Gleichstromumsetzer
d.c. voltage Gleichspannung
d.c. voltage regulator Gleichspannungskonstanthalter
DCE (data circuit terminating equipment) DÜE (Datenübertragungseinrichtung)
DCTL (direct-coupled transistor logic) DCTL (direkt gekoppelte Transistor-Logik)
DDC (direct digital control) direkte Steuerung
DDD (direct distance dialling) Selbstwählfernverkehr
deaccentuator Entzerrer
deactivate, to ausschalten, deaktivieren
dead stromlos, tot, vollständig, Tot...
dead band tote Zone
dead black tiefschwarz
dead center Ruhelage, Totpunkt
dead corner toter Winkel

dead end stromloses Ende, unvorhergesehenes Programmende
dead end effect Energieaufnahme durch leerlaufende Spulen
dead halt Programmabbruch (wegen Fehler)
dead line stromlose Leitung
dead room schalltoter Raum
dead short vollständiger Kurzschluß
dead space tote Zone
dead spot toter Punkt
dead switch Kurzschlußschalter
dead time Sperrzeit, Totzeit, Verlustzeit
dead weight Eigengewicht, Leergewicht
dead zone tote Zone
deadbeat aperiodisch (gedämpft)
deaden, to dämpfen
deadhead resistance schädlicher Widerstand
deadline Stichtag, Termin
deadlock gegenseitiges Sperren, totale Blockierung, Verklemmung
deadly embrace gegenseitiges Sperren
deaf taub
deaf aid Hörhilfe
deal with, to behandeln, sich beschäftigen
deallocate, to freigeben, Zuordnung aufheben
DEAP (diffused eutectic aluminium process) DEAP (Herstellungsverfahren bei integrierten Schaltungen)
de-assembler Disassembler (Programm, das binäre Assemblerprogramme in Assemblerdarstellung umsetzt)
death Tod
deathnium Rekombinationszentrum
deathnium centers Reaktionshaftstellen

debicon Debicon (Mikrowellengenerator)
debit Schuld
deblocking Zugriff auf einen Datensatz in einer Datei
debouncing Entprellen
de Broglie wave de-Broglie-Welle, Materiewelle
de Broglie wavelength de-Broglie-Wellenlänge (Photonenstrahlung, die der Photonenenergie 1 eV entspricht)
debug, to Fehler suchen (wörtl.: entwanzen)
debugger Fehlersuchprogramm
debugging Fehlersuche und -beseitigung
debunching Entbündeln
Debye length Debye-Länge (Reichweite der Wechselwirkung von Teilchen)
Debye shielding distance Debye-Länge
deca Deka..., Zehn...
decade Dekade (Zeitraum von 10 Tagen, Monaten usw., Jahrzehnt, Dekaden...
  decade capacitance box Dekadenkondensator
  decade counter Dekadenzähler, Dezimalzähler
  decade keyboard Zehnertastatur
  decade scaler Dezimalteiler
decadic dekadisch (auf die Zahl 10 bezogen)
  decadic logarithm dekadischer (Briggscher) Logarithmus, Logarithmus zur Basis 10
decagon Zehneck
decametric wave Hochfrequenzwellen (3 MHz bis 30 MHz)
decay, to abfallen, abklingen, zerfallen, sich zersetzen
decay Abklingen, Ausschwingen, Zerfall
  decay back to zero Abfall auf Null
  decay curve Abklingkurve

decay factor Abklingkonstante
decay phase Abklingvorgang
decay time Abfallzeit, Abklingzeit, Zerfallszeit
Decca DECCA (Navigationsverfahren)
decelerate, to (sich) verlangsamen, (sich) verzögern
decelerating time Verzögerungszeit
deceleration (Ab)Bremsung, negative Beschleunigung, Verlangsamung, Verzögerung
decentralization Dezentralisierung (Bearbeiten gleichartiger Aufgaben an verschiedenen Orten)
decentralized dezentral
deception Täuschung, Trick
  deception signal Täuschungssignal
deci Dezi... (10^{-1})
decibel Dezibel (Verstärkungs- bzw. Dämpfungsmaß)
decidable entscheidbar
decide, to (sich) entscheiden
decilog Dezilog ($10^{0,1} = 1,25892$)
decimal dezimal (bezogen auf die Basis 10)
decimal Dezimalstelle, Dezimalzahl, Dezimal...
  decimal adjust Dezimalkorrektur
  decimal carry Zehnerübertrag
  decimal digit Dezimalziffer
  decimal display Dezimalanzeige
  decimal fraction Dezimalbruch
  decimal notation Dezimaldarstellung, Dezimalschreibweise
  decimal number Dezimalzahl
  decimal numbering/numeration system Dezimalsystem
  decimal overflow enable Dezimalüberlaufbit
  decimal place Dezimalstelle, Nachkommastelle

decimal point   Dezimalkomma
decimal scale   Dezimalsystem, Dezimaleinteilung
decimal system   Dezimalsystem
decimal-to-binary conversion   Dezimal-Dual-Umsetzung
decimeter   Dezimeter, Dezimeter...
decimetric waves   Dezimeterwellen (300 MHz bis 3 GHz)
decimillimetric waves   Höchstfrequenzwellen (300 GHz bis 3000 GHz)
decineper   Dezineper (1/10 Neper)
decipher, to   entschlüsseln
decision   Entscheidung
  decision box   Entscheidungssymbol
  decision content   Entscheidungsgehalt
  decision level   Entscheidungsschwellwert
  decision tree   Entscheidungsbaum
deck   Kartenstapel
declaration   Vereinbarung
declaratives   Prozedurvereinbarungen
declarator   Vereinbarungszeichen
declare, to   definieren, erklären
declination   Abweichung, Deklination, Mißweisung
decline   Abnahme
declutch, to   auskuppeln (Mech)
decode, to   dechiffrieren, decodieren
decoded text   Klartext
decoder   Decodierer (Datenentschlüßler)
decoding   Decodierung
decollate, to   vereinzeln
decollimated light   entparallelisiertes Licht
decolorization   Entfärbung
decometer   Dekometer (Phasenmesser)
decompose, to   aufspalten, zerfallen, zerlegen
decomposition into partial fractions   Partialbruchzerlegung

decomposition series   Zerfallsreihe
decomposition voltage   Zersetzungsspannung
decontamination   Dekontamination, Entgiftung, Entstrahlung
decoration   Sichtbarmachung von Versetzungen, Dekoration, Ausschmückung
decoupling   Entkopplung
  decoupling amplifier   Trennverstärker
decoy   Täuschziel, Köder
decrease, to   abnehmen, verkleinern, vermindern
decrement, to   erniedrigen, vermindern (meist um den Wert 1)
decrement   Abnahme, Dekrement, Verkleinerung
decryption   Entschlüsselung
dedicate, to   einweihen, widmen
dedicated   (anwendungs)spezifisch, fest zugeordnet, zweckbestimmt
  dedicated circuit   Standleitung
  dedicated computer   Einzweckcomputer
  dedicated line   Standleitung
  dedicated logic   für bestimmte Anwendungen entwickelte Logik
  dedicated wired   festverdrahtet
deduce, to   ableiten, folgern, schließen
deducible   ableitbar, erzeugbar
deduct, to   abziehen, subtrahieren
deduction   Ableitung, Folgerung, Subtraktion
  deduction rule   Schlußregel
  deduction system   Deduktionssystem, Kalkül, Logikkalkül
deductive   ableitbar, deduktiv (Einzelfall aus dem Allgemeinen herleiten)
dee   D-förmige Elektrode (Zyklotron)
deemphasis   Entzerrung
deenergize, to   abschalten, entaktivieren

deenergized stromlos
deep dunkel, satt, tief(liegend)
  deep color satte Farbe
  deep discharge vollständige Entladung
  deep-lying tiefliegend
default Ausbleiben, Nichteinhaltung, Unterlassung, erforderliche Befehlsangaben, Vorgabe(wert)
  default value Standardwert
defect Defekt, Fehler, Fehlordnung, Fehlstelle, Störstelle
  defect band Störstellenband
  defect center Störstellenzentrum
  defect concentration Störstellenkonzentration
  defect conduction Defektelektronenleitung
  defect electron Defektelektron (positiv geladenes Gitteratom eines Halbleiters)
  defect generation Störstellenerzeugung
  defect information Fehlermeldung
  defect lattice point Gitterstörstelle
  defect level Störstellenniveau
  defect semiconductor P-dotierter Halbleiter
  defect site Störstellenplatz
  defect term Störterm
defectfree fehlerfrei
  defectfree zone ladungsträgerfreie Zone
defective defekt, fehlerhaft
  defective contact Wackelkontakt
defence Verteidigung
defer, to aufschieben
deferred asynchron, zeitlich versetzt
  deferred addressing indirekte Adressierung

deferred exit asynchroner Ausgang
deficiency Fehler, Mangel, Unzulänglichkeit
deficit Mangel
definable bestimmbar, definierbar
define, to bestimmen, definieren
defining resistor Begrenzungswiderstand
definite bestimmt, definit (Math)
definition Begriff, Definition, Bildschärfe
  definition by cases Fallunterscheidung
  definition of image Abbildungsgüte
deflect, to ablenken, abweichen, ausschlagen, durchbiegen
deflecting Ablenk(ungs)...
  deflecting system Ablenkeinheit
deflection Ablenkung, Ausschlag, Ablenk...
  deflection sensitivity Ablenkempfindlichkeit
  deflection yoke Ablenkjoch
deflector Ablenkvorrichtung
  deflector plate Ablenkplatte
deflexion s. deflection
defocus, to defokussieren
deform, to deformieren, verzerren
deformability Deformierbarkeit
deformation Deformierung, Verformung, Verzerrung
defruiter Synchronfilter
defruiting Unterdrückung
deg Zeichen f. degree
degarbling Codeentwirrung
degassing Entgasung
degauss, to entmagnetisieren
degeneracy Degeneration, Entartung
degenerate, to degenerieren, entarten
degenerate semiconductor entarteter Halbleiter

degenerately doped bis zur Entartung dotiert
degeneration Entartung (Hl), Gegenkopplung
degenerative amplifier gegengekoppelter Verstärker
deglitch, to Ausgleichsvorgänge beruhigen
degradation Güteverlust, Verschlechterung
degradation failure Änderungsausfall, Driftausfall
degrade, to beeinträchtigen, herabsetzen, sich verschlechtern, vermindern
degree (Alt)grad, Ordnung, Rang, Stufe
  degree day Messung der Temperaturabweichung von einem Standardwert über einen Tag
  degree Kelvin Kelvin(grad) (Temperatureinheit auf der Kelvin-Skala)
  degree of freedom Freiheitsgrad
  degree of individual distortion individueller Entzerrungsgrad
  degree of latitude Breitengrad
  degree of longitude Längengrad
  degree of purity Reinheitsgrad
  degree of radian measure Bogengrad
  degree of start-stop distortion Start-Stopp
  degree rise Temperaturanstieg
degrees to radians angle conversion Umrechnung von Grad in Radiant
dehydrate, to dehydrieren
deion circuit-breaker Leistungsschalter mit magnetischer Bogenlöschung
deionization Entionisierung
dekatron Dekatron(röhre) (Gasentladungsröhre mit 10 Katoden)
del Nabla-Operator (Math)

DEL (delete) Löschen (CCITT-Alphabet Nr. 5)
delaminate, to in Schichten zerlegen, spalten
delamination Abblätterung, Spaltung
delay, to aufschieben, verschieben, verzögern
delay Laufzeit, Verzögerung, Verzug
  delay distortion Laufzeitverzerrung
  delay equalizer Laufzeitentzerrer
  delay flip-flop D-Flipflop
  delay inequality Laufzeitabweichung
  delay line Verzögerungsleitung
  delay loss-type operation Warte-Verlust-Betrieb
  delay on energization Verzögerung beim Einschalten
  delay on make Verzögerung beim Einschalten
  delay section Laufzeitglied
  delay stability Laufzeitkonstante
  delay time Verzögerungszeit
  delay type operation Wartebetrieb
delayed verzögert
  delayed delivery verzögerte Weitersendung
  delayed-dropping abfallverzögert
  delayed in time zeitlich verzögert
  delayed sweep verzögerte Zeitablenkung
delete, to löschen
delete mark Deleaturzeichen (Tilgungszeichen)
deleterious schädlich
deletion Löschung, Streichung, Tilgung
  deletion of errors Fehlerbeseitigung
  deletion record Datensatz, der einen älteren Datensatz überschreibt
delicate empfindlich

delimit, to begrenzen
delimitation Abgrenzung
delimiter Begrenzer, Trennzeichen
delineate, to entwerfen, schreiben
(mit Elektronenstrahl), zeichnen
deliver, to abgeben, (aus)liefern
delivery Anlieferung, (Aus)lieferung
 delivery of energy Energieabgabe
delta griechischer Buchstabe, Delta...
 delta circuit/connection Dreieckschaltung
 delta function Diracsche Deltafunktion, Stoßfunktion (Dirac-Stoß; Phys)
 delta matched dipole Y-Dipole
 delta modulation Deltamodulation
 delta star transformation Dreieck-Stern-Umwandlung
 delta voltage Dreieckspannung
 delta wave Delta-Welle (Hirnwelle von etwa 4 Hz)
demagnification Verkleinerung
demagnitization Entmagnetisierung
demand, to abrufen, (an)fordern, beanspruchen
demand (An)Forderung, Bedarf, Belastung, Ersuchen, sofortige Verarbeitung, Verlangen
 demand factor Verbrauchsfaktor, Verarbeitung
 demand file Abrufdatei
 demand paging Abrufverarbeitung, Seitenaustauschverfahren
demarcation Abgrenzung
demi halb...
demodulation Demodulation (Abtrennung einer niederfrequenten Schwingung von einem modulierten hochfrequenten Träger)
demodulator Demodulator (Gerät zur Demodulation)

demonstrate, to beweisen, demonstrieren, vorführen, zeigen
demonstration Beweis, Demonstration, Vorführung
De Morgan's theorem Satz von De Morgan (Log)
demount, to demontieren (abbauen)
demountable abnehmbar
demultiplexer Demultiplexer (Schaltung zur Trennung hintereinander gesendeter Signale)
denary zehnfach, Zehn...
dendent abhängig
denial Negierung (Verneinung)
denominational (number system) Stellenwertsystem
denominator Nenner (Math)
denote, to bezeichnen
dense (dicht) gepackt
 dense binary code vollständiger Binärcode
 dense-to-rare transition Übergang vom dichteren zum dünneren Medium (Opt)
densely populated dicht besetzt
densitometer Densitometer, Dichtemesser
density Dichte, Schwärzungsgrad
 density fluctuation Dichteschwankung
 density gradient Konzentrationsgradient
 density modulation Elektronenstrahlmodulation
 density of charge Ladungsdichte
 density of etch pits Ätzgrubendichte
 density of holes Defektelektronendichte
 density of impurities Störstellendichte
 density of states Zustandsdichte
 density of traffic Verkehrsdichte

density probe Dichtesonde
density scale Schwärzungsskala
denuded condition unbesetzter Zustand
denuded zone ladungsträgerfreie Zone
denumerability Abzählbarkeit
department Abteilung
departure Abweichung, Abfahrt
depend (on), to abhängen von
dependability Anpassungsfähigkeit, Zuverlässigkeit
dependable betriebssicher, zuverlässig
dependence Abhängigkeit
dependency grammar Abhängigkeitsgrammatik (Abhängigkeit mehrerer Elemente von einem Element)
deperming Entmagnetisierung
dephase außer Phase, phasenverschoben
depict, to abbilden
deplete, to entleeren, räumen, verarmen
depleted erschöpft, (aus)geräumt, verarmt
depletion Entleerung, Erschöpfung, Sperrung, Verarmung, Sperr...
  depletion approximation Schottkysche Parabelmethode (H1)
  depletion capacitance Sperrschichtkapazität
  depletion effect Verdrängungseffekt
  depletion layer Raumladungszone, Sperrschicht
  depletion layer capacitance Sperrschichtkapazität
  depletion layer region Raumladungszone
  depletion layer width Sperrschichtbreite
  depletion mode field-effect transistor Verarmungs-Isolierschicht-Feldeffekttransistor
  depletion MOST MOS-Feldeffekttransistor vom Verarmungstyp
  depletion region Sperrschichtbereich
  depletion-type Verarmungs...
  depletion width Sperrschichtbreite
deplistor Deplistor (Halbleiterbauelement)
deployment Aufstellung
depolarization Depolarisierung (Vermeidung elektrischer Polarisation in galvanischen Zellen)
  depolarization loss Polarisationsentkopplung
depopulate, to (ent)leeren
deposit, to abscheiden, aufbringen, aufdampfen
deposit Ablagerung, Niederschlag, Widerstandsschicht
deposited carbon resistor Kohleschichtwiderstand
deposited film aufgedampfte Schicht
deposition Ablagerung, Abscheidung, Anlagerung, Aufdampfverfahren, Beschichtung
depreciate, to an Wert verlieren, herabsetzen
depreciation Rückgang, Wertminderung
depress, to herunterdrücken, niederdrücken
depressed equation reduzierte Gleichung
depth Tiefe
  depth definition Schärfentiefe
  depth earth electrode Tiefenerder
  depth finder Echolot
  depth of focus Schärfentiefe
  depth sounder Echolot
deque Deck, Doppelstapel
dequeuing Freigabe
derating Derating, Lastminderung, Unterlastung, Verminderung

derating factor   Reduzierfaktor
derivable   ableitbar
derivative   Ableitung, Differentialquotient
derivative action   Vorhalt
derivative element   D-Glied
derive, to   ableiten
derived   Ableit...
   derived units of the International System of Units   abgeleitete SI-Einheiten
desaturation time   Entsättigungszeit
descend   absteigend
descender   Unterlänge
descending   absteigend
   descending key   absteigender Sortierbegriff
   descending order   absteigende Folge (Math), fallende Ordnung
describe, to   beschreiben
description   Beschreibung
   description entry   Erklärung
descriptive grammar   linguistische Informationswissenschaft
descriptive literature   technische Beschreibung, technische Unterlagen
descriptor   Deskriptor (Beschreiber)
   descriptor assignment   Indexierung (Ermittlung eines Speicherplatzes über das Indexregister)
deselect   inaktivieren
desensitization   Desensibilisierung
deserialiser   Seriell-Parallel-Umsetzer
desiccant   Trocknungsmittel
desiccate, to   Feuchtigkeit entziehen
design, to   entwerfen, konstruieren, entwickeln
design   Auslegung, Entwurf, Konstruktion, Plan, Zeichnung
   design curve   Dimensionskurve
   design geometry   Strukturabmessung

design objectives   Konstruktionsziele
design philosophy   Entwicklungsprinzip
design principles   Bemessungsgrundlagen
design procedure   Berechnungsverfahren
designate, to   benennen, bereitstellen, bestimmen, bezeichnen
designation   Bestimmungsort, Bezeichnung, Kennzeichnung, Ziel...
designer   Konstrukteur
designing   Entwicklung
desire   Wunsch
desired   Soll...
desk   Pult, Tisch
   desk computer   Tischcomputer
   desk mounting   Tischaufbau
   desktop computer   komplettes, sofort einsetzbares Computersystem
desolder, to   auslöten
despair   Verzweiflung
despun antenna   ortsfeste Antenne
destabilizing   entstabilisierend
destage, to   ausspeichern
destaticization   Behandlung, um Material antistatisch zu machen
destination   Bestimmung, Bestimmungsort, Empfänger, Ziel
   destination address   Zieladresse, Zielinformation
   destination exchange   Zielvermittlungsstelle
   destination factor   Zielfaktor
destroy, to   vernichten, zerstören, löschen
destruction   Vernichtung, Zerstörung
   destruction readout   Auslesen eines Speicherinhaltes mit Informationsverlust

destructive zerstörbar, zerstörend
  destructive readout memory Speicher, bei dem die gelesene Information gelöscht wird
detach, to abbauen, ablösen, abtrennen
detachable abnehmbar
  detachable cable steckbares Kabel
detached process abgetrennter Prozeß
detachment Ablösung
detail Einzelheit
detailed ausführlich
  detailed registration Einzelerfassung
detect, to entdecken, feststellen, gleichrichten, nachweisen
detect time Erkennungszeit
detectability Nachweis
detectable feststellbar, nachweisbar
  detectable element ansprechbares Element
  detectable structure feststellbare Struktur
detecting device Suchgerät
detecting element Fühler, Meßfühler
detecting operation Suchvorgang
detection Entdeckung, Erfassung, Erkennung, Gleichrichtung, Nachweis, Demodulation
  detection limit Nachweisgrenze
  detection of errors Nachweis von Fehlern
  detection plate Ablenkplatte
detectophone Abhörmikrophon
detector Detektor, Gleichrichter, Nachweisgerät
  detector amplifier Anzeigeverstärker
  detector bridge Brückengleichrichter
  detector probe Meßfühler, Tastkopf
  detector response Nachweisempfindlichkeit
  detector sensitivity Nachweisempfindlichkeit
detent, to feststellen, sperren (Mech)
detent Raste, Feststeller
deteriorate, to (sich) verschlechtern
deterioration Abnutzung, Qualitätsminderung, Verschlechterung, Verschleiß
determinable bestimmbar
determinant Determinante (Zahlenwert einer n-reihigen Matrix; Math)
determinate bestimmt, determiniert
determination Bestimmung, Ermittlung
determine, to bestimmen, ermitteln, festlegen
deterministic deterministisch (vorherbestimmt)
detonate, to detonieren
detrimental schädlich, ungünstig
detritus von der Oberfläche abgeschabtes Material
detune, to verstimmen
detuning Verstimmung
deuterium Deuterium (schwerer Wasserstoff)
deuteron Deuteron (Atomkern des Deuteriums)
develop, to entwickeln
developing Entwicklungs...
development Ausbildung, Entwicklung
  development department Entwicklungsabteilung
  development time Entwicklungszeit
deviable ablenkbar
deviate, to abweichen
deviating prism Umlenkprisma
deviation Ableitung, Ablenkung, Differentiation, (Regel)Abweichung
  deviation angle Ablenkwinkel
  deviation from pulse flatness Dachschräge (eines Impulses)
  deviation ratio Hubverhältnis

device

device Bauelement, Bauteil, Gerät
   device adapter integrierter Geräte-
   anschluß, Interfaceadapter
   device assignment Gerätezuordnung
   device complexity Integrationsdichte
   device fabrication Gerätefertigung
   device geometry Abmessungen eines
   Bauelementes
   device manager Verwaltungsprogramm
   für periphere Geräte
   device name symbolischer Name
   device service routine DSR (Programmteil für Datenübertragung zu
   Peripheriegeräten)
   device under test Prüfling
devil Teufel
devise, to erfinden
dew Tau
   dew point Taupunkt
Dewar container Dewar-Gefäß (wissenschaftlicher Ausdruck für Thermos-
   flasche)
dextropolarisation Rechtspolarisation
dextrorotation Rechtsdrehung
DF (direction finder) (Funk)Peiler
DFA (digital fault analysis) digitale
   Fehleranalyse
D (delay) **flip-flop** D-Flipflop
DFT (discrete Fourier transform) dis-
   krete Fourier-Transformation
diac (diode a.c. switch) Diac
diacritical mark diakritisches Zeichen
   (Zeichen, das nur in Verbindung mit
   einem Alphazeichen Bedeutung erlangt)
diagnose, to erkennen, feststellen
diagnosis Diagnose (Beurteilung),
   Fehlersuche
diagnostic Fehlererkennung
   diagnostic code Fehleranzeige
   diagnostic program/routine Diagnose-
   programm, Fehlersuchprogramm

diagnostics Fehlersuchprogramme,
   Funktionsprüfprogramme
diagnotor Fehlersuch- und Aufberei-
   tungsprogramm
diagonal Diagonale (Math)
   diagonal plier Seitenschneider
   diagonal view Schrägansicht
diagram Diagramm, Graph, Kennlinie,
   Schaltplan, Schaubild
   diagram plotting Kennlinienaufnahme
diagrammatic representation graphische
   Darstellung
dial, to wählen
dial Nummernschalter, Skala, Ziffern-
   scheibe, Wählscheibe
   dial barometer Zeigerbarometer
   dial converter Wahlumsetzer
   dial gauge Meßuhr
   dial graduation Skaleneinteilung
   dial-in ankommender Ruf
   dial light Skalenlämpchen
   dial-out abgehender Ruf
   dial reading Skalenanzeige, Zeiger-
   ablesung
   dial setting Skaleneinstellung
   dial switching Nummernscheibenwahl
   dial tone delay Wähltonverzug
   dial tone tolerance Wähltontoleranz
   dial-up Wähl...
   dial-up network öffentliches Tele-
   fonnetz
   dial-up operation Wählbetrieb
dialling Wählen (Verm)
   dialling code Zielinformation
   dialling delay Wählbeginnverzug
   dialling network Wählnetz
   dialling phase Wählphase
   dialling time Wähldauer
dialog Dialog (Gespräch zwischen zwei
   Gruppen), Dialog...
   dialog terminal Dialoggerät

diamagnetic diamagnetisch
diamagnetism Diamagnetismus (Eigenschaft von Stoffen, die kein magnetisches Moment aufweisen)
diameter Durchmesser
diametral diametral (entgegengesetzt)
diamond Diamant, Rhombus (Math)
  diamond aerial Rhombusantenne
  diamond lattice Diamantgitter
  diamond-pyramid hardness number Vickers-Härte
  diamond scribing Ritzen mit Diamant
  diamond-shaped rautenförmig
Diane (direct information access network for Europe) Diane (Rechner, die an Euronet angeschlossen sind)
diaphragm, to abblenden
diaphragm Blende, Diaphragma (für bestimmte Moleküle durchlässige Scheidewand (z.B. bei der Osmose)), Membran (Schwingungsblättchen)
diathermacy Infrarotdurchlässigkeit, Wärmedurchlässigkeit
diathermy Diathermie (Heilverfahren mit Hochfrequenzfeldern)
diatomic zweiatomig
diaxial zweiachsig, zweiadrig
DIB (data input bus) Dateneingabebus
dibit Dibit (Kombination von zwei Bit)
DIC (dielectric isolated integrated circuit) dielektrisch isolierte integrierte Schaltung
dice, to vereinzeln, würfeln
dice Plural von die
dichlorosilane Dichlorsilan (Chem)
dichotomize binär (aus zwei Elementen bestehend)
dichroic dichroitisch, zweifarbig
dichroism Dichroismus (Doppelfarbigkeit)

dichromatism Dichroismus
dicing Zerschneiden
dictionary Wörterbuch
diddle automatisches Senden von Informationen
die, to ausschwingen, sterben
  die away, to abklingen
die Halbleiterplättchen, Modellform, Würfel
  die bonding Befestigen eines Halbleiterplättchens auf einem Substrat
  die cast Spritzguß...
  die cast box Spritzgußgehäuse
  die casting heatsink Druckgußkühlkörper
dielectric dielektrisch, nichtleitend
dielectric Dielektrikum, Dielektrizitäts...
  dielectric breakdown dielektrischer Durchschlag
  dielectric constant Dielektrizitätskonstante, Permittivität
  dielectric fatigue dielektrische Ermüdung
  dielectric heating (kapazitive) Hochfrequenzerwärmung, Hochfrequenzheizung
  dielectric isolation dielektrische Isolierung
  dielectric layer/lining dielektrischer Belag
  dielectric loss dielektrischer Verlust
  dielectric resistance Durchschlagwiderstand
  dielectric rod radiator Stielstrahler
  dielectric strength Durchschlagfestigkeit, Spannungsfestigkeit
  dielectric test Isolationsprüfung, Spannungsprüfung

dielectric waveguide dielektrischer
  Wellenleiter
dielectric wedge dielektrischer Keil
differ, to sich unterscheiden
difference Differenz, Unterschied,
  Differenz...
  difference amplifier Differenzverstärker
  difference equation Differenzengleichung
  difference frequency method Differenztonverfahren
  difference in levels Höhenunterschied
  difference limen Unterschiedsschwelle
  difference mode gain Differenzverstärkung
  difference mode input Differenzeingangssignal
  difference of potential Potentialdifferenz, Spannungsunterschied
  difference pattern Differenzcharakteristik
  difference quotient Differenzquotient
different verschieden (von)
differentiability Differenzierbarkeit
  (Math)
differentiable differenzierbar (Math)
differential differentiell (Math)
differential Differential, Differenz..
  differential amplifier Differenzverstärker
  differential analyzer Analogrechner,
    Integrierer
  differential calculus Differentialrechnung (Math)
  differential coefficient Differentialquotient (Math)
  differential current meter Differentialstrommesser

differential element Differentialglied
differential equation Differentialgleichung (Math)
differential gain Differenzverstärkung, differentielle Verstärkung
differential input Differenzeingang
differential input bias current
  mittlerer Eingangsruhestrom
differential microphone Doppelkapselmikrofon
differential mode Gegentaktbetrieb
differential offset Differenzverschiebung
differential operator Differentialoperator
differential pair Differenzpaar
differential phase differentielle
  Phase
differential phase shift keying Phasendifferenzmodulation
differential quotient Differentialquotient
differential resistance differentieller Widerstand
differential stage Differentialstufe
differential voltage Differenzspannung
differentially doped unterschiedlich
  dotiert
differentiate, to ableiten, differenzieren
differentiating circuit differenzierendes Netzwerk, Differenzierglied
differentiation Differentiation, Unterscheidung
differentiator differenzierendes Netzwerk, Differenzierglied
difficult schwer, schwierig
difficulty Schwierigkeit, Schwierigkeitsgrad

diffract, to beugen
diffraction Beugung, Diffraktion
  diffraction grating/grid Beugungsgitter
  diffraction pattern Beugungsbild
diffusance Diffusionsvermögen
diffusant Diffusionsmittel
diffuse diffus (zerstreut), gestreut, unscharf
diffuse, to diffundieren (eindringen), sich ausbreiten
diffused diffundiert
  diffused base device Bauelement mit diffundierter Basis
  diffused base transistor Drifttransistor
  diffused junction diffundierter (PN-)Übergang
  diffused junction transistor diffundierter Flächentransistor
  diffused layer eindiffundierte Schicht
  diffused region Diffusionsbereich
diffuseness Unschärfe
diffusibility Zerstreuungsvermögen
diffusion Diffusion (wörtl.: Auseinanderfließen), Diffusions...
  diffusion barrier Diffusionsgrenzschicht
  diffusion bonding Diffusionskontaktieren
  diffusion capacity Diffusionskapazität
  diffusion coefficient Diffusionskoeffizient
  diffusion constant Diffusionskonstante
  diffusion current Diffusionsstrom
  diffusion depth Diffusionstiefe
  diffusion-doped durch Diffusion dotiert
  diffusion (firing) furnace Diffusionsofen
  diffusion length Diffusionslänge
  diffusion of vacancies Leerstellendiffusion
  diffusion plate Mattscheibe
  diffusion process Diffusionsverfahren
  diffusion pump Diffusionspumpe
  diffusion redistribution Diffusionsrückverteilung
  diffusion source Diffusionsquelle
  diffusion under (epitaxial) film vergrabene Schicht
diffusivity Diffusionsvermögen
dig, to graben
dig-down structure Unterquerungsstruktur
digicom (digital communication) digitale Nachrichtentechnik
digilin (digital, linear) Möglichkeit, digitale und lineare Schaltungen in einem Chip zu integrieren
digit Stelle (in einer Zahl), Zeichen, Ziffer
  digit place Stelle
  digit plane Bitebene
  digit rate Schrittgeschwindigkeit
  digit sequence Ziffernfolge
  digit switch Digitalschalter
digital digital (Informationen durch Ziffern darstellen)
  digital ammeter digitales Ampermeter
  digital circuit Digitalschaltung
  digital clock Digitaluhr
  digital code Zifferncode
  digital computer Computer, Rechner
  digital control digitale Regelung
  digital counter Digitalzähler
  digital differential analyzer digitaler Integrierer

digital disk Digitalschallplatte
digital display Digitalanzeige
digital engineering Digitaltechnik
digital facsimile recorder digitaler Fernkopierer
digital fault analysis digitale Fehleranalyse
digital filter digitales Filter
digital IC integrierte Digitalschaltung
digital indicating tube Ziffernanzeigeröhre
digital keyboard Digitaltastatur
digital line Digitalanschluß
digital logic Digitallogik
digital memory Digitalspeicher
digital (panel) meter digitales Meßgerät (zum Einbau in Schalttafel)
digital multimeter digitales Vielfachmeßgerät
digital network digitales Netz
digital presentation Digitalanzeige
digital pulse duration Schrittdauermodulation
digital reading digitaler Meßwert
digital readout Digitalanzeige
digtial recording digitale Aufzeichnung
digital representation digitale Darstellung
digital signal digitales Signal
digital signal distortion Schrittverzerrung
digital speech communications digitalisierte Sprechverbindung
digital storage oscilloscope digitales Speicheroszilloskop
digital subscriber line digitaler Teilnehmeranschluß
digital switch digitaler Schalter
digital technique Digitaltechnik
digital television digitales Fernsehen
digital-to-analog converter Digital-Analog-Umsetzer
digital-to-synchro converter Digital-Synchron-Umsetzer
digital value digitaler Wert
digital voltmeter Digitalvoltmeter
digitalize, to digitalisieren
digitise, to s. digitize
digitization Digitalisierung
digitize, to digital darstellen, digitalisieren
digitizer Analog-Digital-Umsetzer, Digitalisiergerät
digitizing Digitaldarstellung
digitron Digitron (Anzeigeröhre für 10 Zeichen)
digression Abschweifung
dihedral zweiflächig
diheptal base/socket 14poliger Sockel
diinterstitial Doppelzwischengitterplatz
DIL (dual-in-line) package DIL-Gehäuse (Gehäuse, bei dem die Anschlüsse in zwei parallelen Reihen angeordnet sind)
DIL switch DIL-Schalter
dilatability Ausdehnungsvermögen, Dehnbarkeit
dila(ta)tion (Aus)Dehnung, Dilatation, Erweiterung
dilatometer Dehnungsmesser
dilute, to (ab)schwächen, verdünnen
dimension Abmessung, Ausdehnung, Dimension, Maß
  dimension of picture area Bildgröße
  dimension statement Matrixanweisung
dimensional Größen...
  dimensional equation Größengleichung
  dimensional information Formangabe

dimensionless dimensionslos
diminish, to (sich) verkleinern, (sich) vermindern
diminished radix complement (Basis-1)-Komplement
diminishing abnehmend
diminishing glass Verkleinerungsglas
dimmer Abdunklungsschalter, Dimmer
diode Diode
  diode a.c. switch Diac (Halbleiterbauelement)
  diode array Diodenfeld
  diode assembly Diodenanordnung
  diode attenuator Dämpfungsdiode
  diode clipping Diodenbegrenzer
  diode cut-off region Sperrbereich einer Diode
  diode gate Diodengatter
  diode housing Diodengehäuse
  diode inverse current Diodensperrstrom
  diode laser Halbleiterlaser
  diode leakage current Diodenreststrom
  diode limiter Diodenbegrenzer
  diode logic Diodenlogik
  diode matrix Diodenmatrix
  diode-protected durch Dioden geschützt
  diode reliability Zuverlässigkeit einer Diode
  diode-resistor logic Dioden-Widerstands-Logik
  diode-transistor logic Dioden-Transistor-Logik
diophantine diophantisch (Math)
  diophantine equation diophantische Gleichung
diopter Dioptrie (Maßeinheit für die Brechkraft von Linsensystemen)
dioptrical lichtbrechend
dioptrics Dioptrik (Lehre von der Lichtbrechung)
dioptry Dioptrie
dip, to eintauchen
DIP (dual-in-line package) DIL-Gehäuse (Gehäuse, bei dem die Anschlüsse in zwei parallelen Reihen angeordnet sind)
dip Einsattelung (Math), magnetische Inklination, Durchhang
  dip coating Tauchbeschichten
  dip needle Inklinationsnadel
  dip soldering Tauchlöten
diphase zweiphasig
diplex operation Diplexbetrieb (gleichzeitiges unabhängiges Senden zweier Telegramme über eine Schaltung)
diplexer Antennenweiche, Frequenzweiche
dipolar zweipolig
dipole Dipol (Anordnung mit zwei gleichen elektrischen oder magnetischen Polen)
  dipole antenna Dipolantenne
  dipole array Dipolgruppe
  dipole mode Dipolschwingung
  dipole moment Dipolmoment
dipositive doppelpositiv
dipping Eintauchen
Dirac delta function Deltafunktion
direct, to führen, lenken, richten
direct direkt, unmittelbar
  direct access direkter Zugriff
  direct acting direkt wirkend
  direct address absolute Adresse
  direct addressing absolute Adressierung
  direct band gap material Werkstoff mit direktem Bandabstand
  direct call Direktruf

direct-coupled direktgekoppelt
direct coupling galvanische Kopplung
direct current Gleichstrom
direct data capture direkte Datenerfassung
direct digital control DDC (direkte digitale Steuerung)
direct distance dialling Selbstwählferndienst
direct E-beam slice writing technique Direktschreibverfahren (Elektronenstrahllithographie)
direct gap semiconductor Halbleiter mit direktem Bandabstand
direct-inward dialling Durchwahl
direct memory access direkter Speicherzugriff
direct numerical control direkte digitale Steuerung
direct ray Bodenwelle
direct reading Ablese...
direct route Direktweg
direct sense Rechtsläufigkeit
direct stepping Direktbelichtung
direct traffic Direktverkehr
direct traffic carried Direktbelastung
direct traffic offered Direktangebot
direct voltage Gleichspannung
direct wave Bodenwelle
directed gerichtet, Richt...
  directed beam display Vektorbildschirm mit Bildwiederholung
  directed light gerichtetes Licht
  directed scan gerichtetes Abtasten
  directed to weisend auf
directing Richt...
direction Richtung
  direction code Richtungsinformation, Leitvermerk
  direction coupler Richtkoppler
  direction finder Funkpeiler
  direction number Richtungsfaktor (Math)
  direction of arrival Einfallsrichtung
  direction of call setup Verbindungsaufbereitung
  direction of propagation Ausbreitungsrichtung
directional gerichtet
  directional aerial/antenna Richtantenne
  directional characteristic Richtdiagramm
  directional coupler Richtkoppler
  directional diagram Richtcharakteristik
  directional (separation) filter Bandfilter
  directional gain Richtungsmaß
  directional homing gerichtete Eigenpeilung
  directional lobe Strahlungskeule
  directional microphone Richtmikrofon
  directional pattern Richtcharakteristik, Richtdiagramm
  directional relay Richtungsrelais
  directional transmission Richtsendung
directionality Richtvermögen
directive Vereinbarung, Übersetzungsanweisung, Richt...
  directive efficiency Richtwirkung
  directive gain Richtverstärkungsfaktor
  directive pattern Richtdiagramm
  directive radiator Richtantenne
directivity Bündelung, Richtcharakteristik, Richtfaktor, Richtwirkung
director Direktor (Dv, Nt), Steuerprogramm

directory Dateiverzeichnis, Inhaltsverzeichnis, Katalog
directrix Leitlinie
dirty schmutzig
disable, to ausschalten, sperren, unterbinden, verhindern
disable Sperren
disabling signal Sperrsignal
disappear, to verschwinden
disarm, to sperren
disarranged ungeordnet
disarrangement Fehlordnung
disassemble, to auseinandernehmen, disassemblieren (Dv), zerlegen
disassembler Disassembler (Programm zur Rückwandlung von Binärzeichen in den Assemblercode)
disaster manual Katastrophenhandbuch
disastrous katastrophal, verhängnisvoll
disburden, to entlasten
disc s. disk
discard, to ausrangieren, nicht berücksichtigen, streichen
discernible unterscheidbar
discharge Entladung, Überschlag
  discharge amperage Entladestromstärke
  discharge burst Entladungsstoß
  discharge capacity Entladungskapazität
  discharge delay Entladeverzug
  discharge pulse/surge Entladungsstoß
  discharge shape Entladungscharakteristik
  discharge time Abbauzeit
  discharge-time constant Entladungszeitkonstante
  discharge voltage Entladespannung
discharging Entlade...
  discharging resistor Entladewiderstand

disclose, to erschließen
discomposition Umlagerung eines Atoms im Kristallgitter (durch Einwirkung von außen)
discone aerial/antenna Scheibenkonusantenne
disconnect, to abklemmen, abschalten, ausschalten, trennen
disconnected mode Wartezustand
disconnecting Ausschalt..., Trenn...
disconnection Abschaltung, Trennung, Unterbrechung, Verbindungsabbruch
discontinue, to unterbrechen
discontinuity Sprung, Unstetigkeit, Leitungsunterbrechung, Stoßstelle (Mikrowellen)
discontinuous diskontinuierlich, unstetig
discover, to entdecken
discrepancy Abweichung, Diskrepanz
  discrepancy switch Quittungsschalter
discrete diskret, einzeln, getrennt, nicht stetig
  discrete circuit Schaltung aus Einzelbauelementen
  discrete component Einzelbauelement
  discrete (energy) level diskretes Energieniveau
  discrete event type process Befehlsprozeß, Folgeprozeß
  discrete signal digitales Signal
  discrete-time signal zeitdiskretes Signal
  discrete-value signal wertdiskretes Signal
  discrete word intelligibility Wortverständlichkeit
discretionary wiring wählbare Verdrahtung
discriminate against, to unterdrücken

discrimination Auflösevermögen, Trennschärfe
discrimination instruction Unterscheidungsbefehl, Verzweigungsbefehl
discriminator Diskriminator (Umsetzer für frequenz- in amplitudenmodulierte Signale)
discriminator diode Amplitudenbegrenzerdiode
discuss, to besprechen, diskutieren
disenable, to Freigabe aufheben
disengage, to abschalten, ausschalten
dish Platte, Schale
dish reflector Parabolreflektor
disharmonious anharmonisch
dished konkav (nach innen gewölbt)
dishing Durchbiegen
disintegration Zerfall, Zersetzung
disintegration constant Zerfallskonstante
disintegration of atom Atomzerfall
disjunction Adjunktion, Disjunktion, ODER-Verknüpfung
disjunctive disjunktiv (wörtl.: einander ausschließend)
disk (Magnet)Platte, Schallplatte, Scheibe
disk capacitor Scheibenkondensator
disk cartridge Plattenkassette
disk coil Flachspule
disk controller Steuereinheit für ein Speicherlaufwerk
disk drive Plattenantrieb, Plattenlaufwerk
disk file Datei (auf einer Magnetplatte)
disk memory Magnetplattenspeicher
disk operating system DOS (Plattenbetriebssystem)
disk pack Plattenstapel
disk record Schallplatte

disk seal tube Scheibenröhre, Scheibentriode
disk sealed power tube Leistungsscheibentriode
disk storage Plattenspeicher
disk storage with interchangeable disk pack Wechselplattenspeicher
disk support Abstandsring
disk thyristor Scheibenthyristor
disk trimmer Scheibentrimmer
disk-type component Scheibenbauelement
diskette Diskette, flexible Magnetplatte, Floppy-Disk
dislocation Fehlstelle, Versetzung
dislocation line Versetzungslinie
dislocation pattern Versetzungsanordnung
dislocation plane Versetzungsebene
dislodge, to befreien (Elektronen), entfernen, verdrängen
dismantle, to auseinandernehmen
disorder Fehlordnung, Fehlstelle, Unordnung
disoriented fehlorientiert
disparity Disparität, Mißverhältnis, Ungleichheit
dispatch, to auswählen
dispatcher Steuerungsprogramm, Verteiler
dispenser cathode Vorratskatode
disperse, to verteilen
disperse into, to zerlegen
dispersed gestreut, verteilt
dispersing Streuungs...
dispersion Dispersion, NAND-Verknüpfung, Streuung, Verteilung
dispersion coefficient Streukoeffizient
displace, to verdrängen, verschieben, versetzen

displacement Entfernung, Verdrängung, Verlagerung, Verschiebung, Versatz
 displacement address Adressenversatz, Distanzadresse, relative Adresse
 displacement current Verschiebungsstrom
 displacement measurement Wegmessung
displacing priority verdrängte Priorität
display, to anzeigen, darstellen, wiedergeben
 display continuously, to laufend anzeigen
display Bildschirm, Datensichtgerät, (optische) Anzeige, Bild...
 display area Anzeigefläche (Bildschirm)
 display console/device Sichtgerät
 display dialog Bildschirmdialog
 display function Bildfunktion
 display image graphische Darstellung
 display loss Sichtfaktor
 display memory Bildwiederholspeicher
 display primitive Anzeigeelement
 display register Anzeigeregister
 display screen Bildschirm
 display selector Bildwähler
 display space Bildbereich, Darstellungsbereich
 display surface Bildfläche
 display system Anzeigesystem
 display terminal Bildschirm
 display time Anzeigedauer
 display unit Anzeigegerät, Bildschirm
 display window Anzeigefenster
displayed beam width Anzeigenbreite
displayed waveform dargestellte Wellenform
disposal (An)Ordnung, Einrichtung, Gebrauch

dispose, to anordnen, einrichten
disposition Aufgliederung, (räumliche) Anordnung
disregard, to ignorieren (nicht beachten)
disrupt, to durchschlagen
disruptive Durchbruchs..., Durchschlags...
dissection Zerlegung
dissemination Verbreitung
dissimilar ungleich
dissipate, to verbrauchen, vernichten, sich zerstreuen
 dissipate power, to Leistung verbrauchen
 dissipated heat Verlustwärme
 dissipated power Verlustleistung
dissipation Verbrauch, Verlust...
 dissipation factor Verlustfaktor
dissipationless verlustlos
dissipative verlustbehaftet
 dissipative attenuation Absorptionsdämpfung
dissociation Dissoziation (Zerfall)
 dissociation of atoms Aufspaltung von Atomen
dissoluble auflösbar
dissolve, to (auf)lösen
dissonance Dissonanz, Mißklang
dissoziation s. dissociation
dissymmetrical asymmetrisch
distance Abstand, Entfernung, Strecke, Weite
 distance measuring equipment system DME-System (Entfernungsmeßmethode; Rad)
 distance meter Entfernungsmeßgerät
 distance relay Distanzrelais
distant entfernt, fern, Fern...
 distant field Fernfeld
 distant reading Fernablesen

distillation Destillation (Trennen von Stoffgemischen durch Erwärmen)
distinct ausgeprägt, deutlich
distinguish, to unterscheiden
distort, to verzerren, verzeichnen
distorted verzerrt
distortion Verzeichnung, Verzerrung
  distortion attenuation Klirrdämpfung
  distortion correction Entzerrung
  distortion factor Klirrfaktor, Oberschwingungsgehalt
  distortion tolerance zulässige Zeichenverzerrung
distortionfree verzerrungsfrei
distortionless line verzerrungsfreie Leitung
distortive power Verzerrungsleistung
distress Notstand, Not...
  distress call Notruf
distribute, to verteilen
distributed verteilt, verzweigt
  distributed amplifier Kettenverstärker
  distributed communication verteilte Kommunikation (Massenkommunikation durch Fernsehen, Rundfunk)
  distributed intelligence verteilte Intelligenz (dezentrale Datenverarbeitung)
  distributed network Verteilnetz
  distributed system dezentrales System
distribution Verlauf, Verteilung
  distribution amplifier Antennenverstärker
distributive law Distributivgesetz
distributive sort verteilte Sortiermethode
distributor Verteiler
district Bezirk, Kreis
  district network Bezirksnetz

disturb, to stören, unterbrechen
disturb signal Störsignal
disturbance Störung, Stör...
  disturbance elimination Entstörung
  disturbance variable Störgröße
disturbed gestört
  disturbed setting verstellte Einstellung
disturbing Stör...
  disturbing influence Störbeeinflussung
  disturbing pulse Störimpuls
ditch Wellenfalle, Graben
diurnal täglich, Tag...
  diurnal range Tagesreichweite (eines Senders)
divalence Zweiwertigkeit
diverge, to auseinanderlaufen, divergieren
divergence Divergenz (Auseinanderstreben)
  divergence angle Streuwinkel
divergent divergent (auseinanderstrebend)
diversion Ablenkung
diversity Diversity (Verbesserung der Güte von Übertragungsstrecken), Exklusiv-ODER-Funktion, Mannigfaltigkeit
  diversity reception Mehrfachempfang
divert, to ablenken
divide, to dividieren, (ein)teilen
divide-by-two Verhältnis 1/2
dividend Dividend (Zahl, durch die geteilt wird)
divider Dividierer, (Frequenz)Teiler,
  divider stage Teilerstufe
dividers Zirkel
dividing Teilungs..., Trennungs...
  dividing circuit Teilerschaltung
  dividing network Frequenzweiche

divisibility Teilbarkeit
divisible teilbar
division (Ab)Teilung, Division (Math)
  division unit Dividierwerk
divisor Divisor (Teiler)
D layer D-Schicht (Ionosphärenschicht zwischen 56 km und 88 km)
DMA (direct memory access) direkter Speicherzugriff
DMM (digital multimeter) digitales Vielfachmeßgerät
DMOS (double diffused MOS) DMOS (doppelt-diffundierte MOS-Technik)
DNC (direct numerical control) direkte numerische Steuerung
do, to machen, tun
  do away, to aufräumen, beseitigen
doctor Doktor
doctrine Lehre, Grundsatz, Richtlinie
document Beleg, Dokument, Schriftstück
  document reader Belegleser
documentary language Dokumentationssprache
documentation Dokumentation
  documentation components Dokumentationsunterlagen
  documentation fax Dokumentenfax (Faksimilegerät zur Dokumentenübertragung)
dog Transportklinke
Dolby technique Dolby-Verfahren (Verfahren zur Rauschunterdrückung bei Tonbandaufnahmen)
Dollar US-Angabe für die Reaktivität eines Reaktors (1 Dollar entspricht 100%; 1 Cent 1%)
domain Bereich, Definitionsbereich, Domäne, Gebiet, Gültigkeitsbereich, Körper (Math)

domain of interpretation Individuenbetrieb
domain wall Bloch-Wand, Wand eines Weißschen Bezirks
dome Kuppel
domestic Heim..., Inlands...
dominance Vorherrschaft
dominant mode Grundschwingung, Hauptschwingung, Haupttyp
donate, to abgeben
donator level Donatorniveau
donor Donator
  donor addition Einbau von Donatoratomen
  donor doped mit Donatoratomen dotiert
  donor impurity Donator (Atom, das Elektronen abgibt)
  donor introduction Donatoreinbau
  donor ion Donatorion
  donor level Donatorniveau
don't care condition Don't-Care-Bedingung (Schaltzustand, der unabhängig vom Signalpegel ist)
doorknob capacitor Knopfkondensator
dopant Dotierungsmittel, Dotierungsstoff, Dotierungs...
  dopant atom Dotierungsatom
dope, to dotieren (Fremdatome in einen Halbleiter einbauen)
doped dotiert
  doped junction dotierter Übergang
doping Dotieren
  doping agent Dotierungsstoff
  doping compensation Dotierungskompensation
  doping level Dotierungsniveau
  doping technique Dotierungsverfahren
DOPOS (doped polysilicon diffusion) DOPOS (Halbleiterfertigungsmethode)
Doppler Doppler...

dormant ruhend, unwirksam
  dormant stage Ruhestufe
DOS (disk operating system) DOS (Plattenbetriebssystem)
dosage Dosierung
dose Dosis (kleine Menge)
dot Punkt
  dot AND verdrahtetes UND-Glied
  dot-and-dash signals Morsesignale
  dot-bar generator Punkte-Balken-Generator
  dot cycle Schrittperiode
  dot frequency Punktfrequenz
  dot interlace Punktsprung (Fs)
  dot matrix printer Matrixdrucker
  dot OR verdrahtetes ODER-Glied
  dot product inneres Produkt, Skalarprodukt
dotted gestrichelt
  dotted line punktierte Linie
dotting recorder Punktschreiber
double, to (sich) verdoppeln
double doppelt, Doppel..., Dublett..., Zwei...
  double-acting doppelwirkend
  double-balanced mixer Ringmischer
  double base diode Doppelbasisdiode, Unijunction-Transistor
  double base stripe Zweistreifenbasis
  double base transistor Doppelbasistransistor, Unijunction-Transistor
  double-beam oscilloscope Zweistrahloszilloskop
  double bevelling Doppelabschrägung
  double bond Doppelbindung
  double break contact Doppelruhekontakt
  double bridge Thomson-Brücke (Meßbrücke)
  double button carbon microphone Doppelkapselmikrofon
  double charged zweifach geladen
  double-clad circuit board doppelkaschierte Leiterplatte
  double connection Doppelverbindung
  double-cotton covered zweimal mit Baumwolle umwickelt
  double current keying Doppelstromtastung
  double current transmission Doppelstromübertragung
  double density doppelte Aufzeichnungsdichte
  double-diffused doppeldiffundiert
  double diode Duodiode (Doppelzweipolröhre)
  double emitter follower Darlington-Verstärker
  double-ended symmetrisch, zweiseitig
  double-ended queue Deck, Doppelstapel
  double-ended sideband Zweiseitenband
  double excited doppelt angeregt
  double eyes Doppelösen
  double-hump curve Kurve mit zwei Maxima
  double image Geisterbild
  double indicating doppelanzeigend
  double layer Zweischicht...
  double length doppelte Genauigkeit
  double-make contact Doppelarbeitskontakt
  double matching beidseitige Anpassung
  double operand Befehl mit zwei Adreßfeldern
  double phantom circuit Achterleitung
  double point information Doppelmeldung
  double-pole change-over contact zweipoliger Umschaltkontakt
  double-pole double-throw relay zweipoliges Umschaltrelais

double-pole single-throw switch zweipoliger Kippschalter
double-pole socket zweipolige Steckdose
double precision doppelte Genauigkeit
double range Zweibereichs...
double refraction Doppelbrechung
double screened doppelt abgeschirmt
double-side printed circuit board doppelseitig kaschierte Leiterplatte
double sideband Zweiseitenband
double-sided doppelseitig, zweiseitig
double-sided diskette beidseitig beschreibbare Diskette
double-snap switch zweipoliger Schalter
double space zweizeilig, doppelter Zeilenabstand
double spot tuning Zweipunktabstimmung
double stage zweistufig
double terminated network Vierpol im Betrieb
double-throw contact Umschaltkontakt
double-throw device/switch Umschalter
double-throw relay Umschaltrelais
double time-base Zweifachablenkung
double time-base unit Zweifachablenkgerät
double trace amplifier Zweispurverstärker
double trace oscilloscope Zweistrahloszilloskop
double-tuned amplifier Zweikreisverstärker
double-tuned band-pass filter Zweikreisbandfilter
double twin Doppelzwilling

double vacancy Doppelleerstelle
double walled doppelwandig
double-way rectifying Doppelweggleichrichtung, Zweiweggleichrichtung
double wideband amplifier Doppelbreitbandverstärker
double winding bifilare Wicklung
double wound bifilar gewickelt
doubler Doppler, Frequenzverdoppler
doublet Hertzscher Dipol, Dublett...
doublet antenna Hertzscher Dipol
doubling Verdopplung
doubling effect Echoeffekt
doubling temperature Verdopplungstemperatur
doubly balanced modulator Ringmodulator
doubly charged zweifach geladen
doubt Zweifel
doughtnut Ringröhre
down abwärts, herunter, nieder, unten
down by option "vermindert um"-Angabe
down counter Rückwärtszähler
down link Abwärtsverbindung (Satellit-Erde)
down load Antennenzuführung
downconversion Umsetzung von Mikrowellen in niedrigere Frequenzbereiche
downloading Informationsübertragung von einem Zentralrechner an einen angeschlossenen Rechner
downtime Ausfalldauer, Ausfallzeit, Stillstandszeit
downward abwärts
downward modulation subtraktive Modulation
dozen Dutzend
DP (data processing) Datenverarbeitung
drachm angels. Masseeinheit (1 dr = 3,888 g)

draft

draft, to zeichnen
draft Skizze, Zeichnung
  draft drawing Entwurfszeichnung
drag, to schleppen, ziehen
drain, to ableiten
drain Drain(anschluß), Senke
drainage Ableitung
dram angels. Masseeinh. (1 dr = 1,772 g)
draughtsman Konstrukteur
draw, to zeichnen, ziehen, sich bewegen
  draw from, to etwas entnehmen
draw Bild, Zeichnung, Zug
drawer Einschub
drawing Zeichnung
  drawing rate Ziehgeschwindigkeit
DRCS (dynamically redefinable character set) freiprogrammierte Zeichen
dream Traum
D-region D-Zone (Ionosphärenschicht oberhalb 90 km)
drift, to driften, sich verschieben
drift Abweichung, Drift (Nullpunktsverschiebung, Nullpunktsfehler)
  drift characteristic Alterungszahl
  drift-compensated amplifier driftkompensierter Verstärker
  drift mobility Driftbeweglichkeit
  drift of dopant ions Wanderung der Dotierungsionen
  drift transistor Drifttransistor
  drift tube Laufzeitröhre
  drift velocity Driftgeschwindigkeit
  drift voltage Driftspannung
driftance Driftvermögen
drill, to bohren
drink, to trinken
driptight tropfwasserdicht
drive, to (an)steuern, speisen, treiben, fahren

drive Antrieb, Laufwerk (eines Magnetplattenspeichers)
  drive amplifier Treiberverstärker
  drive current Steuerstrom
  drive frequency Steuerfrequenz
  drive-in Rückdiffusion
  drive-in technique Diffusion mit begrenzter Quelle
  drive level Ansteuerung
  drive oscillator Steueroszillator
  drive pulse Steuerimpuls
  drive signal Steuersignal
  drive unit Steuergerät
driver Treiber, Treiberstufe
  driver stage Treiberstufe
driving Treiber...
  driving circuit Treiberschaltung
  driving factor Aussteuerungsfaktor
  driving oscillator Steueroszillator
  driving point Ausgangspunkt, Einstellpunkt
  driving point admittance function Zweipolfunktion
  driving pulse Steuerimpuls
DRO (destructive readout) Auslesen aus einem Speicher bei Veränderung des Speicherinhaltes
drone ferngesteuertes Flugzeug
droop Dachschräge
  droop rate Geschwindigkeitsänderung der Spannung (Abtast-Halte-Glied)
drop, to abfallen, entfernen, fallen (lassen), sinken, tropfen
drop Abfall, Tropfen, Abzweigung
  drop current Abfallstrom
  drop dead halt (programmbedingter) Maschinenstop
  drop-in Störsignal
  drop-out Abfallen, (Signal)Ausfall
  drop power Abfallerregung
  drop test Fallprüfung

droplet Tröpfchen
  droplet model Tröpfchenmodell
dropping resistor Vorwiderstand
dross Schlacke
drown out, to übertönen
drum Trommel
  drum memory Magnettrommelspeicher
  drum printer Trommeldrucker
dry, to trocknen
  dry out, to austrocknen
dry stromlos, trocken, Trocken...
  dry-disk rectifier Plattengleichrichter
  dry etching Trockenätzung
  dry joint kalte Lötstelle
  dry measure Hohlmaß
  dry primary cell galvanisches Primärelement, Trockenelement
  dry rectifier Trockengleichrichter
  dry reed insert Schutzgaskontakt
  dry reed relay Reed-Relais, Schutzrohrkontaktrelais, Herkon-Relais
  dry running Blindversuch
  dry solder joint kalte Lötstelle
  dry-type power transformer Trockentransformator
drying Trocken...
DSB (double sideband) Zweiseitenband(verfahren)
DSI (digital speech interpolation) Sprachinterpolationsverfahren
DSR (device service routine) DSR (Programmteil für Datenübertragung zu Peripheriegeräten)
DTE (data terminal equipment) DEE (Datenendeinrichtung)
  DTE clear indication Auslösemeldung
  DTE clear request Auslöseaufforderung
DTL (diode-transistor logic) DTL (Dioden-Transistor-Logik)

DTLZ (diode transistor logic with Zener diode) DTLZ (Dioden-Transistor-Logik mit Z-Diode)
DTMF (dual-tone multifrequency) DTMF (Doppelton bei Tastwahl)
D-transfer element differenzierendes Übertragungsglied
dual dual, zweifach, Doppel..., Zwei...
  dual beam oscilloscope Zweistrahloszilloskop
  dual-channel amplifier Zweikanalverstärker
  dual-channel oscilloscope Zweikanaloszilloskop
  dual counter Dualzähler
  dual diode Duodiode (Doppelzweipolröhre)
  dual-diversity receiver Doppelbreitbandempfänger
  dual gate Doppelgate...
  dual in-line-package DIL-Gehäuse (Gehäuse, bei dem die Anschlüsse in zwei parallelen Reihen angeordnet sind)
  dual in-line-switch DIL-Schalter
  dual laser Laser, der zwei Wellenlängen aussendet
  dual operation duale Darstellung
  dual ramp conversion Zweiflankenumsetzung
  dual range Zweibereichs..
  dual slope conversion Zweiflankenumsetzung
  dual system Dualsystem (Zahlensystem zur Basis 2)
  dual-tone multifrequency DTMF (Doppelton bei Tastenwahl)
  dual trace oscilloscope Zweispuroszilloskop
  dual transistors zwei aufeinander abgestimmte Transistoren

dualism

dualism Dualismus (wörtl.: Zweiheit)
duality Dualität (wechselseitige Zuordnung)
duant electrometer Duantenelektrometer (hochempfindliches elektrostatisches Meßwerk)
dub Tonbandkopie
dubbing Nachsynchronisierung
duct Duct, Kanal, Rohr(leitung)
  duct propagation Bodenwellenausbreitung
ductile streckbar
ductility Dehnbarkeit
due to infolge, wegen
dumb unit Einheit ohne programmierbaren Speicher
dummy fingiert, nachgeahmt, unecht
dummy Attrappe, Leersignal, Pseudoelement, Blind...
  dummy aerial Antennennachbildung, künstliche Antenne
  dummy element Sekundärelement
  dummy plug Blindstecker
  dummy statement Leeranweisung
  dummy traffic Blindverkehr
  dummy variable Hilfsvariable
dump, to ausgeben, zwischenspeichern
dump Ausdruck (eines Speicherinhaltes), Lager, Stapelplatz
dumping Entladen
duodecimal duodezimal (auf das Zahlensystem zur Basis 12 bezogen)
duodiode Doppeldiode
duplex Doppel..., Duplex...
  duplex diode Doppeldiode
  duplex operation Duplexbetrieb (wechselseitiger Sendebetrieb zwischen zwei Stationen)
  duplex transmission Gegenbetrieb
duplexer Sende-Empfangs-Weiche
duplicate, to duplizieren, verdoppeln

duplication Verdopplung, Vervielfältigung
  duplication check Kopierprüfung
duplicator Vervielfältigungsgerät
durability Haltbarkeit, Lebensdauer
duration Dauer, Zeitdauer
during während
dust Staub
  dust core Eisenkern, Massekern
  dust seal Staubdichtung
  dust seal test Staubdichtigkeitsprüfung
dustfree staubfrei
dustproof staubgeschützt
dusttight staubdicht
DUT (device under test) Prüfling
duty Belastung, Nutzleistung, Pflicht, Wirkleistung, relative Einschaltdauer
  duty cycle Arbeitszyklus, Tastverhältnis
  duty factor Tastgrad, Tastverhältnis
DVM (digital voltmeter) Digitalvoltmeter
dwarf klein, winzig, Zwerg...
  dwarf star Zwergstern
dwell, to (sich) aufhalten, verweilen
dwell-time Verweilzeit
dwt angels. Zeichen f. pennyweight
DX (distance) Entfernung
dyad Dyade (Zusammenfassung zweier Einheiten)
dyadic dyadisch, zweistellig
  dyadic system Dualsystem (Zahlensystem zur Basis 2)
DYCMOS (dynamic complementary MOS) DYCMOS (dynamisches CMOS)
dye Farbe, Farbstoff
  dye film Farbschicht
  dye laser Farbstofflaser

dying away Abklingen
dynamic dynamisch (wörtl.: bewegt), Dynamik...
  dynamic characteristic Arbeitskennlinie
  dynamic dump Ausspeicherung während des Programmablaufs
  dynamic image Anzeigevordergrund
  dynamic memory dynamischer Halbleiterspeicher
  dynamic mutual conductance Arbeitssteilheit
  dynamic RAM dynamisches RAM
  dynamic range Aussteuerbereich, Lautstärkeumfang
  dynamic response Frequenzverhalten
  dynamic scattering mode dynamische Streuung
  dynamic storage allocation dynamische Speicherplatzzuteilung
  dynamic sweep measurement dynamische Wobbelmessung
dynamically balanced dynamisch abgeglichen
dynamiciser Parallel-Serien-Umsetzer
dynamics Dynamik (Lehre von der Bewegung von Körpern aufgrund einwirkender Kräfte)
dynamo Dynamo...
dynamometer Dynamometer (elektrodynamisches Meßinstrument)
dynatron Dynatron (Elektronenröhre)
dyne Dyn (veralt. Einh. d. Kraft; 1 Dyn = 10^{-5} N)
dynistor diode Dynistordiode (Vierschichtdiode mit negativem differentiellem Widerstand)
dynode Dynode, Prallanode, Zwischenelektrode
dyotron Dyotron (Mikrowellenröhre)
dysprosium Dysprosium (chem. Element)

E

each jeder
ear Ohr
early früh(zeitig)
  early failure Frühausfall
Early effect Early-Effekt (Phys)
earn, to verdienen
earnings Einkünfte, Verdienst
EAROM (electrically alterable read-only memory) EAROM (elektrisch löschbares ROM)
earphone Ohrhörer
earpiece Hörmuschel
earshot Hörweite
earth, to erden
earth Erde, Masse, Erd...
  earth clamp Erdklemme
  earth conductivity Erdleitfähigkeit
  earth conductor Erdleiter
  earth connection Erdleitung
  earth crust Erdoberfläche
  earth current Erdstrom
  earth electrode Erdungselektrode
  earth fault Erdschluß
  earth ground Erdableitung (z.B. Wasserleitung)
  earth-guided wave Bodenwelle
  earth layer propagation Ausbreitung elektromagnetischer Wellen in Luftschichten
  earth lead Erdleitung
  earth leakage current Erdschlußstrom
  earth leakage resistance Erdableitwiderstand
  earth loop Erdschleife
  earth metal Erdmetall
  earth oblateness Erdabplattung
  earth orbit Erdbahn

earth resistance   Erdungswiderstand
earth revolution   Erdumlauf
earth shield   Erdabschirmung
earth spike   Erdsonde
earth station   Erdfunkstelle
earth terminal   Masseanschluß
earth-to-satellite communications   Nachrichtenverkehr Erde-Satellit
earth tremor   Erdstoß
earth wire   Erdleiter
earthed   geerdet
   earthed end   geerdete Seite
earthfree   erdschlußfrei
earthing   Erden, Erdung, Masseanschluß
   earthing connector   geerdete Klemme
   earthing contact   Schutzkontakt
   earthing resistor   Erdungswiderstand
   earthing switch   Erdungsschalter
earthquake   Erdbeben
earthy   erdnah
east   Osten, Ost...
eastern   östlich
easy   einfach, leicht
eat away, to   anfressen
EAX (electronic automatic exchange)   elektronische Wählvermittlung
EBAM (electron beam-addressable memory)   EBAM (elektronenstrahladressierbarer Speicher)
ebb   Ebbe, Tiefstand
EBCDIC (extended binary coded decimal interchange code)   EBCDIC (Darstellung eines alphanumerischen Zeichens durch 8 Bit)
e-beam (electron beam)   Elektronenstrahl
EBES (electron-beam exposure system)   Elektronenstrahl-Belichtungssystem
EBIC (electron-beam induced current)   EBIC (durch Elektronenstrahlen beeinflußter Strom)

ebiconductivity   Leitfähigkeit aufgrund von Elektronenstrahlen
EBL (electron-beam lithography)   Elektronenstrahllithographie
ebonite   Ebonit (Hartgummi)
ebulliometer   Siedepunktmesser
ebullioscope   Ebullioskop (Gerät zur Bestimmung des Molekulargewichts)
ECC (error correcting code)   fehlerkorrigierender Code
eccentric   exzentrisch (außerhalb des Mittelpunktes liegend)
Eccles-Jordan circuit   bistabile Kippschaltung, Flipflop
ECD (electrochromic display)   elektrochrome Anzeige (Anzeige, deren lichtabsorbierende Eigenschaften erst bei Vorliegen eines elektrischen Feldes auftreten)
echelette grating   Echelette-Gitter (Stufengitter feinster Struktur)
echelon (grating)   Befehlsebene, Echelon, Stufengitter
echo, to   eine Antwort erhalten, widerhallen
echo   Echo, Rückmeldung
   echo area   Echoweite
   echo box   Echobox, Echohohlraumresonator
   echo chamber   schallharter Raum
   echo cluster   Echogebirge
   echo compensation method   Echokompensationsverfahren
   echo delay time   Echolaufzeit
   echo depth sounder   Echolot (Gerät zur Bestimmung der Meerestiefe)
   echo equalizer   Echoentzerrer
   echo killer   Echosperre
   echo killing   Echounterdrückung
   echo matching   Echoabgleich
   echo ranging   Echoortung

echo sounder Echolot
echo splitting Echoteilung
echo suppression Echounterdrückung
echo suppressor Echosperre
ECL (emitter-coupled logic) ECL (emittergekoppelte Logik)
eclipse Verfinsterung
ecliptic Ekliptik (scheinbare Bahn der Sonne im Verlauf eines Jahres)
ECO (electron-coupled oscillator) ECO (elektronengekoppelter Oszillator)
economical wirtschaftlich
economist Wirtschaftler
economy Wirtschaftlichkeit
  economy resistor Sparwiderstand
EDC (error detection and correction) Fehlererkennung und -korrektur
eddies Wirbelströme
Eddison accumulator Nickel-Eisen-Zelle
eddy Strudel, Wirbel, Wirbel...
  eddy current Wirbelstrom
  eddy current heating Induktionsheizung
  eddy current loss Hystereseverluste
edge (Band)Kante, Ecke, Flanke, Rand
  edge acuity Randschärfe
  edge angle Böschungswinkel
  edge clamp Klauenbefestigung
  edge clip Klemmleiste
  edge condition Randbedingung
  edge connector Steckerleiste
  edge control rotary switch Drehschalter
  edge control switch Knopfschalter
  edge dislocation Stufenversetzung
  edge flare Randaufhellung
  edge length Kantenlänge
  edge lit display (seitlich) beleuchtete Anzeige
  edge notched card Karte mit Randlochung
edge of conduction band Unterkante des Leitungsbandes
edge operated potentiometer Knopfpotentiometer
edge profile Profil an den Kanten
edge steepness Flankensteilheit
edge triggered flankengesteuert
edgeboard connector Steckerleiste
edging unerwünschter Randfarbeffekt (Fs)
edit, to aufbereiten, bearbeiten, redigieren, überarbeiten
edit directed formatgesteuert
edited copy Original
edited item (druck)aufbereitetes Datenfeld
editing (Druck)Aufbereitung
  editing pulse Schneidimpuls
  editing system Aufbereitungssytem
edition Auflage
editor Textaufbereitungsprogramm
EDP (elctronic date processing) elektronische Datenverarbeitung
educate, to ausbilden, erziehen
educational Ausbildungs..., Unterrichts...
EEL (emitter-emitter logic) EEL (Emitter-Emitter-Logik; Variante von ECL)
EEROM (electrically erasable ROM) EEROM (elektrisch löschbares ROM)
effect, to ausführen, bewirken
effect Effekt, Ergebnis, Wirkung
  effect of malfunction Störungsauswirkung
  effect of noise Einfluß des Rauschens
effective effektiv, tatsächlich, wirksam, wirkungsvoll, Effektiv..., Wirk...
  effective address absolute Adresse, tatsächliche Adresse
  effective area Nutzfläche

effective bandwidth Bandbreite eines äquivalenten idealen Filters
effective capacity Wirkleistung
effective component Wirkkomponente
effective cross-section Wirkungsquerschnitt
effective current Effektivwert des Stromes
effective cutoff (frequency) Nutzgrenzfrequenz
effective impurities wirksame Störstellen
effective instruction effektiver Befehl
effective lifetime mittlere Lebensdauer
effective mass effektive Masse
effective output Nennleistung
effective power Wirkleistung
effective radiated power äquivalente Strahlungsleistung
effective range Meßbereich
effective resistance Wirkwiderstand
effective screening wirksame Entstörung
effective serial resistance effektiver Ersatzwiderstand
effective time genutzte Betriebszeit
effective value Effektivwert
effectiveness Effektivität, Funktionsfähigkeit, Wirksamkeit
efficacy Wirksamkeit
efficiency Leistung(sfähigkeit), Nutzeffekt, Wirkungsgrad
 efficiency diode Spardiode
 efficiency of operation Betriebsleistung
efficient leistungsfähig, wirksam
effort, to anstrengen
effort Anstrengung, Aufwand
effusion Ausströmung

EFL (emitter-follower logic) Emitterfolgerlogik
e.g. (exempli gratia) zum Beispiel
EGS (electronic grade silicon) (im Trichlorsilan-Verfahren hergestelltes) Reinstsilizium
EHF (extremely high frequency) Millimeterwellen (30 GHz bis 300 GHz)
EIA (Electronic Industries Association)
EIA (Normungsorganisation in den USA)
eiconal Eikonal (Funktion zur Berechnung des Strahlengangs in einem optischen System)
eidophor Eidophor (Fernsehgroßbild-Projektionsanlage)
eigen Eigen...
eigenvalue Eigenwert
eight acht
 eight-level code Darstellung eines Zeichens durch 8 Bit
 eight pin achtpolig
eightfold achtfach
einsteinium Einsteinium (chem. Element)
Einthoven string galvanometer Saitengalvanometer
EIRP (equivalent isotropically radiated power) äquivalente, einem Kugelstrahler zugeführte Leistung
either...or entweder... oder
eject, to ausstoßen, auswerfen
 eject electrons, to Elektronen emittieren
ejected electron emittiertes Elektron
ejection Ausstoßen, Austritt, Emission
elaborate aufwendig, kompliziert, sorgfältig
elaborate, to (sorgfältig) ausarbeiten
elapse, to ablaufen (Zeit), verfließen, vergehen
elapse collision elastischer Stoß
elapsed abgelaufen

elapsed time Ausführungszeit (Dv), Verweilzeit
elapsed-time indicator Betriebsstundenanzeiger
elastance Reziprokwert der Kapazität
elastic dehnbar, elastisch
elastic modulus Elastizitätsmodul
elasticity Elastizität (Fähigkeit, durch äußere Kräfte erfolgte Formänderung wieder rückgängig zu machen)
elastivity Reziprokwert der Feldkonstanten
elastomer Elastomer (gummiähnlicher Kunststoff)
E-layer E-Schicht (Ionosphärenschicht oberhalb 100 km)
elect, to (aus)wählen
electralloy antimagnetische Legierung
electret Elektret (Isolator mit entgegengesetzten elektrischen Ladungen an gegenüberliegenden Flächen)
electric elektrisch, Elektro...
  electric brazing elektrisches Hartlöten
  electric breeze/wind elektrischer Wind
  electric bulb Glühbirne
  electric cooker Elektroherd
  electric cord Leitungsschnur
  electric current elektrischer Strom, Stromdichte
  electric displacement Verschiebungsstrom
  electric eye magisches Auge, Photozelle
  electric field elektrisches Feld
  electric field strength elektrische Feldstärke
  electric flux elektrischer Kraftfluß
  electric flux density elektrische Flußdichte
  electric force elektrische Feldstärke
  electric furnace Elektroofen
  electric heat soldering Löten mit elektrischem Strom
  electric iron Lötkolben
  electric lamp Glühlampe
  electric lines of force elektrische Feldlinien
  electric machine Elektrisiermaschine
  electric power environment Elektroinstallation
  electric precipitation elektrostatische Abscheidung
  electric robot Roboter (elektronisch gesteuertes Gerät)
  electric shock elektrischer Schlag
  electric source Stromquelle
  electric strength Durchschlagfestigkeit, Spannungsfestigkeit
  electric stress elektrische Beanspruchung
  electric supply Stromversorgung
  electric (wave) filter elektrisches Filter
electrical elektrisch, Elektro...
  electrical angle Phasenwinkel
  electrical appliance Elektrogerät
  electrical bridging Leiterbahn
  electrical carrier Ladungsträger
  electrical circuit elektrische Schaltung
  electrical communication elektrische Nachrichtentechnik
  electrical conduit elektrisches Schutzrohr
  electrical coupling Steckverbindung
  electrical engineer Elektroingenieur
  electrical engineering Elektrotechnik
  electrical fatality elektrisches Versagen

electrical field strength elektrische Feldstärke
electrical forming Galvanoplastik (Verfahren zum Abformen von Originalvorlagen)
electrical ground Masse
electrical inertia Induktivität
electrical initiation elektrische Anregung
electrical interlock elektrische Verriegelung
electrical joint elektrische Verbindung
electrical leakage Isolationsstrom
electrical operating conditions Anschlußbedingungen
electrical path Stromweg
electrical rating elektrischer Nennwert
electrical readout elektrische Anzeige
electrical requirement Stromversorgung
electrical storage battery Akkumulator
electrical surge Überspannung
electrical zero elektrischer Nullpunkt
electrically elektrisch
  electrically alterable ROM EAROM (elektrisch löschbares ROM)
  electrically erasable ROM EEROM (elektrisch löschbares ROM)
  electrically heated elektrisch beheizt
  electrically interlocked elektrisch verriegelt
  electrically live parts elektrisch aktive Teile
  electrically operated elektrisch betrieben

electrician Elektriker
electricity Elektrizität
electrification Elektrisierung
electrify, to elektrifizieren
electrization Elektrisierung
electrize, to elektrisieren
electroacoustic(al) transducer elektroakustischer Wandler
electroacoustics Elektroakustik
electroanalysis elektrolytische Analyse
electrocardiogram Elektrokardiogramm (Aufzeichnung der Aktionsströme des Herzens)
electrochemical elektrochemisch
  electrochemical cell galvanische Zelle
  electrochemical potential elektrochemisches Potential
  electrochemical recording elektrochemische Aufzeichnung
  electrochemical series elektrische Spannungsreihe
  electrochemical tension elektrochemisches Potential
electrochemistry Elektrochemie (Wissenschaft von den Zusammenhängen elektrischer Vorgänge und chemischer Reaktionen)
electrochromic display elektrochrome Anzeige (Anzeige, deren lichtabsorbierende Eigenschaften erst bei Anliegen eines elektrischen Feldes auftreten)
electrocleaning Elektrolytreinigung
electrocution Tod durch elektrischen Strom
electrode Elektrode (elektrisch leitender Stab in einem Elektrolyten)
  electrode clearance Elektrodenabstand

electrode connection Elektrodenanschluß
electrode gap Elektrodenabstand
electrode lead Elektrodenzuleitung
electrode shape Elektrodenform
electrodeposited elektrolytisch abgeschieden, elektroplattiert, galvanisiert
electrodeposition Galvanisieren (durch Elektrolyse mit Metall überziehen)
electrodesiccation elektrische Trocknung
electrodynamic force elektrodynamische Kraft
electrodynamic microphone dynamisches Mikrofon
electrodynamics Elektrodynamik (Theorie der Elektrizität)
electroencephalograph Elektroenzephalograph (Gerät zur Messung der Aktionsströme des Gehirns)
electroetch, to galvanisch ätzen
electroforming Galvanoplastik (Verfahren zum Abformen von Originalvorlagen)
electrogalvanizing galvanisches Verzinken
electrogas welding Elektrogasschweißen
electrogen Elektronenspender
electrographic ink leitfähige Tinte
electrojet Ionosphärenstrom
electrokinetics Elektrokinetik (Zweig der Physik, der sich mit bewegten elektrischen Ladungen beschäftigt)
electroless stromlos
electroluminescence Elektrolumineszenz (Leuchterscheinungen unter Einwirkung elektrischer Vorgänge)
electroluminescent display Elektrolumineszenzanzeige

electroluminescent panel Lumineszenzplatte
electrolysis Elektrolyse
electrolyte Elektrolyt
electrolyte capacitor Elektrolytkondensator
electrolytic(al) elektrolytisch
electrolytic capacitor Elektrolytkondensator
electrolytic cell Elektrolytzelle
electrolytic cleaning Elektrolytreinigung
electrolytic deposition elektrolytische Abscheidung
electrolytic plating Galvanisieren (mittels Elektrolyse mit Metall überziehen)
electrolytic refining elektrolytische Veredelung
electrolyzer Elektrolyseur (Gerät zur Gasgewinnung durch Elektrolyse)
electromagnet Elektromagnet
electromagnetic elektromagnetisch
electromagnetic compatibility elektromagnetische Verträglichkeit (Funktionstüchtigkeit in der Umgebung eines elektromagnetischen Feldes)
electromagnetic field elektromagnetisches Feld
electromagnetic headphone dynamischer Kopfhörer
electromagnetic induction elektromagnetische Induktion
electromagnetic instrument Weicheiseninstrument
electromagnetic interference elektromagnetische Beeinflussung
electromagnetic radiation elektromagnetische Strahlung
electromagnetic screening elektromagnetische Abschirmung

electromagnetic shielding elektromagnetische Abschirmung
electromagnetic spectrum elektromagnetisches Spektrum
electromagnetic wave elektromagnetische Welle
electromagnetism Elektromagnetismus
electromechanics Elektromechanik
electrometer Elektrometer (Gerät zur Messung elektrischer Ladungen)
electromigration Wanderung von Elektronen im elektrischen Feld
electromotive elektromotorisch
electromotive counterforce elektromotorische Gegenkraft
electromotive force EMK, Urspannung
electromotive series Spannungsreihe
electron Elektron (negativ geladenes Elementarteilchen)
electron accelerator Elektronenbeschleuniger
electron affinity Elektronenaffinität (Vermögen, Elektronen zu binden)
electron attachment Elektronenanlagerung
electron band Elektronenband
electron beam Elektronenstrahl
electron-beam alignment Elektronenstrahljustierung
electron-beam converter Elektronenstrahl-Wandler
electron-beam delineation system Elektronenstrahlschreiber
electron-beam heating Elektronenstrahlheizung
electron-beam lithography Elektronenstrahllithographie (Verfahren zum Übertragen der Struktur einer integrierten Schaltung im nm-Bereich)
electron-beam melting Elektronenstrahlschmelzen
electron-beam memory Elektronenstrahlspeicher
electron-beam recording Aufzeichnung auf Mikrofilm mittels Elektronenstrahlen
electron-beam sensitive elektronenstrahlempfindlich
electron-beam tube Katodenstrahlröhre
electron-beam welding Elektronenstrahlschweißen
electron binding Elektronenbindung
electron bombardement Elektronenbeschuß
electron brain Elektronengehirn
electron bremsstrahlung Elektronenbremsstrahlung
electron capture Elektroneneinfang
electron charge Elektronenladung
electron cloud Elektronenwolke
electron collision Elektronenstoß
electron conduction Elektronenleitung, N-Leitung
electron conductor Elektronenleiter
electron configuration Elektronenanordnung
electron-coupled oscillator ECO (elektronengekoppelter Oszillator)
electron deficiency/deficit Elektronenmangel
electron device elektronisches Bauelement
electron donor Donator (Fremdatom, das in einem Halbleiter Elektronen abgeben kann)
electron drift Elektronenwanderung
electron emission Elektronenemission
electron emitter Elektronenstrahler
electron excess Elektronenüberschuß
electron exchange Elektronenaustausch
electron excitation Elektronenanregung

electron flow/flux Elektronenstrom
electron gas Elektronengas
electron gun Elektronenkanone, Elektronenquelle, Elektronenstrahlerzeuger
electron hole Defektelektron (positiv geladenes Fremdatom in einem Halbleiterkristall)
electron-hole pair Elektronen-Defektelektronen-Paar
electron image tube Elektronenbildröhre
electron impact Elektronenstoß
electron injection Injektion von Elektronen
electron interaction Elektronenwechselwirkung
electron jet Elektronenstrahl
electron jump Elektronenübergang
electron lens Elektronenlinse
electron level Elektronenniveau, Elektronenterm
electron magnifier circuit Elektronenlupe
electron (rest) mass Ruhemasse des Elektrons ($0.911 \cdot 10^{-30}$ kg)
electron microscope Elektronenmikroskop
electron migration Elektronenwanderung
electron mobility Elektronenbeweglichkeit
electron multiplier Elektronenvervielfacher
electron optics Elektronenoptik (optische Abbildung mit Hilfe elektronischer Linsen)
electron orbit Elektronenbahn, Orbital (heute übliche Bezeichnung)
electron paramagnetic resonance Elektronenspinresonanz

electron population Elektronenbesetzung
electron radiation Elektronenstrahlung
electron radius Elektronenradius
electron ray Elektronenstrahl
electron-ray tube Elektronenstrahlröhre, magisches Auge
electron retardation Elektronenabbremsung
electron scanning beam Elektronenabtaststrahl
electron scattering Elektronenstreuung
electron shell Elektronenschale
electron shower Elektronenschauer
electron spectroscopy Elektronenspektroskopie
electron spin Elektronenspin
electron spin resonance spectroscopy Elektronenspinresonanz-Spektroskopie
electron spirit level elektronische Libelle
electron subshell Suborbital (Unterschale in der Atomhülle)
electron term Elektronenterm
electron track Elektronenspur
electron trajectory Elektronenbahn
electron transfer Elektronenübergang
electron transition Elektronenübergang
electron trap Elektronenhaftstelle
electron trapping Elektroneneinfang
electron tube Elektronenröhre
electron volt Elektronvolt (1 eV = $1,602 \cdot 10^{-19}$ J)
electron-wave tube Elektronenwellenröhre
electron work function Elektronenaustrittsarbeit
electronegativity Elektronegativität

electronic elektronisch, Elektronen...
electronic accumulator Addierwerk
electronic angular momentum Elektronendrehmoment
electronic brain Elektronengehirn
electronic bug elektronische Morsetaste
electronic calculator Taschenrechner
electronic camouflage elektronische Tarnung
electronic carillon elektronisches Glockenspiel (bei Hausklingel)
electronic charge Elementarladung
electronic circuit elektronische Schaltung
electronic component elektronisches Bauelement
electronic computer Computer, Elektronenrechner
electronic control elektronische Regelung
electronic data processing elektronische Datenverarbeitung
electronic data processing machine Computer
electronic data switching system elektronisches Datenvermittlungssystem
electronic deception elektronische Täuschung
electronic device elektronisches Gerät, elektronisches Bauelement
electronic display elektronische Anzeige
electronic energy band scheme Energiebändermodell
electronic engineer Elektronikingenieur
electronic engineering Elektronik
electronic equipment elektronisches Gerät

electronic excitation Elektronenanregung
electronic flash Elektronenblitz
electronic-grade silicon (im Trichlorsilan-Prozeß hergestelltes) Reinstsilizium
electronic-grade water Wasser höchster Reinheit
electronic hash elektronisches Störsignal
electronic heating Hochfrequenzerwärmung
electronic image Elektronenbild
electronic imaging elektronische Abbildung
electronic industry Elektronikindustrie
electronic instrument elektronisches Meßgerät
electronic irradiation Elektronenbestrahlung
electronic keying elektronisches Tasten
electronic mail elektronische Briefübermittlung
electronic mass Elektronenmasse
electronic music elektronische Musik
electronic nulling elektronische Nullung
electronic orbit Orbital (Elektronenumlaufbahn)
electronic package Elektronikbaustein
electronic peacemaker elektronischer Herzschrittmacher
electronic polarization elektronische Polarisation
electronic product elektronisches Produkt
electronic semiconductor Halbleiter
electronic shell Elektronenschale

electronic spin Elektronenspin
electronic standard cell elektrische Normalzelle
electronic state Elektronenzustand
electronic structure Elektronenstruktur
electronic switching system elektronisches Wählsystem
electronic system elektronisches System
electronic technician Elektroniker
electronic technology Elektrotechnik
electronic telephone directory elektronisches Telefonbuch
electronic term Elektronenterm
electronic torch elektronischer Brenner, Plasmabrenner
electronic transition Elektronenübergang
electronic tube/valve Elektronenröhre
electronic vacancy Elektronenleerstelle
electronic voltmeter Röhrenvoltmeter
electronic watch elektronische Uhr
electronic work function Austrittsarbeit
electronic wrist watch elektronische Armbanduhr
electronically-controlled/regulated elektronisch geregelt (gesteuert)
electronically-stabilized elektronisch stabilisiert
electronician Elektroniker
electronics Elektronik
electrooptical elektrooptisch
 electrooptical rotation Kerr-Drehung
electrooptics Elektrooptik (Beeinflussung optischer Eigenschaften eines Festkörpers durch äußere elektrische Felder)

electroosmosis Elektroosmose (osmotische Flüssigkeitswanderung aufgrund eines elektrischen Feldes)
electrophor(us) Elektrophor (Elektrizitätserzeuger)
electrophoresis Elektrophorese (Bewegung elektrisch geladener Teilchen in nichtleitenden Flüssigkeiten durch Einwirkung eines elektrischen Feldes)
electrophoretic elektrophoretisch
electrophysics Elektrophysik
electroplate, to galvanisieren
electroplated coating galvanischer Überzug
electroplating Galvanisieren (mittels Elektrolyse mit Metall überziehen)
electropolishing elektrochemisches Polieren
electropositive elektropositiv (positive elektrische Ladung tragend)
electrorefining elektrische Raffination
electroscope Elektroskop (Gerät zum Nachweis elektrischer Ladungen)
electrosensitive paper Thermopapier
electroshock Elektroschock
electrostatic(s) Elektrostatik
electrostatic elektrostatisch
 electrostatic attraction elektrostatische Anziehung
 electrostatic flux Verschiebungsfluß
 electrostatic generator Influenzmaschine
 electrostatic induction Influenz (Beeinflussung eines ungeladenen Körpers durch elektrische oder magnetische Einwirkung)
 electrostatic loudspeaker Kondensatorlautsprecher
 electrostatic machine Bürokopierer, Influenzmaschine

electrostatic memory elektrostatischer Speicher
electrostatic microphone Kondensatormikrofon
electrostatic movement elektrostatisches Meßwerk
electrostatic precipitation Staubabscheidung
electrostatic repulsion elektrostatische Abstoßung
electrostatic screen Faradayscher Käfig
electrostatic speaker Kondensatorlautsprecher
electrostatic storage tube Williams-Speicherröhre
electrostatic units elektrostatische Einheiten
electrostriction Elektrostriktion (Veränderung der Geometrie eines Körpers durch Einwirkung eines elektrischen Feldes)
electrostrictive crystal Piezokristall (Kristall, der durch Druckeinwirkung elektrisch wird)
electrotechnical elektrotechnisch
electrotechnics Elektrotechnik
electrothermal elektrothermisch
electrothermal printer Matrixdrucker, der auf Thermopapier schreibt
electrothermal relay Thermorelais
electrothermics Elektrowärmelehre
electrotinned galvanisch verzinnt
electrovalence Elektrovalenz, Ionenbindung
electrowinning elektrolytische Metallgewinnung
element Batterie, (Bau)Element, Baustein, Bestandteil, Bildelement, Zelle
  element area Bildelement

element expression Elementausdruck
element of a cone Kegelerzeugende
element of arc Bogenelement
element variable Elementvariable
elemental semiconductor Elementhalbleiter
elementary elementar, Elementar...
  elementary cell Elementarzelle
  elementary charge Elementarladung ($1,6 \cdot 10^{-19}$ C)
  elementary event Elementarereignis
  elementary function Elementarfunktion, Grundfunktion (Math)
  elementary item Datenelement
  elementary network Grundschaltung
  elementary particle Elementarteilchen
  elementary physics Elementarphysik
  elementary semiconductor Elementhalbleiter
  elementary wave Elementarwelle
elevate, to (an)heben, erhöhen
elevated erhöht, gehoben
  elevated duty erhöhte Anforderung
elevation Elevation, Erhebung
  elevation angle Erhebungswinkel
elevator Aufzug
ELF (extremely low frequency) extrem niedrige Frequenz (Frequenzbereich von 30 Hz bis 300 Hz)
eligible berechtigt, passend, wählbar
  eligible list Auftragswarteschlange
eliminant Resultante (Math)
eliminate, to ausscheiden, beseitigen, eliminieren
elimination Beseitigung, Eliminierung
ellipse Ellipse (Math)
ellipsoid Ellipsoid (Math)
  ellipsoid of revolution Rotationsellipsoid (Math)
ellipsoidal Ellipsoid...

elliptic function elliptische Funktion (Math)
elliptical elliptisch
  elliptical orbit Ellipsenbahn
  elliptically polarized elliptisch polarisiert
ellipticity Ellipsenform
elongate, to dehnen, strecken, verlängern
else andere(r,s), sonst
elsewhere anderswo
elusive ausweichend, flüchtig
  elusive one "flüchtige" Eins (Math)
EM (end of medium) Ende der Aufzeichnung (CCITT-Alphabet Nr. 5)
em (electromagnetic) elektromagnetisch
emanate, to aussenden, ausstrahlen
embed, to einbetten, umschließen, umgeben
embedding compound Vergußmasse
embedment Einbettung
embodiment Einbau
embody, to enthalten
embossment Prägedruck
EMC (electromagnetic compatibility) elektromagnetische Verträglichkeit (Funktionstüchtigkeit unter elektromagnetischer Umgebungsbeeinflußung)
EMD (equilibrium mode distribution) EMD (Maß zur Kennzeichnung der Modenverteilung in einem Lichtwellenleiter im eingeschwungenen Zustand)
emerge, to auftauchen
  emerge from, to austreten
emergency Notfall, Not...
  emergency call for the handicapped Behinderten-Notruf
  emergency power supply Notstromversorgung
  emergency restart Wiederanlauf nach Systemzusammenbruch
  emergency switch Notschalter
emergent austretend
EMF (electromotive force) EMK, Urspannung
EMI (electromagnetic interference) EMI (elektromagnetische Störung)
emission Abgabe, Abstrahlung, Emission
  emission line Emissionslinie
  emission velocity Austrittsgeschwindigkeit
  emission yield Emissionsausbeute
emissive ausstrahlend
emissivity Emissionsvermögen, Strahlungsvermögen
emit, to abgeben, abstrahlen, emittieren
emittance Emissionsvermögen, Strahlungsvermögen
emitter Emitter(anschluß), Strahlungsquelle
  emitter-base Emitter-Basis...
  emitter bulk resistance Emitterbahnwiderstand
  emitter circuit Emitterschaltung
  emitter-collector Emitter-Kollektor...
  emitter-coupled emittergekoppelt
  emitter current Emitterstrom
  emitter dip effect Emittertreibeffekt
  emitter doping Emitterdotierung
  emitter dot Emitterperle
  emitter follower Emitterfolger, Emitterverstärker
  emitter junction Emitterübergang
  emitter lead Emitteranschluß
  emitter push effect Emittertreibeffekt
  emitter region Emitterzone
  emitter series resistance Emitterbahnwiderstand

emitter surface Emittergrenzfläche
emitter terminal Emitteranschluß
emitting area Strahlungsfläche
emitting surface Emissionsfläche
EMP (electromagnetic pulse) elektromagnetischer Impuls (nach einer Kernexplosion)
emphasis Anheben (von Tonfrequenzbereichen), Betonung, Nachdruck
emphasize, to hervorheben, nachdrücklich betonen
emphasizer Anhebungsnetzwerk
empirical empirisch, erfahrungsgemäß, Erfahrungs...
  empirical value Erfahrungswert
employ, to beschäftigen, nutzen, verwenden
employee Angestellter
empty, to entleeren
empty leer
  empty band unbesetztes Energieband
  empty state unbesetzter (Energie)Zustand
EMR (electromagnetic radiation) elektromagnetische Strahlung
EMU (Electromagnetic System of Units) elektromagnetisches Einheitensystem
emulation Emulation (die Wirkungsweise eines Computers auf einem anderen simulieren)
emulator Emulator (Programm, das eine Emulation durchführt)
emulsion Aufschlämmung, Emulsion
emulsive varnish Emulsionslack
enable, to befähigen, einschalten, freigeben, in Betrieb setzen
  enable Freigabe
  enable signal Freigabesignal
enabled eingeschaltet
enamel, to emaillieren (mit Emaille überziehen)

enamel Emaille(lack), Lack, (Schmelz-) Glasur
enamelled emailliert, lackisoliert
enantiomorphic enantiomorph (Kristalle, die rechte und linke Formen entwickeln)
encapsulated gekapselt
encapsulating material Vergußmasse
encapsulation Gehäuse, Hülle, Verkapselung, Vergießen
encasing material Gehäusematerial
encipher, to codieren, verschlüsseln
enclose, to einschließen, (ein)kapseln
enclosed gekapselt
  enclosed resistance welding Kammerschweißen
enclosure Gehäuse, Hülle
encode, to codieren, verschlüsseln
encoder Codiereinheit
encoding Codierung (Verschlüsselung)
  encoding feed Fußpunktspeisung (Ant)
  encoding scale value Skalenendwert
encounter, to antreffen, begegnen, zusammentreffen, zusammenstoßen
encryption Verschlüsselung (von Text)
end, to beenden, enden
end Ende, End...
  end-around borrow negativer Umlaufübertrag (von der höchsten zur niedrigsten Stelle)
  end-around carry Umlaufübertrag (von der höchsten zur niedrigsten Stelle)
  end-around shift Ringverschiebung
  end cell Zusatzzelle
  end connector stirnseitige Steckverbindung
  end face Endfläche
  end lead Anschlußdraht
  end mounted senkrechter Aufbau
  end of conversation Gesprächsende
  end of extend Bereichsende

end of file Dateiende
end of file label Datei-Endkennsatz
end of job Ende der Arbeit
end of medium Ende der Aufzeichnung
end of message Ende der Datenübertragung
end of selection Wahlende
end of volume label Band-Ende-Kennsatzvolumen
end point Endpunkt
end point specification Grenzwertangabe
end position letzte Stelle
end printing Randbeschriftung
end scale value Skalenendwert
end stop Endanschlag
end-to-end check Streckenprüfung
end-to-end signaling durchgehende Zeichengabe
end-to-end test Prüfung des Übertragungsweges bei Modems
end user Endverbraucher
end viewing Beobachtung der Stirnfläche
end window Stirnfenster
end wire Anschlußdraht
endfile Dateiabschluß, Dateiende
ending file label Dateiende-Kennsatz
ending reel label Bandende-Kennsatz
endless endlos, unendlich
 endless form Leporelloformat
endogenous endogen (im Inneren entstehend)
endosmosis Endosmose, Kataphorese (Wanderung positv geladener Teilchen in nichtleitenden Flüssigkeiten in Richtung der Katode)
endothermic endotherm (wärmebindend)
endurance Lebensdauer, Dauer...
 endurance limit Ermüdungsgrenze
 endurance test Lebensdauerprüfung

energetic energiereich, energisch, tatkräftig
energization Erregung
energize, to aktivieren, ansteuern, einschalten, Energie zuführen, erregen
energized line unter Spannung stehende Leitung
energizing current Erregerstrom, Speisestrom
energizing time Ansprechzeit
energizing voltage Zündspannung
energy Arbeit, Energie
 energy balance Energiebilanz
 energy band Energieband
 energy band diagram/scheme Energiebändermodell
 energy band edge Energiebandkante
 energy barrier Energieschwelle
 energy chamber Leistungskammer
 energy conservation Energieeinsparung, Energieerhaltung
 energy consumption Energieverbrauch
 energy conversion Energieumwandlung
 energy current density Energiestromdichte
 energy decrement Energieabnahme
 energy diagram Energiediagramm
 energy difference Energiedifferenz
 energy dissipation Energieverlust
 energy drop Energieabfall
 energy efficiency Energieausbeute
 energy exchange Energieaustausch
 energy flow Energiefluß, Energieströmung
 energy gap Energiebandabstand, verbotene Zone
 energy independent energieunabhängig
 energy level Energieniveau
 energy level diagram Energiebändermodell

energy of formation Bildungsenergie
energy quant Energiequant
energy radiation Energieausstrahlung
energy region Energiebereich
energy release Energieabgabe
energy spectrum Energiespektrum
energy state Energieniveau, Energiezustand
energy state density Energiezustandsdichte
energy storage Energiespeicherung
energy storage capacitor Energiespeicherkondensator
energy term Energieterm
energy theorem Energiesatz
energy threshold Energieschwelle
energy transfer Energieübertragung, Energieüberführung
energy zone Energiezone
enforced erzwungen
engage, to sich befassen (mit), einschalten
engaged condition Besetztfall
engine Maschine, Motor
engineer, to auslegen, konstruieren
engineer Ingenieur
engineering Ingenieurwissenschaft, Technik
  engineering constraints technische Grenzen
  engineering data technische Daten
  engineering design technische Zeichnung, technischer Entwurf
engrave, to eingravieren, einritzen
enhance, to erhöhen, verstärken
enhanced response erhöhte Ansprechempfindlichkeit
enhancement Anreicherung, Erhöhung, Verbesserung, Verstärkung
  enhancement-mode/-type Anreicherungstyp (Unipolartransistor)
  enhancement-zone Anreicherungsschicht
ENI (equivalent noise input) äquivalentes Eingangsrauschen
enjoy, to genießen, sich erfreuen
enlarge, to vergrößern
enlargement Ausdehnung, Vergrößerung, Zusatz
  enlargement ratio Vergrößerungsverhältnis
enough genug
ENQ (enquiry) Stationsaufforderung (CCITT-Alphabet Nr. 5)
enqueue, to in Warteschlange einreihen
enquiry Anfrage, Stationsanforderung (Dv)
enrich, to anreichern
enrollment Anmeldung, Eintragung
ensemble Gesamtheit
entail, to erfordern, zur Folge haben
enter, to betreten, eindringen, eingeben (von Informationen), eintreten
  enter key Eingabetaste, Freigabetaste
enterprise Betrieb, Unternehmen
enthalpy Enthalpie (Wärmeinhalt bei konstantem Druck)
entire ganz, gesamt, vollständig
entirely electronic vollelektronisch
entity Einheit, Größe
entrance Eingang, Eintrittsstelle
entropy Entropie (Zustandsgröße der Thermodynamik und Informationstheorie)
entry Eingabe, Eingang, Eintragung, Eintritt
  entry condition Einsprungbedingung (Dv)
  entry point Einsprungstelle
  entry sequence Eingangsfolge
enumerable aufzählbar

enumerate, to aufzählen
enunciation Aussprache
envelope Bitvollgruppe, Einhüllende
  envelope delay Gruppenlaufzeit
enveloping curve Hüllkurve
environment Umgebung, Umwelt
environmental Umwelt, Umwelt...
  environmental condition Umweltbedingung
  environmental conditioning Klimatisierung
  environmental control Umweltschutz
  environmental protection Umweltschutz
  environmental stress umgebungsbedingte Beanspruchung
  environmental test Prüfung bei Umweltbedingungen
environmentology Umweltschutz
EOF (end of file) Dateiende
EOI (end or identify) Steuerbefehl in einem Bus-System zur Kennzeichnung des letzten Datenwortes oder eines Controller-Befehls
EOJ (end of job) Programmende
EOT (end of tape) Magnetbandende
EOT (end of transmission) Ende der Übertragung (CCITT-Alphabet Nr. 5)
EPDM (electronic data processing machine) Datenverarbeitungsmaschine
epi s. epitaxial
EPIC (epitaxial passivated integrated circuit) **process** EPIC-Verfahren (Herstellung integrierter Schaltungen mit Epitaxieschichten)
epicenter Epizentrum (Gebiet oberhalb des Erdbebenzentrums)
epiphase gleichphasig
episemology Erkenntnistheorie
epitaxial epitaxial (aufgewachsen)
  epitaxial deposition epitaxiale Ablagerung
  epitaxial film epitaxiale Schicht
  epitaxial growth Aufwachsen einer Epitaxieschicht
  epitaxial layer Epitaxieschicht
epitaxy Epitaxie (kristalline Abscheidung auf einer kristallinen Schicht)
epithermal epithermisch (oberhalb des thermischen Energiebereichs liegend)
E-plane pattern E-Diagramm (Ant)
epoch Epoche
epoxy Epoxid..., Kunststoff...
  epoxy-dipped in Epoxid eingetaucht
  epoxy-moulded mit Epoxid vergossen
  epoxy resin Epoxidharz
EPR (equivalent parallel resistance) effektiver Parallelwiderstand
EPROM (erasable PROM) EPROM (mit UV-Licht löschbares PROM)
equal, to gleich sein, gleichsetzen
equal gleich, Gleich...
  equal key Ist-Gleich-Taste
  equal mark Gleichheitszeichen
  equal-sided gleichseitig
  equal sign Gleichheitszeichen
  equal signs gleiche Vorzeichen
  equal-sized gleichgroß
  equal symbol Gleichheitszeichen
equality Äquivalenz-Funktion, exklusive NOR-Funktion, Gleichheit
equalization Ausgleich, Entzerrung
  equalization of voltage Spannungsausgleich
equalize, to ausgleichen, entzerren, gleichsetzen
equalizer Entzerrer
equalizing Ausgleich(s)...
  equalizing pulse Ausgleichsimpuls
equally ebenso
  equally distant gleicher Abstand
  equally-spaced äquidistant, gleicher Abstand

equate, to gleichsetzen
equation Gleichung
  equation evaluation Gleichungsberechnung
  equation of condition Bestimmungsgleichung
  equation of continuity Kontinuitätsgleichung
  equation of states Zustandsgleichung
equator Äquator
equiangled gleichwinklig
equiangular gleichwinklig, winkeltreu
  equiangular spiral logarithmische Spirale
equiareal flächentreu
equiaxed gleichachsig
equidirectional gleichgerichtet
equidistant äquidistant, gleicher Abstand
equilateral gleichseitig
equilibrate, to ins Gleichgewicht setzen
equilibrium Gleichgewicht
  equilibrium mode distribution EMD (Maß zur Kennzeichnung der Modenverteilung eines Lichtwellenleiters im eingeschwungenen Zustand)
equinox Tagundnachtgleiche
equip, to ausrüsten, ausstatten
equiphase gleichphasig
  equiphase zone Überschneidungsgebiet
equipment Anlage, Apparatur, Ausrüstung, Ausstattung, Gerät
  equipment cabinet Geräteschrank
  equipment design Gerätekonstruktion
  equipment reliability Betriebssicherheit von Geräten
equipoise Gleichgewicht
equipotential lines Äquipotentiallinien (Linien gleichen Potentials)

equipped bestückt
equiradial aerial ungerichtete Antenne
equisignal sector/zone Leitstrahlsektor
equivalence Äquivalenz, exklusive NOR-Funktion
equivalent äquivalent, Ersatz...
  equivalent accessibility effektive Erreichbarkeit
  equivalent characteristic Ersatzkennlinie
  equivalent ciruit Ersatzschaltung
  equivalent current source Ersatzstromquelle
  equivalent junction temperature innere Ersatztemperatur
  equivalent network Ersatzschaltung
  equivalent radiation power äquivalente Strahlungsleistung
  equivalent series resistance äquivalenter Serienwiderstand
equivocation gleichlautender Informationsgehalt
era Ära, Zeitraum
erasable löschbar
  erasable PROM EPROM (mit UV-Licht löschbares PROM)
erase, to (aus)löschen
erase Lösch...
  erase button Löschtaste
  erase gap Löschspalt
  erase key Löschtaste
  erase symbol Löschzeichen
erasing Löschen
  erasing head Löschkopf
erasure Löschen (von Nachrichten)
erbium Erbium (chem. Element)
erect, to errichten
  erect a perpendicular, to eine Normale errichten
erection Aufbau, Montage

erg erg (veralt. Energieeinh.; 1 erg = 10^{-7} J)
ergonomics Ergonomie (Wissenschaft vom Leistungsvermögen des arbeitenden Menschen)
erlang Erlang (Einheit des Verkehrswertes; 0 (dauernd frei), 1 (dauernd belegt))
erode, to erodieren, korrodieren
erosion Erosion (Zerstörung der Erdoberfläche durch Eis bzw. Wasser)
ERP (effective radiated power) äquivalente Strahlungsleistung
erratic plötzlich, unregelmäßig
  erratic signal Fehlersignal
erroneous fehlerhaft, irrtümlich
error Fehler, Irrtum, Übertragungsfehler
  error band Zufallsstreubereich
  error burst Fehlerbündel, Fehlerhäufung
  error check Fehlerkontrolle
  error condition Fehlerbedingung
  error control Fehlerkontrolle, Fehlerprüfung, Übertragungssicherungsverfahren
  error control unit Fehlerschutzeinheit
  error correcting code fehlerkorrigierender Code
  error debugging Fehlersuche
  error detecting code fehlererkennender Code
  error detection Fehlererkennung
  error detection and correction Fehlererkennung und -korrektur
  error flag Fehlerkennzeichen
  error indicator Fehleranzeige
  error limit Fehlergrenze
  error logging Fehlererfassung, Fehlerprotokoll
  error message Fehlermeldung
  error probability Fehlerwahrscheinlichkeit
  error-prone fehleranfällig
  error propagation Fehlerfortpflanzung
  error protection Fehlersicherung
  error rate Fehlerhäufigkeit, Fehlerrate
  error ratio Fehlerhäufigkeit
  error recognition Fehlererkennung
  error recovery Fehlerbehandlung, Fehlerkorrektur
  error report Fehlerliste
  error signal Fehlersignal
  error value Regelabweichung
erupt, to ausbrechen, auswerfen
eruption Eruption
Esaki diode Tunneldiode
ESC (escape) Code-Umschaltung (CCITT-Alphabet Nr. 5)
escape, to austreten, entkommen, entweichen, herausspringen
escape Codeumschaltung, Entweichen, undichte Stelle
  escape character Umschaltzeichen
  escape sequence ESC-Folge (Code-Umschaltfolge)
  escape velocity Fluchtgeschwindigkeit
escapement Hemmung (Mech)
  escapement wheel Transportrad
escribed circle Ankreis
ESFI (epitaxial silicon film on isolator) auf einem isolierenden Material aufgewachsene Siliziumschicht (CMOS-Technik)
especially besonders, vor allem
ESR (effective series resistance) effektiver Ersatzwiderstand
ESR (electron spin resonance) Elektronenspinresonanz

essential wesentlich
establish, to aufstellen, bestimmen, festlegen, herstellen, einrichten
established festgelegt
established reliability vorgegebene Zuverlässigkeit
estimate, to erwarten, schätzen
estimation Abschätzung, Bestimmung
etalon Etalon (Eichmaß)
etc (et cetera) und so weiter
etch, to ätzen
etch pattern Ätzstruktur
etch pit Ätzgrube
etch-resistant ätzfest
etchant Ätzmittel
etching Ätzen
  etching agent Ätzmittel
  etching compound Ätzmaterial
  etching pitch Ätzgrube
  etching to frequency einen Kristall durch Ätzen auf eine bestimmte Frequenz abstimmen
ethane Ethan (Chem)
ether theory Äthertheorie (Phys)
ethernet Ethernet (lokales Netz für schnellere Datenübertragung)
ethyl Ethyl...
ETI (extraterrestrial intelligence) außerirdische Intelligenz
ETX (end of text) Textende (CCITT-Alphabet Nr. 5)
Euclidean euklidisch
Euler's spiral Klothoide (Math)
eurocard Europakarte (100 x 160 mm^2)
European radio paging service Europäischer Funkrufdienst
europium Europium (Transuran)
eutectic Eutektikum (Kristallschmelze, deren Schmelzpunkt niedriger als der Schmelzpunkt der Einzelkomponenten ist)

eutectic mixture eutektisches Gemisch
ev (electron volt) Elektronvolt (1 eV = $1,6022 \cdot 10^{-19}$ J)
evacuate, to evakuieren (luftleer machen)
evacuated system Vakuumsystem
evacuating Evakuieren
evaluate, to abschätzen, ausrechnen, auswerten, berechnen, errechnen
evaluated input/output numerische Ein-Ausgabe
evaluating Auswertung, Berechnung, Bewertung, Bestimmung, Erfassen
evaluation Bewertung
  evaluation measure Effektivitätsmaß
evanescent flüchtig, (ver)schwindend
evanescent mode Dämpfungstyp
evaporant Verdampfungssubstanz
evaporate, to verdampfen, verdunsten
evaporated layer Aufdampfschicht
evaporation Aufdampfung, Verdampfung, Verdunstung
  evaporation crucible Verdampfungstiegel
  evaporation equipment Aufdampfgerät
  evaporation residue Verdampfungsrückstand
evaporator Aufdampfvorrichtung
evasion Ausflucht, Ausweichen
  evasion game Verfolgungsspiel
even einheitlich, gerade (Zahl), gleichmäßig, sogar
  even field geradzahliges Bild
  even harmonic geradzahlige Harmonische
  even numbered geradzahlig
  even parity gerade Parität
  even power geradzahlige Potenz
event Ereignis
  event counter Ereigniszähler

events in progress laufende Vorgänge
ever je(mals)
every alle, jeder
everybody jeder
everything alles
everywhere überall
evidence, to beweisen
evident offenbar, offensichtlich
evolute Evolute (Math)
evolution Entwicklung, Evolution, Radizieren, Wurzelziehen
  evolution module Entwicklungsmodul
evolve, to (sich) entwickeln, herausbilden
evolvent Evolvente (Math)
exact exakt, genau, streng
  exact multiple garzzahliges Vielfaches
  exact submultiple ganzzahliger Teiler
exacting streng
examination Prüfung, Untersuchung
examine, to prüfen, untersuchen
examine statement Prüfanweisung
example Beispiel
exceed, to überschreiten, übertreffen
exceeding größer als, mehr als, übertreffend
excellent ausgezeichnet, hervorragend
excenter Mittelpunkt (Math)
except außer
  except gate exklusives NOR-Gatter
exception Ausnahme
  exception condition Ablaufunterbrechung
exceptional außerordentlich
excess Überschuß...
  excess carrier Überschußladungsträger
  excess conduction Leitung durch Majoritätsladungsträger
  excess current Überschußstrom
  excess noise Flickerrauschen
  excess of pressure Überdruck
  excess semiconductor N-dotierter Halbleiter
  excess-three-code Drei-Exzeß-Code, Stibitz-Code
excessive übermäßig
  excessive current Überstrom
exchange, to austauschen, umspeichern (von Daten)
exchange area Anschlußbereich
exchange forces Austauschkräfte
exchange technique Vermittlungstechnik
exchangeable austauschbar, vertauschbar
  exchangeable disk store Wechselplattenspeicher
excircle Ankreis
excise, to herausschneiden
excitability Anregbarkeit, Erregbarkeit
excitable erregbar
excitation Anregung, Ansteuerung, Erregung, Anregungs...
  excitation current Erregerstrom
  excitation energy Aktivierungsenergie, Anregungsenergie
  excitation potential Anregungsspannung
  excitation purity Farbe maximaler Sättigung
  excitation voltage Anregungsspannung
excite, to anregen, erregen
excited angeregt
exciter Erregerquelle, Strahler
  exciter wave Stoßwelle
exciting Erreger...
exciton Exziton (durch Coulomb-Kräfte gebundene Elektronen-Defektelektronenpaare)
  exciton migration Exzitonwanderung

excitron Excitron (Gleichrichterröhre)
exclude, to ausschließen
exclusion Abschluß, Ausschaltung, Ausschluß, Inhibition (Log)
exclusion principle Paulisches Ausschließungsprinzip (Phys)
exclusive OR Antivalenz-Funktion, exklusive ODER-Funktion
excursion Auslenkung, Ausschlag
executable ausführbar, bereit zur Ausführung, ladefähig
execute, to ausführen
execute command Ausgabebefehl
execution Ausführung
  execution speed Arbeitsgeschwindigkeit
  execution time Ausführungszeit, Programmlaufzeit
executive leitender Angestellter, Leitprogramm
  executive board Geschäftsleitung
  executive program/routine Ablaufprogramm, auszuführendes Programm
  executive system Betriebssystem
exercise, to ausüben
exercise Übung
exhaust, to austreten, erschöpfen
exhaust end Austrittsende
exhaust pressure Austrittsdruck
exhaustion Approximation (Math), Entlüftung, Ermüdung, Erschöpfung, Evakuierung
  exhaustion surface layer Verarmungsrandschicht
exhaustive discharge Tiefentladen
exist, to bestehen, existieren
existence Existenz, Vorhandensein
  existence time Aufenthaltszeit eines Programms im Hauptspeicher
exit, to austreten, herausspringen, verlassen
exit Ausgang
  exit hub Ausgangsbuchse
exiter aktiver Strahler
EXOR (exclusive OR) exclusive ODER-Funktion
exothermal exotherm (Freiwerden von Energie)
exp (exponent of e) Abk. für e (2,718) hoch einer Größe
expand, to ausbauen, (sich) (aus)dehnen, (sich) ausbreiten, entwickeln (Math), expandieren
expandability Erweiterungsmöglichkeit
expanded scale gedehnte Skala
expander Erweiterung, Expander, Dynamikdehner
expansion Ausdehnung, Dehnung, Erweiterung, Expansion, Erweiterungs...
  expansion coefficient Ausdehnungskoeffizient
  expansion control Dehnungsregler
  expansion in powers series Potenzreihenentwicklung
  expansion theorem Entwicklungssatz
  expansion unit Anschlußerweiterung
expect, to erwarten
expectation Aussicht, Erwartung
  expectation of life Lebenserwartung
  expectation value Erwartungswert
expected erwartet
expel, to ausstoßen
expenditure Aufwand, Verbrauch
  expenditure of power Energieaufwand
expense Ausgabe, Kosten
expensive teuer
experience, to nachweisen
experience Erfahrung
experiment Experiment, Versuch
experimental(ly) experimentell, versuchsweise, Versuchs...
  experimental assembly Versuchsaufbau

experimental circuit Versuchsschaltung
experimental result Versuchsergebnis
experimental setup Versuchsaufbau
expert system Expertensystem (künstl. Intelligenz)
expiration Ablauf, Ende, Erlöschen
expiration date Verfallsdatum
explain, to erklären
explanation Erklärung, Erläuterung
explicit explizit (ausdrücklich)
  explicit address absolute Adresse
explode, to explodieren lassen
exploded view Explosionszeichnung, vergrößerte Darstellung
exploitation (Aus)Nutzung, Inbetriebnahme
exploration Erforschung, Untersuchung
explore, to durchforschen, untersuchen
exploring Prüf...
explosionproof explosionssicher
explosive Sprengstoff
exponent Exponent (Hochzahl)
  exponent character Exponentenzeichen
exponential exponertiell (nach einer Exponentialfunktion verlaufend)
  exponential curve Exponentialkurve
  exponential decay exponentielles Abklingen
  exponential decrease exponentielle Abnahme
  exponential function e-Funktion
  exponential grading exponentielles Gefälle
exponentiation Potenzierung
export, to entladen, sichern (Dv)
export Export (Ausfuhr von Waren ins Ausland)
exposable area belichtete Fläche

expose, to aussetzen (z.B. einer Strahlung), belichten
exposed belichtet, frei zugänglich
exposure Belichtung, Bestrahlung
  exposure index Filmempfindlichkeit
  exposure meter Belichtungsmesser
  exposure rate Bestrahlungsstärke
express, to ausdrücken
expression Ausdruck
expunge, to (aus)löschen, (aus)streichen
extend, to (aus)dehnen, erweitern, verlängern
extend to, to sich erstrecken auf
extended erweitert
  extended addressing erweiterte Adressierung
  extended lead Verlängerungskabel
  extended life erhöhte Anforderung
  extended range erweiterter Bereich
  extended time test Langzeitversuch
extender Erweiterung
extensile streckbar
extension (Aus)Dehnung, Ergänzung, Erweiterung, Nebenstelle (Telefon), Verlängerung
  extension cord Verlängerungsschnur
  extension lead Verlängerungskabel
  extension line Nebenanschluß
  extension memory Zusatzspeicher
  extension number Nebenstellennummer
  extension stress Beanspruchung auf Zug
  extension time Ausführungszeit
extensional mode Längsschwingung
extensive umfassend
extensively häufig
extent Ausdehnung, Bereich, Betrag, Umfang
  extent expression Begrenzungsausdruck

extenuate, to abschwächen, mildern
exterior außerhalb, Außen...
  exterior angle Außenwinkel
exterminate, to beheben, beseitigen
external (anlagen)extern, äußere(r,s), äußerlich, fremd, Außen...
  external blocking äußere Blockierung
  external capacitance Zuleitungskapazität
  external circuit äußerer Stromkreis
  external command externer Befehl
  external connection Außenanschluß
  external control Fernsteuerung
  external declaration Externvereinbarung
  external excitation Fremderregung
  external interrupt Unterbrechungssignal
  external load Außenwiderstand
  external memory Externspeicher
  external modulation Fremdmodulation
  external noise Fremdrauschen
  external photoeffect externer Photoeffekt
  external signal Fremdsignal
  external storage Externspeicher
  external synchronization Fremdsynchronisation
  external thermal resistance äußerer Wärmewiderstand
  external traffic Externverkehr
  external transmit clock externer Übertragungstakt
  external voltage äußere Spannung
externally applied voltage von außen angelegte Spannung
externally generated fremderregt
extinct gelöscht, gestrichen
extinct, to verlöschen
extinction (elektrisches) Abschalten, (Er)Löschen

extinction ratio Dämpfungsfaktor, Extinktionskoeffizient (Maß für die Schwächung einer Strahlung beim Durchgang durch Materie)
extinction voltage Löschspannung
extinguish, to abschalten, löschen
extra zusätzlich, Zusatz...
  extra equipment Sonderausstattung
  extra-high performance macros Computer mit hohem Durchsatz und sehr großem Hauptspeicher
  extra-high tension Höchstspannung
  extra large-scale integration Höchstintegration
  extra-low voltage Kleinspannung
  extra-terrestrial außerirdisch
extract, to ausblenden (Informationen), extrahieren (Chem), herausziehen
  extract heat, to Wärme entziehen
  extract information, to Information auslesen
extract Extrakt (Auszug), Trennen
  extract instruction Substitutionsbefehl
  extract sort Auswahlsortierung
extracted charge Grenzlast
extracting Stellenauswahl
extraction Entnahme (von Energie), Extraktion (Herausziehen; Chem)
extractor Maske (zum Ausblenden von Bitmustern)
extragalactic außergalaktisch (außerhalb der Milchstraße)
extraneous äußere(r,s)
  extraneous field Streufeld
  extraneous noise Fremdgeräusch, Störgeräusch
  extraneous pulse Streuimpuls
  extraneous voltage Fremdspannung
extraordinary außerordentlich

extraordinary ray außerordentlicher Strahl (bei Doppelbrechung)
extrapolate, to extrapolieren (auf das Verhalten einer mathematischen Funktion außerhalb eines vorgegebenen Intervalls schließen)
extrapolated extrapoliert
extraterrestrial außerirdisch
extremal position Endlage
extreme äußerst, extrem, Extrem...
  extreme value Extremwert
extremely high frequency Millimeterwellen (30 GHz bis 300 GHz)
extremely low frequency kleinste Frequenz (unter 300 Hz)
extrinsic(al) äußerlich, fremd
  extrinsic base resistance dynamischer Zwischenbasiswiderstand
  extrinsic carrier Störstellenladungsträger
  extrinsic conduction Störstellenleitung
  extrinsic response Störstellenempfindlichkeit
  extrinsic semiconductor dotierter Halbleiter, Störstellenhalbleiter
extrude, to herausdrücken, strangpressen
extruded profiles Strangkühlkörper
eye Auge
  eye glass Brille, Okular (die dem Auge zugewandte Linse in einem optischen Gerät)
  eye level Augenhöhe
  eye pattern Augenmuster
eyelet Lötauge, Öse
eyepiece Okular (die dem Auge zugewandte Linse in einem optischen Gerät)
Eyring equation Eyring-Gleichung (Ausfallkurve von Bauelementen)

F

fabric Gewebe
fabrication Fertigung, Herstellung
  fabrication process/technique Herstellungsverfahren
face, to gegenüberstehen
face Bildschirm, Fase (Kristall), (Kristall)Fläche, Stirnfläche, Vorderseite
  face bonding Oberseitenkontaktierung (Direktmontage des mit erhöhten Kontakten ausgeführten Halbleiterplättchens auf dem Träger)
  face-centered flächenzentriert
  face-centered cubic kubisch flächenzentriert
  face-down untenliegend
  face-down bonding Kontaktierung mit der Chipkontaktseite nach unten
  face shear vibrator Flächenscherungsschwingung
  face-to-face phone Bildtelefon
  face-up obenliegend
  face-up bonding Kontaktierung mit der Chipkontaktseite nach oben
faceplate Frontplatte
facet, to sich abschrägen
facet Facette, Kristallfläche, Seitenfläche
facilitate, to erleichtern
facility Eigenschaft, Einrichtung, Hilfsmittel, Merkmal, Möglichkeit, Vorrichtung
facing plates sich gegenüberstehende Platten
facsimile Bildfunk, Bildtelegrafie, Bildübertragung, Faksimile (genaue Nachbildung eines Originals)

facsimile communication equipment
  Fernkopierer
facsimile newspaper Faksimilezeitung
facsimile telegraphy Faksimiletelegrafie
facsimile transmission Faksimiletelegrafie, Faksimileübertragung
facsimile transmitter Bildsender
factor Faktor, Koeffizient
  factor of interest Interessenfaktor
factorial Fakultät (Math)
factorize, to in Faktoren zerlegen
factory Fabrik, Werk
  factory calibration/setting vom Hersteller eingestellt
  factory sales Verkauf (vom Hersteller)
facts Fakten, Tatsachen
faculty Fähigkeit
fade, to schwächer werden, schwinden
  fade away, to abklingen
  fade down/out, to ausblenden
  fade in, to einblenden
  fade up, to verstärken (Funkwellen)
fade Fading, Schwund
  fade margin Regelbereich (Ausgleich von Pegelschwankungen)
fadeout Totalschwund
fader Dämpfungsglied, Mischer
fading Fading, Schwund
Fahrenheit scale Fahrenheit-Skala ($T\ °F = ((9/5)\ T)\ °C + 32$)
fail, to ausfallen, versagen
  fail open, to unterbrechen
fail Störung
  fail-safe ausfallsicher, störungssicher, zuverlässig
  fail-safe system störungssicheres System
  fail soft Ausfallsicherung
failing fehlerbehaftet

failure Ausfall, Fehler, Störung, Unterbrechung, Versagen, Zusammenbruch
  failure cause Ausfallursache
  failure frequency Ausfallhäufigkeit
  failure rate Ausfallhäufigkeit, Ausfallrate, Fehlerabstand
  failure search time Fehlersuchzeit
faint schwach
faithful sorgfältig, zuverlässig
  faithful reproduction getreue Wiedergabe
fall, to (ab)fallen
  fall apart, to auseinanderfallen, zerfallen
  fall away, to abfallen (Amplitude)
  fall below, to absinken (unter einen Wert)
  fall in, to einfallen
  fall into, to einmünden
  fall off steeply, to steil abfallen
fall (Ab)Fall, Abnahme, Absinken
  fall time Abfallzeit
fallback Wiederholungsanlauf
falling edge abfallende Flanke
falling star Sternschnuppe
fallout (radioaktiver) Niederschlag
false falsch, Falsch...
  false add Addition ohne Übertrag
  false alarm Falschmeldung
  false statement Anweisung für den logischen Wert "f" (falsch)
FAM (frequency amplitude modulation)
  FAM (gleichzeitige Frequenz- und Amplitudenmodulation)
familiar vertraut
family Familie, Gruppe, Schar (Math), Serie
  family of characteristics Kennlinienfeld
  family of curves Kennlinien, Kurvenschar

FAMOST (floating-gate avalanche injection MOST) FAMOST (MOS-Transistor mit schwebendem Gateanschluß, in den die Ladungsträger durch den Lawineneffekt gelangen)
famous berühmt
fan, to belüften, fächerförmig ausbreiten
fan Fächer, Gebläse, Lüfter, Ventilator
  fan aerial Doppel-V-Antenne
  fan beam Fächerkeule
  fan-cooled luftgekühlt
  fan-in Eingangslastfaktor
  fan-out Ausgangslastfaktor
fanfold leporellogefalzt (zickzackgefaltet)
  fanfold paper Leporellopapier
fanned-beam aerial Biberschwanzantenne
far entfernt, weit, Fern...
  far-end crosstalk Übersprechen in Signalrichtung
farad Farad (Einh. d. elektr. Kapazität; 1 F = 1 C/V)
faraday Faraday-Konstante (1 q_F = 96493 C/mol)
Faraday cage Faradayscher Käfig
Faraday constant Faraday-Konstante
Faraday's dark space Faradayscher Dunkelraum
Faraday's laws Faradaysche Gesetze
Faraday's shield Faradayscher Käfig
farther entfernter, weiter
fashion Art (und Weise)
fast schnell, Schnell...
  fast acting schnellansprechend
  fast breeder reactor schneller Brüter
  fast Fourier transform FFT (schnelle Fourier-Transformation)
  fast fuse flinke Sicherung
  fast groove Rille mit steilen Wänden
  fast pulse kurzer Impuls
  fast response schnelles Ansprechen
  fast response device hochempfindliches Gerät
  fast scan schnelle Abtastung
  fast to light lichtecht
  fast turn-off thyristor Frequenzthyristor
fasten, to befestigen
fastener Halter, Befestigungselement
fastening Befestigung
  fastening hole Befestigungslöcher
fatality Ausfall, Versagen
fata morgana Fata Morgana, Luftspiegelung
fathom angels. Längeneinheit (1 fath = 1,829 m)
fathometer Echolot
fatigue, to ermüden (Werkstoffe), stark beanspruchen
fatigue Ermüdung
  fatigue life Dauerfestigkeit
fault Fehler
  fault assessment Fehlerbewertung
  fault checking Fehlerprüfung
  fault diagnosis Fehlerdiagnose, Fehleruntersuchung
  fault isolation Fehlererkennung (auf einer Platine)
  fault liability Fehleranfälligkeit, Störanfälligkeit
  fault location Fehlereingrenzung, Fehlerortung
  fault rate Ausfallrate
  fault remedy Fehlerbeseitigung
  fault signature Fehlerdiagramm, Fehlerkennzeichen
  fault time relative Ausfallzeit
  fault tolerance Fehlertoleranz
fault-tolerant ausfallsicher

fault-tolerant circuits   zuverlässige Schaltungen (Schaltungen, die auch dann noch funktionstüchtig sind, wenn ein Teil ausfällt)
  fault tracing   Störungssuche
  fault voltage   Fehlerspannung
faulty   fehlerhaft, Fehler...
  faulty line   gestörte Leitung
  faulty state   fehlerhafter Zustand
favo(u)rable   günstig
favo(u)rite   Lieblings...
fax (facsimile)   Faksimile (genaue Nachbildung eines Originals)
FCS (frame-checking sequence)   Blockprüfzeichenfolge
F-display   F-Darstellung (Rad)
FDM (frequency division multiplex)   Frequenzmultiplex (Umsetzung der Bandbreite von Nachrichtensignalen in andere, sich nicht überdeckende Frequenzbereiche)
FDMA (frequency division multiple access)   Vielfachzugriff im Frequenzmultiplex
FDNR (frequency-dependent negative resistor)   frequenzabhängiger negativer Widerstand
FDX (full duplex)   Vollduplex-Betrieb
FE (format effectors)   Formatsteuerzeichen (CCITT-Alphabet Nr. 5)
feasibility   Durchführbarkeit, Möglichkeit
  feasibility study   Durchführbarkeitsuntersuchung
feasible   anwendbar, gangbar
feather   Feder
feature, to   charakterisieren, zeigen
feature   Eigenschaft, (Leistungs)Merkmal, Struktur, Zusatzeinrichtung
fed element   Primärelement (Ant)
fee   Gebühr

feeble   schwach, Schwach...
feed, to   eingeben, füttern, liefern, speisen, zuführen
feed   Erreger, Speisen, Transport, Vorschub, Zufuhr
  feed equipment   Eingabegerät
  feed gas   Trägergas
  feed hole   Führungsloch, Vorschubloch
  feed impedance   Eingangsimpedanz
  feed line   Speiseleitung
feedback, to   rückkoppeln, zurückführen auf
feedback   Gegenkopplung, Rückführung, Rückkopplung, Rückwirkung
  feedback amplifier   Gegenkopplungsverstärker
  feedback capacitance   Rückwirkungskapazität
  feedback control   selbsttätige Regelung
  feedback control loop   Rückführkreis
  feedback control system   Regelkreis
  feedback network   Rückkopplungsschaltung
  feedback ratio   Rückkopplungsfaktor
  feedback resistor   Rückkopplungswiderstand
  feedback signal   Rückkopplungssignal
  feedback voltage transfer ratio   Leerlaufspannungsrückwirkung
feedbackfree   rückkopplungsfrei
feeder   Hf-Energieleiter, Speiseleitung, Zuleitung
feeding   Speisen, Zuführen
feedthrough   Dämpfung (Abtast-Halte-Glied), Durchführung, Übersprechen, Übertragung
  feedthrough capacitor   Durchführungskondensator
feedthru   s. feedthrough
feel, to   empfinden

feeler gauge Fühlerlehre
feeling Gefühl
feet Mehrz. von foot
FEFET (ferroelectric FET) FEFET (Speicherfeldeffekttransistor)
female hohl
  female cone Hohlkegel
  female connector Buchsenleiste, Buchsensteckverbindung, Steckdose
  female contact Kupplungskontakt
  female coupler Buchsenkontakt
  female insert Steckdoseneinsatz
  female plug Buchse
  female screw Schraubenmutter
  female socket Steckdose
femto Femto... (10^{-15})
fence Gitter, Unterteilung (eines Speichers), Zaun
FEP (front-end processor) Kommunikationsrechner
fermentation Gärung
fermi (veralt.) Längeneinheit (1 F = 10^{-15} m)
Fermi-Dirac statistics Fermi(-Dirac)-Statistik
Fermi distribution Fermi-Verteilung
Fermi energy level Fermi-Niveau
fermion Fermion (Elementarteilchen mit halbzahligem Spin)
fermium Fermium (Transuran)
Ferraris motor Ferraris-Motor
ferreous eisenhaltig, Eisen...
ferric Eisen(III)-...
ferrimagnetism Ferrimagnetismus (Eigenschaft von Werkstoffen, nach außen ferromagnetisch zu erscheinen)
ferristor Ferristor (magnetischer Verstärker)
ferrite Ferrit (magnetischer Werkstoff), Ferrit...
  ferrite core Ferritkern

ferrite core memory Ferritkernspeicher
ferrite rod Ferritstab
ferrod Ferritstabantenne
ferroelectric ferroelektrisch
ferroelectricity Ferroelektrizität (Eigenschaft von Werkstoffen, die wegen ihrer besonderen elektrischen Eigenschaften ähnliches Verhalten wie ferromagnetische Werkstoffe aufweisen)
ferroelectrics Ferroelektrika
ferromagnetic ferromagnetisch
ferromagnetism Ferromagnetismus (Eigenschaft von Werkstoffen, aufgrund ihrer hohen Permeabilität magnetisch zu sein)
ferrometer Epstein-Apparat
ferrule Metallring, Quetschhülse, Zwinge
ferrule terminal Anschlußhülse
FET (field-effect transistor) Feldeffekttransistor, FET
fetch, to abrufen, (herbei)holen, laden (Programm), lesen
fetch Abruf, Aufruf
  fetch cycle Abrufphase, Befehlslesephase
  fetch protection Lesesperre
fetron Feldeffekttransistor mit Röhrenfassung
fever Fieber
few wenige
FF (fill factor) Füllfaktor
FF (flip-flop) bistabiles Kippglied (DIN), Flipflop
FF (form feed) Formularvorschub (CCITT-Alphabet Nr. 5)
FFT (fast Fourier transform) FFT (schnelle Fourier-Transformation)
fiber (Glas)Faser, Lichtleitfaser

fiber cable Lichtleitfaserkabel
fiber glass Glasfaser
fibre-optic cable Lichtwellenleiter
fiber optics (Glas)Faseroptik, Lichtwellenleitertechnik
fiber waveguide optischer Wellenleiter
Fibonacci series Fibonacci-Reihe (Math)
fibre s. fiber
fiche Mikrofiche, Mikrofilm
Fick's laws Ficksche Gesetze (Phys)
fidelity Genauigkeit, Güte, Wiedergabetreue
fiducial Justiermarke, Justier...
field Bereich, Datenfeld, Einsatzort (eines Gerätes), Fachgebiet, Feld, Feldgröße, Gebiet, Halbbild (Nt), Körper (Math)
field-aided feldunterstützt
field-butting technique Montage beim Kunden
field conditions Betriebsbedingungen
field data Einsatzdaten
field descriptor Feldbeschreibung (innerhalb eines Programms)
field distortion Feldverzerrung
field drift Feldwanderung
field duration Halbbilddauer
field effect Feldeffekt
field-effect modified transistor FEMT (lichtempfindliches, aus JFET und Bipolartransistor zusammengesetztes Bauelement)
field-effect transistor Feldeffekttransistor
field emission Feldemission
field engineer Außendienstingenieur
field-enhanced durch ein Feld verstärkt
field foldover Bilddurchlauf

field frequency Rasterfrequenz, Teilbildfrequenz, Vertikalfrequenz
field-generating felderzeugend
field glasses Feldstecher
field intensity Feldstärke
field-ion microscope Feldionenmikroskop
field line Kraftlinie
field-neutralizing coil Abschirmspule
field of application Anwendungsgebiet
field of gravity Schwerefeld
field of view maximaler Blickwinkel
field pattern Verlauf der Feldlinien
field pickup Außenaufnahme (Fs)
field-producing felderzeugend
field programmable kundenprogrammierbar
field rate Bildfolgefrequenz
field recording Außenaufnahme
field repetition rate Bildwechselfrequenz
field-replaceable ersetzbares Bauteil
field retrace Bildrücklauf
field separator Endzeichen eines Datenfeldes
field separator character Trennzeichen
field service Außendienst
field size Feldlänge
field strength Feldstärke
field sweep Vertikalablenkung
field synchronization Bildsynchronisation
field tag Feldkennung
field test Prüfung unter Einsatzbedingungen
field-testet praxiserprobt
field theory Feldtheorie (Phys)

field use praktischer Einsatz
field width Datenfeldlänge
field winding Erregerwicklung
field work Außendienst
fieldfree feldfrei
fieldistor Fieldistor (Halbleiter mit kapazitiv gesteuertem Kollektorbereich)
FIFO (first-in, first-out) FIFO (Eingangsfolgebearbeitung), Silospeicher
fight, to kämpfen
figuration Formung, Gestaltung, symbolische Darstellung
figurative bildlich, übertragen
  figurative constant figurative (selbstdefinierende) Konstante
figure, to beziffern, sich vorstellen, (zeichnerisch) darstellen
  figure on, to einkalkulieren, rechnen mit
  figure out, to ausrechnen, berechnen
figure Abbildung, Figur, Symbol, Zeichnung, Zahl, Ziffer
  figure caption Bildunterschrift
  figure-eight pattern Achtercharakteristik
  figure of merit Effektivität, Gütezahl
  figure shift Ziffernumschaltung (Fernschreiber)
  figure wheel Zahlenscheibe
filament Faden, Fadenkatode, Heizfaden, Heiz...
  filament bulb/lamp Glühlampe
  filament emission Glühemission
  filament resistance Heizwiderstand
  filament sag Verlängerung eines Heizfadens durch Erwärmen
  filament transformer Heiztransformator
filamentary transistor Fadentransistor

file, to einordnen, einreichen, feilen (Mech), registrieren lassen
file Archiv, Datei, Liste
  file access method Dateizugriffsmethode
  file combination Dateiverbund
  file compilation Dateiübersetzung
  file gap Dateiabstand
  file header label Datei-Anfangskennsatz
  file label (Datei)Kennsatz
  file maintenance Dateiwartung
  file management Datenverwaltung
  file margin Heftrand
  file mark Dateimarke
  file mask Befehlsmaske
  file processing Dateibearbeitung
  file protection Schützen einer Datei
  file section Dateiabschnitt
  file set Dateimenge
  file transfer Dateiübertragung
filestore Hintergrundspeicher
fill, to (auf)füllen
  fill character Füllzeichen
  fill factor Füllfaktor
filled besetzt
filler Füllfeld, Füllmaterial, Füllzeichen
  filler item unbenanntes Datenfeld
film Film, Schicht
  film capacitor Schichtkondensator
  film circuit Schichtschaltung
  film-forming schichtbildend
  film frame Bildfeld
  film gate Bildfenster
  film integrated circuit integrierte Schichtschaltung
  film microcircuit integrierte Schichtschaltung
  film of air Luftschicht
  film resistor Schichtwiderstand

FILO (first-in, last-out) FILO (das zuerst Eingegebene wird zuletzt ausgegeben)
filter, to durchlassen, filtern, filtrieren, sieben
filter Bitmaske, Filter, Siebschaltung
  filter attenuation band Sperrbereich
  filter capacitor Glättungskondensator, Siebkondensator
  filter choke Siebdrossel
  filter circuit Siebschaltung
  filter crystal Filterquarz
  filter discrimination Trennschärfe eines Filters
  filter element Siebglied
  filter ladder Filterkette
  filter passband Durchlaßbereich eines Filters
  filter stopband Sperrbereich
  filter transmission band Durchlaßbereich eines Filters
filtered display gefilterte Anzeige
filtering Siebung
fin Kühlrippe, Leitfläche
final endgültig, End...
  final amplifier Endverstärker
  final assembly Endmontage
  final oscillation time Ausschwingzeit
  final route Kennzahlweg, Letztweg (Verm)
  final routing Letztweg (Verm)
  final stage Endstufe
finally endlich, schließlich
find, to finden, suchen (Math)
  find out, to ermitteln
finder Peilgerät (Rad), Sucher
fine fein, schön, Fein...
  fine adjustment/alignment Feineinstellung
  fine-line Mikrostruktur...
  fine-line device Bauelement mit einer Struktur kleiner 2 µm
  fine mechanics Feinwerktechnik
  fine structure Feinstruktur
  fine tuning Feinabstimmung
fineness Feinheit, Genauigkeit, Schärfe
  fineness of scanning Rasterfeinheit
finger Finger, Zinken (Chipkontaktierung)
  finger-shaped heatsink Fingerkühlkörper
  finger tip Fingerspitze
  finger-tip control Drucktastensteuerung
finish, to beenden, aufhören
finish (behandelte) Oberfläche, Endverarbeitung
finished blank (piezoid) fertigbearbeiteter Quarzkristall
finished product Endprodukt
finishing Nachbearbeiten z.B. eines Quarzkristalls (durch Polieren), Vollendung
finite endlich, finit (Math)
  finite alphabet endliches Alphabet
  finite impulse response FIR (zeitdiskretes System mit endlicher Impulsantwort)
  finite state endlich
  finite-state machine endlicher Automat
finned heat sink Rippenkühlkörper
finstrate wärmeableitendes Substrat
FIR (finite impulse response) FIR (zeitdiskretes System mit endlicher Impulsantwort)
fire, to (ein)brennen, schießen, zünden
fire Feuer
  fire control radar Feuerleitradar

fire-resistant feuerbeständig
fire risk Entflammbarkeit
fireproof feuerfest
firing Zündung, Zünd...
   firing angle Zündwinkel
   firing point Zündzeitpunkt
   firing temperature Brenntemperatur
   firing time Brenndauer
firm fest, haltbar
firm Firma
firmware Firmware (in einem PROM gespeicherte Software)
first erst, zuerst, Grund...
   first breakdown erster Durchbruch
   first charging current Ladeschlußstrom
   first-choice route Erstweg (Verm)
   first harmonic Grundschwingung
   first in, first out processing Eingangsfolgebearbeitung
   first state Anfangszustand
fishbone antenna Fischgrätenantenne
fission (Kern)Aufspaltung, Spaltung
fissuring Haarrißbildung
FIST (first-in-still-there) das zuerst eingegebene Zeichen bleibt gespeichert
fit geeignet, passend
fit, to anpassen, einbauen, installieren, passen in
fit Anpassung, Passung
FIT (failure unit) Anzahl der Ausfälle in 10^9 Stunden
fitter Monteur
fitting Ausrüstung, Einbau, Montage, Paßstück
   fitting instruction Einbauanleitung
five fünf
   five-angle fünfeckig
   five-digit/-figure/-place fünfstellig

five-sided fünfseitig
five-way fünfpolig
fix, to befestigen, bestimmen, festlegen, festsetzen, fixieren
   fix up, to ausrüsten mit
fix Standort
fixed fest, konstant, ortsfest, starr, stationär, Fest...
   fixed bracket Rastelement
   fixed capacitor Festkondensator
   fixed clamp Schelle
   fixed command control Festwertregelung
   fixed connection Standleitung
   fixed connector Gehäusestecker
   fixed decimal point dezimaler Festpunkt
   fixed direction konstante Richtung
   fixed film resistor Schichtfestwiderstand
   fixed form language festformatierte Sprache
   fixed head disk Magnetplatte mit festem Schreib-Lesekopf
   fixed level Festpegel
   fixed memory Festwertspeicher
   fixed page speicherresidente Seite
   fixed point Festpunkt
   fixed-point part Mantisse (derjenige Teil bei der Gleitpunktdarstellung, der mit dem Exponenten multipliziert wird)
   fixed-point representation Festpunktdarstellung
   fixed prescaling Festlegen des Skalenfaktors
   fixed quantity measuring Festmengenmessung
   fixed-ratio code gleichgewichteter Code
   fixed resistor Festwiderstand

fixed routing feste Verkehrslenkung (Verm)
fixed station Feststation
fixed storage Festpeicher
fixed time vorgegebene Zeit
fixed-time measuring Festzeitmessung
fixed-weight code gleichgewichteter Code
fixed wire-wound resistor Drahtfestwiderstand
fixing technique Montagetechnik
fixpoint Bestimmungspunkt
FLAD (fluorescence activited display)
FLAD (fluoreszenzangeregte Anzeige)
flag Blockbegrenzung, Kennzeichen, Marke, Zustandssignal
  flag bit Kennzeichenbit, Synchronisierungsbit
  flag-shaped heat dissipator Kühlfahne
flame Flamme
  flame cutting Brennschneiden
  flame-resistant schwer entflammbar
  flame-resisting explosionsgeschützt
  flame-retardant schwer entflammbar
  flame-retardant plug Keramikstopfen
  flame soldering and brazing Flammlöten
flameproof explosionssicher, feuerfest
flammable brennbar, entzündlich
flange Flansch
flank Flanke, Seite
flap Klappe, Streifen
  flap attenuator Streifenabschwächer
flare, to flackern
flare Ausbauchung, Aufhellung, Flimmern, Streulicht
  flare angle Öffnungswinkel (Ant)
flash, to (auf)blitzen, aufleuchten, blinken
  flash over, to überschlagen

flash Blitz, kurzzeitige Bildstörung, Stichflamme
  flash back Rückblende, Rückzündung
  flash converter Hochgeschwindigkeits-Analog-Digital-Umsetzer
  flash evaporation plötzliche Verdampfung
  flash frequency Blinkfrequenz
  flash lamp Blinklampe
  flash magnetization Stoßmagnetisierung
  flash spectrum Lichtspektrum
  flash tube Blitzlichtröhre, Lichtblitzentladungslampe
flasher Blitzgerät
  flasher relay Blinkrelais
flashing Blinken
  flashing light Blinkfeuer
flashlight Blitzlicht, Taschenlampe
  flashlight cell Taschenlampenbatterie
flashover Überschlag
flat eben, flach, kontrastlos, plan, stumpf, Plan...
flat Abflachung (an einem Wafer)
  flat angle gestreckter Winkel
  flat area ebene Fläche
  flat band Flachband
  flat cable Flachbandkabel
  flat connector Flachsteckverbinder
  flat display flacher Bildschirm
  flat end Planende
  flat (frequency) response linearer Frequenzgang
  flat gain schwache Verstärkung
  flat rate Pauschaltarif
  flat relay Flachrelais
  flat screen flacher Bildschirm
  flat surface glatte Oberfläche, Planfläche
  flat terminal Flachklemme

flat-topped abgeflacht, flach
flat-topped curve Rechteckkurve
flat within breitbandig innerhalb..
flatbed plotter Tischplotter
flatbed recorder Flachschreiber
flatness Flachheit (einer Kurve)
flatpack Flachgehäuse
  flatpack-standby Ruhebetrieb
flatten, to abflachen (einer Kurve)
flaw Materialfehler, Riß, Sprung
  flaw echo Fehlerecho
F-layer F-Schicht (Ionosphärenschicht in etwa 250 km Höhe)
fleeting augenblicklich, Momentan...
  fleeting alarm Wischeralarm
  fleeting information Kurzzeitmeldung
flex (wire) Kabel, Litze
  flex life Verbiegelebensdauer (einer Litze)
flexibility Anpassungsfähigkeit, Biegsamkeit, Flexibilität
flexible anpassungfähig, biegsam, flexibel
  flexible cable Litzenkabel
  flexible cord (biegsame) Leitungsschnur, "Meßstrippe"
  flexible disk Diskette, Floppy-Disk (flexibler, mit einem magnetisierbaren Werkstoff überzogener Datenträger)
  flexible lead Anschlußschnur
flexode flexible Diode
flexural Biege..., Biegungs...
flick, to kurz ausschlagen (Zeiger)
flicker, to flackern, flattern, zappeln, zittern
flicker Flackern, Flimmern
  flicker effect Funkeleffekt
  flicker noise 1/f-Rauschen (vorzugsweise bei niedrigen Frequenzen), Funkelrauschen
flickerfree flimmerfrei

flight Flucht (Astr), Flug, Gang (einer Schraube)
  flight-pass curvature Flugbahnkrümmung
flip, to (in einen Zustand) springen
flip Klaps, Knipsen, Ruck
  flip chart Schaubild
  flip chip technique Flip-Chip-Verfahren (auf einem Halbleiterplättchen erhöht ausgeführte Kontaktierungsflecken zur Schnellmontage)
  flip-flop Flipflop, bistabiles Kippglied (nach DIN)
flippy doppelseitige Diskette
float, to auf freiem Potential liegen, schweben, schwimmen
  float charging Ladedauer eines Gerätes entspricht dessen Entladedauer
  float zone Schmelzzone
  float-zone process tiegelfreies Schmelzverfahren
floated erdfrei, massefrei
  floated battery Notstrombatterie, Pufferbatterie
  floated-zone-refined nach dem Zonenschmelzverfahren gereinigt
floating erdfrei, gleitend, potentialfrei, schwebend
  floating address symbolische Adresse
  floating decimal arithmetic Gleitkommaarithmetik (Rechnen mit Gleitkommazahlen)
  floating gate schwebendes Gate
  floating gate avalanche injection MOST FAMOST (MOS-Transistor mit schwebendem Gate)
  floating ground nicht geerdeter Referenzpunkt
  floating-in Eingabe von Dezimalzahlen in einen Rechner ohne Kommaangabe
  floating input erdfreier Eingang

floating junction PN-Übergang ohne Anschlußkontakte
floating-out automatisches Setzen der Dezimalstelle bei der Ausgabe aus einem Rechner
floating output potentialfreier Ausgang
floating point Gleitpunkt
floating-point arithmetic Gleitpunktarithmetik (Rechnen mit Gleitkommazahlen)
floating-point number Gleitpunktzahl (Zahl, die aus einer Mantisse und einem Exponenten besteht)
floating voltage Leerlauf-Gleichspannung, Schwebespannung
floating zero Nullpunktverschiebung
floating-zone melting tiegelfreies Zonenschmelzen
flood, to überfluten
flood Flut
floodlight Flutlicht
floor, to abrunden
floor Boden
  floor plan Grundriß, Lageplan
  floor space Grundfläche
floppy disk Diskette, Floppy-Disk (flexibler, mit einem magnetisierbaren Werkstoff überzogener Datenträger)
flops Zahl der Gleitpunktoperationen pro Sekunde
flow, to fließen
flow Durchfluß, Fluß, Strömung
  flow chart/diagram Datenflußplan, Programmablaufplan
  flow control Flußregelung
  flow field Strömungsfeld
  flow line Ablauflinie, Flußlinie
  flow pattern Programmablaufplan, Strömungsbild
  flow power pulsierende Leistung
  flow rate Strömungsgeschwindigkeit
  flow soldering Schwallbadlöten
fluctuate, to (zeitlich) schwanken
fluctuation Fluktuation, Schwankung
  fluctuation current Schwankungsstrom (in einer Elektronenröhre)
  fluctuation noise statistisches Rauschen, weißes Rauschen
  fluctuation voltage Spannungschwankung
fluid Flüssigkeit, Fluidum (Phys)
  fluid drive hydraulisches Getriebe
  fluid mechanics Flüssigkeitsmechanik
  fluid theory Fluidumstheorie (Phys)
fluidics Fluidik (technischer Bereich, der Steuerelemente nach den Gesetzmäßigkeiten der Hydraulik realisiert)
fluorescence Fluoreszenz (Eigenschaft von Werkstoffen, bei Bestrahlung selbst zu leuchten)
  fluorescence activated display fluoreszenzaktivierte Anzeige
  fluorescent lamp Glimmlampe, Leuchtstofflampe
  fluorescent screen Leuchtschirm
fluorine Fluor (chem. Element)
fluoroscopy Durchleuchtung
flush, to (aus)spülen
flush bündig, versenkbar
  flush-mounted antenna Flushantenne
  flush receptacle Unterputzsteckdose
flutter, to prellen, zittern (Zeiger)
flutter echo Mehrfachecho
flux Fluß, Flußmittel, (Licht)Strom
  flux density Beleuchtungsstärke (Einh. Lux), Kraftliniendichte
  flux line Kraftlinie
  flux meter Fluxmeter (Kraftflußmeßgerät)
fly, to fliegen

flyback (Strahl)Rücklauf
  flyback converter Sperrwandler
  flyback time Rücklaufzeit
  flyback transformer Horizontal-Ausgangstransformator
flying spot Flying-Spot (wandernder Lichtpunkt)
  flying-spot scanner Lichtpunktabtaster
fly's eye lens Facettenlinse, Fliegenaugenlinse
flywheel Schwungrad
flywheeling diode Freilaufdiode
flywire dünner Draht (zur Verbindung integrierter Schaltungselemente)
FM (frequency modulation) Frequenzmodulation
foam Schaum
  foam plastic Schaumstoff
focal Brenn..., Brennpunkt...
  focal depth Schärfentiefe
  focal length Brennweite
  focal point Brennpunkt
  focal spot Brennfleck
focalize, to fokussieren
focus, to fokussieren, scharf abbilden, scharf einstellen
focus Brennpunkt
  focus control Scharfeinstellung des Brennpunktes
focus(s)ing Fokussierung, Scharfeinstellung
  focus(s)ing electrode Sammelelektrode
  focus(sing) fading Fokussierungsschwund
fog Nebel
foil Folie
fold, to falten, zusammenlegen
foldback Kurzschlußschutz (bei Spannungsreglern)

folded gefaltet
  folded-chart paper Leporellopapier (zickzackförmig gefaltetes Papier)
  folded dipole aerial Faltdipol
  folded strip electrode Faltbandplatte
foldover Geisterbild
folium of Descartes Cartesisches Blatt (Math)
follow, to folgen
  follow closely, to entsprechen
  follow-up control Folgeregelung, Nachlaufregelung
follower Folger, Folgestufe
font Schriftart, Zeichensatz
foot angels. Längeneinheit (1 ft = 0,3048 m)
  foot-lbf angels. Energieeinheit (1 foot-lbf = 1,356 J)
  foot poundal angels. Energieeinheit (1 foot poundal = $4,2 \cdot 10^{-2}$ J)
foot Basis, Ende, Fuß
  foot button Fußschalter
  foot margin unterer Rand
  foot note Fußnote
footage Länge (in Fuß)
footcandle angels. Einh. d. Beleuchtungsstärke (1 footcandle = 10,76 lx)
footlambert angels. Einh. d. Leuchtdichte (1 ft la = 3,426 Cd/m^2)
footless ohne Sockel
footprint Anschlußstiftanordnung, erforderliche Montagefläche, Platzbedarf
for für, seit
forbid, to verbieten
forbidden verboten
  forbidden band/zone Energiebandabstand, verbotene Zone
force, to (er)zwingen
  force against, to pressen gegen

force Kraft
  force couple Kräftepaar
forced erzwungen
  forced air Druckluft
  forced coding zeitoptimales Programmieren
  forced cooling künstliche Belüftung
  forced communication Zwangskommutierung
forceload manuelles Laden des Systemprogramms
forecast, to vorhersagen
forecast of high frequency Funkwetter
forecasting Prognose, Vorhersage
foreground Vordergrund
  foreground display/image Anzeigevordergrund
  foreground environment Anlage mit Vordergrundverarbeitung
  foreground program Prioritätsprogramm
foreign ausländisch, fremd
  foreign atom Fremdatom, Störatom
foreshortened addressing verkürzte Adressierung
forge Eisen-Hüttenwerk
  forge welding Feuerschweißen
forget, to vergessen
fork Aufspaltung, Gabel, Verzweigung
  fork instruction Verzweigungsbefehl
  fork oscillator Stimmgabeloszillator
forked chain verzweigte Kette
form, to (sich) bilden
form Form, Gestalt, Vordruck
  form characteristic Formmerkmal
  form factor Formfaktor
  form flash/overlay/throw Formulareinblendung
formal logic formale Logik
formant Formant (klangbildender Frequenzbereich)

format Anordnung, Aufbau, Format, (Daten)Struktur
  format effector Formatsteuerzeichen
  format item Formatgröße
  format of numbers Zahlenformat
  format specification Formatanweisung
formation Bildung, Entstehung, Entwicklung, Herstellung
  formation energy Bildungsenergie
  formation voltage Formierungsspannung
formatted formatgebunden, formatiert
formatter Einheit zum Formatieren von Speichern
formed zone formierter Bereich
former frühere(r,s)
formfeed Blattführung, Formularvorschub
forming Bilden, Formieren
  forming gas Schutzgas
  forming voltage Formierungsspannung
formula Formel
formulate, to aufstellen (Gleichung)
formulation Ansatz (Math), Formulierung
FORTH FORTH (Programmiersprache)
FORTRAN (formula translator) FORTRAN (Programmiersprache)
fortuitous zufällig, Zufalls...
  fortuitous distortion unregelmäßige Verzerrung
  fortuitous faults Zufallsfehler
fortune Glück
forward vorwärts, Vorwärts... (veralt.: Durchlaß...)
  forward-acting Vorwärts...
  forward and reverse in beiden Richtungen
  forward-backward counter Vor-Rückwärtszähler
  forward bias Vorwärtsspannung

forward characteristic Vorwärtskennlinie
forward circuit Vorwärtsglied
forward current transfer ratio Kurzschlußstromverstärkung
forward diode Durchlaßdiode
forward direction Vorwärtsrichtung
forward-looking radar Voraussichtradar
forward loss Vorwärtsverlust
forward off-state current positiver Sperrstrom
forward recovery time Vorwärtserholzeit
forward reference Vorwärtsverweis
forward speed Vorlaufgeschwindigkeit
forward surge current Stoßstrom in Vorwärtsrichtung
forward switching loss Einschaltverlust
forward switching transient Vorwärtsschaltstoß
forward transadmittance Vorwärtssteilheit
forward transconductance Gatesteilheit
Foster reactance theorem Theorem von Foster
FOS (floppy operating system) FOS (Diskettenbetriebssystem)
FOTP (fiber optic test procedure) FOTP (von EIA als Standard vorgeschlagene Testprozedur für Lichtwellenleiter)
Foucault current Wirbelstrom
foundry Fertigungsanlage (für die Herstellung von Silizium-Chips)
four vier
  four bit byte Halbbyte (meist 4 Bit)
  four-channel stereo Quadrofonie (Übertragung z.B. von Musik über vier Kanäle)
four-cusped hypocycloid Asteroide (Math)
four-cycle Viertakt
four-digit vierstellig
four-dimensional vierdimensional
four-faced vierflächig
four-layer Vierschicht...
four-pass compiler Vierschritt-Compiler
four-phase Vierphasen...
four-phase technique Vierphasentechnik
four-point probe technique Vier-Sonden-Gleichstromverfahren
four pole Vierpol (veralt.)
four-quadrant multiplier Vierquadrantenmultiplizierer
four-sided vierseitig
four-tensor Vierertensor
four-terminal vierpolige(r,s)
four-terminal network Vierpol
four-valued vierwertig
four-vector Vierervektor
four-wire vieradrig, Vierdraht...
four-wire line Vierdrahtleitung
four-wire operation Vierdrahtbetrieb
four-wire switching Vierdrahtdurchschaltung
Fourier analysis Fourier-Analyse (Math)
Fourier series Fourier-Reihe (Math)
Fourier transform Fourier-Transformation (Math)
fox message Testprogramm für (Fern)-Schreibmaschinen
FPLA (field programmable logic array) FPLA (anwenderprogrammierbare logische Grundbausteine in einer integrierten Schaltung)
fraction Bruch (Math), Bruchteil, Mantisse (bei Gleitpunktzahlen)
  fraction line Bruchstrich (Math)

fractional fraktioniert, gebrochen, Bruch...
fractional distillation fraktionierte Destillation
fractional exponent gebrochener Exponent
fractional line Bruchstelle, Bruchstrich (Math)
fracture, to zerlegen
fracture Bruch
fragile zerbrechlich
fragmentary bruchstückhaft, unvollständig
fragmentation Aufspaltung, Speicherunterteilung, Unterteilung einer Nachricht in Pakete, Zerbrechen, Zersplittern
frame Datenübertragungsblock, (Halb)-Bild (Nt), Gestell, Lehreinheit, (Puls)Rahmen, Tafel (Videotext)
  frame blanking Halbbildaustastung
  frame by frame Bild für Bild
  frame check(ing) sequence Blockprüfzeichenfolge, Fehlersicherungsteil
  frame coil Bildspule
  frame connector Steckerleiste
  frame duration Bilddauer
  frame frequency Bildwechselfrequenz, Vertikalfrequenz
  frame of reference Bezugssystem
  frame pulse Bildimpuls, Rahmenimpuls
  frame-synchronizing pulse Bildsynchronisiersignal
  frame transmission Datenpaketübertragung
framer Gerät zum Justieren von Faksimile-Ausrüstungen
framing Bildeinstellung, "Rahmung" (Erkennen von Anfang und Ende eines Nachrichtenpakets)
framing bit Start-Stop-Bit, Synchronisierbit
francium Francium (chem. Element)
fraying Abnutzen
free, to befreien, freischalten, freisetzen
free frei
  free aerial Hochantenne
  free air unverdrahteter Zustand
  free air temperature Umgebungstemperatur
  free connector Stecker, der an das freie Ende einer Leitung angeschlossen wird
  free electron mobility Beweglichkeit eines freien Elektrons
  free field freies (Schall)Feld
  free-form language formatfreie Sprache
  free format formatfrei
  free from distortion verzeichnungsfrei
  free from losses verlustfrei
  free from phase shift phasenrein
  free-moving freibeweglich
  free (progressive) wave ungehindert fortschreitende Welle
  free routing Datenübertragung über eine freie Datenleitung
  free-running freilaufend
  free space leerer Raum
  free-standing freistehend
  free storage management Freispeicherverwaltung
  free-wheeling diode Freilaufdiode
  free-wheeling path Freilaufzweig
  free-wheeling rectifier Nullanode, Nullventil
  free-wheeling thyristor steuerbarer Freilaufthyristor
freedom Freiheit

freeze, to festhalten
  freeze a picture, to Bild anhalten (Videorecorder)
  freeze out, to ausfrieren
freezing erstarren
  freezing point Gefrierpunkt
Frenkel defect Frenkel-Fehlstelle (in Gitterlücken eingebaute Atome)
frequency Häufigkeit, (Schwing)Frequenz, Schwingungszahl
  frequency agile magnetron Springfrequenzmagnetron
  frequency agility Frequenzsprungbetrieb
  frequency allocation Frequenzplan, Frequenzraster
  frequency amplitude modulation FAM (gleichzeitige Frequenz- und Amplitudenmodulation)
  frequency analyzer Frequenzanalysator
  frequency band of electromagnetic waves Spektrum elektromagnetischer Wellen
  frequency bar pattern Frequenzbalkenmuster
  frequency branching network Frequenzweiche
  frequency bridge Frequenzmeßbrücke
  frequency changer Frequenzumsetzer
  frequency characteristic Frequenzgang
  frequency composition Frequenzgemisch
  frequency conversion Frequenzumsetzung
  frequency converter Frequenzumsetzer
  frequency correction Frequenzregelung
  frequency coverage Frequenzbereich
  frequency demand Bandbreitebedarf
  frequency density Häufigkeitsdichte
  frequency departure Frequenzabweichung, Frequenzhub
  frequency derating factor Frequenzverlustfaktor
  frequency dial Frequenzskala
  frequency divider Frequenzteiler
  frequency division multiplex Frequenzmultiplex
  frequency domain Frequenzbereich
  frequency factor Häufungsfaktor
  frequency fluctuation Frequenzschwankung
  frequency flutter Frequenzschwankung
  frequency frogging Bandumsetzung
  frequency hopping Frequenzspringen
  frequency insensitive frequenzunempfindlich
  frequency interlace Frequenzverkettung
  frequency limit Grenzfrequenz
  frequency locking Frequenzmitnahme
  frequency-modulated frequenzmoduliert
  frequency modulation Frequenzmodulation (Änderung der Frequenz einer Trägerschwingung in Abhängigkeit der Modulationsfrequenz)
  frequency monitoring Frequenzüberwachung
  frequency multiplex Frequenzmultiplex-Verfahren
  frequency multiplier Frequenzvervielfacher
  frequency number Schwingungszahl
  frequency of occurrence Häufigkeit des Auftretens
  frequency of switching Schaltfrequenz
  frequency of unity current transfer ratio Eins-Frequenz

frequency offset Frequenzversatz
frequency presetting Frequenzvorwahl
frequency pulling Frequenzauswanderung (Nt)
frequency pushing Frequenzziehen (Nt)
frequency range Frequenzbereich
frequency reference Bezugsfrequenz
frequency run Meßreihe zur Ermittlung der Frequenzabhängigkeit
frequency scanning Frequenzabtastung
frequency selectivity Frequenztrennschärfe
frequency setting Frequenzeinstellung
frequency shift keying FSK (Frequenzumtastung)
frequency slicing Frequenzteilung
frequency splitter Frequenzweiche
frequency sweep/swing Frequenzhub
frequency-to-voltage converter Frequenz-Spannungs-Umsetzer
frequency tripler Frequenzverdreifacher
fretting Abreiben
fricative Reibelaut, Reibe...
friction Reibung
frictional Reibungs...
frictionless reibungsfrei
frigistor Frigistor (Halbleiter-Peltier-Element)
fringe Rand (Phys), Spektrallinie
fringe pattern Streifenbild
fringe range Randgebiet
fringing factor Streufaktor
fringing field Randfeld
frit Fritte
fritter, to abbröckeln, vergeuden
FROM (factory ROM) FROM (bei der Herstellung programmiertes ROM)
FROM (fusible ROM) FROM (ROM mit abschmelzbaren Brücken)

from aus, seit, von, weg
  from stock ab Lager
front Stirnseite, Vorderseite
  front contact Arbeitskontakt
  front cover Frontplatte
  front end Anschlußschaltung für Ein-Ausgabe, Eingangsteil
  front-end processor Kommunikationsrechner
  front face Vorderfläche
  front panel Frontplatte
  front porch vordere Schwarzschulter
  front view Vorderansicht
frontal frontal, Frontal...
frosted glass Milchglas
frozen eingefroren, festgehalten
fruit (pulse) Störimpuls
frustum of a cone Kegelstumpf
FS (file separators) Hauptgruppenkennzeichen (CCITT-Alphabet Nr. 5)
F-scan F-Darstellung (Rad)
F-scope F-Darstellung
FSK (frequency shift keying) Frequenzumtastung
fuel Brennstoff, Kraftstoff
  fuel cell Brennstoffelement
fulcrum Drehpunkt
fulfill, to erfüllen
full voll, vollbesetzt, Voll...
  full adder Volladdierer
  full duplex Vollduplex (gleichzeitiger Sendebetrieb zwischen einzelnen Stationen)
  full load current Arbeitsstrom
  full power Nennlast
  full range gesamter Bereich
  full-scale Endausschlag, Skalenendwert, Vollausschlag
  full-scale balancing Endwertabgleich
  full-scale deflection Endausschlag, Vollausschlag

full-scale point Skalenendwert
full-scale reading Ablesung bei Vollausschlag
full-scale value Skalenendwert
full screen gesamter Bildschirm
full size natürliche Größe
full stop Punkt
full-wave Doppelweg..., Ganzwellen..., Vollweg...
full-wave bridge circuit Graetz-Schaltung (Gleichrichterschaltung)
full-wave (bridge) rectifier Doppelweggleichrichter, Zweiweggleichrichter
fully adjustable voll regelbar
fully electronic vollelektronisch
function, to arbeiten, in Betrieb setzen
function Betriebsweise, Funktion, Operation, Wirkungsweise, Funktions...
   function code Programmcode (Dv)
   function generator Funktionsgenerator
   function key Funktionstaste
   function matrix Arbeitsmatrix
   function selector Funktionswähler
functional funktionell, praktisch, zweckmäßig
   functional block diagram Blockschaltbild
   functional check Funktionsprüfung
   functional dependence funktionelle Abhängigkeit
   functional device Funktionsbauteil
   functional diagram Funktionsschaltbild, Logikschaltplan
   functional module Baustein
   functional test Funktionsprüfung
fundamental Grund, Grundfrequenz, Grundlage, Grund...
   fundamental element Grundbaustein
fundamental frequency Grundfrequenz
fundamental harmonic Grundschwingung
fundamental mode Grundschwingung, Grundwelle
fundamental operation grundlegende Arbeitsweise
fundamental units Basiseinheiten
fundamental wave of harmonic Fundamentalschwingung
fungus Pilz, Schimmel
funicular curve Kettenlinie
furlog angels. Längeneinheit (1 fur = 201,17 m)
furnace (Brenn)Ofen, Heizraum
   furnace tube Röhrenbrennofen
furnish, to ausrüsten, liefern
fuse, to (ab)sichern, fusionieren, schmelzen
fuse Schmelz(Sicherung)
   fuse cutout Schmelzsicherung
   fuse link Schmelzeinsatz
fused quartz geschmolzener Quarz
fused semiconductor geschmolzener Halbleiter
fused transistor Legierungstransistor
fusible (leicht) schmelzbar
   fusible cutout Schmelzsicherung
   fusible link abschmelzbare Verbindung
   fusible ROM FROM (ROM mit abschmelzbaren Brücken)
fusing current (Ab)Schmelzstromstärke
fusing temperature Schmelztemperatur
fusion Fusion, Legierung, Verschmelzung
   fusion temperature Schmelztemperatur
future Zukunft
fuzz booster verzerrender Verstärker
fuzzy unklar, unrein, unscharf
f/V (frequency-to-voltage) converter Frequenz-Spannungs-Umsetzer

G

gage s. gauge
gain, to erlangen, gewinnen
gain Gewinn, (Leistungs)Verstärkung
  gain bandwidth product (Kleinsignal)Verstärkungs-Bandbreite-Produkt
  gain characteristic Übertragungskennlinie
  gain constant Verstärkungsfaktor
  gain control Verstärkungsregelung
  gain drift Verstärkungsdrift
  gain margin Abstand vom Pfeifpunkt
  gain matching Verstärkungsanpassung
  gain of energy Energiezuwachs
  gain of the stage Stufenverstärkung
  gain of unity Verstärkung 1
  gain response Amplitudengang
  gain setting Verstärkungseinstellung
  gain stability Verstärkungskonstanz
  gain time control Nahechodämpfung
gal veralt. Einh. d. Beschleunigung (1 gal = 0,01 ms^{-2})
galactic noise galaktisches Rauschen (Rauschen aus der Milchstraße)
galaxy Milchstraße
gallium Gallium (chem. Element)
  gallium antimonide Galliumantimonid
  gallium arsenide Galliumarsenid
  gallium phosphide Galliumphosphid
gallon angels. Hohlmaß (1 gal = $3,7854 \cdot 10^{-3}$ m^3)
galvanic galvanisch (elektrolytische Erzeugung elektrischen Stroms)
  galvanic cell galvanisches Element, galvanische Zelle
  galvanic corrosion elektrochemische Korrosion
  galvanic current galvanischer Strom
  galvanic pile Volta-Säule
  galvanic secondary cell Akkumulator
  galvanic series elektrochemische Spannungsreihe
galvanically isolated galvanisch getrennt
galvanize, to galvanisieren (durch Elektrolyse mit Metall überziehen)
galvanoluminescence Galvanolumineszenz (Lichtaussendung einer Elektrode, die von einem durch einen Elektrolyten fließenden elektrischen Strom angeregt wird)
galvanomagnetic galvanomagnetisch
galvanometer Galvanometer (Strommeßgerät)
  galvanometer movement Galvanometermeßwerk
  galvanometer relay Drehspulrelais
game Spiel
  game theory Spieltheorie
gamma magnetische Intensität (1 gamma = $0,796 \cdot 10^{-48}$ A/m)
gamma Gamma (griech. Buchstabe)
  gamma correction Gammakorrektur
  gamma detector Detektor für Gammastrahlen
  gamma emission Emission von Gammastrahlen
  gamma function Gammafunktion (Math)
  gamma irradiated gammabestrahlt
  gamma of a resist Gammawert eines photoempfindlichen Lacks
  gamma radiation Gammastrahlung (kurzwellige Röntgenstrahlung)
  gamma ray Gammastrahl
  gamma-ray exposure/irradiation Gammabestrahlung
  gamma spectrometer Gamma-Spektrometer (Phys)

gamut Skala (figürlich), Tonleiter
gang, to gleichlaufen lassen
gang Ansammlung, Gruppe, Satz, Sortiment
gang(ed) mehrfach, Mehrfach...
  gang-bonded gruppenkontaktiert
  ganged condition Gleichlaufzustand
  ganged potentiometer Mehrfachpotentiometer
  gang switch Mehrfachschalter
  gang (tuning) capacitor Mehrfachdrehkondensator
gap (Energieband)Abstand (H1), (Block)Lücke, Spalt, verbotene Zone (H1)
  gap arrester Funkenableiter
  gap digit Füllziffer
  gap length Spaltbreite
  gap scatter Spaltlagensteuerung, Spaltversatz (Dv)
  gap time Start-Stop-Zeit
  gap variation Abstandänderung
  gap width Breite der verbotenen Zone, Spaltbreite (Magnetkopf)
garbage unsinniges Ergebnis (Dv; wörtl.: Müll)
  garbage collection Speicherbereinigung
  garbage-in, garbage-out unsinnige Eingabe erzeugt unsinnige Ausgabe
garble, to verstümmeln
garbling Codeverwirrung
garnet Granat (Mineral)
gas, to Gas entwickeln, gasen
gas Benzin (USA), Gas
  gas cell Brennstoffzelle
  gas cleanup Gasreinigung
  gas discharge tube Gasentladungsröhre
  gas etching Gasätzen
  gas leak Gasleck

gas-phase epitaxy Gasphasenepitaxie (Verfahren zum Aufwachsen epitaxialer Schichten)
gas pressure gauge Gasdruckmeßgerät
gas pressure welding Gaspreßschweißen
gas ratio Vakuumfaktor
gas-shielded arc welding Schutzgasschweißen
gas tube Gasentladungsröhre
gas welding Gasschweißen
gaseous gasförmig
  gaseous state gasförmiger Aggregatzustand
gasket Dichtung, Dichtungsring
  gasket groove Dichtungsnut
gasproof gasdicht
gassing Gasentwicklung
gassy gashaltig
gastight gasdicht
gate, to auslösen, durchlassen, logisch ansteuern
  gate out, to aussteuern
gate Gate(anschluß), Gatter, Gitter, Glied, Schaltglied, Verknüpfungsglied
  gate array Gate-Array (Anordnung von logischen Gattern in einer integrierten Schaltung)
  gate-assisted turn-off thyristor GATT (Thyristor mit Abschaltung über einen Spannungsimpuls am Gate)
  gate characteristics Zündkennlinie
  gate circuit Gatterschaltung, Steuerschaltung
  gate control Gatesteuerung
  gate-controlled über den Gateanschluß gesteuert
  gate-controlled delay time Zündverzug
  gate-controlled rise time Durchschaltezeit

gate-controlled turn-off time Löschzeit
gate-controlled turn-on time Zündzeit
gate current Steuerstrom
gate depletion layer Gatesperrschicht
gate electrode Steuerelektrode
gate expander Erweiterungsglied
gate lead Steuerelektrode
gate network kombinatorisches Netzwerk
gate-non-trigger current nichtzündender Steuerstrom
gate power loss Steuerverlustleistung
gate pulse Auftastimpuls
gate region Gatebereich
gate signal Auftastsignal
gate terminal Gateanschluß, Steueranschluß
gate time Tastzeit
gate transconductance Steilheit der Steuerelektrode
gate trigger time Zündzeit
gate-triggered über den Gateanschluß getriggert
gate turn-off current Abschaltsteuerstrom, Gitterabschaltstrom
gate turn-off switch steuerbarer Halbleitergleichrichter
gate turn-off thyristor Abschaltthyristor
gate valve Absperrventil
gate voltage Steuerspannung (am Gate-Anschluß)
gated multivibrator monostabiler Multivibrator
gated trains of pulses Auftastimpulsreihen
gateway Durchgang, Weg

gather, to erfassen, (an)sammeln
gating Auftasten, Ausfiltern, Auslösen, Signalauswertung
 gating electrode Steuerelektrode
 gating period Durchlaßperiode
 gating pulse (Auf)Tastimpuls
 gating time Durchlaßzeit
GATT (gate-assisted turn-off thyristor) GATT (Thyristor mit Abschaltung über einen Steuerimpuls am Gate)
gauge, to eichen, exakt (aus)messen, kalibrieren, peilen
gauge Eichmaß, Lehre, Meßgerät, Normal
gauged geeicht
gauging Eichung
 gauging accuracy Meßgenauigkeit
gauss Gauß (veralt. Einh. d. magnetischen Flußdichte)
Gauss' law Gaußsches Gesetz (Phys)
Gaussian distribution Gauß-Verteilung
Gaussian error integral Gaußsches Fehlerintegral
Gaussian filter Gauß-Filter
Gaussian noise weißes Rauschen
Gc/s (gigacycles per second) Gigahertz (10^9 Hz)
gear Ausrüstung, Gang, Getriebe, Zahnrad
geared-down tuning knob Feinabstimmknopf
Geiger-Mueller tube Geiger-Müller-Zählrohr
gel Gel(atine) (galertartiger Niederschlag aus einer kolloidalen Lösung)
GEMFET (gain-enhanced MOSFET) GEMFET (Leistungsbauelement mit integrierten Bipolar- und Unipolarstrukturen)
general allgemein
 general drawing Übersichtszeichnung
 general instruction Makrobefehl

general interrogation command Generalabfrage
general-purpose Allzweck..., Mehrzweck..., Universal...
general (-purpose) register Mehrzweck-Register
general routine allgemeines Programm
general view Gesamtansicht
generalization Verallgemeinerung
generalize, to verallgemeinern
generate, to bilden, erzeugen, generieren
generating electric field meter Gradientenfeldmesser
generating plant Elektrizitätswerk
generation Bildung, Erzeugung, Generation
  generation data group Gruppe von Datengenerationen
  generation of oscillations Schwingungserzeugung
  generation of pairs Paarbildung
  generation rate Generationsrate
  generation-recombination center Generations-Rekombinations-Zentrum (H1)
generator Generator (Spannungs- bzw. Stromerzeuger)
generatrix Erzeugende
generic allgemein, auswählbar
  generic access spezifischer Zugriff
  generic name Gattungsname
generous großzügig, reichlich
generously rated reichlich bemessen
genesis Entstehung, Ursprung
genetics Genetik (Vererbungslehre)
geneva drive Malteserkreuzantrieb
genuine echt, wahr, wirklich
geocenter Erdmittelpunkt
geodesy Erdvermessung, Geodäsie
geodetic geodätisch

geoelectric geoelektrisch
geomagnetic erdmagnetisch
geometric geometrisch
  geometric distortion geometrische Verzeichnung
  geometric locus geometrischer Ort
  geometric mean geometrisches Mittel
  geometric optics Strahlenoptik
  geometric progression geometrische Reihe
geometry Geometrie (Math), geometrische Struktur
  geometry of solids Stereometrie (Math)
geophone Geophon (induktiv-elektrischer Seismograph)
geophysics Geophysik (Wissenschaft von der Physik der Erde)
geostationary geostationär (Satellit, der immer über dem gleichen Punkt des Äquators steht)
germanium Germanium (chem. Element)
  germanium diode Germaniumdiode
get, to bekommen, eine Verbindung herstellen, haben, werden
  get over, to überwinden
  get rid, to etwas loswerden
get file Eingabedatei
getter Getter (Material zur Bindung von Gasen)
gettering Gettern (Binden von Gasen durch Getter)
ghost Geisterbild
  ghost echo Geisterecho
giant Riesen...
  giant-scale integration Höchstintegration
GIC (generalized impedance converter) GIC (allgemeiner Impedanzwandler)
gift Geschenk
giga Giga... (10^9)

GIGO (garbage-in, garbage out) unsinnige Eingabe erzeugt unsinnige Ausgabe
gilbert Gilbert (veralt. Einh. d. magnetischen Kraft (1 Gb = 0,796 A)
gimbal kardanischer Aufhängerahmen
gimballed schwenkbar gelagert
GIMIC (guard-ring isolated monolithic integrated circuit) GIMIC (IC mit Schutzringisolation)
GIMOS (gate injection metal-oxide semiconductor) GIMOS (Halbleiterbauelement, in dem die Ladungsträger durch Tunnelung in das Gate gelangen)
Giorgi system Giorgi-System (MKSA-System)
girth (geom.) Umfang
give, to ergeben (Math), geben
  give a chance, to eine Möglichkeit geben
  give off, to abgeben
  give warning, to Alarm auslösen
given gegeben
  given value Sollwert
glacial Eis..., Eiszeit...
glance, to schief auftreffen, streifen
glance Blick
glancing angle Auffallwinkel
glare grell leuchtend
glare, to blenden, strahlen
glass Glas
  glass base Glasträger
  glass binder Glasbinder
  glass capacitor Glaskondensator
  glass diode Diode mit Glasgehäuse
  glass-encapsulated glasgekapselt
  glass envelope Glaskolben
  glass fiber Glasfaser
  glass-filled glasgefüllt
  glass flux Glasur
  glass-metal seal Glas-Durchführung
  glass-passivated glaspassiviert
  glass-sealed durch Glas hermetisch abgeschlossen
  glass-sheathed glasummantelt
  glass sheet Glasplatte
  glass tube/valve Glasröhre
glasses Brille
glassivation Glaspassivierung
glassy glasartig
glaze, to glasieren, polieren, verglasen
gleam, to schimmern
glide, to gleiten
glide Gleiten
gliding angle Gleitwinkel
glimpse flüchtiger Blick
glint Fluktuation, verzerrtes Radarsignal
glitch schädlich, störend
glitch kurzzeitiger Störimpuls, Störspitze
glitter verzerrtes Radarsignal
global erdumfassend (Nt), global, kugelförmig, weltweit
  global memory (von Prozessoren) zugänglicher Speicher
globe of the earth Erdball
globe-shaped kugelförmig
globular kugelförmig
glossar Fachwörterkatalog
glossary Begriffserklärung, Wörterverzeichnis
glossy einleuchtend, glänzend
glottal in der Stimmritze gebildet (Phonetik)
glottis Stimmritze
glottstop Knacklaut
glow, to glühen, leuchten
glow discharge Glimmentladung
glow lamp Glimmlampe
glow tube Neonröhre

glue Klebstoff, Leim
GMT (Greenwich mean time) MZG (mittlere Zeit Greenwich)
GND (ground) Masse
go, to gehen, in Funktion sein, verlaufen
  go ahead, to voranmachen
  go back, to zurückgehen (auf)
  go bottom, to zum Ende (einer Datei) gehen
  go down, to abfallen, untergehen
  go over into, to übergehen in
  go through zero, to durch Null gehen
  go to zero, to sich Null nähern
  go top, to zum Anfang (einer Datei) gehen
go-ahead signal Freigabesignal
go-anywhere equipment Universalgerät
go home Grundstellung (z.B. des Zeigers auf dem Bildschirm)
go-no-go Gut-Schlecht...
goal Ziel, Zweck
gobo Schallschluckschirm
gold Gold (chem. Element)
  gold-bonded diode Golddrahtdiode
  gold-coating Vergolden
  gold-doped golddotiert
  gold foil Blattgold
  gold lead Golddraht
  gold-leaf electroscope Goldblattelektroskop
  gold-plating Vergolden
  gold-sputtered goldhinterlegt (Bildschirm)
golden goldfarben
golem Golem (künstlich erzeugter Mensch)
golfball (typing head) Kugelkopf
goniometer Goniometer (Winkelmesser)
good gut

goods Güter, Waren
govern, to bestimmen, lenken, regeln, steuern
governing parameter maßgebender Parameter
government Regierung
governor (Drehzahl)Regler
GPIB (general purpose interface bus) GPIB (Bezeichnung für IEEE- oder IEC-Bus)
grad Gradient (Math)
gradation Abstufung
  gradation distortion Gradationsfehler
grade, to abstufen, einstufen, einteilen
grade Gefälle, Güteklasse, Neigung
  grade-down Sortierindex absteigend
  grade of service Verkehrsgüte
  grade of switching perform Vermittlungsgüte
  grade of transmission performance Übertragungsgüte
  grade-up Sortierindex aufsteigend
graded abgestuft
  graded-base transistor Drifttransistor
  graded filter abgestuftes Filter
  graded-index-fiber Gradientenglasfaser
  graded junction linearer (PN-)Übergang
  graded resolution abgestimmte Auflösung
gradient Gefälle, Gradient (Math), Neigung
  gradient (index) fiber Gradientenfaser
  gradient meter Steigungsmesser
grading Abstufung, Gefälle, Klassifizierung, Mischung (Verm)

grading factor Abfallfaktor (einer exponentiellen Verteilung)
grading group Teilgruppe, Zubringerteilgruppe
grading without skipping and slipping gerade Staffel ohne Übergreifen (Verm)
gradual allmählich
  gradual deterioration of performance allmähliche Leistungsabnahme
  gradual failure Driftausfall
graduate, to abstufen, einteilen, kalibrieren
graduated eingeteilt, unterteilt
  graduated disk Skalenscheibe
graduation Gradeinteilung, Skaleneinteilung
Graetz connection Grätz-Schaltung (Gleichrichterschaltung)
Graetz rectifier Grätz-Gleichrichter, Grätz-Schaltung
grain angels. Gewichtseinheit (1 grain = 64,8 mg)
  grain force angels. Krafteinheit (1 Gr = 6,35 µN)
  grain weight amerik. Krafteinheit (1 gw = 6,35 µN)
grain Faser, (Kristall)Korn, Körnung, Struktur
  grain boundary Korngrenze
  grain size Korngröße
  grain structure Kornstruktur
  grain texture Gefüge
grainy faserig, körnig, verrauscht
gram Gramm
  gram molecule Mol (Einh. d. molaren Masse)
grammar Grammatik
grammophone Plattenspieler
grand-scale integration Großintegration (mehr als 1000 Gatter pro Halbleiterplättchen)

grant, to bewilligen, erteilen, genehmigen, gewähren
grant Bewilligung, Gewährung, Konzession
granting angenommen
granular granulös, körnig
  granular carbon Kohlekörner
granularity Körnigkeit
granulation Körnung
granule Körnchen, Korn
  granule microphone Kohlemikrofon
graph, to graphisch darstellen
graph Graph, Diagramm, graphische Darstellung, (Schau)Bild
  graph chart graphische Darstellung
  graph paper Registrierpapier
  graph plotter X-Y-Schreiber
  graph plotting graphische Darstellung
  graph recorder Schreiber
graphic graphisch, zeichnerisch
  graphic character (Schrift)Zeichen
  graphic display graphische Anzeige, Sichtgerät
  graphic plotter Kurvenschreiber, Plotter
  graphic primitive Anzeigeelement
  graphic terminal Datenendplatz mit graphischer Anzeige
graphical graphisch
  graphical symbol Schaltzeichen
graphics graphische Anzeige, graphische Darstellung
  graphics workstation graphischer Arbeitsplatz
graphite Graphit (Kohlenstoffmodifikation)
grass Bildstörung, Grieß
grate, to rotieren, sich drehen
graticule Fadenkreuz, Strichgitter, Raster, Zeitraster

grating (optisches) Gitter, Raster, Rost
  grating lobe Rasterkeule
  grating pitch Gittergrundmaß
  grating space Gitterabstand, Gitterkonstante
graunch Hardwarefehler
gravimetric(al) gravimetrisch
gravitation Gravitation (Anziehungskraft der Erde)
gravitational schwer, Gravitations...
  gravitational acceleration Erdbeschleunigung
gravity Schwere, Gravitation
gray s. grey
Gray code Gray-Code (zyklisch permutierter Code)
graze, to schrammen, streifen
grazing incidence streifender Einfall
grease spot Fettfleck
great bedeutend, beträchtlich, groß
greatest common divisor größter gemeinsamer Teiler
greedy gierig, habsüchtig
  greedy methods Greedy-Methoden (heuristische Methoden der strukturierten Programmierung)
green Grün
Green function Greensche Funktion (Math)
greenish gründlich
Greenwich mean time MZG (mittlere Zeit Greenwich)
greet, to (be)grüßen
grey grau, Grau...
  grey body Graustrahler
  grey scale Graukeil (optische Dämpfungseinrichtung)
grid Gitter, Raster(maß)
  grid bias Gittervorspannung
  grid-controlled gittergesteuert

grid current Gitterstrom
grid display Rasteranzeige
grid electrode Gitterelektrode
grid leak detector Audion (Elektronenröhrenverstärker)
grid leak resistance Gitterableitwiderstand
grid network Gitternetz
grid pattern Raster
grid point Gitterpunkt
grid voltage Gitterspannung
gridded gitterförmig
griddle Drahtblech
gridistor Gridistor (Feldeffektbauelement)
grille Gitter
  grille cloth Bespannung (eines Lautsprechers)
grind, to bohren, schleifen
grip (Hand)Griff, Greifer, Klammer, Schelle
grit Schleifstaub
grommet Durchführung, Lötöse
gross gesamt, Brutto...
  gross error Gesamtfehler
groove Kerbe, Nut, Rille
grooved surface geriffelte Oberfläche
ground, to erden
ground Boden, Grund, Erde, Masse
  ground base Basis...
  ground-base amplifier Basisverstärker
  ground-based radar Bodenradar
  ground beacon Bodenfunkfeuer
  ground capacitance Betriebskapazität (eines Leiters)
  ground clutter Bodenecho
  ground collector Kollektor...
  ground connection Masseverbindung
  ground distance Horizontalkomponente

ground emitter Emitter...
ground fault neutralizer Erdschluß-löschspule
ground glass screen Mattscheibe
ground level Grundniveau, Grundzustand
ground loop Erdschleife, Masseschleife
ground-mapping radar Bodenaufklärungsradar
ground noise Grundgeräusch
ground plane Grundrißebene
ground plate Erdungsplatte
ground radio network Erdfunknetz
ground range Kartenentfernung
ground ray Bodenwelle
ground reflection Bodenreflexion
ground short Erdschluß
ground state Grundzustand
ground terminal Masseklemme
ground-to-air Boden-Bord...
ground wire Erdleitung, Masseleitung
grounded geerdet
  grounded anode circuit Anodenbasisschaltung
  grounded grid amplifier Gitterbasisschaltung
grounding Erdung
group Bündel, Gruppe
  group code Gruppencode
  group delay (time) Gruppenlaufzeit, Laufzeit
  group identifier Gruppenkennzeichen
  group modulation Gruppenumsetzung
  group-n material Element der n-ten Gruppe
  group repeat count Gruppenwiederholzahl
  group selection Richtungswahl (Verm)
  group translation Gruppenumsetzung
  group theory Gruppentheorie (Math)
  group velocity Gruppengeschwindigkeit
grouping Anordnung, Gruppierung, Zusammenstellung
Grove cell Grove-Element (Zink/Platin-Primärelement)
grow, to wachsen
  grow crystal, to Kristalle züchten
grown by pulling from the melt durch Ziehen aus der Schmelze gezüchtet
grown junction gezogener (PN-)Übergang
growth Wachstum, Zunahme
  growth defect Wachstumsfehler
  growth of crystals Kristallwachstum
  growth rate Wachstumsgeschwindigkeit
  growth striations Wachstumsbildung (Kristall)
GS (group separators) Gruppentrennzeichen (CCITT-Alphabet Nr. 5)
GSI (grand-scale integration) Großintegration (mehr als 1000 Gatter pro Halbleiterplättchen)
GTO (gate turn-off thyristor) GTO (steuerbares Stromrichterventil)
guarantee, to garantieren
guaranteed garantiert
guard, to (be)schützen, sichern, (über)wachen
guard Schutz...
  guard band Sicherheitsband
  guard filter Schutzfilter
  guard relay Schutzrelais
  guard ring Schutzring
  guard shield Schutzabschirmung
  guard wire Schutzdraht
guarded geschützt, gesichert
  guarded memory geschützter Speicher
guarding Abschirmung
guess, to glauben, vermuten
guest Gast

guidance   Führung, Lenkung
  guidance gyro   Lenkkreisel
  guidance radar   Lenkradar
  guidance system   Leitsystem
guide, to   führen, lenken
guide   Anleitung, Handbuch, Führungs...
  guide beam   Leitstrahl
  guide pin   Führungsstift
guided wave   Hohlleiterwelle, leitungsgebundene Welle
guideline   Richtlinie
guiding hole   Führungsloch
gulp   Gruppe von Bytes
gun   (Elektronen)Kanone, Strahlsystem
  gun-directed radar   Feuerleitradar
Gunn diode   Gunn-Diode (Mikrowellenbauelement)
Gunn effect   Gunn-Effekt (Phys)
Gunn oscillator   Gunn-Oszillator (Mikrowellenoszillator)
guttural   guttural, Kehl...
  guttural sound   Kehllaut
guy   Spannseil
  guy wire   Spanndraht
gypsum   Gips
gyrate, to   kreisen, rotieren
gyration   Kreiselbewegung
gyrator   Gyrator (Konverterschaltung)
gyratory   rotierend, Dreh..., Kreis...
  gyratory motion   kreisende Bewegung
gyratron   Gyratron (Mikrowellenröhre)
gyro   Kreisel
gyroaxis   Kreiselachse
gyrofrequency   Kreiselfrequenz
gyromagnetic   gyromagnetisch (kreiselmagnetisch)
  gyromagnetic effect   Einsteinde Haas-Effekt (Phys), gyromagnetischer Effekt (Phys)
gyroscope   Gyroskop, Kreisel
gyroscopic   gyroskopisch, Kreisel...

H

habit   Gewohnheit
hafnium   Hafnium (chem. Element)
hail   Hagel
hair   Haar
  hair compass   Nullenzirkel
  hair hygrometer   Haarhygrometer
hairline   feiner Skalenstrich
  hairline crack   Haarriß
hairpin   Haarnadel
halation   Halobildung
half   Hälfte
half   halb, Halb...
  half adder   Halbaddierer
  half bridge   Halbbrücken...
  half byte   Halbbyte (4 Bit Länge)
  half cabinet   Halbgehäuse
  half cycle   Halbperiode
  half decay period   Halbwertszeit
  half density   Halbwertsbreite
  half duplex operation   Halbduplexbetrieb (wechselseitiger Betrieb zwischen den Stationen)
  half-integral   halbzahlig
  half life   Halbwertszeit
  half path   ein Draht in einem Zweidrahtsystem
  half-pitch   halbe Teilung
  half plane   Halbebene (Math)
  half power beam width   Halbwertsbreite
  half section   Halbglied (Filter)
  half-silvered   halbverspiegelt
  half space   Halbschritt
  half-time   Halbwertszeit
  half tone   Halbton
  half-tone reproduction   Rastern
  half wave   Halbwellen...

halfadjust Aufrunden
halfword Halbwort (Folge benachbarter Bits, die die halbe Wortlänge einnehmen)
halide Halogenid (Chem)
hall Halle
Hall constant Hall-Konstante (Phys)
Hall effect Hall-Effekt (Phys)
   Hall-effect device/generator Hall-Generator
Hall (field) probe Hall-(Feld)Sonde
Hall mobility Hall-Beweglichkeit
Hall plate Hall-Plättchen
halliard s. halyard
halo Halo, Hof
halogen Halogen (salzbildender chem. Grundstoff)
halt, to (an)halten, unterbrechen
halt Halt, Stillstand
halting problem Halteproblem
halve, to halbieren
halyard Zugseil
ham Funkamateur
Hamiltonian Hamilton-Funktion
hammer Hammer
Hamming code Hamming-Code
Hamming distance Codewortabstand, Hamming-Abstand
hand, to geben
hand amerik. Längeneinheit (1 hand = 101,6 mm)
hand Hand, Zeiger (einer Uhr), Hand...
   hand-actuated/operated handbetätigt
   hand adjustment Handeinstellung
   hand calculator Taschenrechner
   hand crank Handkurbel
   hand reset Rückstellung von Hand
   hand rule Dreifingerregel
   hand setting Handeinstellung
handicap, to den Schwierigkeitsgrad erhöhen (Spiel)

handle, to abarbeiten, ausführen, auswerten, bedienen, behandeln, handhaben, umgehen mit, verarbeiten
handle Griff, Handhabe
handler Antrieb (z.B. Magnetplatte), Bearbeitungsprogramm, Bestückungsautomat, Steuerprogramm
handling Auswertung (von Daten), Bearbeitung, Bedienung, Behandlung, Handhabung, Manipulieren
   handling capability Handhabbarkeit
   handling instruction Bedienungsanleitung
   handling precaution Behandlungsmaßnahme
handprinting Blockschrift
hands-off automatisch, geschlossen
hands-on training Praktikum
handset Telefonhörer
handshake, to austauschen (von Signalen zu Beginn einer Datenübertragung)
handshaking Quittungsbetrieb
hang, to (auf)hängen
hangover Ausschwingen, Fahnenbildung (Fs)
hangup funktionsuntüchtig
hangup Blockierung eines Arbeitsablaufs, unprogrammierter Stop eines Programms
haphazard ganz zufällig
haphazard (bloßer) Zufall
happen, to (sich) ereignen, geschehen
hard energiereich, hart, schwierig
   hard-and-fast rule fest und sicher
   hard-contact exposure Kontaktbelichtung
   hard copy Computerausdruck (auf Papier)
   hard core geschützter Hauptspeicherbereich
   hard disk Festplatte

hard error Fehler auf der Plattenoberfläche
hard keying Harttastung
hard rubber Hartgummi
hard-sectored festsektoriert
hard solder Hartlot
hard soldering Hartlöten
hard stop unmittelbare Beendigung (eines Programmes)
hard-to-detect kaum nachweisbar
hard-to-find schwer auffindbar
hard-to-obtain schwer beschaffbar
hard wear starke Beanspruchung
hard wearing verschleißfest, widerstandsfest
hard-wired festverdrahtet
harden, to abbinden, (er)härten
hardener Härtungsmittel
hardening (Er)Härten, Härte...
hardly kaum
hardness Güte des Vakuums (Elektronenröhre), Härte(grad), Härtezahl
hardware Hardware ("anfaßbarer" Teil einer Datenverarbeitungsanlage)
hardware-invoked hardwarebedingt
hardware malfunction Maschinenfehler
hardwire, to mit Geräten ausrüsten
harm Schaden
harmful interference schädliche Störung
harmonic Harmonische, Oberschwingung
harmonic harmonisch, Oberschwingungs...
  harmonic analysis Fourier-Analyse (Math)
  harmonic (wave) analyzer Fourier-Analysator
  harmonic attenuation Klirrdämpfung
  harmonic bug Abhören über ein nichtbetätigtes Telefon
  harmonic content Oberschwingungsgehalt
  harmonic distortion harmonische Verzerrung, Klirren
  harmonic distortion factor/figure Klirrfaktor
  harmonic filter Oberschwingungsfilter
  harmonic generator Frequenzvervielfacher
  harmonic generator diode Frequenzteilerdiode
  harmonic motion sinusförmige Schwingungsbewegung
  harmonic oscillation Oberschwingung
  harmonic oscillator Sinusoszillator
  harmonic progression harmonische Reihe (Math)
  harmonic suppressor Oberschwingungssieb, Oberwellensperre
  harmonic trap Oberschwingungsfilter
  harmonic wave Sinuswelle
harmonics (harmonische) Oberschwingungen
harmonize, to zusammenpassen
harness Geschirr, Kabelsatz, Kopfhörerbügel, Verdrahtung
hartley Einh. des Informationsgehaltes (1 hartley = $_2\log 10 = 3{,}23$)
Hartley oscillator Hartley Oszillator (induktive Dreipunktschaltung)
hash Grieß, Quasizufallszahl, Schnee (Fs)
hash total Kontrollsumme, Quersumme
hashing Suchen nach Tabelleneinträgen
haste Eile
hat durcheinandergewürfelte Zeichen
haul, to (be)fördern, transportieren, ziehen
haul Länge einer Fernleitung
have, to haben
Hay-bridge Hay-Brücke (Induktivitätsmeßbrücke)

hazard Gefahr, (logische) Fehlschaltung, Störquelle
hazard game Glücksspiel
hazard indication Gefahrenhinweis
hazardous gefährdet
H-bomb Wasserstoffbombe
HCD (hot-carrier diode) Schottky-Diode
h-connection H-Schaltung
HDB- (high density bipolar) code HDB-Code (Binärübertragungscode für lange Nullfolgen)
HDDR (high-density digital magnetic recording) HDDR (digitale Magnetaufzeichnung hoher Dichte)
HDLC (high-level data link control) HDLC (Steuerungsverfahren bei der Datenübertragung im Duplexbetrieb)
HDX (half duplex) Halbduplexbetrieb (wechselseitiger Betrieb zwischen den Stationen)
head Kopf, Leiter(in) (einer Abteilung), Magnetkopf
  head amplifier Vorverstärker
  head-on collision Belegtzusammenstoß, frontaler Stoß
  head program Hauptprogramm
  head receiver Kopfhörer
  head scatter Schreib-Lese-Kopf-Abstand zum Beginn eines Sektors
  head tilt Kopfneigung
  head wave Kopfwelle
headbit Kopfbit
headend Maschinenkopf
header Fassung, Kennsatz, Kopfstück, Nachrichtenkopf, Sockel, Überschrift
  header label Anfangskennsatz
  header line Kopfzeile
heading Kopftext, Steuerkurs, Titel, Überschrift
  heading statement Kopfanweisung

headlight Scheinwerfer
headphone Kopfhörer
headset Kopfhörer
heal, to heilen
health Erhaltungszustand, Gesundheit
heap Speicherbereich für dynamische Variable
  heap up, to anhäufen
hear, to hören
hearing aid Hörgerät
heart Herz
  heart pacer Herzschrittmacher
heat, to (auf)heizen, aufwärmen, erwärmen
  heat to, to (sich) erwärmen
  heat-treat, to wärmebehandeln
heat Hitze, Wärme
  heat absorption Wärmeaufnahme
  heat aging Alterung durch Wärmeeinwirkung
  heat capacity Wärmekapazität
  heat conduction Wärmeleitung
  heat consumption Wärmeverbrauch
  heat current Heizstrom
  heat damage Erwärmungsschaden
  heat dissipation Wärmeableitung, Wärmestrahlung
  heat engine Wärmekraftmaschine
  heat exchanger Wärmeaustauscher
  heat-eye tube Infrarotsichtröhre
  heat flow/flux Wärmestrom
  heat input Wärmezufuhr
  heat-isolated wärmeisoliert
  heat of ionization Ionisierungswärme
  heat of oxydation Oxidationswärme (Chem)
  heat pipe Wärmerohr
  heat-proof wärmebeständig
  heat pump Wärmepumpe
  heat radiation Wärmestrahlung

heat removal Wärmeableitung
heat-resistant wärmebeständig
heat sealing Heißversiegeln
heat-sensitive wärmeempfindlich
heat sink Kühlblech, Kühlkörper
heat soak zeitliche Wärmeanpassung (von Bauelementen in einer Schaltung)
heat supply Wärmezufuhr
heat transfer Wärmeableitung, Wärmeübertragung
heat transmission Wärmeübertragung
heat-treated wärmebehandelt
heat waves Infrarotstrahlen, Wärmestrahlen
heat yield Wärmeausbeute
heater Heizanlage, Heizfaden
heater consumption Heizstromverbrauch
heater current Heizstrom
heating Aufheizen, Erwärmen, Heizung, Heiz..., Heizungs..., Wärme...
heating jacket Heizmantel
heating power Heizleistung
heating process Aufwärmprozeß
heating rate Aufheizgeschwindigkeit
heating sleeve Heizmantel
heating time Aufheizzeit
heating-up period Aufheizzeit
heaven Himmel
heavily doped hochdotiert
Heaviside layer Heaviside-Schicht (Ionosphärenschicht in etwa 100 km Höhe)
heavy hoch, massiv, schwer, stark, Stark...
heavy current Starkstrom
heavy current engineering Starkstromtechnik
heavy duty hochbelastbar, Hochleistungs...
heavy duty relay Starkstromrelais

heavy duty resistor hochbelastbarer Widerstand
heavy metal Schwermetall
hecto Hecto... (Faktor 10^2)
Hefner lamp Hefnerkerze (veralt. Normal der Lichtstärke)
height Höhe
height in the clear lichte Höhe
Heisenbergs uncertainty principle Heisenbergsche Unschärferelation
Heising modulation Anodenmodulation
helical schneckenförmig, schraubenförmig, spiralförmig, Wendel...
  helical antenna Wendelantenne
  helical potentiometer Wendelpotentiometer
  helical recording Schrägspurverfahren
  helical resonator Wendelresonator
  helical scan Schrägspuraufzeichnung
  helical spring Spiralfeder
  helical transmission line Wendelleitung
  helical waveguide Wendelleiter
helicoidal schraubenförmig, spiralförmig
heliocentric heliozentrisch (Sonne als Weltmittelpunkt betrachtend)
helionics Umwandlung von Sonnen- in elektrische Energie
heliopot Wendelpotentiometer
helium Helium (chem. Element)
helix Schnecke, Schraubenlinie, Spirale, Wendel
  helix antenna Wendelantenne
  helix conductor Wendelleiter
  helix line Schraubenlinie
  helix of Archimedes Archimedische Schraube (Phys)
  helix printer Helix-Drucker
  helix waveguide Wendelwellenleiter

Helmholtz coil Helmholtz-Spule (Phasenschieberschaltung)
help, to helfen
help Hilfe, Hilfsbefehl
help mode Aufforderungszustand
HEM (hybrid electromagnetic) HEM (gemischt elektromagnetisch)
hemisphere Halbkugel, Hemisphäre
HEMPT (high electron-mobility transistor) HEMPT (extrem schneller Feldeffekttransistor mit Heterostruktur)
henry Henry (Einh. d. Induktivität)
heptagonal siebeneckig, siebenzählig
heptode Heptode (Elektronenröhre mit sieben Elektroden)
here hier
hermaphrodite connector Zwitterstekker (z.B. Dezifix)
hermetic(al) hermetisch, luftdicht abgeschlossen
hermetic seal test Luftdichtigkeitsprüfung
hermetical sealed relay Schutzkontaktrelais
hertz Hertz (Einh. d. Frequenz)
Hertzian dipole Hertzscher Dipol
Hertzian waves Hertzsche Wellen
hesitation Unsicherheit, Verarbeitungspause, Zögern
heterodiode Heterodiode (Diode mit unterschiedlichen Gitterstrukturen der einzelnen Dotierungsbereiche)
heterodyne, to überlagern
heterodyne Überlagerungs..., Schwebungs...
  heterodyne frequency Schwebungsfrequenz, Überlagerungsfrequenz
  heterodyne reception Überlagerungsempfang
  heterodyne wave meter Überlagerungsfrequenzmesser

heterodyning Überlagerung (von Frequenzen)
heteroepitaxy Heteroepitaxie (Substrat und Epitaxieschicht haben unterschiedliche kristalline Struktur)
heterogeneous heterogen, verschiedenartig
  heterogeneous switching arrangement inhomogene Koppelanordnung
heterojunction Heteroübergang (Halbleiterübergang zwischen Elementen unterschiedlichen Energiebandabstandes
heteropolar bond heteropolare Bindung, Ionenbindung
heterosphere Heterosphäre (Bereich der Atmosphäre oberhalb 100 km)
heuristic heuristisch, erfinderisch
hex sechsfach
hexadecimal sedezimal (sprachl. ungenau: hexadezimal; sich auf die Basis 16 beziehend)
  hexadecimal digit Sedezimalziffer
  hexadecimal (number) system Sedezimalsystem (Zahlensystem zur Basis 16)
hexagonal hexagonal, sechseckig
hexahedral sechsflächig, würfelförmig
HEXFET (hexagonal cell FET) HEXFET (FET mit hexagonaler Zellstruktur)
hexode Hexode, Sechspolröhre
hf s. high frequency
hibernation "Überwinterung", Zustand eines ruhenden Prozesses in einem Computer
HIC (hybrid integrated circuit) integrierte Hybridschaltung
hidden code Geheimcode
hidden energy potentielle Energie
hidden line verdeckte Linie
hidden variable verborgene Variable
hide, to verbergen, verstecken

hierarchical hierarchisch
hierarchical network hierarchisches Netz
hierarchy Hierarchie (Rangfolge)
hifi (high fidelity) Hi-Fi (hohe Wiedergabetreue)
high hoch, höherwertig
high accuracy hohe Genauigkeit, Präzisions...
high band höherfrequentes Band
high boost Hochfrequenzausgleich
high capacity switch hochbelastbarer Schalter
high collimated stark gebündelt
high-contrast image kontrastreiches Bild
high current Hochstrom
high cut-off frequency obere Grenzfrequenz
high definition stark auflösend
high density packaging hohe Integrationsdichte
high-dielectric-constant material HDK-Material (Keramikwerkstoff hoher Permeabilität)
high doped hochdotiert
high duty hochbeanspruchbar, Hochleistungs...
high efficient Hochleistungs...
high electrode spannungsführende Elektrode
high-energy energiereich
high-excited hochangeregt
high fidelity hohe Wiedergabetreue
high frequency hochfrequent
high frequency Hf, Hochfrequenz, Kurzwellenbereich (3 MHz bis 30 MHz)
high-frequency balun Hochfrequenzsymmetrieübertrager
high-frequency band Kurzwellenband
high-frequency cut Hochfrequenzsieb
high-frequency cut-off obere Grenzfrequenz
high-frequency heating Hochfrequenzheizung
high-frequency response Hochfrequenzverhalten
high-frequency roll-off Abfallen des Frequenzganges am oberen Frequenzende
high-frequency treatment Hochfrequenzbehandlung
high gain hohe Verstärkung, Hochleistungs...
high grade hochwertig, Präzisions..., Qualitäts...
high impedance hochohmig
high-impedance relay Drosselrelais
high impure semiconductor stark verunreinigter Halbleiter
high ionized hochionisiert
high-K ceramics HDK-Material (Keramikwerkstoff hoher Permeabilität)
high level (logischer) H-Pegel
high level amplifier Großsignalverstärker
high level logic störsichere Logik
high level of shock hohe Stoßbelastung
high level (programming) language höhere Programmiersprache
high level scheduler Master-Scheduler (Steuerprogramm, das auf externe Anweisungen reagiert)
high load hochbelastbar
high-low signal (logisches) H/L-Signal
high mobility hohe Beweglichkeit
high mu hochpermeabel, hochdurchlässig
high-noise immunity logic störsichere Logik
high ohmic hochohmig

high order bit   höherwertiges Bit
high order end   linksbündiges Ende
high order language   computerunabhängige Programmiersprache
high order position   höchste Stelle
high order zeros   führende Nullen
high-pass filter   Hochpaß
high peak inverse voltage   hohe Spitzensperrspannung
high percentage   hochprozentig
high performance   leistungsfähig, Hochleistungs...
high-pot   Durchschlagprüfung
high power   Hochleistungs...
high power clystron   Hochleistungsklystron
high power switch   Schalter für hohe Leistungen
high-powered   leistungsfähig, Hochleistungs...
high precision   Präzisions...
high pressure   Hochdruck, Hochdruck...
high priority   hohe Priorität
high purified   hochrein
high-purity   hochrein
high Q   hohe Güte
high-quality   erstklassig, hochwertig
high rel (reliability)   hohe Zuverlässigkeit
high-resistance   hochohmig, Hochohm...
high resolution   hochauflösend
high sensitive   hochempfindlich
high-speed   schnell, schnellschaltend, Schnell..., Hochgeschwindigkeits...
high-stability   hochkonstant
high stabilized   hochkonstant
high state   (logischer) H-Zustand
high stressed   hochbeansprucht
high-temperature   Hochtemperatur...

high-tensile   hochfest
high tension   Hochspannung
high-threshold logic   Logik mit hoher Schaltschwelle
high-usage route   Querweg
high vacuum   Hochvakuum...
high value   Höchstwert
high-value resistor   hochohmiger Widerstand
high voltage   Hochspannung
high yield   hohe Ausbeute
highlight, to   hervorheben, stark beleuchten
highlight   wesentlicher Punkt, wichtiges Ereignis
highlighting   Hervorheben
highly   äußerst, sehr, stark
highly automated   hochautomatisiert
highly inflammable   leicht entzündlich
highly sensitive   hochempfindlich
highs   hohe Frequenzen
highway   Bus, Vielfachleitung, Zeitmultiplexleitung
highway circuit   Hauptverbindung
hill   Berg, Hügel
hillock   Ätzhügel, Hügelchen
hindrance function   Widerstandsfunktion
hinged   klappbar, schwenkbar
hint   Hinweis
hipot (high potential)   Durchbruchspannung, hohes Potential
hire, to   einstellen, mieten
HIREL (high reliability)   hohe Zuverlässigkeit
HIS (hybrid integrated circuit)   integrierte Hybridschaltung
hiss, to   zischen
hiss   Gezisch, Zischen
hissing   Nebengeräusch

histogram Histogramm (graphische Darstellung einer Häufigkeitsverteilung in Form von Säulen)
history Aufzeichnung, Geschichte
  history display Bildspur
  history file Sicherungsdatei
hit, to betätigen, drücken, treffen
hit Echoimpuls, kurzzeitige Störung, Störsignal
  hit-on-fly-printer Drucker mit rotierender Typenwalze
  hit rate Trefferquote
HJBT (heterojunction bipolar transistor) HJBT (Bipolartransistor mit Heterostruktur)
H (high) **level** (logischer) H-Pegel
H-lines magnetische Feldstärkelinien
HLL (high-level (programming) language) höhere Programmiersprache
h matrix H-Matrix (Vierpoltheorie)
HMOS (high performance MOS) HMOS (MOS mit maßstabsverkleinerter Struktur)
HNIL (high noise immunity logic) HNIL (störsichere Logik)
hobbyist Bastler
hog, to sich nach oben durchbiegen, sich aneignen
hold, to (ein)halten, gelten, stoppen, unterbrechen
  hold off, to sperren
  hold up, to aufhalten, verzögern
hold (An)Halten
  hold amplifier Halteverstärker
  hold button Haltetaste
  hold control Bildfang, Haltesteuerung
  hold current Haltestrom
  hold mode Haltezustand
  hold-off Verzögerung
  hold-ups Wartezeiten
holder Fassung

holding Abhalten, Bestand, Einhalten (z.B. der Frequenz), (Fest)Halten
  holding capacity Fassungsvermögen
  holding current Haltestrom
  holding file Verarbeitungsdatei
  holding time Belegungsdauer
  holding wire Meßleitung, Prüfader
holdover key Haltetaste
holdtime Haltezeit
holdup-time Verweilzeit
hole Defektelektron, Loch, Lücke
  hole-and-slot anode magnetron Zylinder-Spalt-Magnetron
  hole conduction Defektelektronenleitung
  hole density Defektelektronendichte
  hole-dominant mit Defektelektronen angereichert
  hole-electron pair Defektelektronen-Elektronen-Paar
  hole injection Defektelektroneninjektion
  hole life Defektelektronenlebensdauer
  hole mobility Defektelektronenbeweglichkeit
  hole population Defektelektronenbesetzung
  hole trapping Defektelektroneneinfang
Hollerith code Hollerith-Code (Lochkartencode)
hollow hohl
  hollow ball Hohlkörper, Hohlkugel
  hollow-metallic waveguide Hf-Hohlleiter
holmium Holmium (chem. Element)
holocrystalline vollkristallin
hologram Hologramm (dreidimensionale Abbildung von Körpern in einem Kristallbereich)

holographic memory holographischer Speicher
holography Holographie (Technik der Speicherung dreidimensionaler Abbildungen in einem Kristall)
holohedral vollflächig
home Ausgangsstellung, Grundstellung, Heim
  home address Spuradresse, Spurkennzeichnung (Dv)
  home brew nichtprofessionell erstellte Software
  home computer Computer für Jedermann
  home location Ausgangsadresse
  home loop operation/separation Lokalverarbeitung
  home-made gebastelt
  home position Ausgangslage, Grundstellung, Ruhestellung
  home record Ausgangssatz
homerow Grundstellung
homing Rückkehr (in den Ausgangszustand)
  homing contact Rücklaufkontakt
homochrome gleichfarbig
homodiode Homodiode (Diode mit gleicher Kristallstruktur)
homodyne reception Synchronempfang
homoepitaxial homöoepitaxial
homoepitaxy Homöoepitaxie (Epitaxieschichten mit der gleichen Kristallstruktur wie das Substrat)
homogeneity Gleichförmigkeit, Homogenität
homogeneous gleichartig, homogen
  homogeneous-base transistor Transistor mit homogener Basis
  homogeneous connection gleichartige Verbindung
  homogeneous equation homogene Gleichung
  homogeneous excitation monochromatische Anregung
  homogeneous grading homogene Mischung
  homogeneous switching arrangement homogene Koppelanordnung
homojunction Homöoübergang (PN-Übergang in einer gleichförmigen Kristallstruktur)
homologous entsprechend, homolog
homomorphic homomorph (bestimmte algebraische Struktur)
homomorphism Homomorphismus (spezielle Abbildung einer algebraischen Struktur auf eine andere; Math
homopolar elektrisch symmetrisch, unpolar
  homopolar bond Atombindung, homöopolare Bindung (Chem)
homothetic figures ähnliche Figuren
honeycomb coil (Honig)Wabenspule
honour Ehre
hood Tüllengehäuse
hook, to anhängen, festhaken
  hook up, to anschließen, einhaken, verbinden
hook Hacken
  hook transistor Hookkollektortransistor (Vierschichttransistor)
hookup Anschluß, Zusammenschalten, Zusammensetzung
  hookup machine Ergänzungsmaschine
  hookup wire Schaltdraht
hop, to hüpfen, (über)springen
hop Funkfeld, Sprung
  hop of electrons Elektronensprung
hope, to hoffen
hopeful hoffnungsvoll
hopeless hoffnungslos
hopoff plötzlicher Widerstandssprung bei einem Potentiometer

hopper Kartenmagazin
hopping Überlappen von Bearbeitungsvorgängen, Überspringen
horizon Horizont
horizontal horizontal, waagerecht
  horizontal amplifier X-Verstärker
  horizontal blanking pulse Horizontalaustastung
  horizontal definition Horizontalauflösung
  horizontal flyback Zeilenrücklauf
  horizontal frequency Zeilenablenkfrequenz
  horizontal gain X-Verstärkung
  horizontal line frequency Zeilenfrequenz
  horizontal magnification Horizontaldehnung
  horizontal parity Längsparität
  horizontal redundancy check horizontale Paritätsprüfung
  horizontal repetition rate/scanning frequency Zeilenfrequenz
  horizontal row Zeile (einer Matrix)
  horizontal spacing of printed characters Zeichendichte
  horizontal sweep Horizontalablenkung
  horizontal sync pulse Horizontalsynchronimpuls
  horizontal top horizontales Dach (Impuls)
horn Horn, Trichter(lautsprecher)
  horn antenna Hornstrahler
  horn-gap Hörnerfunkenstrecke
  horn (type) loudspeaker Trichterlautsprecher
  horn radiator Hornstrahler
horsepower Pferdestärke (veralt. Leistungseinheit)
horseshoe magnet Hufeisenmagnet

hosed cable Schlauchleitung
hospital switch Notschalter
host Dienstleistungsrechnerstation, Grundmaterial, Wirtsubstanz, Wirts...
  host atom Wirtsatom
  host computer/machine Arbeitsrechner, Dienstleistungsrechner, Hauptrechner
  host lattice Grundgitter
  host machine Hauptrechner, Wirtsrechner
  host processor Zentralrechner
hot, to unter Spannung stehen
hot heiß, nicht geerdet
  hot-air Heißluft...
  hot carrier energiereiche Ladungsträger
  hot-carrier diode Schottky-Diode (Diode mit Metall-Halbleiter-Übergang)
  hot cathode Glühkatoden...
  hot electrode Glühelektrode
  hot electrons energiereiche Elektronen
  hot junction heiße Lötstelle
  hot line spannungsführende Leitung
  hot spot Bereich örtlicher Überhitzung (bei einem Halbleiter), Wärmestaustelle
  hot wire Hitzdraht
hour Stunde
hourly output stündlicher Durchsatz
house, to aufnehmen, einbauen
  house in, to anordnen
house Haus
housekeeping Organisationsprogramm, Verwaltungsprogramm
  housekeeping function Verwaltungsfunktion
housing Gehäuse
how wie

however jedoch, wie auch immer
howl, to jaulen, pfeifen
hp (horsepower) Pferdestärke (veralt. Leistungseinheit)
HP (high pass) Hochpaß
H-pad H-Schaltung (Vierpol)
h parameter h-Parameter (Hybridparameter; Vierpol)
h-pi equivalent circuit Hybrid-Pi-Ersatzschaltung
HSTTL (high-speed transistor-transistor logic) HSTTL (schnelle Transistor-Transistor-Logik)
ht (high tension) Hochspannung
HT (horizontal tabulation) Horizontaltabulator (CCITT-Alphabet Nr. 5)
HTL (high threshold logic) HTL (Logikschaltungen mit H-Pegeln bis 15 V)
hub Antriebsachse, Buchse
hue Farbe, Farbton, Nabe, Tönung
  hue control Farbwertregler, Phasensteuerung
huge gewaltig, riesig
hula-hoop aerial Ringantenne
hum, to brummen
hum Brumm, Netzbrumm, Brumm...
  hum-free brummfrei
  hum pick-up Brummeinkopplung
  hum trouble Brummstörung
human menschlich
  human being Mensch
  human intelligence menschliche Intelligenz
  human oriented language höhere Programmiersprache
humanoid Roboter in Menschengestalt
humidity (Luft)Feuchtigkeit
  humidity resistant feuchtigkeitsbeständig
  humidity sensor Feuchtesensor
hundred hundert

hundredweight angels. Masseeinheit (1 h = 50,8 kg)
hundreth ein Hundertstel
hunt, to jagen, (über)schwingen
hunting Absuchen, Aufschaukeln, Nachlauf, Pendeln
  hunting contact Mehrfachkontakt
  hunting selector Anrufverteiler
hurry, to (sich) beeilen
hurt, to verletzen
Hurwitz criterion Hurwitz-Kriterium
hv (high voltage) Hochspannung
H-vector Vektor des Magnetfeldes
H-wave H-Welle (Energieausbreitungsart in einem Wellenleiter)
hybrid hybrid (aus Verschiedenem zusammengesetzt), Hybrid...
  hybrid amplifier Gabelverstärker
  hybrid binding Hybridbindung (Chem)
  hybrid circuit Hybridschaltung (Schaltung, die aus in verschiedenen Techniken hergestellten Bauelementen besteht)
  hybrid coil Differentialübertrager
  hybrid coupler 3-dB-Koppler
  hybrid device Hybridbauteil
  hybrid electromagnetic wave gemischte elektromagnetische Welle
  hybrid equivalent circuit H-Ersatzschaltung
  hybrid four wire terminating set Gabelschaltung
  hybrid integrated circuit integrierte Hybridschaltung
  hybrid ion Zwitterion
  hybrid junction Hybride (Wellenleiter)
  hybrid matrix Hybridmatrix
  hybrid microwave Mikrowellen, über die gleichzeitig Daten und Sprache übertragen werden

hybrid parameters h-Parameter (Hybridparameter; Vierpol)
hybrid ring Ringmischer
hybrid-t junction Gabel-T-Schaltung
hybrid termination unit Gabelschaltung
hybrid transformer Differentialübertrager
hybridization Mischung von Valenzzuständen
hybrids Hybridschaltung
hydrargyrum Quecksilber (chem. Element)
hydrate Hydrat (Chem)
hydrated wasserhaltig
hydraulic hydraulisch, Wasser(druck)...
hydraulics Hydraulik (Wissenschaft von der Strömung der Flüssigkeiten)
hydroacoustic hydroakustisch
hydrocarbon Kohlenwasserstoff (Chem)
hydrodynamics Hydrodynamik (Strömungslehre)
hydrofuge wasserabstoßend
hydrogen Wasserstoff (chem. Element)
hydrogen bond Wasserstoffbrückenbindung
hydrogenlike wasserstoffähnlich
hydrogenous wasserstoffhaltig
hydrolysis Hydrolyse (Spaltung chemischer Verbindungen durch Wasser)
hydromagnetics MHD (Magnetohydrodynamik; Phys)
hydrometer Hydrometer (Meßgerät zur Bestimmung der Fließgeschwindigkeit des Wassers), Aräometer (Meßgerät zur Dichtebestimmung des Wassers)
hydrophone Unterwassermikrofon
hydrostatic hydrostatisch (sich nach den Gesetzmäßigkeiten in ruhenden Flüssigkeiten richtend)
hydrous wasserhaltig

hydroxyl ion Hydroxidion (Chem)
hygrometer Feuchtigkeitsmesser, Hygrometer
hygroscopic hygroskopisch (wasseranziehend)
hyper-abrupt hyperabrupt, überabrupt
hyperbola Hyperbel (Math)
hyperbolic hyperbolisch
  hyperbolic function Hyperbelfunktion (Math)
  hyperbolic logarithm natürlicher Logarithmus (Math)
  hyperbolic orbit Hyperbelbahn
  hyperbolic sinus Sinus-Hyperbolicus (Math)
hyperelliptic intergral hyperelliptisches Integral (Math)
hyperfine structure Hyperfeinstruktur (Phys)
hyperfrequency Höchstfrequenz
hyperoxide Peroxid (Chem)
hyperpure ultrarein
hypersonic Hyperschall, Überschall
hyphen Bindestrich
hyphenation Silbentrennung
hypocycloid Hypozykloide (Math)
hypothenuse Hypothenuse (Math)
hypothesis Annahme, Hypothese
hypsogram Pegeldiagramm
hypsometer Pegelmesser
hysteresis Hysterese (Magnetisierung eines ferromagnetischen Materials in Abhängigkeit der magnetischen Feldstärke und des früheren magnetischen Zustandes)
  hysteresis curve/loop Hystereseschleife
  hysteresis loss Hystereseverlust, Ummagnetisierungsverlust
Hz (hertz) Hertz, Hz (Einheit der Frequenz)

I

IC (integrated circuit) integrierte Schaltung
ICE (in circuit emulator) ICE (Mikrocomputer-Entwicklungssystem, das Mikrocomputersysteme simuliert)
ice Eis
  ice age Eiszeit
  ice point Gefrierpunkt
iconoscope Ikonoskop (speichernde Fernsehaufnahmeröhre)
I-controller Integralregler, I-Regler
icosahedron Ikosaeder (gleichmäßiger Zwanzigflächner)
IDC (insulating displacement connector) Schneidklemmensteckverbinder
idea Begriff, Gedanke, Idee, Vorstellung
ideal ideal, uneigentlich (Math), vollkommen, Soll...
  ideal dielectric verlustloser Isolator
  ideal value Sollwert
  ideal velocity Sollgeschwindigkeit
idealization Idealisierung
idealized idealisiert
ideally im Idealfall
identic(al) identisch, völlig gleich
identifiable bestimmbar, identifizierbar, nachweisbar
identification Bestimmung, Bezeichnung, Erkennung, Identifizierung, Kennzeichnung
  identification character Kennzeichen
  identification code Identifizierungscode
  identification color Kennfarbe
  identification division Erkennungsteil (eines Programms)
  identification friend or foe Freund-Feind-Erkennung
  identification label Kennzeichen
  identification range Erkennungsbereich
identifier Bezeichner, Kennung, Kennzeichen, Programmname, Sektorkennzeichnung, Zuordner
identify, to bestimmen, erkennen, identifizieren, nachweisen, zuordnen
identifying Identifizieren (genaues Wiedererkennen), Kenn...
  identifying label Kennsatz
  identifying number Kennziffer
identity exklusives ODER, Identität (vollkommene Gleichheit)
idiochromatic idiochromatisch (eigenfarbig)
idiomorphic idiomorph (von eigenen Kristallflächen begrenzt)
idle, to in den Ruhezustand versetzen
idle faul, leerlaufend, stromlos, unbegründet, unwirksam, zwecklos, Ruhe...
  idle character Leerzeichen, Synchronisationszeichen
  idle condition Freizustand, Ruhezustand
  idle current Leerlaufstrom
  idle line freie Leitung
  idle noise Eigenrauschen
  idle power Blindleitung
  idle time Pausendauer, ungenutzte Zeit, Verlustzeit
idler frequency Leerlauffrequenz
idling Leerlauf
  idling circuit Blindkreis
  idling current Ruhestrom
  idling frequency Differenzfrequenz

i.e. (id est; gelesen: that is) d.h.
IEC (International Electrotechnical Commission) IEC (Normenausschuß)
  IEC bus IEC-Bus (von der IEC genormtes Bussystem; IEC 625)
IEEE (Institute of Electrotechnical and Electronic Engineers) IEEE (Vereinigung für Elektronikingenieure)
I-element I-Glied
if falls, ob, wenn
  if...then wenn...dann
IF (intermediate frequency) Zf, Zwischenfrequenz
  IF-tuned zwischenfrequenzabgestimmt
IFC (interface clear) Signal zum Rücksetzen der in einem Bus-System angeschlossen Geräte
IFF (identification friend or foe) Freund-Feind-Erkennung
IFL (integrated fuse logic) IFL (logische Semikundenschaltungen, bei denen zur Programmierung Verbindungsbrücken durchschmolzen werden)
IG (insulated gate) isoliertes Gate
IGFET (insulated gate FET) IGFET (FET mit isoliertem Gate)
igneous eruptiv, vulkanisch
  igneous rock Eruptivgestein
ignistor Ignistor (Bauteil, bestehend aus Transistor und Z-Diode als Überspannungsschutz)
ignite, to zünden
ignition Entzündung, Zünd...
  ignition electrode Zündelektrode
ignitron Ignitron (Gleichrichterröhre)
ignoble unedel, niedrig
  ignoble metal unedles Metall
ignore, to ignorieren, übersehen, unberücksichtigt lassen, vernachlässigen

ignore character Auslassungszeichen, Löschzeichen
IIIL (isoplanar integrated injection logic) isoplanare IIL
IIL (integrated injection logic) I^2L (integrierte Injektionslogik)
IIR (infinite impulse response) IIR (zeitdiskretes System mit unendlicher Impulsantwort)
i- (intrinsic) **layer** Eigenleitungsbereich
ill krank
illegal falsch, ungültig, unzulässig
  illegal character unzulässiges Zeichen
illegible unleserlich
illicit gesetzeswidrig, unerlaubt
  illicit transmitter Schwarzsender
illogical unlogisch, unsinnig
illuminance Beleuchtungsstärke
illuminant Beleuchtungsmittel
illuminate, to (be)leuchten
illuminated beleuchtet
  illuminated area beleuchtete Fläche
  illuminated figure Leuchtziffer
  illuminated readout Leuchtanzeige
illuminating Beleuchtungs...
  illuminating engineering Lichttechnik
illumination Beleuchtung
  illumination intensity level Beleuchtungsstärke
illuminator Beleuchter
illuminometer Luxmeter (Beleuchtungsmesser)
illusion Täuschung, Vortäuschung
illustrate, to erklären, illustrieren, veranschaulichen
  illustrate graphically, to graphisch veranschaulichen

ILS (instrument landing system) Instrumentenlandesystem
image Abbildung, Bild, Wiedergabe, Bild...
image attenuation constant Dämpfungsmaß
image band Spiegelfrequenzband
image carrier Bildträger
image converter (tube) Bildwandler(röhre)
image defect Abbildungsfehler
image definition Bildschärfe
image dissection Bildzerlegung
image element Bildpunkt
image flyback Bildrücklauf
image formation Bilderzeugung
image frequency Bildfrequenz, Spiegelfrequenz
image intercept Bildweite
image orthicon Superorthikon (Speicherröhre)
image phase constant Phasenmaß
image registration Bilddeckung
image rejection Spiegelfrequenzsignalunterdrückung
image replication Bildwiedergabe
image response Spiegelfrequenzwiedergabe
image retention Bildkonservierung
image space Bildbereich, Bildraum
image statement Formatvereinbarung
image transfer constant Übertragungsmaß
imager Bildgerät, Bildsensor
imagery Abbildung
imaginary imaginär, Imaginär...
imaginary component/part Imaginärteil
imagine, to sich denken, sich vorstellen
imagined gedacht

imaging Abbildung
imaging part Imaginärteil
imaging system Abbildungssystem
imbalance Ungleichgewicht, Unsymmetrie, Verkehrsschiefe
imbed, to einbetten
imbedded layer leitende Zwischenschicht
immaterial nebensächlich, unwesentlich
immeasurable unmeßbar
immediate direkt, unmittelbar
immediate-access storage Speicher mit Direktzugriff
immediate address unmittelbare Adresse
immediate mode Direktverarbeitung
immerse, to eintauchen
immersion Eintauchen, Immersion
immersion plating Eintauchplattierung
immersion test Eintauchprüfung
immiscibility Nichtmischbarkeit
immittance Immittanz (Zusammenziehung aus "Impedanz" und "Admittanz")
immobile unbeweglich
immune unempfindlich, immun
immunity Immunität, Unempfänglichkeit
IMOS (ionimplanted MOS) ionenimplantiertes MOS
imp (imperial) im Angloam.: Vorsatz für gesetzliche Einheiten
impact, to stoßen
impact on, to Einfluß haben auf
impact Aufprall, (Zusammen)Stoß
impact angle Auftreffwinkel
impact electron Stoßelektron
impact excitation Stoßanregung
impact force Aufschlagkraft
impact ionization Stoßionisation
impact potential Stoßspannung
impact printer mechanischer Drucker

impact strength Stoßfestigkeit
impact stress Stoßbeanspruchung
impact velocity Aufschlaggeschwindigkeit
impact wave Kopfwelle, Stoßwelle
impair, to beeinträchtigen
impart, to verleihen
IMPATT (impact avalanche and transit time) **diode** IMPATT-Diode (Mikrowellendiode), Lawinenlaufzeitdiode
impedance Impedanz, komplexer Scheinwiderstand
  impedance buffer (changer) Impedanzwandler
  impedance coil Drossel(spule)
  impedance converter Impedanzwandler
  impedance discontinuity Stoßstelle
  impedance drop Kurzschlußspannung (Transformator)
  impedance irregularities Ungleichförmigkeit des Wellenwiderstandes
  impedance level Wellenwiderstand
  impedance match Impedanzanpassung
  impedance matrix Widerstandsmatrix
imperative befehlend, unbedingt
  imperative instruction unbedingte Anweisung
imperceptible unmerklich
imperfect fehlerhaft, unvollkommen
  imperfect crystal Realkristall
  imperfect dielectric verlustbehafteter Isolator
imperfection Fehlordnung, (Gitter-)Störstelle
impermeability Undurchlässigkeit
impervious undurchdringlich, undurchlässig
  impervious to unempfindlich gegen
impetus Impuls
impinge, to aufprallen, auftreffen
impingement Aufprall, Zusammenstoß

IMPL (initial microprogram loading) initialisierendes Mikroprogrammladen
implant, to implantieren (einpflanzen)
implant Implantat (Material, das in ein Substrat eingebracht wird)
implantation Implantation (Einbringen von Dotierungsatomen in ein Substrat)
implement, to ausführen, verwirklichen
implement Zubehör
implementation Ausführung, Implementierung, Verwirklichung
implication Auswirkung, Beeinträchtigung, Folgerung, Implikation (Wenn-Dann-Beziehung; Logik), Subjunktion (Wenn-Dann-Beziehung; Logik)
implicit implizit (darin enthaltend)
  implicit addressing inhärente Adressierung
implied impliziert
  implied AND (OR) verdrahtetes UND (ODER)
  implied association implizierte Typzuordnung
implode, to implodieren (Gegens.: explodieren)
imply, to andeuten, bedeuten, einschließen
imponderability Unwägbarkeit
import Import
importance Bedeutung, Wichtigkeit
  importance function Einflußfunktion
important wichtig
impose, to aufbringen, auferlegen
impossible unmöglich
impregnant Imprägnierungsmittel
impregnated imprägniert (wörtl.: geschwängert; durch Behandlung z.B. gegen Eindringen von Flüssigkeiten geschützt)

impress, to aufprägen, einprägen, einwirken
impressed aufgeprägt, eingeprägt
  impressed voltage eingeprägte Spannung
imprimatur Imprimatur (Druckerlaubnis)
imprint on, to aufdrucken auf
improper inkorrekt, untauglich, unzulässig
  improper fraction unechter Bruch
  improper integral uneigentliches Integral
improperly tuned falsch abgestimmt
improve, to verbessern
improvement Verbesserung
  improvement factor Gewinn
impulse Impuls
  impulse dialling Nummernscheibenanwahl (Telefon)
  impulse discharge Stoßentladung
  impulse excitation Stoßanregung
  impulse frequency Impulsfolgefrequenz, Tastfrequenz
  impulse-governed impulsgesteuert
  impulse noise Impulsstörung
  impulse period Impulsdauer
  impulse response Impulsantwort, Impulscharakteristik, Stoßantwort
  impulse sealing Verdrahtung durch energiereiche Impulse
  impulse separator Impulssieb
  impulse sequence/train Impulsfolge
  impulse wave Stoßwelle
impulsive impulsartig
  impulsive noise kurzzeitiges Geräusch
impure unrein, mit fremdem Zusatz
  impure code Code mit veränderlichen Parametern

impure semiconductor dotierter Halbleiter, Störstellenhalbleiter
impurity Fremdatom (in einem Kristall), Störstelle, Verunreinigung
  impurity additions Hinzufügen von Dotierungsatomen (Fremdatomen)
  impurity atom site Gitterplatz eines Dotierungsatoms
  impurity band Dotierungsband, Störstellenband
  impurity concentration/density Dotierungskonzentration, Störstellendichte
  impurity (concentration) profile Dotierungsprofil, Störstellenprofil
  impurity conduction Störstellenleitung
  impurity crystal dotierter Kristall
  impurity-doped mit Fremdatomen dotiert
  impurity exhaustion Störstellenerschöpfung
  impurity gradient Dotierungsgradient der Störstelle
  impurity grading exponentielle Verteilung
  impurity ion Dotierungsion
  impurity level Dotierungsniveau
  impurity masking Maskierung gegen Störstellen
  impurity response Störstellenempfindlichkeit
  impurity segregation Verunreinigungssegregation (Segregation: Trennung)
  impurity semiconductor Störstellenhalbleiter
  impurity state Störterm
  impurity zone Störstellenzone
in an, auf, bei, in
  in addition to außerdem, zusätzlich

in-band signaling Imband-Signalisierung, Imband-Zeichengabe
in-built eingebaut
in-circuit in der Schaltung befindlich, systemintegriert
in-circuit emulator ICE (Mikroprozessor-Entwicklungssystem, das Mikrocomputer simuliert)
in-circuit tester Schaltkreisprüfgerät
in-contact mask Kontaktmaske
in-dialling number Durchwahlrufnummer
in excess of darüber hinausgehend
in-flight error detection and correction Fehlererkennung und -korrektur während der Datenübertragung
in general im allgemeinen
in-house innerbetrieblich
in-line einzeilig, hintereinanderliegend, schritthaltend
in-line array lineare Anordnung
in-line processing gleichzeitige Bearbeitung
in-line recording Einkopf-Aufzeichnung
in-line subroutine offenes Unterprogramm
in-out-switch Ein-Aus-Schalter
in pairs paarweise
in phase gleichphasig, phasengleich, phasenstarr, Gleichtakt...
in-phase amplifier Gleichtaktverstärker
in-phase gain Gleichtaktverstärkung
in-phase rejection/suppression Gleichtaktunterdrückung
in-place computation speicherplatzsparende Berechnung (z.B. FFT)
in process in Bearbeitung
in-rush current Stromstoß

in sequence in Folge, nacheinander
in sight of aus der Sicht von
in situ an Ort und Stelle
in-situ test Prüfung in einer Schaltung
in spite of anstatt, trotz
in step radiation kohärente Strahlung
in stock am Lager, vorrätig
in terms of (ausgedrückt) durch, in Form von
in use im Einsatz
inaccessibility Unzulänglichkeit
inaccessible gesperrt, unerreichbar, unzulänglich
inaccessible value gesperrter Wert
inaccuracy Ungenauigkeit
inaccuracy in reading ungenaues Ablesen
inaccurate ungenau
inactive inaktiv, unbewegt
inactive component passives Bauelement
inactive state inaktiver Zustand
inadequacy Unzulänglichkeit
inadequate mangelhaft, unangemessen, ungenügend
inapt unfähig, untauglich
inaudible unhörbar
incandescence Weißglut
incandescent lamp Glühlampe
incenter Inkreismittelpunkt
incentive Anregung, Anreiz
incessant beständig, ununterbrochen
INCH (integrated chopper) integrierter Zerhacker
inch Zoll (1" = 25,4 mm)
inching kurzes Einschalten, Tastbetrieb
incidence Auftreffen, Einfall(en), Einfalls...

incident

incident, to einfallen lassen
incipient beginnend, Anfangs...
   incipient crystal Kristallkeim
incircle Inkreis
incision (Ein)Schnitt
inclination Inklination, Neigung, Steigung
inclined geneigt
include, to beinhalten, einschließen, enthalten
   include on chip, to auf dem Chip integrieren
inclusion Einbau, Einschluß, Implikation (Wenn-Dann-Relation; Logik)
inclusive disjunction/OR operation Disjunktion, ODER-Verknüpfung
incoherent inkohärent (unzusammenhängend)
   incoherent emitter inkohärente Lichtquelle
incombustible unbrennbar
incoming ankommend
   incoming call ankommender Ruf
   incoming frequency Eingangsfrequenz
   incoming group Eingangsgruppe, Zubringerteilgruppe
   incoming inspection Wareneingangskontrolle
   incoming traffic ankommender Verkehr
   incoming trunk Zubringer
   incoming trunk group Zubringerbündel
incommensurable nicht vergleichbar, unvereinbar, inkommensurabel (Math)
   incommensurable number Primzahl
incompatibility Unverträglichkeit, Widersprüchlichkeit
incomplete unvollständig
   incomplete circuit offener Stromkreis
   incomplete linkage unvollständige Zwischenleitungsführung
   incomplete shell nichtabgeschlossene (Atom)Schale
incompressible inkompressibel (nicht zusammendrückbar)
inconnector Zusammenführung (Programmablaufplan)
inconsistency Unstimmigkeit, Unverträglichkeit, Widersprüchlichkeit
inconstant unbeständig
inconvenient lästig, mühevoll, umständlich
inconvertible nicht umwandelbar, nicht umrechenbar
incorporate, to einbauen, enthalten, kombinieren mit
incorporation Einbau, Übernahme
incorrect unrichtig, falsch, fehlerhaft
increase, to anwachsen lassen, erhöhen, steigen, vergrößern
   increase indefinitely, to unbegrenzt wachsen
increase Anstieg, Steigerung, Vergrößerung, Zunahme, Zuwachs
   increased function steigende Funktion
   increased performance verbesserte Eigenschaften
increment, to erhöhen (Registerinhalt meist um den Wert 1)
increment Inkrement, Zunahme, Zuwachs
   increment size Inkrementgröße, Schrittgröße
incremental inkremental, (stufenweise) zunehmend, zusätzlich, Zusatz..., Zuwachs...
   incremental compiler direktübersetzender Compiler
   incremental decoder Inkrementaldecodierer

incremental error zusätzlicher Fehler
incremental resistance differentieller Widerstand
incremental vector relativer Vektor
indecomposable unzerlegbar
indeed tatsächlich
indefinite unbegrenzt, unbestimmt
  indefinite integral unbestimmtes Integral
indefinitely unbegrenzt
indent, to einbeulen, (ein)kerben, einrücken
indent Einzug, Kerbe
indentation Einschnitt, Vertiefung
indention Einrückung (einer Zeile)
independence Unabhängigkeit
independent unabhängig
  independent contact getrennter Kontakt
  independent device Einzelbauteil
  independent excitation Fremderregung
  independent variable unabhängige Variable
  independent windings getrennte Wicklungen
indestructible unzerstörbar
indeterminancy Unbestimmtheit
indeterminate unbestimmt
indeterminate Unbestimmte
index, to indexieren (tatsächliche Adresse über das Indexregister ermitteln), indizieren (mit niedriggestellter Zahl versehen)
index Exponent, Faktor, Index, Kennzahl, Koeffizient, Sachwörterverzeichnis, Zeiger
  index error Teilungsfehler (einer Skala)
  index figure Kennzahl

index gap Indexzwischenraum
index hole Kennzeichenloch für ersten Sektor (einer Diskette)
index matching liquid Immersionsflüssigkeit, Flüssigkeit zur Anpassung der Brechzahl
index of a radical Wurzelexponent
index of a root Wurzelexponent
index of refraction Brechzahl
index register Indexregister
index selection Indexselektion
index sequential indexsequentiell
indexed indiziert
  indexed addressing indizierte Adressierung
indexing Adreßmodifikation, Indizierung
India ink Tusche
indicate, to anzeigen, indizieren, markieren
indicating anzeigend, Anzeige...
indication Anzeige
  indication of direction Richtungsangabe
indicator Anzeigegerät, Anzeiger, Indikator, Kennzeichen, Zeiger
  indicator lamp Anzeigelampe
indifferent indifferent
indiffusion Eindiffusion
indirect indirekt
  indirect-acting electrical measuring instrument selbstabgleichendes elektrisches Kompensations-Meßgerät
  indirect address indirekte Adresse
  indirect addressing indirekte Adressierung
  indirect band gap indirekter Bandabstand
  indirect piezoelectricity reziproke Piezoelektrizität
  indirect wave Raumwelle

indirection indirekte Adressierung
indisplacable unverschieblich
indistinct undeutlich, unklar, verworren
indistinguishable nichtunterscheidbar
indium Indium (chem. Element)
  indium antimonide Indiumantimonid
  indium phosphide Indiumphosphid
individual einzeln, individuell, Einzel..., Gegenstands...
  individual character coding direkte Zeichenzuordnung
  individual communication Individualkommunikation (direkte Kommunikation von Teilnehmern untereinander)
  individual trunk individuelle Abnehmerleitung
  individual variable Gegenstandsvariable, Objektvariable
individualize, to nach Kundenwunsch herstellen
indivisible unteilbar
indoor Innen..., Haus..., Zimmer...
  indoor antenna Zimmerantenne
indoors drin, innen, hinein
induce, to bewirken, erregen, induzieren (Erzeugen elektrischer Ströme in Leitern durch bewegte Magnetfelder)
induced induziert
  induced current Induktionsstrom
  induced emission induzierte Emission (Laser)
  induced failure Ausfall durch äußere Einwirkung
  induced radioactivity künstliche Radioaktivität
inductance induktiver Blindwiderstand, Induktivität
  inductance bridge Induktivitätsbrücke
  inductance coil Drossel(spule)
  inductance loop Induktionsschleife
induction Influenz (Phys), Induktion (Erzeugen elektrischer Ströme in Leitern durch bewegte Magnetfelder)
  induction brazing Induktionslöten
  induction density Kraftliniendichte
  induction heating Hochfrequenzerwärmung, induktive Erwärmung
  induction pick-up coil Induktionsspule
  induction principle over natural number vollständige Induktion (Math)
inductive induktiv, Induktions...
  inductive pick-up induktiver Meßfühler
  inductive reactance Induktanz, induktiver Blindwiderstand
  inductive resistance Induktanz, induktiver Widerstand
inductor Induktionsspule
industrial industriell, kommerziell
  industrial electronics Industrieelektronik
  industrial frequency technische Frequenz
  industrial television Betriebsfernsehen
industrious arbeitsam, fleißig, rege
ineffective unwirksam
ineffectiveness Umwirksamkeit
inefficiency Unwirksamkeit
inefficient unwirksam
inelastic unelastisch
inequality Ungleichheit
inequation Ungleichung
inequivalence ODER-Verknüpfung
inert inert, träge
  inert gas Edelgas
inertia Trägheit
  inertia tensor Trägheitstensor
  inertial mass träge Masse

inertial system Inertialsystem (Koordinatensystem, das sich mit konstanter Geschwindigkeit geradlinig bewegt)
inertness (Reaktions)Trägheit
inexact ungenau
inexhaustibility Unerschöpflichkeit
inexhaustible unerschöpflich
inexpansible unausdehnbar
inextinguishable unauslöschlich
infant failure/mortality Anfangsausfall
infeed Zuführung
infer, to folgern, schließen
inference Folgerung, Schluß
  inference rule Ableitungsregel
inferior minderwertig, unter
  inferior to geringer als
infiltration Durchdringung, Eindringen, Einsickern
infinite unendlich
  infinite decimal unendlicher Dezimalbruch
  infinite impulse response IIR (zeitdiskretes System mit unendlicher Impulsantwort)
  infinite Q circuit Kreis mit unendlich hoher Güte
  infinite sequence unendliche Folge
  infinitely adjustable stufenlos einstellbar
  infinitely great (small) unendlich groß (klein)
  infinitely variable stufenlos regelbar
infinitesimal infinitesimal, unendlich klein (Math)
  infinitesimal analysis/calculus Infinitesimalrechnung (Math)
  infinitesimal dipole Hertzscher Dipol
infinity Unendlichkeit

infix, to beibringen, einprägen
infix notation Infixschreibweise (übliche mathematische Schreibweise)
inflammable entflammbar, entzündlich
inflection Biegung, Krümmung, Wende (an einem Wendepunkt)
  inflection point Wendepunkt
inflexible unbiegsam
influence, to beeinflussen
influence Einfluß, Influenz
  influence current Influenzstrom
influx Zufluß
inform, to benachrichtigen, informieren
informatics Informatik (Wissenschaft von der Datenverarbeitung)
information Daten, Information, Nachricht(en), Unterlagen
  information age Informationszeitalter
  information balance Informationsgleichgewicht
  information capacity Informationsmenge
  information content Informationsgehalt
  information field Datenfeld, Textfeld
  information flow Informationsfluß
  information gathering Informationsgewinnung
  information handling Informationsverarbeitung
  information hiding Geheimnisprinzip
  information interchange Informationsaustausch
  information message Übertragungszeichenfolge
  information of faults Störungsmeldung
  information pattern Informationsbild

information processing Datenverarbeitung, Informationsverarbeitung, Nachrichtenverarbeitung
information provider Informationsanbieter
information pulse Informationsimpuls
information rate Informationsfluß
information retrieval Informationsabruf, Informationswiedergewinnung
information science Informationswissenschaft
information separator Informationstrennzeichen
information signal Nutzsignal
information sink Nachrichtensenke
information source Nachrichtenquelle
information storage Informationsspeicherung
information supply Informationsvorrat
information system Nachrichtenübertragungssystem
information theory Informationstheorie
information transmission Informationsübertragung
informational bookkeeping Informationshaushalt
infra-acoustic Infraschall... (Schall mit einer Frequenz unter 20 Hz)
infrangible unzerbrechlich
infrared infrarot, ultrarot (elektromagnetische Strahlung mit Wellenlängen zwischen sichtbarem und Mikrowellenbereich)
infrared Infrarot, Ultrarot
  infrared emission Infrarotstrahlung
  infrared emitter infrarotemittierende Diode
  infrared lamp Infrarotstrahler
  infrared light Infrarotlicht
  infrared light-emitting diode infrarotemittierende Diode
  infrared radiation Infrarotstrahlung
  infrared response Infrarotempfindlichkeit
  infrared sensitive infrarotempfindlich
  infrared stimulation Infrarotanregung
  infrared transmitting Infrarotdurchlässigkeit
infrasonics Infraschall (Schall mit einer Frequenz unterhalb 20 Hz)
infrasound Infraschall
infringement Übertretung, Verletzung (z.B. von Patenten)
ingot Barren, Block, Halbleiterstab, Rohling
ingredient Bestandteil
inharmonic anharmonisch
inherent innewohnend, Eigen...
  inherent delay Eigenzeit
  inherent feedback innere Rückkopplung
  inherent filtration Eigenfilterwert
  inherent noise figure Rauschzahl (des Eigenrauschens)
  inherent regulation Selbstabgleich
  inherent weakness failure Ausfall durch anhaftende Fehler
inherit, to erben, geerbt haben (einer Eigenschaft)
inherited error mitgeschleppter Fehler
inhibit, to blockieren, hemmen, hindern, sperren, unterbinden
inhibit Sperr...
  inhibit line Sperreingang (Gatter)
  inhibit pulse Sperrimpuls

inhibiting input Sperreingang
inhibiting signal Sperrsignal
inhibiting winding Sperrwicklung
inhibition Inhibition (Boolesche Funktion), Unterdrückung, Verbot
inhibitor Sperrglied
inhomogeneity Inhomogenität, Ungleichartigkeit
inhomogeneous inhomogen, ungleichartig
initial anfänglich, beginnend, ursprünglich, Anfangs..., Ausgangs..., Erst...
  initial application Ersteinsatz
  initial current Anfangsstrom
  initial curve jungfräuliche Kurve, Neukurve
  initial equation Ausgangsgleichung
  initial line Anfangszeile
  initial oscillation time Einschwingzeit
  initial permeability Anfangspermeabilität
  initial point Nullpunkt
  initial position Ausgangslage, Ausgangsstellung
  initial program load Kaltstart
  initial program loader Urladeprogramm
  initial program loading Urstart
  initial setting Anfangseinstellung
  initial test temperature Anfangstemperatur
  initial value Anfangswert
initialization Initialisierung (Dv)
  initialization mode Vorbereitungsphase
initialize, to initialisieren (Dv), in Gang setzen, voreinstellen
initially ursprünglich
  initially created erstmalig erstellt

initiate, to auslösen, beginnen, einleiten, initiieren
initiating electron Primärelektron
initiating switch Schalter zur Inbetriebnahme
initiation Auslösung, Beginn
inject, to einspeisen, einspritzen, injizieren (Ladungsträger)
inject mo(u)lded box Spritzgußgehäuse
injected laser Laserdiode
injection Injektion (Eindringen von Ladungsträgern in einen Halbleiterbereich)
  injection laser Injektionslaser, Halbleiterlaser, Laserdiode
  injection mo(u)ld Spritzguß
  injection point Injektionsstelle
ink, to markieren (fehlerhafter Chips auf einem Wafer)
ink Tinte
  ink cartridge Tintenpatrone
  ink jet printer Tintenstrahldrucker
inked ribbon Farbband
inlay Inlay (Fernsehtrickbild)
inlet Eingang, Einlaß(öffnung), Eingangs...
  inlet temperature Eintrittstemperatur
inner inner, Innen...
  inner diameter innerer Durchmesser
  inner photoeffect innerer Photoeffekt (Phys)
  inner product Skalarprodukt (Math)
innermost innerste(r,s)
innovation Neuerung, Neuheit
inoculating crystal Impfkristall
inoperable nicht klar, nicht betriebsbereit
inoperative unbrauchbar, unwirksam
inorganic anorganisch

input, to eingeben
input Eingabe, Eingang, Eingangsinformation, Eingabe..., Eingangs...
  input amplifier Vorverstärker
  input bias current Eingangsruhestrom
  input buffer Eingabepuffer
  input data Eingabedaten
  input device Eingabegerät
  input document Original
  input frequency Eingangsfrequenz
  input function Eingangsfunktion
  input information Eingangsdaten
  input line Eingabeleitung
  input-output Ein-Ausgabe
  input paralysis Eingangsverriegelung
  input port Eingangskanal
  input primitive Eingabeelement
  input program Eingabeprogramm
  input-protected eingangsgeschützt
  input routine Leseprogramm
  input signal delay Erkennungszeit
  input terminal Eingangsanschluß
  input threshold voltage Eingangsschaltspannung
  input time Eingabezeit
  input transformer Eingangstransformator, Eingangsübertrager
  input translator Umsetzer für Eingabedaten
  input triggering voltage Umschalteingangsspannung
  input wattage Eingangsleistung
inquire, to anfragen, sich erkundigen
inquiry Abfrage, Anfrage
  inquiry station Abfragestation
  inquiry system Ankunftssystem
inrush current Einschaltstrom
inscribe, to beschriften, einschreiben
inscribed circle Inkreis

insensitive unempfindlich
  insensitive to distance entfernungsunabhängig
insensitivity to noise Störfestigkeit
insert, to einfügen, einführen, einsetzen, hineinstecken
  insert message, to Meldungen eingeben
insert Einsatz, Einschub
insertion Einfügung, Einfügungs...
  insertion force Steckkraft
  insertion head Durchgangskopf
  insertion loss Einfügungsdämpfung, Gabelübergangsdämpfung
  insertion sort Einfügungssortieren
inside innen, innerhalb, Innen...
  inside aerial Zimmerantenne
  inside diameter Innendurchmesser
  inside frequency Momentanfrequenz
insight Erkenntnis
insolation Einstrahlung
insoluble unlöslich
insonorous schalltot
inspect, to kontrollieren, prüfen
inspection Kontrolle, Prüfung
  inspection by attributes Attributprüfung (Dv; Attribut = Eigenschaft)
  inspection by variables messende Prüfung, Variablenprüfung
  inspection conditions Prüfbedingungen
  inspection lot (Prüf)Los
instability Instabilität, Unbeständigkeit
install, to einbauen, einrichten, installieren
installation Einrichtung, Installation, Montage
  installation site Einbauort
instal(l)ment Fortsetzung, Rate, Teillieferung

instant augenblicklich, momentan, sofort
instant Zeitpunkt
  instant of failure Ausfallzeitpunkt
  instant reading Sofortanzeige
instantaneous augenblicklich, momentan, sofort, unmittelbar, Augenblicks..., Momentan...
  instantaneous display Momentanzeige
  instantaneous fuse flinke Sicherung
  instantaneous power Augenblicksleistung
  instantaneous reading Sofortanzeige
  instantaneous state Augenblickszustand
  instantaneous value Augenblickswert, Istwert
instead of anstatt
instruction Anweisung, (Maschinen)Befehl
  instruction address Befehlsadresse
  instruction book Bedienungsanleitung
  instruction counter Befehlszähler
  instruction cycle Befehlszyklus
  instruction execution rate Verarbeitungsleistung (Dv)
  instruction fetch Befehlsabruf
  instruction(s) for use Gebrauchsanweisung
  instruction format Befehlsformat
  instruction length Befehlslänge
  instruction location Befehlsstelle
  instruction manual Bedienungshandbuch
  instruction processor Befehlsprozessor
  instruction register Befehlsregister
  instruction repertoire Befehlsvorrat
  instruction retry Befehlswiederholung
  instruction set Befehlssatz, Befehlsvorrat
  instruction time Befehlsausführungszeit
  instruction to operator Bedienungsanleitung
  instruction trap Befehlsfalle
  instruction word Befehlswort
instructor Befehlsgeber, Lehrer
instrument Gerät, (Meß)Instrument
  instrument handbook Betriebsanweisung
  instrument malfunction Geräteausfall
  instrument manufacturer Gerätehersteller
  instrument movement Meßwerk
  instrument range Anzeigebereich
  instrument reading Instrumentenanzeige
  instrument set-up Geräteanordnung
  instrument shunt Nebenschlußwiderstand
  instrument transformer Meßwandler
instrumental brauchbar, förderlich, Instrumenten...
  instrumental error apparativer Fehler
instrumentation Geräteausstattung, Gerätepark, Meßausrüstung
  instrumentation amplifier Instrumentenverstärker
  instrumentation panel Armaturenbrett
  instrumentation tape Magnetband zur Meßwertspeicherung
insufficient nicht ausreichend, ungenügend
insulant Dämmstoff, Isoliermaterial

insulate

insulate, to dämmen, isolieren
insulated isoliert
  insulated diffusion Isolationsdiffusion
  insulated gate FET IGFET (FET mit isoliertem Gate)
insulating isolierend, Isolier...
  insulating amplifier Trennverstärker
  insulating bead Isolierperle
  insulating bracket Isolierstoffträger
  insulating bush Isolierbuchse
  insulating clearance Isolierabstand
  insulating diode Sperrdiode
  insulating ferrule Isolierring
  insulating fishplate Isolierlasche
  insulating material isolierender Werkstoff
  insulating sleeve Isolierhülse, Isolierbuchse
  insulating spacer Isolierzwischenlage
  insulating strength Isolierfestigkeit
  insulating transformer Trenntransformator
  insulating varnish Isolierlack
insulation Isolierung, Trennung
  insulation barrier Trennstrecke
  insulation diode Sperrdiode
  insulation displacement connector Schneidklemmenstecker
  insulation mode rejection Gleichtaktunterdrückung
  insulation resistance Isolationswiderstand
insulator Isolator (schlecht leitender Werkstoff)
integer ganzzahlig
  integer part ganzzahliger Anteil
  integer ganze Zahl

integrable integrierbar (Math)
integral ganz, ganzzahlig
integral Integral (Math)
  integral action I-Verhalten (I: Integral...)
  integral-action controller I-Regler
  integral amplifier eingebauter Verstärker
  integral boundary Wortgrenze
  integral calculus Integralrechnung
  integral charge-control model Gummel-Poon-Modell (Transistormodell)
  integral disk Festplattenspeicher
  integral element I-Glied
  integral equation Integralgleichung
  integral multiple ganzzahliges Vielfaches
  integral number ganze Zahl
  integral part ganzzahliger Teil
  integral sign Integralzeichen
  integral transform Integraltransformation
integrand Integrand (Math)
integrate, to einbauen, integrieren (Math), vervollständigen, zusammenfassen
integrated eingebaut, integriert
  integrated circuit IC, integrierte Schaltung
  integrated-circuit artwork graphische Vorlage für einen integrierten Schaltkreis
  integrated-circuit technique Integrationstechnik
  integrated-circuit technology Integrationstechnologie
  integrated communication network integriertes Nachrichtennetz
  integrated data and text network zusammengefaßtes (integriertes) Daten- und Textnetz

  integrated device with time lag
IT-Glied (Übertragungsglied mit integrierendem und verzögerndem Verhalten)
  integrated digital network integriertes Digitalnetz
  integrated disk Festplattenspeicher
  integrated electronics integrierte Elektronik
  integrated filestore Sekundärspeicher
  integrated injection logic I^2L, IIL (integrierte Injektionslogik)
  integrated mica aufgeschlossener Glimmer
  integrated microcircuit integrierte Mikroschaltung
  integrated optics integrierte Optik
  integrated semiconductor circuit integrierte Halbleiterschaltung
  integrated services digital network dienstintegriertes Digitalnetz
  integrated set System mit integrierten Bausteinen
integrating integrierend
  integrating amplifier Integrierverstärker
  integrating circuit Integrationsschaltung
  integrating meter Zähler
integration Integration (Eingliederung in ein Ganzes, Lösen eines Integrals; Math)
  integration by parts partielle Integration (Math)
integrator Integrationsgerät, Integrationsschaltung, Integrator, Integrierer, Integrierglied
integrity Ganzheit, Integrität, Widerspruchsfreiheit, Vollständigkeit
intelligence Aufklärung, Information, Intelligenz, Nachricht

  intelligence bandwidth Gesamtbandbreite eines Nachrichtenkanals
  intelligence signal Nachrichtensignal
intelligent intelligent, programmierbar
  intelligent terminal leistungsfähige Datenstation, freiprogrammierbares Endgerät
intelligibility Sprachverständlichkeit
  intelligibility of phrases Satzverständlichkeit
  intelligibility of words Wortverständlichkeit
  intelligibility test Gehörprüfung
intelligible to lesbar für
INTELSAT (International Telecommunication Satellite Organization) INTELSAT (Internationale Organisation der Nachrichtenübertragung durch Satelliten)
intend, to beabsichtigen
intense intensiv, stark
intensified gesteigert, hellgetastet, verstärkt
  intensified replica verstärkte Wiedergabe
intensifier electrode Nachbeschleunigungselektrode
intensify, to helltasten, steigern, verstärken
intensity Helligkeit, Intensität, Stärke
  intensity distribution Intensitätsverteilung
  intensity modulation Helligkeitsmodulation (Katodenstrahlröhre)
  intensity of current Stromstärke
  intensity of illumination Beleuchtungsstärke

intensity of radiation Strahlungs-
intensität
intensity of sound Schallstärke
intention Absicht
inter Zwischen...
  inter arrival time Anrufabstand
interact, to wechselwirken
interaction Wechselwirkung
interactive sich gegenseitig beeinflussend, Dialog...
  interactive mode Dialogbetrieb
  interactive processing Dialogverarbeitung
  interactive program Dialogprogramm
  interactive videotex center Bildschirmtext-Zentrale
interatomic distance/spacing Atomabstand
interband Zwischenband
  interband transition Band-Band-Übergang
interbase circuit Zwischenbasisschaltung
interblock gap Blockzwischenraum
intercarrier interference Differenzträgerstörung
intercarrier system Differenzträgersystem
intercept, to abfangen, abschneiden, mithören (von Nachrichten)
intercept Schnittpunkt
interception Abfangen, Abhören, Abschneiden
  interception noise Stromverteilungsrauschen
  interception of an axis Achsenabschnitt
  interception of calls Fernsprechhinweisdienst
interchange, to austauschen, vertauschen

interchange the indices, to Indizes vertauschen
interchange Austausch
  interchange of heat Wärmeaustausch
  interchange point Übergabestelle
interchangeable austauschbar
intercom(munication) system Gegensprechanlage
interconnect, to miteinander verbinden, verdrahten
interconnect capacitance Leitungskapazität
interconnect point Verbindungspunkt
interconnecting Verbindungs...
interconnection Verbindung, Netzkupplung, Verdrahtung, Zusammenschalten
  interconnection diagram Schaltungsdiagramm
  interconnection pattern Schaltungsschema
  interconnection technology Anschlußtechnik
  interconnection wiring Schaltungsverdrahtung
intercouple, to koppeln, zusammenschalten
interdependence gegenseitige Abhängigkeit
interdigital filter Interdigitalfilter
interdigital line Interdigitalleitung (Verzögerungsleitung)
interdigital magnetron Doppelkammermagnetron
interdigitate ineinandergreifen
interelectrode capacitance Elektrodenkapazität, Röhrenkapazität
interest Anteil, Interesse, Nutzen, Zins
  interest accounting Prozentrechnen
interesting anziehend, interessant
interface, to anschließen, verbinden

interface Anpassungsschaltung, Grenzfläche, Grenzschicht, Interface, Schnittstelle, Übergangsstelle (Hl)
  interface circuit Anpassungsschaltung
  interface control Anpassung
  interface layer Grenzschicht
  interface system Schnittstellensystem
interfacial Grenzflächen...
  interfacial layer Grenzschicht
  interfacial trap Haftstelle
interfacing angrenzend
interfere, to interferieren (Phys), sich überlagern, stören
interference Interferenz (Phys), Störung
  interference eliminator Störschutz
  interference pattern Interferenzbild
  interference pick-up Störsignalaufnahme
  interference-prone störanfällig
  interference-proof störungssicher
  interference rejection Störfestigkeit, Störunterdrückung
  interference suppression Entstörung, Störunterdrückung
  interference suppressor Störsperre
  interference trap Störschutzfilter
  interference voltage Störspannung
interferencefree entstört, störungsfrei
interfering Stör...
  interfering frequency Störfrequenz
interferior darunter liegend, schlechter
interferometer Interferometer (Meßgerät, das die Interferenz ausnutzt)
intergranular corrosion interkristalline Korrosion

intergrow, to verwachsen
interim vorläufig, Zwischen...
  interim report Zwischenbericht
interior Innere, Innenraum, Innen... Zwischen...
interlace, to (ineinander) verschachteln
  interlaced networks verkettete (Nachrichten)Netze
  interlaced recording Zweikopf-Aufzeichnung
  interlaced scanning Zeilensprungverfahren
interlacing Zeilensprung
interlattice Zwischengitter
interlayer Zwischenschicht
interleave, to gegenseitig versetzen, verschachteln
interleaving Speicherverschachtelung Verschränken
interlink, to verketten, kuppeln
interlinking Verbindung
interlock, to blockieren, sperren, verriegeln
interlock Blockierung, Sperre, Synchronisiereinrichtung (Dv), Verriegelung
  interlock diagram Blockierungsplan
interlocking gegenseitige Verriegelung
  interlocking circuit Blockierungsstromkreis, Verriegelungsstromkreis
interlude Unterbrechung, Vorprogramm
intermediate dazwischenliegend, Zwischen...
  intermediate access memory schneller Zugriffsspeicher
  intermediate beat Zwischenschwingung
  intermediate code Zwischencode
  intermediate frequency Zwischenfrequenz (Zf)

intermediate repeater Zwischenverstärker
intermediate result Zwischenergebnis
intermediate setting Zwischeneinstellung
intermediate value Zwischenwert
intermesh, to ineinandergreifen
intermeshing Vermaschung
intermetallic compound Metallverbindung
intermittent intermittierend, unterbrochen, zeitweilig aussetzend
  intermittent contact Wackelkontakt
  intermittent d.c. flow Lückbetrieb
  intermittent defect zeitweilige Störung
  intermittent display Sprunganzeige
  intermittent error zeitweilig auftretender Fehler
  intermittent operation Impulsbetrieb
intermode dispersion Modendispersion
intermodulation Intermodulation, Kreuzmodulation, Zwischenmodulation
  intermodulation noise measurement Klirrmessung
intermolecular zwischenmolekular
intern(al) innere(r,s), (anlagen)intern, Innen..., Eigen...
  internal battery eingebaute Batterie
  internal blocking interne Blockierung
  internal capacitance Eigenkapazität
  internal clock generation selbsttaktend
  internal decimal gepackte Dezimalzahl
  internal diameter Innendurchmesser
  internal dimension Innenmaß
  internal graticule Innenraster
  internal impedance Innenwiderstand
  internal power Eigenverbrauch
  internal reference interner Aufruf
  internal resistance Innenwiderstand
  internal storage Internspeicher
  internal strain innere Beanspruchung
  internal thermal resistance innerer Wärmewiderstand
  internal traffic Internverkehr
  internal triggering Selbsttriggerung
  internal wiring Innenverdrahtung
international international
  international candle power internationale Kerze (1 IK = 1,019 cd)
  international distress frequency internationale Notfrequenz (2,182 MHz)
  international number internationale Nummer
  International System of Units SI-System
internuclear distance Kernabstand
interoffice trunk Ortsverbindungsleitung
interpenetration gegenseitige Durchdringung
interphase Zwischenphase
interphone system Gegensprechanlage
interplanetary aviation Raumschiffahrt
interpolation Interpolation (Errechnen von Werten, die zwischen bekannten Werten einer Funktion liegen)
interpole Zwischenpol
interpose, to einfügen, zwischenschalten
interposition Einwand, Unterbrechung, Zwischenschaltung
interpret, to auswerten, deuten, erklären

interpretation Auswertung, Deutung, Erklärung, Interpretation
interpre(ta)tive program Auswerteprogramm
interpreter Interpreter (Programm, das nach der Quelltextanalyse unmittelbar ausgeführt wird), Zuordner
interrecord gap Satzzwischenraum
interrelated in Beziehung stehen
interrelation Wechselspiel, Zusammenwirken
interrogate, to abfragen
interrogation Abfrage, Fragezeichen, Rückfrage
  interrogation beamwidth Abfragekeulenbreite
  interrogation command Abfragebefehl
  interrogation mode Abfragemodus
  interrogation-path sidelobe suppression Nebenzipfelunterdrückung (auf dem Abfrageweg)
  interrogation program Abfrageprogramm
  interrogation recurrence frequency Abfragefolgefrequenz
interrogator Abfragesender
  interrogator-responser Frage-Antwort-Gerät
interrupt, to abschalten, trennen, unterbrechen
interrupt Interrupt, Programmunterbrechung, Unterbrechung
  interrupt handler Steuerungsprogramm zur Unterbrechung eines Programmablaufs
  interrupt level Programmunterbrechungsebene
  interrupt priority Programmunterbrechungspriorität
  interrupt request Programmunterbrechungsforderung
  interrupt signal Programmunterbrechungssignal
  interrupt status word Unterbrechungsstatuswort
  interrupt vectoring Unterbrechungsanweisung
interrupter Ausschalter, Unterbrecher
  interrupter time Ausschaltzeit
interrupting Trennen, Unterbrechen
interruption Betriebsstörung, Unterbrechung
interscan Zwischenabtastung
  interscan range Zwischenabtastbereich
intersection Durchdringung, Durchschnitt (Math), UND-Verknüpfung, Schnittpunkt
  intersection point Schnittpunkt
intersperse with, to vermischen mit
interstage Zwischenstufe
  interstage network Stufenkopplungsnetzwerk
  interstage transformer Zwischentransformator
interstellar interstellar, Weltraum...
interstitial Zwischen..., Zwischenraum..., Zwischengitter
  interstitial atom Zwischengitteratom
  interstitial site Zwischengitterplatz
interties Querleitungen
interval Intervall, Zwischenraum
  interval of time Zeitraum
  interval signal Pausenzeichen
  interval timer Zeitgeber
intervening space Zwischenraum
intervention Eingreifen
interwinding capacitance Wicklungskapazität
interworking Zusammenarbeit

intimate eigentlich, eng, innerst
  intimate contact inniger Kontakt
into in, hinein
intolerable unzulässig
intraband telegraphy Einlagerungstelegrafie
  intraband telegraphy channel Einlagerungskanal
intraband transition Bandübergang
intra-die Chip in einem Chip
intramode dispersion Farbdispersion (Farbzerlegung)
intramolecular innermolekular
intricate kompliziert, schwierig
intrinsic eigenleitend, inner, wahr, Eigen...
  intrinsic carrier Ladungsträger eines Eigenleiters
  intrinsic conductivity Eigenleitfähigkeit
  intrinsic coordinates natürliche Koordinaten
  intrinsic density Eigenleitungsdichte
  intrinsic function eingebaute Funktion
  intrinsic mass eingeprägte Masse
  intrinsic material eigenleitender Werkstoff
  intrinsic potential inneres Potential
  intrinsic semiconductor Eigenhalbleiter
intrinsically safe eigensicher
introduce, to einbauen, einführen, hinzufügen, vornehmen
introduction Einführung, Einleitung, Einbau (von Störstellen)
intrusion Aufschalten, Eindringen
intuition Eingebung, Intuition
intuitive anschaulich, intuitiv

invalid fehlerhaft, ungültig
  invalid condition Fehlerbedingung
invalidate, to entkräften, (für) ungültig erklären
invalidity Ungültigkeit
invariable unveränderlich
invariance Invarianz, Unveränderlichkeit
invariant invariant, unveränderlich
invariant Invariante (Größe, die beim Auftreten von Veränderungen unverändert bleibt)
invent, to erfinden
invention Erfindung
inventor Erfinder
inventory Bestandsliste, Inventar
inverse, to umkehren
inverse Kehrwert, reziproker Wert
inverse entgegengesetzt, invers, reziprok, umgekehrt, Gegen...
  inverse amplification factor Durchgriff
  inverse blocking/conducting rückwärtssperrend, rückwärtsdurchlässig
  inverse collision inverser Stoß
  inverse current Rückwärtsstrom
  inverse diode Sperrdiode
  inverse feedback Gegenkopplung
  inverse frequency Umkehrfrequenz
  inverse function Umkehrfunktion
  inverse logarithm Numerus (Zahl, zu der der Logarithmus gesucht wird)
  inverse operation Inversbetrieb
  inverse recovery time Sperrverzögerungszeit
  inverse standing-wave ratio Anpassungsfaktor
  inverse time-lag abhängig verzögert
  inverse transform Rücktransformation
  inverse trigonometric function Arkusfunktion

inverse video Negativ-Bildschirmdarstellung
inverse voltage Rückwärtsspannung
inversed type Negativschrift
inversely proportional umgekehrt proportional
inversion Inversion, Negation (Logik), NICHT-Verknüpfung, Spiegelung, Umkehrung
  inversion integral Umkehrintegral
  inversion layer Inversionsschicht
  inversion of population Besetzungsumkehr
  inversion point Umkehrpunkt
  inversion theorem Umkehrsatz
invert, to invertieren, umkehren
  invert the polarity, to die Polarität umkehren
inverted umgekehrt, verkehrt
  inverted amplifier Gegentaktverstärker
  inverted converter Wechselrichter
  inverted file invertierte Datei
  inverted polish notation umgekehrte polnische Notation
  inverted recording NRZI-Codierung (Aufzeichnungsverfahren auf Magnetträger)
  inverted rectifier Wechselrichter
  inverted speech Sprachverschlüsselung
  inverted tree invertierter Baum (Baumwurzel nach oben)
inverter Inverter, Negationsschaltung, NICHT-Glied, Umkehrstufe
  inverter amplifier Phasenumkehrverstärker
  inverter circuit Phasenumkehrschaltung
  inverter operation Wechselrichterbetrieb
  inverter stage (Phasen)Umkehrstufe
invertible umkehrbar
inverting Umkehr...
  inverting amplifier invertierender Verstärker
invertor s. inverter
investigate, to erforschen, ermitteln, untersuchen
investigator Forscher
invisible unsichtbar
invitation Aufruf, Einladung
invite, to aufrufen, einladen
invocation Aufruf
invoice Rechnung
invoicing Fakturierung (in Rechnung stellen)
invoke, to aufrufen
involatile nichtflüchtig
involute Evolvente (Abwicklungslinie)
involution Potenzierung
involve, to erfassen, enthalten, erfordern, in sich schließen, verlangen
I/O (input-output) Ein-Ausgabe
I/O-port Ein-Ausgabe-Datenkanal
I/O-processor peripherer Prozessor
IOCS (input/output control system)
IOCS (Ein-Ausgabe-Steuersystem)
iodine Jod (chem. Element)
ion Ion (elektrisch geladenes Atom oder Molekül; wörtl.: das Wandernde)
ion-beam Ionenstrahl
ion-beam milling Ionenstrahlabtastung
ion bombardment Ionenbeschuß
ion burn Ionenbrennfleck
ion core Ionenrumpf
ion defect Ionenstörung
ion drive Ionenantrieb
ion etching Ionenätzen
ion exchanger Ionenaustauscher

ion gun Ionenquelle
ion implant Ioneneinbau
ion implantation Ionenimplantation (Einschießen hochenergetischer Ladungsträger in den Halbleiterkristall; Dotierungstechnik)
ion impurity Ionenstörstelle
ion migration Ionenwanderung
ion milling Ionenstrahlätzen
ion optics Ionenoptik
ion pairing Ionenpaarbildung
ion printing Ionenbelichtung
ion-propelled iongetrieben
ion spot Ionenbrennfleck
ion trajectory Ionenbahn
ion trap Ionenfalle
ion vacancy Ionenleerstelle
ion yield Ionenausbeute
ionic Ionen...
  ionic bond Ionenbindung (Chem)
  ionic compound Ionenverbindung
  ionic conduction Ionenleitung
  ion semiconductor Ionenhalbleiter
  ionic tube Ionenröhre
ionizable ionisierbar
ionization Ionisierung
  ionization energy Ionisierungsenergie
ionize, to ionisieren
ionized ionisiert, Ionen...
  ionizing radiation ionisierende Strahlung
ionophone Ionophon-Lautsprecher
ionosphere Ionosphäre (Hülle der Erdatmosphäre zwischen 80 km und 800 km Höhe)
ionospheric scatter ionosphärische Streustrahlung
ionospheric wave Raumwelle
IPL (initial program loader) Urladeprogramm

IPOS (insulation by oxidized porous silicon) process IPOS-Verfahren (Isolationsverfahren für integrierte Schaltungen mittels Silizium(II)-oxid
ipot induktiver Spannungsteiler, Spulenpotentiometer
IPS (inches per second) Zoll pro Sekunde
I/Q processing Quadraturverarbeitung
IR drop ohmscher Spannungsabfall
IR image converter tube Infrarot-Bildwandlerröhre
iraser Infrarotlaser
IRED (infrared-emitting diode) infrarotleuchtende Diode
iridescence Irisieren (in Regenbogenfarben schimmernde Oberfläche)
iridium Iridium (chem. Element)
iris Iris (Regenbogenhaut des Auges)
  iris diaphragm Irisblende
iron Eisen, Lötkolben
  iron-clad gepanzert
  iron-clad plate Panzerplatte
  iron-core inductor Drossel(spule)
  iron-nickel accumulator Edison-Akkumulator
  iron-ore Eisenerz
  iron-vane instrument Dreheiseninstrument
irradiance Beleuchtungsdichte
irradiate, to ausstrahlen, beschießen, (be)strahlen
irradiation Belichtung (Fotografie), Bestrahlung
  irradiation by solar rays Sonnenbestrahlung
  irradiation intensity Beleuchtungsdichte
irradiative strahlend
irrational irrational (Math)

irreducible irreduzibel (nicht zurückführbar), unzerlegbar
irredundant nicht redundant, nicht weitschweifig
irregular unregelmäßig
irregular distortion Verzerrung durch Zufallsgrößen
irregularity Regellosigkeit, Unregelmäßigkeit
irrelevant belanglos, ohne Bedeutung
irrespective ohne Rücksicht auf, unabhängig von
irreversible irreversibel, nicht umkehrbar
irrotational field wirbelfreies Feld
IS (information separators) Informationstrennkennzeichen (CCITT-Alphabet Nr. 5)
ISDN (Integrated Services Digital Network) ISDN (dienstintegriertes Digitalnetz)
ISL (intersatellite link) Direktverbindung zwischen Satelliten
island Insel
ISO (International Organization for Standardization) ISO (Normungsausschuß)
isobar Isobare (Linie konstanten Drucks)
isobaric isobar (gleichen Druck habend)
isochore Isochore (Linien konstanten Volumens)
isochromatic isochromatisch (gleichfarbig)
isochronal isochron (gleich lang dauernd)
isochrone Isochrone (Linien mit gleichen physikalischen Erscheinungen)
isochronous isochron (in gleichen Zeitabständen), synchron

isochronous signals synchrone Signale
isocline Isokline (Linien gleicher Neigung)
isoelectric isoelektrisch (gleiche Anzahl positiver und negativer Ladungsträger)
isogonal winkeltreu
isogonous gleichwinklig
isolate, to abschalten, isolieren, trennen, unterbrechen
isolate a malfunction, to einen Fehler finden
isolated location geschützte Speicherstelle
isolation s. insulation
isolation test routine Fehlerprüfprogramm
isolator Einwegleiter, Richtleiter, Trennschalter
isomeric isomer, maßgleich, regulär
isomorphic eindeutig, isomorph
isoplanar isoplanar (in der gleichen Ebene)
isoplanar technology Isoplanartechnik
isosceles gleichschenklig (Math)
isotherm Isotherme (Linien konstanter Temperatur)
isothermic isotherm (gleiche Temperatur habend)
isotints Linien gleichen Weißanteils
isotones Linien gleichen Schwarzanteils
isotope isotop, Isotopen...
isotope Isotop (Atome mit gleicher chemischer Struktur, aber unterschiedlichen Massezahlen)
isotropic isotrop (nach allen Richtungen gleiche Eigenschaften aufweisend), richtungsunabhängig

isotropic pattern Kugelcharakteristik
ISR (interrupt service routine) Interrupt-Unterprogramm
issue, to (aus)geben
issue Ausgabe (einer Zeitschrift), Ausgang, Ergebnis
issuing ray austretender Strahl
IST (integrated switching and transmission network) IST (integriertes Übertragungsnetz)
italic kursiv (schräg liegende Schrift)
item Betrachtungseinheit, (Daten)Feld (Dv), Einzelheit, Fall, Posten
  item code Artikelcode
  item sort Merkmalsortierung
iterate, to wiederholen
iteration Iteration (Math), Wiederholung
  iteration index Schleifenindex
  iteration loop Iterationsschleife
iterative iterativ, schrittweise, sich wiederholend, Ketten...
  iterative addition schrittweise Addition
  iterative impedance Kettenwiderstand
  iterative matrix Kettenmatrix
  iterative method Iterationsverfahren (Math)
  iterative network Kettenschaltung
  iterative procedure schrittweises Verfahren
  iterative process Schleifenprozeß
  iterative routine Programmschleife
its deren, dessen, ihr, sein
ITT (invention to transmit) Token-Weitergabe
i- (intrinsic) type semiconductor Eigenhalbleiter

J

jack Buchse, Steckdose
  jack bay Schaltfeld
  jack lamp Stecklampe
  jack plug Klinkenstecker
  jack strip Klinkenstreifen
jacket, to ummanteln
jacket Gehäuse, Mantel, Tasche für Mikrofilme, Umhüllung
jacketing Umhüllung
jag Kerbe, Zacke
jagging gezackte Linie
jam Störung, Verklemmung
jammer Störsender
  jammer suppression Störunterdrückung
jamming (beabsichtigte) (Funk)Störung
jar Tiegel
jaw Kinn, Klaue, Klemmbacke
JCL (job control language) Kommandosprache, Steuersprache
JEDEC (Joint Electronic Device Engineering) JEDEC (amerik. Normungsausschuß)
jeopardize, to aufs Spiel setzen, gefährden
jerk (plötzlicher) Stoß
jet Düse, Strahl
  jet propulsion Düsenantrieb, Strahlantrieb
JFET (junction FET) JFET (Sperrschicht-Feldeffekttransistor)
jitter Flackern, Jitter (stochastische Schwankungen eines Signals), Zittern
JK-flip-flop JK-Flipflop
job Aufgabe, Auftrag, Bearbeitung, Job (Dv), Problem

job control language Kommandosprache, Steuersprache
job documentation Programmbetriebsunterlagen
job library Aufrufbibliothek
job management Jobmanagement
job preparation Arbeitsvorbereitung
job processing Jobverarbeitung
job queue Auftragswarteschlange
job step Bearbeitungseinheit
jogging Tastbetrieb
joggle, to rütteln, schütteln
Johnson counter Johnson-Zähler (Ringzähler)
Johnson noise thermisches Rauschen
join, to (sich) verbinden, vereinigen, zusammenfügen
join Sammlung (Dv), Verbindung, Vereinigung (Math)
joint gemeinsam, Mit...
joint Lötstelle, Vereinigung (Math), ODER-Verknüpfung
jointing sleeves Drahtverbindungshülse
Josephson effect Josephson-Effekt (Phys)
Josephson junction Josephson-Übergang
joule Joule (Einh. d. Arbeit, Energie, Wärmemenge; 1 J = 1 Nm)
Joule heat Joulsche Wärme
Joule-Thomson effect Joule-Effekt
journal (Fach)Zeitschrift, Protokoll
joy Freude
joystick Markierungsstift (für Bildschirm)
judge, to beurteilen, entscheiden
judgement Beurteilung
JUGFET (junction FET) JFET (Sperrschicht-Feldeffekttransistor)
juice "Saft" (elektrischer Strom)
jump, to (über)springen, verzweigen

jump Sprung
jump instruction Sprungbefehl
jumper (Kurzschluß)Brücke, Überbrückungsstecker, Verbindungsdraht
junction Ortsverbindungsleitung, Störstellenübergang, (PN-)Übergang, Verbindungsstelle, Zusammenführung (Programmablaufplan)
junction barrier/contact potential Sperrschichtpotential (eines PN-Übergangs)
junction capacitance Sperrschichtkapazität
junction depletion region Verarmungsschicht
junction diode Flächendiode
junction gate FET JFET (Sperrschicht-Feldeffekttransistor)
junction grading Gefälle in einem (PN-)Übergang
junction line Verbindungsleitung
junction point Verzweigungspunkt
junction region Übergangsgebiet
junction summing Summenpunkt
junction temperature Sperrschichttemperatur
junction transistor Flächentransistor
junction width Breite des PN-Übergangs
junctor Verbindungssatz (Internsatz)
junk Ausschuß
just eben, genau, gerade (noch), nur
justification Justierung, Rechtfertigung
justified setting Ausschließen
justify, to anschließen, begründen, bündig machen, justieren
jute Jute
juxtapose, to nebeneinander anordnen
juxtaposition twins Kontaktzwillinge

K

k (kilo)   k... (10^3)
K (kilo)   K... (2^{10} = 1024)
Karnaugh(-Veitch) map   Karnaugh (-Veitch)-Diagramm (Logik)
KB (kilobyte)   Kilobyte (1024 Bytes)
K-band   K-Band (10,9 GHz bis 36 GHz)
kc (kilocycles)   Kilohertz (kHz)
K-display   K-Darstellung (Ant)
keep, to   halten
  keep alive, to   aufrechterhalten
  keep pace, to   Schritt halten
keep-alive electrode   Erregeranode
keeper   Relaisanker, Schließblock
kell factor   Kell-Faktor (Verhältnis der horizontalen zur maximal möglichen vertikalen Auflösung; Fs)
kelvin   Kelvin (Einh. d. thermodyn. Temperatur; 0 K = -273,2 °C)
  Kelvin balance   Stromwaage
  Kelvin bridge   Thomson-Meßbrücke
  Kelvin scale   absolute Temperaturskala
kenotron   Kenotron (Hochvakuumgleichrichter)
kerf   Kerbe
  kerf width   Schnittbreite (beim Auseinandersägen von Halbleiterstäben)
kernel   Kern
  kernel program   Kernprogramm
kerning   Ausgleichen
Kerr cell   Kerr-Zelle (mit Flüssigkeit gefüllter Plattenkondensator)
key, to   (ein)tasten
  key off, to   austasten
key   (Druck)Taster, Schlüssel, Taster
  key lever   Tastenhebel
  key-operated switch   Taster
  key pulsing   Tastenwahl
  key sort   Schlüsselsortierung
  key-station   Hauptsender
  key switch   Taster
  key technology   Schlüsseltechnologie
keyboard   Tastatur, Tastenfeld
  keyboard display   Datensichtstation
  keyboard selection   Tastaturwahl, Tastwahl
keyed   chiffriert, getastet, mit Tasten versehen
  keyed sequence   Tastfolge
keyer   Tastgerät
keying   Codieren, Tastung, Verschlüsseln
  keying speed   Tastgeschwindigkeit
keypad   kleine Tastatur (Taschenrechner)
keypunch   Locher, Tastatur zum Stanzen von Lochkarten
keystone   Grundgedanke, Grundlage
  keystone distortion   Trapezverzeichnung
  keystone shaped   trapezförmig
keystroke   Anschlag, Eintasten, Tastenbetätigung
keyway   Keilnut
keyword   Kennwort, Schlagwort, Schlüsselwort, Stichwort
  keyword assignment   Indexierung
kHz (kilohertz)   kHz (Kilohertz)
kick   Stoß
kickback   Rücklauf (Fs), Rückschlag, Rückstoß
kidney-shaped   nierenförmig
kill, to   abbrechen, vernichten
killer center   Rekombinationszentrum
kilo   Kilo... (10^3)
kilobit   Kilobit (1024 Bits)
kilobyte   Kilobyte (1024 Bytes)
kilogram   Kilogramm (kg; Einh. d. Masse)
  kilogram force   angloam. Krafteinheit (1 kgf = 9,81 N)

kilogram mass conversion (mc^2) Masse-Energie-Äquivalent $(8,99 \cdot 10^{16}$ J)
kilopond veralt. Krafteinh. (1 kp = 9,81 N)
kilowatt-hour veralt. Energieeinheit (1 kWh = $3,6 \cdot 10^6$ J)
kind Art, Sorte, Weise
kinematics Kinematik (Bewegungslehre)
kinetic kinetisch, Bewegungs...
  kinetic energy kinetische Energie
kinetics Kinetik (Lehre von der Bewegung durch Kräfte)
kink Knick, Knoten, Schleife
KIPS (K-instructions per second) 1024 Befehle pro Sekunde (Maß für die Rechnergeschwindigkeit)
Kirchhoff's laws Kirchhoffsche Gesetze
Kirchhoff's loop law Maschenregel
Kirchhoff's node law Knotenregel
kit Ausrüstung, Bausatz
kludge (örtliche) Fehlerbeseitigungsmethode
klystron Klystron (Elektronenröhre für Mikrowellen)
knee Knie
  knee voltage Kniespannung
knife Messer
  knife blade contact Messerkontakt
  knife-edge Schneide
  knife-edge pointer Messerzeiger
  knife-edge relay Schneidenankerrelais
  knife-edged contact Messerkontakt
knob Drehknopf, Knopf
knock, to aufprallen, klopfen, stoßen
  knock on, to anstoßen
knot Knoten (Einh. d. Geschwindigkeit in der Seefahrt; 1 kn = 0,515 m/s)
know, to kennen, wissen

know-how (Fach)Wissen, "Gewußt wie", Know-how
knowledge (Er)Kenntnis, Wissen
known bekannt
knurl, to rändeln, riefeln
knurled screw Rändelschraube
kovar Kovar (Eisen-Nickel-Kobalt-Legierung)
KOX (keyboard operated transmission) über Tastatur ausgelöste Übertragung
kraft (paper) Packpapier
k-rating Klirrfaktor
krypton Krypton (chem. Element)
kurtosis Häufungsgrad (Math)

L

lab s. laboratory
label, to bezeichnen, kennzeichnen, markieren
label Kennsatz, Kennzeichen, Marke
  label handling routine Kennsatzprogramm
  label identifier Kennsatzname
  label record Kennsatz
  label set Kennsatzfamilie
labelling Kennzeichnung, Markierung
labial Lippen...
labile labil, nicht stabil, unbeständig
laboratory Labor
labour Arbeit
LACE (local automatic circuit exchange) örtliche Wählvermittlung
lace, to (ver)binden
lace Litze, Schnur
lack, to fehlen
lack Mangel
  lack of fehlen von, mangels
  lack of definition Unschärfe (Optik)

lacquer Lack
  lacquer master Original einer
  Schallplatte
lacquered lackiert
ladar (laser radar) Laserradar
ladder Leiter
  ladder network Abzweigschaltung,
  Kettenleiter
lag, to nacheilen
lag Kathete, Nacheilen, Verzögerung
  lag angle Verzögerungswinkel
  lag element Totzeitglied
  lag network Verzögerungsnetzwerk
lagging nacheilend
  lagging load induktive Belastung
lagging Wärmeschutz(isolierung), Verzögerung
lake See
lambert Lambert (amerik. Einh. d. Leuchtdichte; 1 la = $0,318 \cdot 10^4$ cd/m^2)
laminar laminar, wirbelfrei
laminate, to schichten
laminate Beschichtung, Schichtpreßstoff
lamination Schichtung
lamp Lampe
lampholder Lampenfassung
lampitude Amplitudenfunktion bei der Cepstrum-Analyse (Wortverdrehung von "amplitude")
LAN (local area network) lokales Netz
land Kontaktflecken, Land, Leiterbahn, Lötauge, Steg, Berührung des Schreib-Lese-Kopfes mit der Magnetplatte
  land mobile beweglich, fahrbar
  landing beacon Landebake
  landing error Formatfehler
lands Verdrahtungspunkte (in einer Mikroschaltung)
language (Programmier)Sprache
  language analysis Sprachanalyse

language processor Übersetzungsprogramm
  language translation Sprachübersetzung
lantern Lampe, Laterne
lanthanum Lanthan (chem. Element)
LAP (link access procedure) Übermittlungsvorschrift für den Datenaustausch bei Paketübertragung (Ebene 2)
lap, to läppen (Oberflächenbearbeitung)
lap Überlappung
  lap dissolve Überblenden
  lap joint überlappte Verbindungsenden von Drähten
lapel microphone Knopflochmikrophon
Laplace transform Laplace-Transformation (Math)
lapping Läppen
LARAM (line-addressable random access memory) LARAM (zeilenadressierbares RAM)
large groß, umfangreich, weit, Groß...
  large-area großflächig
  large scale großer Maßstab
  large-scale integration Großintegration, LSI
  large-scale manufacture Massenherstellung
  large-scale production Serienfertigung
  large signal Großsignal...
  large-signal amplifier Großsignalverstärker
  large-surface großflächig
largely weitgehend
laryng(e)al Kehlkopf...
laryngophone Kehlkopfmikrofon
LASCS (light-activated silicon controlled switch) lichtgesteuerter Thyristor

lase, to kohärente Strahlen erzeugen
laser (light amplification by stimulated emission radiation) Laser
  laser annealing Ausheilen (von Gitterstrukturen) durch Laserstrahlen
  laser-beam recording Laserstrahlaufzeichnung
  laser cavity Laserresonator
  laser diode Halbleiterlaser, Laserdiode
  laser-operated laserbetrieben
  laser printer Laserdrucker
  laser trimming Laserabgleich
  laser videodisk Laser-Bildplatte
  laser welding Laserschweißen, Lichtstrahlschweißen
lash, to festbinden
last, to dauern
last höchst, jüngst, letzter
  last-choice routing Letztweg
lasting dauerhaft
latch, to (fest)halten, sperren, verriegeln
latch Auffang-Flipflop, Haltekreis, Zwischenspeicher (als Kurzzeitspeicher)
  latch flip-flop (Zwischen)Speicherflipflop
  latch(-in) relay Sperrelais, Verriegelungsrelais
  latch-up unerwünschtes Sperren
latched mit Zwischenspeicher versehen, verriegelt
latching Arretierung, Sperre, Verriegeln
  latching circuit Halteschaltung
  latching current Einraststrom
  latching relay Stromstoßrelais
late spät
latency (time) Latenzzeit, (Zugriffs-)Wartezeit

latent gebunden, latent, verborgen
  latent heat latente Wärme
  latent image latentes Bild
later später
lateral lateral, seitlich, Seiten..., Quer..., Transversal...
  lateral area Mantelfläche (Math)
  lateral elevation Seitenansicht
  lateral etching Unterätzen
  lateral inversion Seitenumkehr
  lateral parity check vertikale Paritätsprüfung
  lateral side Schenkel (Math)
  lateral transistor Lateraltransistor (Bipolartransistor, in dem die Ladungsträger parallel zur Substatoberfläche fließen)
laterally inverted/transposed seitenverkehrt
latest neueste(r,s), späteste(r,s)
latitude Breite
latter letztere(r,s)
lattice (Kristall)Gitter
  lattice cell Gitterzelle
  lattice constant Gitterkonstante
  lattice defect Gitterfehler
  lattice deformation Gitterverformung
  lattice dislocation Gitterstörung
  lattice disorder Gitterfehlordnung
  lattice distance Gitterabstand
  lattice distortion Gitterverzerrung
  lattice imperfection Gitterfehler
  lattice impurity Gitterstörstelle
  lattice mismatch Gitterfehlanpassung
  lattice network Brückenschaltung, Differentialschaltung
  lattice section X-Schaltung
  lattice site Gitterplatz
  lattice spacing Gitterabstand, Gitterkonstante

lattice trap Gitterhaftstelle
lattice unit Elementarzelle
lattice vacancy Gitterleerstelle
lattice vibration Gitterschwingung
Laue backscattering Laue-Rückstrahlverfahren
launch, to abfeuern, schleudern, starten
lavish, to verschwenden
law Gesetz, Prinzip, Regel, Satz
 law of chance Zufallsgesetz
 law of formation Bildungsgesetz
 law of the mean(s) Mittelwertsatz
lawrencium Lawrencium (chem. Element)
lay, to aufbringen, ausführen
 lay out, to ausführen, auslegen
lay Drallänge (einer Leitung)
layer Schicht, Zone
 layer resistivity Schichtwiderstand
 layer thickness Schichtdicke
 layer-type resistor Schichtwiderstand
layout Anordnung, Belegungsplan, (Struktur)Entwurf
lazy faul, träge
lb Zeichen für die Einh. pound
L-band L-Band (390 MHz bis 1550 MHz)
LCD (liquid crystal display) Flüssigkristallanzeige
LDI (lossless discrete integrator)
 LDI (Integrator zur Realisierung der sinh-Transformation)
leach, to auslaugen
leaching Auslaugen (Chem)
lead, to ableiten, führen, leiten, voreilen
 lead out, to herausführen
lead Anschluß(draht), Blei (chem. Element), Zuleitung
 lead (-acid) battery/cell Bleiakkumulator

lead angle Ausschnittwinkel, Voreilwinkel
lead-in Durchführungs...
lead inductance (Zu)Leitungsinduktivität
lead-out wire Anschlußdraht
lead resistance Zuleitungswiderstand
lead screw Spindel
lead-sheathed cable Bleimantelkabel
lead-shielded bleiummantelt
lead sleeve Bleimuffe
lead sludge Bleischlamm
lead storage battery Bleiakkumulator
lead through Durchführung
lead time Vorbereitungszeit
lead voltage drop Spannungsabfall in den Zuleitungsdrähten
lead wire Zuleitungsdraht
leader Führer, Leervorspann (bei einem Band)
leading Durchschuß, Führung, Leitung
leading führend, voreilend, Anfangs..., Haupt...
 leading black Schwarzvorläufer
 leading current voreilender Strom
 leading edge ansteigende Flanke, Vorderflanke (eines Impulses)
 leading-in wire Zuleitungsdraht
 leading phase voreilende Phase
 leading term Anfangsglied
 leading zero führende Null
leadless ohne Drahtverbindung
leaf Blatt, Folie
leaflet Merkblatt, Werbeschrift
leak, to ableiten
leak Ableitung, Kriechstrom, Leck, Streuung
 leak current Leckstrom
 leak detector Lecksuchgerät

leak impedance Parallelimpedanz
leak test(ing) Lecksuche
leakage Ableitung, Leck, Sehschwund, Streuung, Leck..., Streu...
 leakage coefficient Streukoeffizient
 leakage current Leckstrom, Kriechstrom, Reststrom
 leakage current limit Reststromgrenzwert
 leakage factor Streufaktor
 leakage path Kriechstrecke
leakance dielektrische Leitfähigkeit
leakproof dicht
leaktight hermetisch dicht
leaky verlustbehaftet
lean, to (an)lehnen
leap year Schaltjahr
leapfrog Bocksprung
 leapfrog network Leapfrog-Netzwerk (Abzweigschaltung mit charakteristisch ausgeführten Rückkoppelzweigen)
 leapfrog test (sprungweises) Austesten (eines Rechners)
learn, to lernen
learning curve Lernkurve (Qualitätsverbesserung aufgrund des praktischen Einsatzes)
lease, to mieten
leased line Standleitung
least geringste(r,s), kleinste(r,s), mindest..., niedrigst...
 least common denominator kleinster gemeinsamer Teiler
 least common multiple kleinstes gemeinsames Vielfaches
 least maximum deviation geringste Maximalabweichung
 least significant bit niedrigstwertiges Bit
 least significant digit niedrigstwertiges Zeichen
 least squares method Methode der kleinsten Quadrate (Math)
 least term kleinstes Glied
leave, to verlassen
 leave behind, to zurücklassen
 leave blank, to frei lassen, leer lassen
 leave of absence Abwesenheit
Lecher line/wire Lecher-Leitung
Leclanché element Leclanché-Element
LED (light-emitting diode) Leuchtdiode, lichtemittierende Diode, Lumineszenzdiode
ledger card Karteikarte
left links
 left-hand rule Linkehandregel
 left-hand zero führende Null
 left justified linksbündig
 left oblique Schrägstrich
 left parenthesis Klammer auf
leftmost position erste Stelle (einer Zahl)
leg Ausgang, Bein, Fuß (eines Gerätes), Schenkel, (Schaltungs)Zweig
legal gesetzlich, legal, zugelassen, zulässig
legend Aufschrift, Beschriftung, Bilderklärung, Legende
legibility Lesbarkeit (von Zeichen)
legitimacy Echtheit, Legitimierung
lemma Hilfssatz (Math)
length Länge
 length of time Zeitdauer
 length-to-diameter ratio Schlankheitsgrad
 length violation Längenübertretung (Dv)
lengthen, to (sich) verlängern
lengthwise der Länge nach

lens Linse
  lens antenna Linsenantenne
  lens aperture Linsenöffnung, Objektivöffnung
  lens turret Objektivrevolver
lenticular linsenförmig
Lenz's rule Lenzsche Regel
less (than) kleiner (als)
lessen, to abnehmen, vermindern
lesson Lektion, Unterrichtsstunde
let, to (zu)lassen
lethal tödlich
letter, to beschriften
  letter out, to löschen
letter Brief, Buchstabe, Schriftzeichen
  letter-quality Briefqualität (Eigenschaft eines Matrixdruckers)
  letter symbol Kurzzeichen
lettering Beschriftung
letters shift Buchstabenumschaltung
level eben, geradlinig, horizontal, plan
level, to abgleichen, ausgleichen, nivellieren
  level off, to einen stationären Wert erreichen
  level out, to horizontal auslaufen
level Ebene, (Energie)Niveau, Grad, Pegel, Stufe, Term (Energieniveauschema)
  level diagram Termschema
  level drift Pegeldrift
  level frequency response flacher Frequenzgang
  level indicator Füllstandsanzeiger, Pegelanzeiger
  level line Höhenlinie
  level of efficiency Leistungsgrad
  level of incident radiation Stärke der einfallenden Strahlung
  level of metalization Metallisierungsebene
  level oscillator Pegelsender
  level recorder chart Pegeldiagramm
  level scheme Termschema
  level shifter Pegelumsetzer
  level shifting Niveauverschiebung
  level surface Äquipotentialfläche
  level switching von Ebene zu Ebene umschalten
  level translator Pegelumsetzer
lever Hebel
  lever key Kippschalter
  lever switch Hebelschalter
levitate, to (frei) schweben
levogyrate linksdrehend
levorotatory linksdrehend (Chem)
lexical lexikalisch (in der Art eines Lexikons)
  lexical analysis semantische Analyse (Inf)
  lexicographic code lexikographischer Code
Leyden jar Leydener Flasche (Glaskondensator)
LF (line feed) Zeilenvorschub (CCITT-Alphabet Nr. 5)
LF (low frequency) Langwelle, Niederfrequenz (30 kHz bis 300 kHz)
LFM (linear frequency modulated) LFM (linear frequenzmoduliert)
liberate, to ablösen, befreien, freisetzen
librarian Bibliothekar, Bibliotheksverwaltungsprogramm
library Bibliothek, Bücherei
  library of programs Programmbibliothek
  library (sub)routine Bibliotheks(unter)programm
libration Schwanken, Schwingung

LIC (linear integrated circuit) integrierte Linearschaltung
licence Erlaubnis, Lizenz, Zulassung
licensee Lizenzinhaber
lid Deckel, Klappe
LID (leadless inverted device) LID (Verdrahtungstechnik ohne Zuleitungsdrähte)
lie, to liegen, lügen
lie detector Lügendetektor
LIF (low insertion force) geringe Einsteckkraft (bei Steckverbindungen)
life Leben, Lebensdauer
  life aging Einbrenntest (zur Feststellung der Lebensdauer von Bauelementen)
  life expectancy Lebenserwartung
  life limiting lebensdauerbegrenzend
  life period Lebensdauer
  life test Lebensdauerprüfung
  life utility Gebrauchslebensdauer
lifetime Lebensdauer
  lifetime grease lubricated bearing Lager mit Dauerschmierung
  lifetime of the minority charge carriers Minoritätsladungsträgerlaufzeit
LIFO (last-in, first-out) LIFO (Speicher, in den das zuletzt Eingegebene zuerst ausgelesen werden kann)
lift, to erhöhen, (sich) heben
  lift off, to ablösen, abheben
lift Aufzug, Auftriebs...
liftering Filterung bei der Cepstrum-Analyse (Wortverdrehung von "filtering")
ligand Ligand (Atom oder Molekül, das in einer chemischen Komplexverbindung ein Zentralatom umgibt)
ligature (Buchstaben)Verbindung, Ligatur

light, to beleuchten, erhellen
  light up, to aufleuchten
light hell, leicht
light Licht
  light absorption Lichtabsorption
  light-activated silicon controlled rectifier Photothyristor
  light adaption Lichtanpassung
  light barrier Lichtschranke
  light beam Lichtstrahl
  light button Lichtknopf
  light cell Photozelle
  light current Lichtstrom, Photostrom
  light-dark Hell-Dunkel...
  light density Lichtdichte
  light duty Kleinleistungs...
  light-emitting lichtaussendend
  light-emitting diode Leuchtdiode, lichtemittierende Diode, Lumineszenzdiode
  light flux Lichtstrom
  light guide Lichtleiter
  light gun Lichtgriffel, Lichtstift
  light load geringe Belastung
  light microsecond Lichtmikrosekunde (etwa 300 m)
  light-operated lichtgesteuert
  light optics Lichtoptik
  light pen(cil) Lichtgriffel, Lichtstift
  light period Hellperiode
  light pipe Lichtleiter
  light quantum Lichtquant, Photon
  light relay Lichtrelais
  light scanner Lichttaster
  light-sensitive lichtempfindlich
  light source Lichtquelle
  light spot Lichtfleck
  light track Lichtspur
  light-transmitting lichtdurchlässig

light-up impulse Aufhellimpuls
light valve Lichtsteuergerät
light wave Lichtwelle
light-year Lichtjahr (etwa 10^{13} km)
lighten, to beleuchten, blitzen, entlasten
lighthouse triode/tube Scheibentriode
lighting Beleuchtung, Lichttechnik
  lighting lead Lichtleitung
lightly doped schwach dotiert
lightning Blitz
  lightning arrester/conductor Blitzableiter
  lightning flash Blitzstrahl (Met)
  lightning switch Blitzschutzschalter
lightproof lichtundurchlässig
lighttight lichtundurchlässig
lightweight leicht
like gleich, gleichnamig (Math), wie
likelihood Wahrscheinlichkeit
likely wahrscheinlich
likewise ebenso
limit, to begrenzen, einschränken
limit Grenze
  limit angle Grenzwinkel
  limit bridge Toleranzmeßbrücke
  limit indicator Grenzwertmelder
  limit of detection Nachweisgrenze
  limit of error Fehlergrenze
  limit register Grenzregister
  limit switch Grenztaster
  limit testing Toleranzprüfung
  limit theorem Grenzwertsatz
  limit velocity Grenzgeschwindigkeit
limitation Begrenzung
limited begrenzt, beschränkt, endlich
  limited accessibility begrenzte Erreichbarkeit
limiter (Amplituden)Begrenzer
  limiter diode Begrenzerdiode

limiting Begrenzung, Grenz...
  limiting case Grenzfall
  limiting diode Begrenzerdiode
  limiting measuring bridge Toleranzmeßbrücke
  limiting resistor Begrenzungswiderstand
  limiting resolution Auflösungsgrenze
  limiting speed Grenzgeschwindigkeit
  limiting value Grenzwert
limitless unbegrenzt
limits of integration Integrationsgrenzen
lin-log IF amplifier linear-logarithmischer Verstärker
line amerik. Längeneinheit (1 line = 0,635 mm)
line Anschluß, Gerade, Leitung, Leitungsdraht, Linie, (Stromversorgungs)Netz, Zeile
  line accelerator Linearbeschleuniger
  line adapter Leitungsanschluß
  line advance Zeilenvorschub
  line amplifier Leitungsverstärker
  line balance Leitungsnachbildung
  line brightness Zeilenhelligkeit
  line broadening Linienverbreiterung
  line circuit Teilnehmerschaltung
  line code Leitungscode
  line commutated converter netzgeführter Umrichter
  line connecting equipment Leitungsanschlußeinrichtung
  line control unit Kanalgerät
  line cord Netzanschlußschnur
  line current Leitungsstrom, Netzstrom
  line defect eindimensionale Gitterstörung

line drop Spannungsabfall in einer Leitung
line equalizer Leitungsentzerrer
line feed Zeilenvorschub
line filter Netzfilter
line flicker Teilbildflimmern, Zwischenzeilenflimmern
line fly-back Zeilenrücklauf
line frequency Horizontalfrequenz, Netzfrequenz, Zeilenfrequenz
line graphics Liniengrafik
line hit Leitungsstörung
line identification Anschlußkennung
line impedance Leitungsimpedanz
line/inch^2 amerik. Einh. d. magnetischen Flußdichte (1 line/inch^2 = 1,55·10^{-5} T)
line integral Linienintegral
line interlace Linienabstand
line jump method Zeilensprungverfahren
line lock-out Teilnehmersatz
line loss Leitungsverlust
line noise Netzrauschen
line of flux Feldlinie
line of force Kraftlinie
line of print Druckzeile
line of sight Blickrichtung
line of sight connection Sichtverbindung
line printer Zeilendrucker
line procedure Leitungsprotokoll
line rack Einschubrahmen
line reactor Netzdrossel
line receiver Leitungsempfänger
line register Ferndatenregister
line regulator Leitungsregler
line return Zeilenwiederholung
line scanning Zeilenabtastung
line segment Geradenabschnitt
line selection Teilnehmerwahl

line set Leitungsanschluß
line signal Leitungszeichen
line skipping Zeilenvorschub
line source Netzquelle
line spacing Zeilenabstand, Zeilentransport
line spectrum Linienspektrum
line speed option Geschwindigkeitswahl
line splitter Kanalaufteiler
line start Zeilenanfang
line strength Linienstärke
line stretcher Wellenlängendehner
line sweep oscillator Zeilenfrequenzoszillator
line switch Hauptschalter
line switching Durchschaltevermittlung, Leitungsvermittlung
line synchronization Zeilensynchronisation
line system Leitungssystem
line tape Abzweigklemme
line thyristor N-Thyristor
line trace Leitungsprotokoll
line transfer Leitungsumschaltung
line transformer Leitungsüberträger, Netzanschlußtransformator
line transmission error Übertragungsfehler
line transport Zeilenschritt
line trap Wellensperre
line-up Einpegeln, Einstellen
line voltage Netzspannung
line voltage change Netzspannungsschwankung
lineage Verzweigung (Kristalle)
linear linear, Linear...
  linear addressing lineare Adressierung
  linear algebraic equation lineare algebraische Gleichung

linear amplifier Linearverstärker
linear array Dipolreihe
linear beam tube Triftröhre
linear code Linearcode
linear equation lineare Gleichung
linear graded junction linearer Halbleiterübergang
linear integrated circuit integrierte Linearschaltung
linear logarithmic linear-logarithmisch
linear optimization lineare Optimierung
linear path control Streckensteuerung
linear performance lineares Verhalten
linear-phase phasenlinear
linear programming lineare Programmierung (Dv, Unternehmensforschung)
linear range geradliniger Bereich
linear regression lineare Regression
linear response geradliniger Gang
linear scale lineare Skala
linear scanning zeilenweises Abtasten
linear sequential machine linearer Automat
linear stretching Längsstreckung
linear sweep lineare Zeitablenkung
linear taper linearer Widerstandsverlauf
linearity Linearität
linearization Linearisierung
linewidth Linienbreite, Strichstärke
linguistic sprachlich
linguistics Linguistik (Sprachwissenschaft)
link, to verbinden, (ver)ketten, verknüpfen
 link together, to zusammenschalten

link amerik. Längeneinheit (1 link = 0,3048 m)
link Bindeglied, Schmelzeinsatz (Sicherung), (Schmelz)Verbindung, Verknüpfungsglied, Zwischenleitung
 link access procedure Übertragungssteuerungsverfahren
 link blowing Durchbrennen von Schaltungsverbindungen
 link-by-link signaling abschnittsweise Signalgabe (Zeichengabe)
 link circuit Verbindungsleitung
 link control procedure Übertragungssteuerungsverfahren
 link control unit Fernbetriebseinheit
 link converter Zwischenkreisumrichter
 link layer Streckenschicht
 link protocol Leitungsprotokoll, Übermittlungsvorschrift
 link system Zwischenleitungsanordnung
linkage mechanische Verbindung, Programmverbindung, Zwischenleitungsführung
 linkage editor Binder
 linkage loader Bindelader
 linkage with grading Zwischenleitungsführung mit Mischung
linked verkettet
 linked subroutine geschlossenes Unterprogramm
linker Binder (Programm zum Zusammenfügen mehrerer Objektprogramme)
linking loader Bindelader
linking sequence Befehlsfolge für Programmverbindungen
lion's share "Löwenanteil", überwiegender Anteil
liquefy, to (sich) verflüssigen
liquid Flüssigkeit

liquid flüssig, klar, Flüssigkeits...
  liquid air flüssige Luft
  liquid alloy geschmolzene Legierung
  liquid cooled flüssigkeitsgekühlt
  liquid cooling Flüssigkeitskühlung
  liquid crystal Flüssigkristall
  liquid crystal display Flüssigkristallanzeige
  liquid drop model Tröpfchenmodell
  liquid electrolyte feuchter Elektrolyt
  liquid laser Flüssigkeitslaser
  liquid nitrogen flüssiger Stickstoff
  liquid phase flüssige Phase
  liquid phase CVD chemische Abscheidung aus der Flüssigphase
  liquid phase epitaxy Flüssigphasenepitaxie
liquidus curve Liquiduskurve (im Schmelzdiagramm die für die Verflüssigung fester Mischungen maßgebende Kurve)
liquified air verflüssigte Luft
LISP (list-processing language) LISP (Programmiersprache)
Lissajous figure Lissajoussche Figur (Überlagerungsfigur zweier Schwingungen verschiedener Richtung)
list, to (auf)listen, aufzeichnen
list Liste, Tabelle
  list handling/processing Listenverarbeitung
listen, to hören
listener Hörer, Terminal-Startpogramm
listening sonar passives Sonar
listening test Hörtest
listening unit Abhörgerät
listing Auflistung, Ausdruck
literal Buchstabe, Literal
lithium Lithium (chem. Element)

lithography Lithographie (Plattenherstellung für Steindruck; Herstellungsverfahren integrierter Schaltungen)
lithosphere Lithosphäre (Gesteinsmantel der Erde)
little klein, wenig
live, to leben, unter Spannung stehen
live stromführend, unter Spannung stehend
  live room Hallraum
  live wire stromführender Draht
liveware Datenverarbeitungspersonal
L (low) level L-Pegel
LLL (low level logic) leistungsarme Logik
load, to (be)laden, belasten, füllen
load Abschlußwiderstand, Beanspruchung, Belastung, Bürde, (Last)Widerstand, Lade..., Last...
  load-and-go Laden und Ausführen (eines Programms)
  load capacitance Abschlußkapazität
  load characteristic Arbeitskennlinie
  load circuit Lastkreis
  load control Lastregelung
  load current Arbeitsstrom
  load divider Lastverteiler
  load error Lastfehler
  load factor Lastfaktor
  load fluctuation Laständerung
  load frequency control Netzregelung
  load inrush current Einschaltstromspitze
  load life Lebensdauer bei voller Belastung
  load limit Belastungsgrenze
  load line Widerstandsgerade
  load map Adreßtabelle
  load mode Laden

load module Lademodul
load-on-call bei Anforderung laden
load rating Nennbelastbarkeit
load resistance Abschlußwiderstand
load resistor Lastwiderstand
load sharing Belastungsteilung, Lastteilung
load spacing Spulenfeldlänge
load variation Laständerung
load voltage Belastungsspannung
loaded belastet
loaded Q Kreisgüte unter Belastung
loader Ladeprogramm, Lader
loading Belastung
loading point Spulenpunkt
loading section Spulenfeld
lobe Keule, Schleife
lobe pattern Strahlungskeule (im Antennendiagramm)
lobe switching Keulenumtastung
lobing Mehrkeulenbildung
local lokal, örtlich, Orts...
local area network lokales Netz
local exchange Ortsvermittlungsstelle
local memory Befehlsprozessor
local mode Lokalbetrieb
local network Ortsnetz
local oscillator Überlagerungsoszillator
local oxidation Oxidwallisolation
local processor entfernt aufgestelltes "intelligentes" Terminal
local tandem exchange Ortsdurchgangsvermittlung
local trunk Ortsverbindungsleitung
localization Lokalisierung, Ortung
localize, to eingrenzen, lokalisieren
locally added carrier Zusatzträger
locate, to anordnen, lokalisieren, orten

location Ort, (Speicher)Platz
location counter Adressenzähler, Befehlszähler
location of faults Feststellen von Fehlern
location with master station Zentralstelle
location with outstation Unterstelle
location with telecontrol station Fernwirküberwachungsstelle
locator Lokalisierer, Zeiger
lock, to sperren, verriegeln
lock to, to synchronisieren mit
lock Sperre, Verriegelung
lock-down button Einrasttaste
lock-in Mitziehen
lock-in amplifier Lock-in-Verstärker, synchronisierter Verstärker
lock-in circuit Gleichlaufschaltung
lock-on Aufschaltung, Einfang (Phys)
lock-out Abwerfen
lockable feststellbar, verriegelbar
locked ratio Festverhältnis
locked record gesperrter Satz
locking Sperren, Verriegelung
locking circuit Haltstromkreis
locking relay Haftrelais, Sperrelais
locking-type button arretierbare Taste
LOCMOS (local-oxidation MOS) LOCMOS (Verfahren zur Isolation integrierter Strukturen)
locus Ortskurve (geometrischer Ort)
log, to erfassen, registrieren
log (logarithm) Logarithmus (Math)
log Protokoll
log book Logbuch
log device Meßwerterfassungsgerät
log-in Anmelden

log log doppellogarithmisch
log-off Abmelden
log-on Anmelden
log-out Abmelden
logarithm Logarithmus (Math)
logarithmic logarithmisch
  logarithmic amplifier logarithmischer Verstärker
  logarithmic decrement Abklingkonstante
  logarithmic horn Exponentialtrichter
  logarithmic-law capacitor Kondensator mit logarithmischem Kapazitätsverlauf
  logarithmic response logarithmische Kurve
  logarithmic scale logarithmische Skala
logatom Logatom (Silbe, Wortbruchstück)
  logatom intelligibility Silbenverständlichkeit
logfile Logbuch
logged aktuell, angemeldet
  logged-on eingerastet
logger Meßwerterfassungsgerät, Registriereinrichtung
logging Prozeßberichterstattung
  logging device Registriergerät
  logging scale Aufzeichnungsskala
  logging system Erfassungssystem
logic (mathematische) Logik
logic(al) boolesch, logisch, Logik...
  logical add(ition) Disjunktion, ODER-Verknüpfung
  logical address virtuelle Adresse
  logic analyzer Logikanalysator
  logical AND circuit UND-Schaltung, Koinzidenzschaltung
  logical AND function UND-Funktion
  logic(al) array logische Anordnung, logische Matrix
  logical channel logischer Kanal, virtueller Kanal
  logic(al) circuit Logikschaltung
  logical comparison logischer Vergleich
  logical connective/connector Boolescher Operator
  logical data structure benutzerorientierte Datenstruktur
  logic decision logische Entscheidung
  logical design logischer Entwurf
  logical device symbolischer Name (einer externen Einheit)
  logic diagram Logikschaltplan, Signalflußplan
  logic element Schaltelement
  logical expression boolescher Ausdruck
  logic family Schaltungsfamilie
  logic(al) function Schaltfunktion
  logic gate Gatter
  logic instruction boolescher Befehl
  logical IOCS (input-output control system) logisches Steuersystem
  logic level Logikpegel, Signalpegel
  logical negation Negation
  logic one logischer Zustand "1"
  logic(al) operator Boolescher Operator
  logical OR function ODER-Funktion
  logic(al) product Konjunktion, UND-Verknüpfung
  logical record logischer Satz
  logic section logischer Teil von...
  logical shift binäres Verschieben
  logic sum Disjunktion, ODER-Verknüpfung
  logic swing logischer Hub

logic(al) system Logiksystem
logical test boolescher Test
logic unit Logikbaustein
logical value Wahrheitswert
logic variable Schaltvariable
logic zero logischer Zustand "0"
logistics Logistik (militärisches Nachschubwesen)
LOGO LOGO (Programmiersprache)
loktal base Loktalsockel
long lang, Lang...
  long-delay verzögert, Langzeit...
  long distance Fern...
  long distance line Fernverbindungsleitung
  long distance network Fernnetz
  long duration pulse Langimpuls
  long haul circuit Fernleitung, Weitverkehrsverbindung
  long lasting Dauer...
  long life langlebig, Langzeit...
  long life grade erhöhte Anforderung
  long persistence lange Nachleuchtdauer
  long-range Fern..., Langstrecken...
  long-term Langzeit...
  long-time Dauer..., Langzeit...
  long-time storage langfristige Datenspeicherung
  long ton amerik. Masseeinheit (1 ltn = 1016,047 kg)
  long wave Langwelle (Frequenz etwa 300 kHz), Langwellen
longitude Länge, Längengrad
longitudinal longitudinal, Längen..., Längs...
  longitudinal dimension Längenabmessung
  longitudinal parity Längsparität
  longitudinal recording Längsspurverfahren
  longitudinal redundancy check Blockprüfung, Längsprüfung
  longitudinal wave Longitudinalwelle
longword Langwort (Bezeichnung für 4 aufeinanderfolgende Bytes; 32 Bits)
look, to schauen
look for, to suchen
look-ahead Vorgriff
  look-ahead adder Paralleladdierwerk
  look-ahead carry Parallelübertrag
look-up Suche
  look-up table Nachschlagetabelle
lookthrough Durchsichtigkeit, Transparenz
loom Isolierschlauch
loop, to zusammenschalten
loop (Programm)Schleife, Leiterschleife, Masche, Regelkreis, Schwingungsbauch
  loop aerial/antenna Rahmenantenne
  loop cable Doppeladerleitung
  loop counter Schleifenzähler
  loop feeder Ringleitung
  loop gain Schleifenverstärkung
  loop response Schleifengang
  loop test Schleifenverfahren
looping Durchlaufen
loopstick aerial Ferritstabantenne
loose locker, lose
loosely bound locker gebunden
loosen, to lösen, lockern
Lorentz force Lorentz-Kraft (Phys)
Loschmidt's number Loschmidtsche Zahl ($6{,}025 \cdot 10^{23}$ Moleküle/Mol)
lose, to verlieren
  lose energy, to Energie abführen
LOSOS (local oxidation of silicon-on-sapphire) LOSOS (Isolationsverfahren bei integrierten Schaltungen)
loss Ausfall, Schwund, Verlust
  loss angle Verlustwinkel

loss factor　Verlustfaktor
loss frequency　Schwundfrequenz
loss in forward direction　Verlust in Vorwärtsrichtung
loss off-service duration　Dienstunterbrechungsdauer
loss tangent　dielektrischer Verlustfaktor
loss type operation　Verlustbetrieb
lossless　verlustlos
lossy　verlustbehaftet
lost　verloren, verschwunden
lost current　Veruststrom
lost motion　Spiel, toter Gang
lot　Los, Schräge
lot by lot　losweise
lot size　Losgröße, Losumfang
lot traffic　Verlustverkehr
loud　laut
loudness　Lautstärke
loudspeaker　Lautsprecher
loudspeaker voice coil　Schwingspule
low　niederwertig, niedrig, tief, Tief...
low air pressure　Unterdruck
low-capacity　kapazitätsarm
low consumption　geringer Verbrauch (Strom)
low-cost　billig, preiswert
low-definition　niedrigzeilig
low distortion　verzerrungsarm
low drift　hochkonstant
low-duty cycle source　Quelle mit geringer Einschaltdauer
low-energy　energiearm
low frequency　Langwelle, LW, Niederfrequenz...
low-frequency cut　Ausfiltern der niedrigen Frequenzen
low-frequency measuring　Messen bei niedrigen Frequenzen

low-gap semiconductor　Halbleiter mit geringem Energieabstand (zwischen Valenz- und Leitungsband)
low-grade　minderwertig
low-impedance　niederohmig
low insertion force　geringe Steckkraft (bei Steckverbindungen)
low level　L-Pegel
low-level amplifier　Kleinsignalverstärker
low-level injection　schwache Injektion
low-level language　niedere Programmiersprache
low level logic　LLL (leistungsschwache Logik)
low-level signal　Kleinsignal
low-loss　verlustarm
low-lying　tiefliegend
low noise　rauscharm
low-order position　niedrigste Stelle einer Zahl
low-output control　Steuerung kleiner Ausgangsleistung
low-pass (filter)　Tiefpaß
low power　kleine Leistung
low-power device　Bauelement mit geringer Verlustleistung
low-power resistor　Widerstand kleiner Belastung
low-power Schottky transistor-transistor logic　Schottky-Transistor-Transistor-Logik kleiner Verlustleistung
low-power type relay　Schwachstromrelais
low-pressure　Niederdruck...
low range　unterer Wertebereich
low resistance　niederohmig
low-resistance connection　in Flußrichtung vorgespannter Anschluß

low-speed langsam
low-speed logic with high noise immunity LSL (langsame störsichere Logik)
low state L-Zustand
low temperature niedrige Temperatur, Tieftemperatur
low tension Niederspannung
low tolerance enge Toleranz
low velocity langsam
low voltage Niederspannung
low-voltage level noise immunity L-Störabstand
low wattage Kleinleistungs...
lower, to erniedrigen, herabsetzen, reduzieren
lower niedrige(r,s), untere(r,s)
  lower band edge untere Bandkante
  lower bound untere Schranke
  lower case letter Kleinbuchstabe
  lower (cut-off) frequency untere (Grenz)Frequenz
lowest niedrigste(r,s), tiefste(r,s)
  lowest bandwidth schmalste Bandbreite
  lowest common denominator kleinster gemeinsamer Teiler
  lowest energy tiefste Energie
  lowest temperature Tiefsttemperatur
  lowest useful frequency niedrigste anwendbare Frequenz
lozenge Raute, Rhombus (Math)
LPCVD (liquid-phase CVD) chemische Abscheidung aus der Flüssigphase
LPDTL (low-power diode-transistor logic) LPDTL (Dioden-Transistor-Logik kleiner Verlustleistung)
LPE (liquid-phase epitaxy) Flüssigphasenepitaxie
LPM (lines per minute) Zeilen pro Minute

LQ (limiting quality) Rückweisegrenze, rückweisende Qualitätsgrenzlage
LRC (longitudinal redundancy check) Längsparitätsprüfung
LSA (limited space charge accumulation) **diode** LSA-Diode (Mikrowellendiode)
LSB (least-significant bit) niedrigstwertiges Bit
LSD (least-significant digit) niedrigstwertiges Zeichen
LSI (large-scale integration) Großintegration, LSI
LSL (low-speed logic with high noise immunity) LSL (langsame störsichere Logik)
LSTTL (low-power Schottky transistor-transistor logic) LSTTL (Schottky-Transistor-Transistor-Logik kleiner Verlustleistung)
LTI (linear time invariant) linear zeitinvariant (z.B. Systeme)
lubricant Gleitmittel, Schmiermittel
lubricate, to ölen, schmieren
lubricated magnetic disk Winchesterplatte
lubrication Schmierung
lucency Durchsichtigkeit, Leuchtkraft, Transparenz
lucid klar, verständlich
LUF (lowest useful frequency) niedrigste anwendbare Frequenz
lug Kabelschuh, Lötfahne, Nase, Öse
  lug terminal Anschlußschelle
Lukasiewicz notation polnische Notation
lumen Lumen (Einh. d. Lichtstroms)
luminance Leuchtdichte
  luminance contrast Helligkeitskontrast

luminance flicker Helligkeitsflimmern
luminance ratio Leuchtdichteverhältnis
luminance signal Bildinhaltsignal, Helligkeitssignal
luminance temperature Leuchttemperatur
luminescence (kaltes) Leuchten, Lumineszenz
luminescent screen Leuchtschirm
luminosity Leuchtkraft
luminous Leucht..., Licht...
　luminous efficiency of radiation photometrisches Strahlungsäquivalent
　luminous excitance Beleuchtungsstärke bezogen auf eine Lichtquelle
　luminous flux Lichtstrom
　luminous incidence Beleuchtungsstärke bezogen auf einen Detektor
　luminous intensity Lichtstärke
　luminous key Leuchttaste
　luminous radiation (sichtbare) Lichtstrahlung
　luminous signal Helligkeitssignal
　luminous spectrum sichtbares Spektrum
　luminous spot Leuchtfleck
lump, to zusammenfassen
lumped auf einen Punkt konzentriert, punktförmig
　lumped network Netzwerk aus diskreten Bauelementen
lunar Mond...
　lunar eclipse Mondfinsternis
lutecium Lutetium (chem. Element)
lux Lux (Einh. d. Beleuchtungsstärke; lm/m^2)
LW (long waves) Langwelle (etwa 300 kHz), LW
Lyman series Lyman-Serie (Phys)

M

m (milli) Milli... (10^{-3})
M (mega) Mega (10^6; Dv: 2^{20})
Mach number Mach-Zahl (Verhältnis von Strömungs- zu Schallgeschwindigkeit)
machine, to (maschinell) bearbeiten
machine Anlage, Automat, Computer, Maschine, Rechner
　machine address absolute Adresse, Maschinenadresse
　machine aided maschinengestützt
　machine check Maschinenprüfbedingung
　machine cycle Maschinenzyklus
　machine dictionary Maschinenwörterbuch
　machine idle time Maschinenstillstandszeit
　machine learning Lernfähigkeit einer Maschine
　machine made maschinell hergestellt
　machine oriented language Maschinensprache
　machine readable maschinenlesbar
　machine sensible (of data) vom Computer lesbare Daten
machined (maschinell) bearbeitet
　machined all over allseitig bearbeitet
machining costs Bearbeitungskosten
machining tolerance Bearbeitungstoleranz
MacLaurin('s) series MacLaurinsche Reihe (Math)
macro Makro (Gruppe von Befehlen, die vom Programm aufgerufen werden können), Makro...
　macro call Makroaufruf

macro cell Makrozelle (vorgefertigte, aber noch nicht untereinander verdrahtete integrierte Grundzellen)
macro instruction Makrobefehl
macroassembler Makroassembler (Assembler, der Makros in Maschinenbefehle umsetzt)
macrocosm Makrokosmos (Weltall)
macroprocessor Makroprozessor
macroprogramming Makroprogrammierung
macros Computer mit einem Durchsatz von 2 Gbits/s und einem Speicherplatzangebot von 2 Mbyte
macroscopic makroskopisch (mit bloßem Auge zu erkennen)
madistor Magnetdiode (magnetisch steuerbares Halbleiterbauelement)
MADT (microalloy diffused-base transistor) MADT (diffusionslegierter Transistor)
magazine Kartenmagazin, Zeitschrift
magenta Purpur
magic magisch, Zauber...
  magic eye/indicator magisches Auge
  magic TEE "magisches T" (Hohlleiterelement)
magnesium Magnesium
magnet Magnet
  magnet wire Magnetdraht
magnetdiode Magnetdiode
magnetic magnetisch, Magnet...
  magnetic amplifier magnetischer Verstärker
  magnetic bar Stabmagnet
  magnetic barrier layer magnetische Sperrschicht
  magnetic bearing magnetische Peilung
  magnetic bias(ing) Vormagnetisierung
  magnetic brake Magnetbremse
  magnetic bubble Magnetblase

magnetic bubble memory Magnetblasenspeicher (nichtflüchtiger Massenspeicher)
magnetic card Magnetkarte
magnetic cassette memory Magnetbandkassettenspeicher
magnetic clamp magnetische Beschichtung
magnetic clutch Magnetkupp(e)lung
magnetic coating magnetische Beschichtung
magnetic core Magnetkern
magnetic core memory/storage Magnetkernspeicher
magnetic cycle Hystereseschleife
magnetic dip magnetische Inklination (Mißweisung)
magnetic disk Magnetplatte
magnetic disk drive Magnetplattenlaufwerk
magnetic disk storage Magnetplattenspeicher
magnetic domain memory Magnetblasenspeicher
magnetic drop-out Magnetisierungsfehlstelle (Magnetband)
magnetic drum memory Magnettrommelspeicher
magnetic fatigue magnetische Nachwirkung
magnetic field Magnetfeld
magnetic field dependent resistor Feldplatte
magnetic field taper Verjüngung des Magnetfeldes
magnetic flux Induktionsfluß
magnetic flux density magnetische Induktion
magnetic freezing magnetische Kühlung (im Tieftemperaturbereich durch adiabatische Entmagnetisierung)

magnetic inclination magnetische Inklination (Mißweisung)
magnetic ink magnetische Tinte
magnetic ink font Magnetschrift
magnetic ledger card Magnetkontokarte
magnetic moment magnetisches Moment
magnetic north (pole) magnetischer Nordpol
magnetic pole Magnetpol
magnetic quantum number Magnetquantenzahl
magnetic quenching magnetische Löschung
magnetic recording Magnetbandaufzeichnung, MAZ
magnetic recording tape transport Magnetbandtransport
magnetic reed switch Magnetzungenschalter
magnetic rod antenna Ferritantenne
magnetic screening/shield magnetische Abschirmung
magnetic speaker Magnetlautsprecher
magnetic tape Magnetband
magnetic transducer magnetischer Wandler
magnetic writing Magnetschrift
magnetically coupled magnetisch gekoppelt
magnetics Lehre von den magnetischen Erscheinungen
magnetism Magnetismus
magnetizability Magnetisierbarkeit
magnetization Magnetisierung
magnetize, to magnetisieren
magnetized spot Element einer Magnetbandaufzeichnung
magnetizing Magnetisierungs...
magnetizing coil Magnetisierungsspule
magnetizing current Magnetisierungsstrom
magnetizing force magnetische Feldstärke
magneto ignition Magnetzündung
magnetodiode Magnetdiode
magnetoelastic magnetoelastisch
magnetofluiddynamics Magnetohydrodynamik
magnetohydrodynamics Magnetohydrodynamik, MHD (Beschreibung der Strömungsvorgänge von Plasmen mit großer elektrischer Leitfähigkeit unter dem Einfluß magnetischer Felder)
magnetometer Magnetometer (Gerät zur Messung der magnetischen Feldstärke)
magnetomotive force magnetomotorische Kraft
magneton Magneton (Einh. d. magnetischen Moments)
magnetooptics Magnetoptik (Wissenschaft von optischen Erscheinungen durch Einwirkung magnetischer Felder auf Licht)
magnetoresistance Widerstandsänderung eines Materials aufgrund einwirkender magnetischer Felder
magnetoresistor Feldplatte
magnetosphere Magnetosphäre (Teil der Atmosphäre, in dem geladene Teilchen durch das Magnetfeld der Erde beeinflußt werden)
magnetostatics Magnetostatik
magnetostriction Magnetostriktion (Formveränderung eines ferromagnetischen Körpers bei der Magnetisierung)
magnetostrictive magnetostriktiv
magnetron Magnetfeldröhre, Magnetron (Elektronenröhre, die magnetische Energie ausnutzt)

magnification Vergrößerung, Verstärkung
magnified read-out vergrößerte Anzeige
magnifier Lupe, Bereichsumschalter, Vergrößerungsglas
magnify, to vergrößern, verstärken
magnifying glass Lupe
magnistor Magnistor (magnetisches Halbleiterbaulement)
magnitude Betrag, Bilden des Absolutbetrages, Größe(nordnung)
magnitude comparator Größenvergleicher
magslip Drehmelder, (induktiver) Winkelstellungsgeber
mail Post
mailbox Briefkasten, verzögerte Weitersendung (Verm), Post...
  mailbox buffer Briefkasten (Speicherbereich, in dem eine Nachricht abgelegt ist)
mailing list Adressenliste
main hauptsächlich, Haupt...
main Hauptleitung, Netzleitung
  main bang Startimpuls (Rad)
  main beam killing Antwortunterdrückung in der Hauptkeule
  main cell Stammzelle
  main field of application Hauptanwendungsgebiet
  main line Hauptanschluß
  main-line program Hauptprogramm
  main memory Arbeitsspeicher
  main power supply Hauptstromversorgung
mainframe Hauptrechner, Zentraleinheit
  mainframe computer Großrechner
mains Strom(versorgungs)netz, Netz...
  mains adapter Netzgerät

mains-driven netzgespeist
mains-fed netzbetrieben
mains fluctuation Netzschwankung
mains-operated netzbetrieben, netzgespeist
mains power supply unit Netzgerät
mainstation for fixed connection Hauptanschluß für Direktruf
maintain, to aufrechterhalten, beibehalten, einhalten, instandhalten, pflegen, warten
maintainability Unterhaltbarkeit
maintained system gewartetes System
maintaining relay Halterelais
maintenance Instandhaltung, Pflege, Wartung
  maintenance part Ersatzteil
  maintenance program Wartungsprogramm
maintenancefree wartungsfrei
major groß, hauptsächlich, vorrangig, Haupt...
  major axis große Achse, Hauptachse
  major face Hauptfläche
  major item Hauptartikel
  major peak Hauptmaximum
majority Majorität, Mehrheit, Mehrzahl
  majority carrier Majoritätsladungsträger (Ladungsträgertyp, der vorwiegend zur Stromleitung in einem Halbleiter beiträgt)
  majority-carrier lifetime Majoritätsladungsträgerlebensdauer
  majority-decision element Schwellwertelement
make, to bilden, einschalten, herstellen, machen, schließen (Kontakt), veranlassen
  make a circuit, to einen Stromkreis schließen
  make contact, to Kontakt herstellen

make inoperative, to abschalten
make operable, to in Betrieb setzen
make use, to Gebrauch machen von
make Ausführungsform, Fabrikat
  make-and-break Schließen nd Unterbrechen, Unterbrecher
  make-before-break (contact) unterbrechungsloser Umschaltkontakt
  make contact Arbeitskontakt, Schließkontakt
  make ready time Vorbereitungszeit
  make spring Kontaktfeder
  make time Ansprechzeit (Relais)
  make-up Umbruch (Textverarbeitung)
male konvex, männlich; Außen...
  male connector Messerleiste, Stekker, Stiftleiste
  male connector with angled solder pins Messerleiste mit abgewinkelten Einlötstiften
  male insert Steckeinsatz
  male plug Stecker(stift)
  male stand-off pin connector Messerstecker
malfunction Ausfall, fehlerhafte Funktion, Störung
  malfunction indicator Fehleranzeige
  malfunction of telecontrol equipment Fernwirkstörung
malicious arglistig, böswillig
man, to bemannen
man Mann, Mensch
  man-hour Arbeitsstunde
  man-machine Mensch-Maschine
  man-made künstlich hergestellt
manage, to leiten
management Verwaltung (Dv), Leitung
  management file Verwaltungsdatei
  management information system Management-Informationssystem (System zur Information der Geschäftsleitung)

manager Führungskraft, Manager
Manchester code Manchester-Code (spezieller Code bei der Datenübertragung
mandatory obligatorisch, verbindlich, zwingend
  mandatory instruction Mußanweisung
mandrel (mandril) (Richt)Dorn
maneuverable lenkbar
manganese Mangan (chem. Element)
manifold Mannigfaltigkeit (Math)
manipulate, to bearbeiten, bedienen, betätigen
manipulation Betätigung (z.B. eines Schalters), Handhabung
manner Art (und Weise), Methode
manometer Manometer (Druckmesser)
manpower Manpower (Produkt aus Anzahl der Arbeitskräfte und Arbeitszeit)
mantissa Mantisse (Ziffern des Logarithmus hinter dem Komma)
manual Handbuch
manual manuell, von Hand
  manual adjustment Einstellung von Hand
  manual answering manuelle Rufbeantwortung
  manual exchange Handvermittlungsstelle
  manual network Handvermittlungsnetz
  manual operation Von-Hand-Bedienung
  manual patching Durchschalten von Hand
  manual setting Einstellung von Hand
manufacture, to fertigen, herstellen
manufacture Fertigung
  manufacture in production quantities Massenherstellung
  manufacture procedure Herstellungsverfahren
  manufacture technique Herstellungstechnik

manufacturing Fertigen, Herstellen, Produktion
   manufacturing cost Herstellungskosten
   manufacturing industry Gerätebauindustrie
   manufacturing method Herstellungsverfahren
manuscript Manuskript
many viel, Viel...
   many-body problem Mehrkörperproblem, Vielkörperproblem
   many-colored bunt
   many-dimensional wave equation mehrdimensionale Wellengleichung
   many-sided vielseitig
   many-stage mehrstufig
   many-valued function mehrdeutige Funktion
MAOS (metal-alumina-oxide semiconductor) MAOS (Halbleiterstruktur aus Metall, Aluminiumoxid, Silizium(II)-oxid)
map, to abbilden
map Abbildung, Bild, Bildschirmformat, Karte, Liste, Verzeichnis
   map of network Leitungsplan
mapping Abbildung (Math)
   mapping ROM Codeumsetzer in einem Festspeicher
march, to marschieren
Marconi aerial Marconi-Antenne
margin Abstand, an der Toleranzgrenze liegendes Bauelement, Rand, Spanne
   margin release Randauslöser (Schreibmaschine)
marginal Rand..., Grenz...
   marginal check/test Grenzwertprüfung, Toleranzprüfung
   marginal condition Randbedingung (Math)

maritime See...
   maritime mobile service Seefunkdienst
   maritime radio Seefunk
mark, to kennzeichnen, markieren
mark (Kenn)Zeichen, Marke, Markierung
   mark reader Markierungsleser
   mark sensing Zeichenabtastung
   mark sheet Markierungsbeleg
   mark-to-space modulation Impulsverhältnis-Modulation
   mark-to-space ratio Impulstastverhältnis
marked ausgeprägt, deutlich
marker Marke, Markierung, Markierungsfeuer
market Markt
marketing Vertrieb
marking Kennzeichnung, Markierung
Markov process Markow-Prozeß (Vorhersageverlauf eines Prozesses, der die Vorgeschichte nicht berücksichtigt)
maser (microwave amplification by stimulated emission of radiation) Maser (Mikrowellenverstärker)
MASFET (metal-alumina-silicon FET) MASFET (Silizium-FET mit Aluminium-Gate)
mask, to abdecken, ausblenden, maskieren
mask Abdeckung, (Diffusions)Maske
   mask pattern Maskenvorlage
   mask-programmable maskenprogrammierbar
masking Maskieren (in Dv: gezieltes Ausblenden von Binärstellen)
mass Masse, Massen...
   mass action law Massenwirkungsgesetz
   mass-product Serienfertigung
   mass storage Großspeicher

massed wire Kabelbündel
master, to beherrschen, bewältigen, meistern
master Herr, Meister, Haupt..., Stamm...
  master artwork Originalvorlage
  master card Stammkarte
  master chip Standard-Chip
  master clock Taktgeber, Zentraluhr
  master control Führungssteuerung
  master-excited fremderregt
  master file Hauptdatei, Stammdatei
  master-layout design Entwurf der Maskenvorlage
  master mask Muttermaske
  master pattern Originalstruktur
  master-slave flip-flop Master-Slave-Flipflop (bestehend aus zwei Flipflops, wobei der "Master" bei ansteigender Taktflanke die Information einliest und der "Slave" bei abfallender Taktflanke die Information übernimmt)
  master slice Standardscheibe (H1)
  master station Bezugssender, Zentrale, Hauptbedienerstation
mastering Herstellung des Originals
mat matt, Matt...
MAT (microalloy transistor) Mikrolegierungstransistor
match, to angleichen, anpassen, paaren, vergleichen
match Anpassung, Gleichheit, Übereinstimmung
matched angepaßt, gepaart
  matched filter angepaßtes Filter, Optimalfilter
  matched-pair gepaart
matching Abgleich, Anpassung
  matching amplifier Anpassungsverstärker
  matching circuit Anpassungsschaltung
  matching field Vergleichsfeld
  matching of transistors Anpassung von Transistoren
  matching plate Anpassungsblende (Wellenleiter)
  matching question Zuordnungsaufgabe
  matching section Anpassungsglied (Leitung)
mate, to ineinandergreifen, kontaktieren
mated plug Stecker im Eingriff
material Material, (Werk)Stoff
  material under test Meßgut
mathematical mathematisch, Rechen...
  mathematical check Rechenprüfung
  mathematical logic mathematische Logik (von G. Boole begründet)
mathematics Mathematik
mating Kontaktgabe
  mating connector Steckverbindung
  mating dimension Anschlußmaß
  mating face Schnittstelle
matrix Matrix, Matrize
  matrix array Matrixanordnung
  matrix display Matrixanzeige
  matrix printer Matrixdrucker
matter Gegenstand, Materie, Stoff
MAVAR (mixer amplification by variable reactance) Reaktanzverstärker
maximal größte(r,s), maximal, Maximal..., Höchst...
maximally flat maximal flach (geebnet)
  maximally-flat filter maximal flaches Filter (Butterworth-Filter)
  maximally-flat frequency characteristics linearer Frequenzgang
  maximally-flat response linearer Frequenzgang

maximize

maximize, to aufs äußerste steigern, maximieren
maximum Höchstwert, Maximum
  maximum capacity Höchstleistungsgrenze
  maximum demand Maximalbelastung, Spitzenlast
  maximum forward blocking voltage Nullkippspannung
  maximum frequency tube Mikrowellenröhre
  maximum limited stress Grenzbeanspruchung
  maximum modulating frequency Bildfrequenz
  maximum noise figure maximale Rauschzahl
  maximum permissible höchstzulässig
  maximum power demand maximal aufgenommene Leistung
  maximum ratings Grenzdaten
  maximum response maximale Empfindlichkeit (Photozelle)
  maximum scale value Skalenendwert
  maximum working voltage höchste Betriebsspannung
maxterm Maxterm (logische Ausdrücke, die ODER-verknüpft sind)
maxwell Maxwell (veralt. Einh. d. magnetischen Flusses)
Maxwell's equations Maxwellsche Gleichungen
may, to dürfen, können, mögen
mayday Mayday (internationales Notrufzeichen; vom Franz.: m'aidez)
maze Labyrinth, Verwirrung
MB (megabyte) Megabyte (2^{20} Byte)
MBE (molecular beam epitaxy) Molekularstrahlepitaxie (Herstellungsverfahren für hochintegrierte Schaltungen)

MC (microcomputer) Mikrocomputer
Mc (megacycles) Megahertz, MHz (10^6 Hz)
mc (millicycles) Millihertz (10^{-3} Hz)
MCU (microprogram control unit) Mikroprogramm-Steuerwerk
MCW (modulated continuous wave) modulierte Trägerwelle
m-derived section M-Glied, versteilertes Siebglied
MDR (magnetic field-depending resistor) magnetfeldabhängiger Widerstand
MDS (microcomputer development system) Mikrocomputerentwicklungssystem
mean, to bedeuten
mean Durchschnitt(swert), Mittelwert
mean mittlere(r,s), Mittel...
  mean busy hour mittlere Hauptverkehrsstunde
  mean conducting state power loss mittlere Durchlaßverlustleistung
  mean cycles between failures Anzahl der fehlerfreien Zyklen zwischen zwei Ausfällen
  mean data rate mittlere Datenübertragungsgeschwindigkeit
  mean d.c. value Gleichwert
  mean entropy per character mittlerer Informationsbelag (einer Nachrichtenquelle)
  mean free path mittlere freie Weglänge
  mean frequency Mittelfrequenz (Frequenz zwischen 300 kHz und 3 MHz)
  mean information content mittlerer Informationsbelag (einer Nachrichtenquelle)
  mean interconnecting number Mischungsverhältnis
  mean queue size Wartebelastung
  mean square fluctuation mittleres Schwankungsquadrat

mean standing wave ratio mittlerer Welligkeitsfaktor
mean time Zwischenzeit
mean time between/to failures mittlerer Ausfallabstand
mean time between maintenance mittlere Wartungszeit
mean time to first failure mittlerer Zeitabstand bis zum ersten Ausfall
mean time to repair mittlere Reparaturzeit
mean value Mittelwert
meander Mäander... (in Windungen angeordnet)
meaning Bedeutung, Meldung, Nachrichteninhalt
meaning of command Befehlsinhalt
means of communications Nachrichtenverkehrsmittel
meantime inzwischen
meanwhile inzwischen, mittlerweile
measurable meßbar
measurable character meßbares Merkmal
measurand Meßgröße
measure, to (ab)messen, Messung vornehmen
measure again, to nachmessen
measure Maß, Maßstab, Meßeinheit, Meßgröße, Messung, Meß...
measured value transmitting Meßwertübertragung
measurement Messung
measurement equipment Meßgerät
measurement frequency Häufigkeit der Messungen
measurement result Meßergebnis
measurement setup Meßanordnung
measuring Messen
measuring means Meßglied

mechanical maschinell, mechanisch
mechanical filter magnetostriktives Filter
mechanical translation automatische Sprachübersetzung
mechanism Mechanismus
media Datenträger
median Median, Mittellinie
medical electronics medizinische Elektronik
medicine Medizin
medium Datenträger, Medium
medium mittlere(r,s), Mittel...
medium duty mittlere Beanspruchung
medium frequency Mf, Mittelfrequenz (300 kHz bis 3 MHz)
medium-power transistor Transistor mittlerer Leistung
medium-scale integration mittlerer Integrationsgrad, MSI
medium-sized mittelgroß
medium speed mittlere Geschwindigkeit
medium wave Mittelwelle
meet, to begegnen, stoßen auf, (zusammen)treffen
meet the needs, to den Anforderungen genügen
meet Durchschnitt
meeting Sitzung, Versammlung
meg (megohm) Megaohm (10^6 Ohm)
mega Mega... (10^6)
mega electron volt Megaelektronvolt
megabyte Megabyte (2^{20} Byte)
megacycles Megahertz (10^6 Hz)
megatron Megatron
megohm Megaohm (10^6 Ohm)
Meissner oscillator Meißner-Schaltung
MELF (metal electrode face-bondings) Metallschichtwiderstand mit Kontaktflecken

melt, to schmelzen
melt Schmelze
  melt-doped in der Schmelze dotiert
  melt-grown in der Schmelze gezüchtet
meltable schmelzbar
meltback technique Rückschmelzverfahren
melting (Ab)Schmelzen, Schmelz...
  melting fuse Schmelzsicherung
  melting heat Schmelzwärme
  melting point Schmelzpunkt
  melting temperature Schmelztemperatur
member Bauteil, Glied (Math), Mitglied, Teil
membership Mitgliedschaft
membrane Membran (Schwingungsblättchen)
  membrane switch Sensortaste
memistor Memistor (nichtmagnetischer Speicher, der aus einem widerstandsabhängigen Substrat in einem Elektrolyten besteht)
memorize, to merken, speichern
memory Gedächtnis, Speicher
  memory area/bank Speicherbereich
  memory (cell) array Speichermatrix
  memory cycle Speicherzyklus
  memory display Speicherausgabe
  memory dump Ausgabe des Speicherinhaltes
  memory expansion Speichererweiterung
  memory location Speicherplatz, Speicherstelle
  memory management Hauptspeicherverwaltung
  memory map Speicherabbild, Speicheraufteilung
  memory-mapped I-O fest zugeordnete Speicherplätze für Ein-Ausgabe

  memory resident speicherresident (auf dem Speicher befindlich)
  memory unit Speicher
meniscus Meniskus (gekrümmte Oberfläche, z.B. einer Flüssigkeit)
  meniscus lens konkav-konvexe Linse
mental geistig, Geistes...
mention, to anführen, erwähnen
menue Benutzeranweisungen auf dem Bildschirm, Menü
mercury Quecksilber (chem. Element)
  mercury arc rectifier Quecksilberdampfgleichrichter
  mercury electricity meter Stiazähler (Quecksilber-Elektrizitätszähler)
  mercury (vapor) lamp Quecksilberdampflampe
  mercury-wetted switch Quecksilberschalter
mere bloß, hauptsächlich, nur, rein
merge, to mischen, vereinigen, verschmelzen
merge Mischen
  merge phase Mischphase
  merge sort Mischsortierung
  merged transistor logic I^2L (integrierte Injektionslogik), MTL
merging Mischen (z.B. zweier Dateien)
mesa Mesa... (abgeleitet vom spanischen Mittelgebirge)
  mesa configuration Mesastruktur
MESFET (metal-semiconductor FET) MESFET (FET mit Metall-Halbleiterübergang)
mesh Masche
  mesh rule Maschenregel
  meshed network Maschennetz
mesial arithmetisches Mittel, mittel
message Botschaft, Meldung, Mitteilung, Nachricht, Nachrichtenblock, Sendung

message channel/forward channel Nachrichtenkanal
message delay Sendungsverzug
message header Nachrichtenkopf
message logging Nachrichtenaufzeichnung
message recording device Nachrichtenaufzeichnungsgerät
message routing/switching Nachrichtenvermittlung
message trailer Nachrichtenabschluß
meta language Metasprache, Zwischensprache (bei Übersetzung durch einen Compiler)
metal Metall
  metal base Metallträger
  metal-cased metallumkleidet
  metal-clad metallkaschiert (mit Metall überzogen)
  metal coat Metallüberzug
  metal deposit Metallniederschlag
  metal-encapsulated in Metallgehäuse untergebracht
  metal-enclosed metallisch gekapselt
  metal film resistor Metallschichtwiderstand
  metal-foil capacitor Metallfolienkondensator
  metal gate FET Feldeffekttransistor mit Metallgate
  metal-glazed film Metallglasurschicht
  metal halide lamp Halogen-Metalldampflampe
  metal-insulator-metal sandwich Metall-Isolator-Metall-Schichtanordnung
  metal-insulator-semiconductor Halbleiter mit Schichten aus Metall und Isolationsmaterial
  metal lattice Metallgitter
  metal lead Metallanschluß

metal-nitride-oxide semiconductor Metall-Nitrid-Oxid-Halbleiter (Halbleiter mit einer Isolationsschicht aus Siliziumnitrid und Silizium(II)-oxid zwischen Gateanschluß und Substrat)
metal-oxide film resistor Metallschichtwiderstand
metal-oxide semiconductor Metall-Oxid-Halbleiter
metal-oxide semiconductor field-effect transistor MOS-Transistor
metal-oxide semiconductor tetrode MOS-Tetrode
metal-plating Metallisierung
metal probe Metallsonde
metal rectifier Trockengleichrichter
metal resistance strain gauge Metalldehnmeßstreifen
metal-semiconductor contact/interface/junction Metall-Halbleiterübergang
metal tape Metallschichtband
metalanguage Metasprache (Sprache, die zur Beschreibung einer anderen Sprache verwendet wird), natürliche Sprache
metallic metallisch, Metall...
  metallic binding/bond Metallbindung
  metallic paper Metallpapier
metallization Anbringen von leitenden Anschlüssen an ein Chip
metallize, to mit Metall bedampfen
metallized paper capacitor Metallpapierkondensator, MP-Kondensator
metallized polyester capacitor Metallpolyesterkondensator
metallized resistor Schichtwiderstand
metallizing Metallisieren
metamagnetism Metamagnetismus

metamers Metamere (Strahlungen mit gleichem Farbeffekt trotz unterschiedlicher spektraler Energieverteilung)
metastability Metastabilität (scheinbarer stabiler Zustand)
metastable state metastabiler Zustand
meter, to abmessen, messen
meter Meter (Einh. d. Länge), Meßgerät, Zähler
  meter circuit Meßschaltung
  meter indication Meßgeräteanzeige
  meter movement Meßwerk
  meter rule Metermaß
  meter scale Meßskala
  meter terminal Meßgeräteklemme
  meter unit Meßgerät
metering Messen, Messung
  metering circuit Meßschaltung
  metering failure Zählstörung
  metering system Meßsystem
  metering zone Gebührenzone
method Methode, Verfahren
  method of approximation Näherungsmethode
  method of calculation Rechnungsgang
  method of fabrication Herstellungsverfahren
  method of least squares Methode der kleinsten Quadrate
  method of measurement Meßmethode
methodic(al) methodisch, planmäßig
methodize, to systematisieren
metric metrisch (auf die Einheit Meter bezogen), Maß...
  metric horsepower Pferdestärke (veralt.)
  metric measure Metermaß
  metric system metrisches System
  metric waves Meterwellen (Wellenlängen von 1 m bis 10 m)

mf (medium frequency) Mittelfrequenz (Frequenzbereich von 300 kHz bis 3 MHz)
MFLOP (mega floating point operation) MFLOP (10^6 Gleitkommaoperationen pro Sekunde)
mho Siemens (Umkehrung von Ohm; Einh. d. Leitwertes)
MIC (microwave integrated circuit) integrierte Mikrowellenschaltung
mica Glimmer
  mica dielectric Glimmerdielektrikum
  mica (dielectric) capacitor Glimmerkondensator
MICR (magnetic ink character recognition) MICR (Zeichenerkennung von Magnetschrift)
micro Mikro... (10^{-6})
  micro assembly Mikrobaustein (ein aus Mikroschaltungen zusammengesetzter Baustein)
  micro instruction Mikrobefehl
  micro strip-line Mikrostreifenleiter
microalloy diffused-base transistor diffusionslegierter Transistor
microassembly Mikromontage
microbiology Mikrobiologie
microcircuit(ry) Mikroschaltung
microcomponent Mikrobauteil
microcomputer Mikrocomputer
  microcomputer development system Mikrocomputerentwicklungssystem
microcontroller Mikrocontroller (kleiner Zusatzmikroprozessor)
microcrack Mikrohaarriß
microcrystalline mikrokristallin
microdevice mikroelektronisches Bauelement
microelectronics Mikroelektronik
microelement Mikrobaustein

microfiche Mikrofiche (Mikrofilm mit vielen darauf befindlichen Mikrokopien)
microflaw Haarriß
microfuse Feinsicherung
microinstruction Mikrobefehl
microintegrated circuit integrierte Schaltung kleinster Abmessungen
micromachining Mikrobearbeitung
micrometer Mikrometer, Schraublehre
micromicro Piko... (10^{-12})
microminiaturization Mikrominiaturisierung
micron Mikrometer (10^{-6} m)
micronize, to zerkleinern
micropattern Mikrostruktur
microphone Mikrofon
microphonics Mikrofonie
microprocessing unit MPU, Zentraleinheit (eines Mikroprozessors)
microprocessor Mikroprozessor
  microprocessor development system Mikroprozessorentwicklungssystem
  microprocessor slice Mikroprozessorelement
microprogrammable mikroprogrammierbar
microprogramming Mikroprogrammierung
microroutine Mikroprogramm
microscope Mikroskop
microsecond Mikrosekunde (10^{-6} s)
microsection Mikroschliff
microstrip Mikrostreifenleiter
microsynchronization Mikrosynchronbetrieb
microwave Mikrowelle
  microwave baking Trocknung durch Mikrowellenerwärmung
  microwave cavity Mikrowellenresonator
  microwave electronics Mikrowellenelektronik
  microwave engineering Mikrowellentechnik
  microwave integrated circuit integrierte Mikrowellenschaltung
  microwave link Richtfunkverbindung
  microwave plumbing Mikrowellen-Bauteile
  microwave spectrum Mikrowellenspektrum (Frequenzbereich zwischen 300 kHz und 300 MHz)
microwelding Mikroschweißung
mid mittlere(r,s), Mittel...
  mid-band frequency Bandmittenfrequenz
  mid-point Mittelpunkt
middle Mitte, Mittel...
middleware Middleware (auf spezielle Anwendungen zugeschnittene Software)
midget winziges Ding, Zwerg...
  midget relay Zwergrelais
midnight Mitternacht
midpoint connection Mittelpunktschaltung
midscale Skalenmitte
migrate, to wandern
migration (Ab)Wanderung
mikro Mikro... (10^{-6})
MIL (military) specification MIL-Vorschriften (vom U.S.-Militär vorgeschriebene Norm)
mil (milliinch) 10^{-3} Zoll (0,0254 mm)
mild mild
mile Meile (1 Meile = 1609 m)
military mil angels. Winkeleinheit (1 mil = 0,05625°)
milky milchig
mill Fabrik
millennium Jahrtausend
Miller indices Millersche Indizes (Kennzeichnung der Orientierungsrichtungen eines Kristalls)

milli

milli Milli... (10^{-3})
milliard Milliarde (USA: Billion)
millimeter Millimeter
  millimeter of mercury Millimeter Quecksilbersäule (veralt. Druckeinh.)
  millimeter wave Millimeterwelle
million Million
millisecond Millisekunde (10^{-3} s)
mind, to (be)achten, denken an, widersprechen
mind Absicht, Geist, Meinung, Sinn
mine Bergwerk
mineral mineralisch, Mineral...
miniature klein, Miniatur...
  miniature circuitry Miniaturschaltanordnung
  miniature component Miniaturbauelement
  miniature lamp Zwerglampe
  miniature version Miniaturausführung
miniaturization Miniaturisierung
minicartridge Minikassette
minicomputer Minicomputer
minidisk Diskette, Floppy-Disk
minimal minimal
minimization Minimierung (Verkleinerung)
minimize, to minimieren, verkleinern, verringern
minimum Minimum (unterer Extremwert), Mindest..., Minimal...
  minimum access programming zeitoptimales Programm
  minimum clearance Minimalabstand
  minimum current Minimalstrom
  minimum distance code Codedistanz, Minimalabstand eines Codes
  minimum size Kleinstabmessungen
  minimum trigger level Auslöseschwelle

minor geringfügig, klein, Neben...
  minor axis Nebenachse
  minor defect Nebenfehler
  minor determinant Minor (Math), Subdeterminante
minority (charge) carrier Minoritätsladungsträger (in einem dotierten Halbleiter der Ladungsträgertyp mit der geringeren Konzentration)
minterm Minterm (UND-verknüpfte logische Ausdrücke)
minuend Minuend (Zahl, von der bei der Subtraktion etwas abgezogen wird)
minus minus, negativ, Minus...
  minus input invertierender Eingang
  minus sign Minuszeichen
minute kleinste(r,s), (sehr) klein
minute Augenblick, Minute
minutes Niederschrift, (Sitzungs)Protokoll
MIPS (million instructions per second) MIPS (Verarbeitung von 1 Million Befehlen pro Sekunde)
mirror Spiegel
  mirror galvanometer Spiegelgalvanometer
  mirror plane Spiegelebene
  mirror reflection echo Spiegelecho
  mirror spacing Spiegelabstand
mirrored scale Spiegelskala
MIS (management information system) Managementinformationssystem
MIS (metal-insulator semiconductor) MIS (Metall-Isolator-Halbleiter)
misalignment Fehlabgleich
miscellaneous verschiedene(r,s), vielseitig
misfit, to fehlanpassen
mismatch(ing) Fehlanpassung
misroute, to fehlleiten (einer Nachricht)

miss, to fehlen
missile Geschoß, Rakete
missing ausbleibend, ausfallend, fehlend
  missing plot Leermeldung
mist Dunst, Nebel
mistake Fehler
mistune, to verstimmen
misunderstanding Mißverständnis
misuse, to falsch anwenden, mißbrauchen
misuse failure Ausfall bei unzulässiger Beanspruchung
mix, to mischen
mix Gemisch, Mischung
mixed gemischt
  mixed crystal Mischkristall
  mixed network Verbundnetz
  mixed-radix notation Gemischtbasis-Schreibweise
  mixed-structure network gemischtstrukturiertes Netzwerk
  mixed traffic Mischverkehr
  mixed traffic carried Mischbelastung
  mixed traffic offered Mischangebot
mixer Mischer, Mischstufe
mixing Mischung
mixture Gemisch, Mischung
m.m.f. (magnetomotive force) magnetomotorische Kraft
mnemonic Mnemonik (Gedächtnishilfe)
  mnemonic code mnemonischer Code
mnemonics Gedächtnisstützen, mnemonischer Code, Mnemotechnik
MNOS (metal-nitride-oxide semiconductor) MNOS (Metall-Nitrid-Oxid-Halbleiter)
MNSFET (metal-nitride-semiconductor FET) MNSFET (Metall-Nitrid-Halbleiter-FET)

mobile beweglich
  mobile conduction electron bewegliches Leitungselektron
  mobile hole Defektelektron
  mobile radio communication öffentlich beweglicher Landfunkdienst
  mobile service beweglicher Funkdienst
mobility Beweglichkeit
Mobius counter Möbius-Zähler (Johnson-Zähler, Ringzähler)
modal dispersion Intermodendispersion (Impuls, der in Multimodenfasern in verschiedene Moden zerlegt wird)
modal noise Modenrauschen
mode (Betriebs)Art, Moden (Muster des elektromagnetischen Feldes in einem Lichtwellen- oder Hohlleiter), Modus-Schwingung(styp), Welle(ntyp)
  mode filter Modenfilter, Wellentypfilter
  mode interlace Wechselabfrage
  mode of action Wirkungsart
  mode of motion Schwingungsform
  mode of operation Arbeitsweise, Betriebsart
  mode of recording Auszeichnungsverfahren
  mode partition noise Modenverteilungsrauschen
  mode scrambler Modenmischer
  mode selection Wellenauswahl
  mode switch Betriebsartschalter
  mode transformer Wellentypumformer
model Modell, Muster, Nachbildung, Vorlage, Modell...
model(l)ing Modellierung
modem (modulator-demodulator) Modem (Modulator-Demodulator)
moderate gemäßigt, maßvoll

moderate, to bremsen (z.B. Neutronen), nachlassen
moderation Bremsung, Mäßigung
moderately doped schwach dotiert
moderator Moderator (Phys), Bremssubstanz
modern modern
MODFET (modulation-doped FET) MODFET (Feldeffekttransistor mit Heterostruktur auf Galliumarsenid-Basis)
modification Änderung, Modifikation
  modification file Änderungsdatei
modified modifiziert, verändert
  modified circuit abgewandelte (modifizierte) Schaltung
modify, to modifizieren, verändern
moding Frequenzspringen
modulation Modulation (Beeinflussung der Trägerfrequenz bei der Übertragung von Informationen)
  modulation index Modulationsindex (FM)
  modulation percentage Modulationsgrad (in Prozent)
  modulation rate Schrittgeschwindigkeit
modular modular, Modul... (Teil eines Gerätes, das eine in sich abgeschlossene Funktionseinheit bildet)
  modular add-on system Baukastensystem
  modular construction modulare Bauweise, Baukastenkonstruktion
  modular plug-in card modulare Steckkarte
  modular plug-in unit Einschubbaustein
  modular principle Bausteinprinzip
  modular system Modulsystem
modularity Baukastenprinzip, Modularität

modulate, to (aus)steuern, modulieren
modulated moduliert
  modulated amplifier modulierter Verstärker
  modulating signal/wave moduliertes Signal
modulation Aussteuerung (Verstärker), Modulation
  modulation depth Modulationsgrad
  modulation noise Modulationsrauschen
  modulation rate Schrittgeschwindigkeit, Schrittrate
  modulation rise Zunahme des Modulationsgrades
  modulation slope Modulationssteilheit
modulator Modulator, Umsetzer
  modulator-demodulator Modem (Modulator-Demodulator)
  modulator electrode Steuerelektrode, Wehnelt-Elektrode
module Baueinheit, Baugruppe, Baustein, Funktionseinheit, Modul, Schaltungs...
  module ultrarapid circuit MUR-Schaltkreis (Schaltung, die einer emittergekoppelten Schaltung ähnelt)
modulo-n Modulo-n... (Rückkehr in den Ausgangszustand nach n Ereignissen)
modulus Modul (Absolutbetrag einer komplexen Zahl; Bauteil; gleicher Rest bei der Division; Materialkonstante; Programmteil)
  modulus of elasticity Elastizitätsmodul
moiré Moiré (Bildmuster, die durch Interferenz entstehen)
  moiré effect Moiré-Effekt
  moiré pattern Moiré-Muster

moisture Feuchte, Feuchtigkeit
  moisture absorption Feuchtigkeitsaufnahme
  moisture repelent feuchtigkeitsabstoßend
  moisture resistant feuchtigkeitsfest
moistureproof feuchtigkeitsfest
mol(e) Mol (Einh. d. molaren Masse)
molar molar
mold, to formen, gießen, pressen
  mold in, to einpressen
mold (Guß)Form
molded gepreßt, umpreßt, vergossen
  molded part Formteil
molding Preßteil
  molding compound/material Preßmasse
moldings Isolierkörper
molecular molekular, Molekül...
  molecular beam Molekularstrahl
  molecular-beam epitaxial process epitaxialer Molekularstrahlprozeß, EMB-Prozeß (Verfahren zur Herstellung planarer Halbleiterstrukturen)
  molecular bond Molekülbindung
  molecular circuit molekularelektronische Schaltung
  molecular clock Molekültuhr
  molecular compound Molekülverbindung
  molecular electronics Molektronik, Molekularelektronik (Verwendung von Molekülen als elektronische Bauelemente)
  molecular ion Molekülion
  molecular orbital Wellenfunktion der Elektronen
  molecular structure Aufbau eines Moleküls
  molecular weight Molekulargewicht
molecule Molekül (kleinste Einh. einer chemischen Verbindung)

mollify, to abschwächen, erweichen
molten geschmolzen
molybdenum Molybdän (chem. Element)
moment Augenblick, Moment
  moment of inertia Trägheitsmoment
  moment of momentum Drehmoment, Impulsmoment
momentary kurzzeitig, momentan
  momentary contact Wischkontakt
momentum Bewegungsgröße, Impuls, Moment
  momentum absorber Impulsabsorber
  momentum conservation Impulserhaltung
  momentum density function Impulsdichtefunktion
monadic einstellig
monatomic einatomig
monaural einkanalig, mit einem Ohr hörend
money Geld
monitor, to abhorchen, abhören, kontrollieren, mithören, überwachen
monitor Anzeigegerät, Bildschirm, Kontrollempfänger, Monitor, Steuerprogramm, Überwachungsprogramm (Dv)
  monitor state Überwachungsstatus
  monitor system (kleines) Betriebssystem
monitoring Mithören, Mitsprechen, Überwachung
monkey chatter Störung des Nebenkanals
mono Ein..., Einzel..., Mono...
monobloc insulator Blockisolator
monocell Monozelle
monochip Einchip...
monochromatic monochromatisch (Licht einer Wellenlänge)
  monochromatic excitation Anregung mit monochromatischem Licht

monochromaticity Monochromasie (Farbblindheit)
monochromator Monochromator (Gerät zur Erzeugung von Licht einer Wellenlänge)
monochrome einfarbig, monochrom
  monochrome display Schwarzweiß-Bildschirm
  monochrome television Schwarzweiß-Fernsehen
monocrystal Einkristall
monoflop monostabiler Multivibrator (Kippschaltung mit einem stabilen Zustand)
monolayer monomolekulare (einmolekulare) Schicht
monolith Halbleiterschaltung
monolithic monolithisch (aus einem Block bestehend; wörtl.: aus einem Stein bestehend)
  monolithic circuit monolithische (aus einem Block bestehende) Schaltung
  monolithic layer-built capacitor Vielschichtkondensator
monomode fiber Monomodeglasfaser (Glasfaser geringen Durchmessers, in der sich die Photonen praktisch geradlinig ausbreiten)
monomolecular einmolekular, monomolekular
monophase einphasig
monophonic monophon (einkanalig)
monopulse Monopuls
monoscope Monoskop (Fernsehprüfröhre)
monostable monostabil (stabilen Zustand einnehmend)
  monostable circuit monostabile Kippschaltung
  monostable flipflop Monoflop, monostabile Kippstufe
  monostable multivibrator monostabile Kippstufe, monostabiler Multivibrator
monotone monoton (stetig fallend oder steigend)
monovalent einwertig
Monte Carlo method Monte-Carlo-Methode (Methode der Wahrscheinlichkeitstheorie)
month Monat
mood music Hintergrundmusik
moon Mond
MOPS (million operations per second) MOPS (eine Million Programmschritte pro Sekunde)
more mehr
morning Morgen
morpheme Morphem (kleinstes Sprachelement mit Bedeutung)
morphological circuitry aus Molekülstrukturen aufgebaute elektronische Schaltung
morphology Morphologie (Wissenschaft von Gestalten und Formen)
Morse code Morse-Code (Telegrafencode)
MOS (metal-oxide semiconductor) MOS (Metall-Oxid-Halbleiter)
MOSAIC (metal-oxide-silicon advanced integrated circuit) MOSAIC (moderne integrierte MOS-Schaltung)
mosaic Mosaik (aus vielen Teilchen zusammengesetzt)
  mosaic printer Mosaikdrucker
MOSFET (metal-oxide semiconductor FET) MOSFET (Metall-Oxid-FET)
MOST (MOS transistor) MOS-Transistor
most größt, höchst, meist
  most efficient operating point optimaler Arbeitspunkt
  most significant bit höchstwertiges Bit

most significant digit höchstwertige Stelle
most versatile vielseitig
mostly meist(ens)
mother crystal Mutterkristall
motherboard Hauptleiterplatte (bei Vorhandensein von untergeordneten Leiterplatten)
motion Bewegung, Lauf
  motion of vacancies Bewegung der Leerstellen
  motion picture film Kinofilm
motionless bewegungslos
motivate, to begründen, motivieren
motor Motor
  motor driven motorbetrieben
motorboating Blubbern (Störung durch Selbsterregung eines Verstärkers)
motorcar electronics Kraftfahrzeugelektronik
mould s. mold
mount, to anbringen, montieren
  mount in line, to hintereinander anordnen
mount Fassung, Gestell, Halterung, Rahmen
mounting Aufbau, Montage
  mounting arrangement Aufbauanordnung
  mounting base Grundfläche (eines Gehäuses)
  mounting board Montageplatte
  mounting tray Grundplatte
mouse Maus (Steuergerät für den Zeiger auf dem Bildschirm)
mouth Mund
M-out-of-N code M-aus-N-Code
movability Beweglichkeit
movable beweglich
  movable arm Schleifer (des Potentiometers)

move, to bewegen, verschieben
  move ahead, to vorwärts bewegen
  move apart, to sich auseinander bewegen
  move away from, to sich wegbewegen von
  move back, to rückwärts bewegen
  move in opposite directions, to sich in entgegengesetzten Richtungen bewegen
  move toward, to sich zubewegen auf
move instruction Übertragungsbefehl
move mode Übertragung(smodus)
move statement Übertragungsanweisung
movement Bewegung, Meßwerk
moves picture Bewegtbild
movie Film, Kino
moving beweglich, in Bewegung (befindlich)
  moving coil Drehspule, Drehspul...
  moving-coil instrument Drehspulinstrument
  moving-coil loudspeaker Tauchspulenlautsprecher
  moving-coil movement Drehspulmeßwerk
  moving-iron instrument Dreheiseninstrument
  moving target indicator Bewegtzielanzeige
MPLA (mask programmable logic array) maskenprogrammierbare Bausteine mit logischer Struktur
MPU (microprocessing unit) Zentraleinheit (eines Mikroprozessors)
ms (millisecond) Millisekunde (10^{-3} s)
MSB (most significant bit) höchstwertiges Bit
MSFET (metal-semiconductor FET) MSFET (FET mit Metall-Halbleiter-Übergang)
MSI (medium-scale integration) MSI (mittlerer Integrationsgrad)

MTBF (mean time between failures) mittlerer Ausfallabstand, mittlerer Fehlerabstand
MTF (modulation transfer function) Modulationsübertragungsfunktion
MTI (moving target indicator) Bewegtzielanzeige
MTL (merged transistor logic) I^2L (integrierte Injektionslogik), MTL
MTNS (metal thick-nitride semiconductor) MTNS (Halbleiter mit dickeren Nitridschichten als üblich)
MTOS (metal thick-oxide semiconductor) MTOS (Halbleiter mit dickeren Isolationsschichten als üblich)
MTTF (mean time to failure) mittlerer Ausfallabstand
MTTFF (mean time to first failure) mittlere Zeit bis zum ersten Ausfall eines Bauelementes
MTTR (mean time to repair) mittlere Dauer einer Reparatur
much sehr, viel
MUF (maximum usable frequency) höchste nutzbare Frequenz
muldem (multiplexer-demultiplexer) Multiplexer-Demultiplexer
multex (multiplexer-demultiplexer) Multiplexer-Demultiplexer
multi mehrfach, Mehr..., Multi...
multiaccess Mehrfachzugriff
  multiaccess line Mehrfachanschluß
  multiaccess system Teilnehmersystem
multiaddress instruction Mehradreßbefehl
multibeam oscilloscope Mehrstrahloszilloskop
multibyte instruction Mehrbytebefehl
multichannel Mehrkanal...
multicircuit filter Mehrkreisfilter
multicircuit switch Reihenschalter
multiconductor cable mehradriges Kabel
multiconnector Mehrfachsteckverbinder
multicontact switch Stufenschalter
multicore mehradrig, vieladrig
multidigit mehrstellig
multidrop Mehrpunktverbindung
multiemitter transistor Vielfachemitter-Transistor
multiframe Mehrfach(puls)rahmen
multifunctional vielseitig, Mehrfunktions...
multihop Mehrfachreflexion
multijunction device Bauelement mit mehrfachem Übergang
multilateral mehrseitig
multilayer Mehrlagenverdrahtung, Vielschicht...
  multilayer printed circuit (board) Mehrlagenleiterplatte
multilevel addressing indirekte Adressierung
multilevel impurity Vielniveaustörstelle
multilevel interrupt Unterbrechung auf verschiedenen Ebenen
multilinkage Mehrfachzwischenleitungsführung
multiloop vermascht
multimeter Universalmeßgerät, Vielfachmeßgerät
multimode dispersion/distortion Modendispersion (Lichtwellenleiter)
multimode fiber Multimode-Glasfaser (Glasfaser, in der sich mehrere Moden ausbreiten)
multipath channel Mehrwegkanal
multipath effect Geisterbild
multipath transmission Mehrwegübertragung
multiphase mehrphasig

multipin   mehrpolig
  multipin plug   mehrpoliger Steckverbinder
multiplace   mehrstellig
multiple   Mehrfaches, Vielfaches
multiple   mehrfach, Mehrfach...
  multiple access   Vielfachzugriff
  multiple-address code   Mehradreßcode
  multiple beam   Mehrfachkeule
  multiple check   Mehrfachprüfung
  multiple choice   Auswahlantwort, Mehrfachauswahl
  multiple connector   Mehrfachsteckverbindung
  multiple digit   mehrstellig
  multiple file option   Mehrdateiausgabe
  multiple length arithmetic   Rechnen mit doppelter Wortlänge
  multiple PC (printed circuit) board   mehrlagige gedruckte Schaltung
  multiple plug   Mehrfachstecker
  multiple precision   mehrfache Genauigkeit
  multiple programming   Multiprogramming (Programmverzahnung)
  multiple requesting   Mehrfachanforderung
  multiple routing   Mehrwegführung
  multiple-stage amplifier   Mehrstufenverstärker
  multiple-step process   Mehrstufenprozeß
  multiple-tuned antenna   Alexanderson-Antenne
  multiple-unit steerable array   MUSA-Antenne (Antenneneinheit aus mehreren Antennen, wobei die Hauptkeule elektrisch steuerbar ist)
multiplex, to   bündeln (von Kanälen), im Multiplexbetrieb arbeiten
multiplex   Mehrfach..., Multiplex...
  multiplex channel   Multiplexkanal (Kanal zur gleichzeitigen Übertragung mehrerer Signale)
  multiplex equipment   Mehrkanal-Übertragungseinheit, Multiplexeinrichtung
  multiplex mode/operation   Multiplexbetrieb
  multiplex transmission   Mehrfachübertragung
multiplexer   Multiplexer (Vielfachschalter)
multiplexing   Unterteilung eines Übertragungskanals in mehrere Kanäle
multiplexor   s. multiplexer
multiplicand   Multiplikand (Zahl, die mit einer anderen multipliziert werden soll)
multiplication   Multiplikation
  multiplication factor   Verstärkungsfaktor
multiplicative   multiplikativ, verstärkend
multiplicator   Multiplikator (Zahl, mit der multipliziert wird)
multiplicity   Vielfachheit, Vielwertigkeit, Vielzahl
multiplier   Multiplikator, Multiplizierer, Vervielfacher
  multiplier chain   Vervielfacherschaltung
  multiplier circuit   Multiplizierschaltung
  multiplier phototube   Sekundärelektronenvervielfacher
  multiplier register   Multiplikatorregister
multiply   mehrfach
multiply, to   multiplizieren, vervielfachen

multipoint Mehrkanal..., Mehrpunkt..., Vielfach...
  multipoint connection Mehrpunktverbindung
  multipoint connector Mehrfachstecker, Vielfachstecker
  multipoint network Knotennetz, Mehrpunktnetz
  multipoint switch Stufenschalter
  multipoint traffic Gemeinschaftsverkehr
multipolar mehrpolig
multipole Mehrpol, Multipol
  multipole connector mehrpoliger Stecker
multiport Mehrtor
  multiport modem Mehrkanalmodem
multiprocessing Multiprozessing (Simultanverarbeitung)
multiprocessor Multiprozessor
  multiprocessor system Multiprozessorsystem
multiprogramming Mehrprogrammbetrieb, Multiprogrammierung
multipurpose Mehrzweck..., Universal...
multirange instrument Vielfachmeßinstrument
multisegment magnetron Vielschlitzmagnetron
multispotwelding Vielpunktschweißen
multistage mehrstufig
multistep mehrstufig
multitag Mehrfachkennzeichnung
multitasking Mehrprozeßverarbeitung
multiterminal mehrpolig
multitrack mehrspurig, Mehrspur...
multitude große Zahl, Menge
multitudinous vielfältig, zahlreich
multiturn mehrgängig
multiunit file Datei, verteilt auf mehrere Einheiten

multiuser mode Teilnehmerbetrieb
multivalent mehrwertig
multivibrator Kippstufe, Multivibrator
multiway connector mehrpolige Steckvorrichtung
  multiway connector strip Steckerleiste
multiwire mehradrig
  multiwire triangle aerial Dreieckantenne
mumetal MU-Metall (Legierung mit großer Permeabilität und mit geringen Hystereseverlusten)
muon Myon (Elementarteilchen)
mush Störung
mushroom lamp Pilzlampe
music Musik
must, to müssen
mute, to dämpfen
mute schweigend, stumm
  mute aerial künstliche Antenne
mutilate, to beschädigen, verstümmeln (z.B. Sprache)
muting Abschwächung, Dämpfung, Rauschsperre
  muting circuit Sperrschaltung
mutual gegenseitig, gemeinsam, Gegen...
  mutual admittance Steilheit
  mutual aid Rücküberlauf (Verm)
  mutual capacitance Gegenkapazität
  mutual conductance Steilheit
  mutual coupling Strahlungskopplung
  mutual impedance gegenseitiger Leerlaufwiderstand, Kernwiderstand, Koppelwiderstand
  mutual inductance Gegeninduktivität
  mutual induction Gegeninduktion
mylar Mylar (Polyesterfolie)
myriameter waves Myriameterwellen (Frequenzbereich von 3 kHz bis 30 kHz), VLF

N

nail Nagel
  nail head bonding Nadelkopfschweißen (Thermokompressionsverfahren)
NAK (negative acknowledge) negative Rückmeldung (CCITT-Alphabet Nr. 5)
naked wire blanker Draht
name space Adreßraum
namely und zwar
NAND NAND-Verknüpfung
  NAND circuit NAND-Schaltung
  NAND gate NAND-Gatter
  NAND logic NAND-Logik
nano Nano (10^{-9})
nanoprogramming Nanoprogrammierung
nanosecond Nanosekunde (1 ns = 10^{-9} s)
Naperian logarithm natürlicher Logarithmus
napier s. neper
narrow eng, schmal
narrow, to einschnüren, schmaler werden
  narrow band schmales Band, Schmalband...
  narrow-band frequency modulation Schmalbandfrequenzmodulation
  narrow bandwidth schmale Bandbreite
  narrow base diode Diode mit dünner Basis
n-ary N-stufig
nation Nation
native Einheimischer
  native-donor doping Dotierung mit Eigendonatoren
  native mode Eigenmodus (Dv)
natural natürlich, Eigen...
  natural aging natürliche Alterung
  natural capacitance Eigenkapazität
  natural cooling Selbstkühlung
  natural crystal natürlicher Kristall
  natural excitation Eigenanregung
  natural frequency Eigenfrequenz
  natural language Sprache (allgemein)
  natural light Tageslicht
  natural logarithm natürlicher Logarithmus
  natural number natürliche Zahl
  natural science Naturwissenschaften
  natural speech natürliche Sprache
nature Natur
navaid (navigation aid) Navigationshilfe
navigation Navigation (wörtl.: Schiffahrt; Einhalten des vorgegebenen Kurses bzw. Ortsbestimmung)
NC (numerically controlled) numerisch gesteuert
nc (normally closed) Ruhe...
NCC (normally-closed contact) Ruhekontakt
n-channel N-Kanal
NDAC ((not) data accepted) in einem Bus-System das Meldesignal, das die übernommenen Daten meldet
NDRO (nondestructive readout) nichtlöschendes Lesen (Auslesen von Informationen aus einem Speicher, ohne dessen Inhalt zu zerstören)
near nahe(zu), Nah...
  near contact printer Abstandsbelichtungsgerät
  near field Nahfeld
  near logarithmic fast logarithmisch
  near zone Nahbereich
nearest neighbo(u)rs nächste Nachbarn
nearly nahezu
neat klar, kurz und bündig, ordentlich, übersichtlich, unverändert

neat line klare Linie
necessary notwendig
  necessary and sufficient notwendig und hinreichend (Math)
necessitate, to erfordern, nötig machen
necessity Notwendigkeit
neck(ing) Einschnürung, Verengung, Verjüngung
  neck lace microphone Kehlkopfmikrofon
need, to brauchen
need Bedarf, Notwendigkeit
needle Nadel, Zeiger
  needle drag Rückstellkraft der Nadel
  needle instrument Zeigerinstrument
  needle pulse Nadelimpuls
negate, to invertieren, negieren
negated negiert, verneint
negation Negation (Verneinung), NICHT-Verknüpfung
negative negativ, Minus...
  negative acknowledgement negative Rückmeldung
  negative-acting negativwirkend
  negative charge negative Ladung
  negative conductor Minusleiter
  negative differential conductance negativer differentieller Leitwert
  negative edge negative Flanke
  negative electrode Katode
  negative feedback Gegenkopplung
  negative glow negatives Glimmlicht
  negative-going abfallend (z.B. Flanke)
  negative ground negative Masse
  negative half cycle negative Halbwelle
  negative image inverse Darstellung (auf dem Bildschirm), Negativbild

negative impedance transistor NEGIT (Transistor mit negativem Kennlinienbereich)
negative ion Anion (negativ geladenes Ion)
negative logic negative Logik
negative mass amplifier Verstärker mit Masse am negativen Pol
negative (photo)resist Negativlack
negative pole Minuspol
negative resistance negativer Widerstand
negative slope negative Flanke
negative surge Gegen-EMK
negative temperature coefficient negativer Temperaturkoeffizient
negative temperature coefficient resistor Heißleiter, NTC-Widerstand
negative terminal Minuspol
negative with respect to earth negativ in Bezug auf Masse
negator NICHT-Glied
negatron Elektron, Negatron (Elektronenröhre zur Erzielung eines negativen Widerstandes)
NEGIT (negative impedance transistor) NEGIT (Transistor mit negativem Kennlinienbereich)
neglect, to vernachlässigen
negligible vernachlässigbar
neighbo(u)r Nachbar
neighbo(u)rhood Nachbarschaft
neighbo(u)ring angrenzend, benachbart
  neighbo(u)ring atom Nachbaratom
  neighbo(u)ring channel selectivity Trennschärfe
neither keiner (von beiden)
neither...nor weder...noch
NEMA (National Electrical Manufacturers Association) NEMA (amerik. Normungsorganisation)

nematic nematisch (Kristallanordnung in einem Flüssigkristall)
neodyme Neodym (chem. Element)
neon Neon (chem. Element)
  neon lamp Glimmlampe
NEP (noise equivalent power) äquivalente Rauschleistung
neper Neper (logarithmisches Leistungsverhältnis; 1 Np = 8,686 dB)
nerve Nerv
nervous nervös
  nervous traffic unruhiger Verkehr
nest Nest
nested verschachtelt (Dv)
nesting Einschachteln, Verschachteln
net netto, rein, Netto...
net Netz
  net gain Gesamtverstärkung
  net load Nutzlast
  net plane Netzebene
netting accuracy Treffgenauigkeit (z.B. einer Frequenzeinstellung)
network (Netz)Werk, Schaltung
  network analysis Netzwerkanalyse
  network architecture Computerarchitektur
  network configuration Netzform
  network control center Netzkontrollzentrum
  network identification code Netzkennung
  network information Netzinformation
  network layer Netzwerkschicht
  network level Netzebene
  network management Netzführung, Netzmanagement
  network scheduling Auftragsvergabe in Rechnernetzen
  network synthesis Netzwerksynthese
  network timing Synchronisation durch das Netz

neuristor Neuristor (elektronische Nachbildung der Speichereigenschaften von Neuronen)
neuron Neuron (Nervenzelle)
neutral Nulleiter
  neutral conductor Mittelpunktsleiter, Nulleiter
  neutral earth Erde
  neutral point Mittelpunkt, Nullpunkt, Sternpunkt
  neutral position Ruhestellung
  neutral relay nichtpolarisiertes Relais
neutralization Neutralisation
neutralize, to (sich) aufheben, (sich) kompensieren, neutralisieren
neutralizing capacitor Entkopplungskondensator
neutrodyne (circuit) Neutrodynschaltung
neutron Neutron (Elementarteilchen)
  neutron doping Neutronendotierung
  neutron-irradiated neutronenbestrahlt
new neu, ungewohnt
  new start Wiederanlauf
  new traffic offered Neuangebot
newcomer Anfänger
newspaper Zeitung
newton Newton (Einh. d. Kraft)
newvicon Sperrschicht-Vidikon
next dann, nächstfolgend
  next choice route Folgequerweg
  next page Folgeseite
NFET (n-channel FET) N-Kanal-Feldeffekttransistor
n-gate thyristor anodenseitig steuerbarer Thyristor
ni junction Halbleiterübergang mit N-dotiertem und eigenleitendem Bereich

nibble, to (an)knabbern
nibble Bezeichnung für ein Halbbyte (4 Bit)
nick Einschnitt, Kerbe
nickel Nickel (chem. Element)
  nickel-cadmium battery Nickel-Cadmium-Batterie
  nickel-cadmium cell Nickel-Cadmium-Zelle
  nickel-plated vernickelt
night Dunkelheit, Nacht
  night vision device Nachtsichtgerät
nil Nullzeichen
  nil-adic nullstellig
nilreport Fehlanzeige
nine neun
nines complement Neunerkomplement
niobium Niobium (chem. Element)
NIPO (negative input, positive output) negative Eingabe, positive Ausgabe
nitride Nitrid (Chem)
  nitride passivation Isolierung der Substratoberfläche mit Siliziumnitrid
nitrode Nitrode (Silizium-Diode mit Siliziumnitrid als Passivierungsschicht)
nitrogen Stickstoff (chem. Element)
  nitrogen-cooled stickstoffgekühlt
Nixie tube Nixie-Röhre (Ziffernanzeigeröhre)
NMOS (n-channel MOS) N-Kanal-MOS (Unipolartransistor mit N-leitendem Kanal)
NMR (nuclear magnetic resonance) magnetische Kernresonanz
NO (normally open) Arbeits...
no-address operand Direktoperand
no-bounce prellfrei
no-break operation Dauerbetrieb
no clearance keine Auslösung
no-erasable unlöschbar

no-load unbelastet, Leerlauf...
  no-load operation Leerlauf
no-loss verlustlos
no-ripple brummfrei
noble Edel...
  noble gas Edelgas
  noble metal Edelmetall
noctovision Fernsehsystem mit Infrarotabtastung
nodal Knoten...
  nodal equipment Knoteneinrichtung
  nodal plane Knotenebene
node Knoten, Netzknoten, Schwingungsknoten
nodistor Nodistor (Glimmlampenröhre)
noise Geräusch, Lärm, Rauschen, Rauschstörung, Störsignal
  noise abatement Schallschutz
  noise background Eigenrauschen, Rauschuntergrund
  noise blanking Störaustastung
  noise cancelling Rauschunterdrückung
  noise carrier modulation Rauschmodulation
  noise compensated rauschkompensiert
  noise crash Sörspannungsspitze
  noise current Rauschstrom
  noise diode Rauschdiode
  noise equivalent power äquivalente Rauschleistung
  noise factor Rauschzahl
  noise figure Rauschmaß, Rauschzahl
  noise filter Entstörglied, Rauschfilter, Störfilter
  noise floor Grundrauschen
  noise generation Rauscherzeugung
  noise grade Geräuschgrad
  noise immunity Störsicherheit
  noise improvement factor Rauschverbesserungsfaktor

noise jamming Rauschstörung
noise level Lärmpegel, Störpegel
noise limiter Rauschbegrenzer
noise margin Rauschgrenze, Störabstand, Störschwelle, Störspannungsabstand
noise performance Rauschleistung
noise potential Rauschspannung
noise power Rauschleistung
noise power ratio Grundgeräuschsabstand, Rauschleistungsdichteabstand
noise prevention Schallschutz
noise pulse Rauschimpuls
noise ratio Rauschzahl
noise rejection Rauschunterdrückung
noise resistance Rauschwiderstand
noise suppression Rauschunterdrückung
noise voltage Rauschspannung, Störspannung
noise word wahlweises Wort (Dv)
noisefree rauschfrei
noiseless rauschfrei
noiseless signal unverrauschtes Signal
noisy rauschend
nomenclature Begriffe, fachliche Bezeichnung, Nomenklatur
nominal nominell, Nenn..., Soll...
nominal current Nennstrom
nominal speed Nenndrehzahl
nominal traffic capacity Verkehrs-Nennkapazität
nominal traffic offered Verkehrsnennangebot
nominal value Nennwert, Sollwert
nomogram Nomogramm (Diagramm zum graphischen Rechnen; Math)
nomography Nomographie
non nicht...

nonacid säurefrei
nonactuated ungedämpft
nonadjustable unverstellbar
nonambiguous eindeutig (Math)
nonbarrier leitend
nonblocking nichtsperrend
noncapacitive kapazitätsfrei
nonconducting gesperrt, nichtleitend
noncontact printing Abstandsbelichtung
noncontacting kontaktlos, nichtberührend
noncontiguous item strukturunabhängiges Datenfeld
noncontinuous unstetig
nondamped ungedämpft
nondegenerate nichtentartet
nondestructive nichtlöschend, zerstörungsfrei
nondetachable unlösbar
nondirectional richtungsunabhängig, ungerichtet
nondirectional aerial Rundstrahlantenne
nondisplacing priority nichtverdrängte Priorität
nondissipative verlustfrei
nondissipative stub Blindleitung
nonductile nicht ausdehnbar
none keine(r,s)
nonearthed nichtgeerdet
nonelastic unelastisch
nonequivalence operation Antivalenz-Funktion, Exklusiv-ODER-Verknüpfung
nonessential oscillation Nebenaussendung
nonexistent fehlend, nicht vorhanden
nonferrous metal NE-Metall, Nichteisenmetall
nonfused earth Schutzerde

nonfused earthed conductor Schutzleiter
nonfusible nichtschmelzbar
nongrounded nichtgeerdet
nonharmonic anharmonisch
nonideal crystal nichtidealer Kristall
noninductive induktionsfrei
noninflammable unbrennbar
noninteracting ohne gegenseitige Einwirkung, wechselwirkungsfrei
noninterlaced ohne Zeilensprung (Fs)
noninverting nichtinvertierend
nonlinear nichtlinear
nonlinear batch process nichtlinearer Chargenprozeß
nonlinearity Nichtlinearität
nonlocking nichtsperrend, nichtverriegelnd
nonluminescent nichtleuchtend
nonmagnetic antimagnetisch
nonmascable nichtmaskierbar
nonmatching nichtpaarig
nonmetallic element nichtmetallisches Element
nonmodulated unmoduliert
nonnegligible nicht vernachlässigbar
nonnumeric nichtnumerisch
nonpolar nichtpolar
nonpreemptive priority nichtunterbrechende Priorität
nonprotected ungeschützt
nonradiative strahlungslos
nonreactive induktionsfrei, rückwirkungsfrei
nonregenerative rückkopplungsfrei
nonremovable media feste Daten
nonresettable nicht rückstellbar
nonreturn-to-zero ohne Rückkehr nach Null

nonreversible irreversibel (nicht umkehrbar)
nonsaturated logic nichtgesättigte Logik
nonsealed unvergossen
nonsolid electrolyte flüssiger Elektrolyt
nonstationary current nichtstationärer Strom
nonsteady state nichtstationärer Zustand
nonsubscribed nichtinduziert
nonsynchronous asynchron
nonthreshold logic schwellwertfreie Logik
nonuniform uneinheitlich, ungleichförmig
nonvolatile nichtflüchtig
nonvortical wirbelfrei
nonzero von Null verschieden
nor weder noch
NOR NOR-Verknüpfung
  NOR element NOR-Glied
  NOR gate NOR-Gatter
  NOR logic NOR-Logik
norm Norm
normal Normale, Normalzustand, Senkrechte
normal normal, senkrecht
  normal condition Ruhelage, Ruhezustand
  normal contact Ruhekontakt
  normal distribution Normalverteilung
  normal form Normalform
  normal incidence senkrechter Einfall
  normal linearity Normallinearität
  normal magnetization curve Kommutierungskurve
  normal mode Normalschwingung

normal-mode interference Gegentaktstörung
normal-mode noise voltage symmetrische Störspannung
normal-mode rejection Serien-Störspannungsunterdrückung
normal position Nennlage
normal response mode Aufforderungsbetrieb
normalization Normierung
normalize, to normieren, vereinheitlichen
normalized normiert
  normalized curve normierte Kurve
  normalized fan-in Einheitslast
normalizing Normierung
normally-closed contact Ruhekontakt
normally off selbstsperrend, Anreicherungs... (Feldeffekttransistoren)
normally open selbstleitend, Verarmungs... (Feldeffekttransistoren)
  normally-open contact Arbeitskontakt
normed genormt
norrow-band filter Schmalbandfilter
north Norden
  north pole Nordpol
Norton's theorem Nortonsches Theorem
not busy frei, nicht beschäftigt
NOT circuit NICHT-Schaltung
not connected frei, nicht verbunden
NOT function NICHT-Funktion
NOT gate NICHT-Gatter
NOT-IF-THEN operation Inhibition (Logik)
notation Beschreibung, Darstellung, Notation, Schreibweise
notational system Stellenwertsystem
notch Einkerbung, Kontaktstellung
notch, to einkerben
  notch connector Kerbverbinder
  notch diplexer Filterweiche

notch filter Kerbfilter, Notch-Filter, Sperrfilter
notch frequency Sperrfrequenz
notch rejection circuit Bandsperrfilter
notching Schrittbetätigung (Relais)
notching relay Fortschalterelais, Impulsrelais
note, to anführen, anmerken, bemerken
note Anmerkung, Notiz, Ton
  note sentence Kommentar
nothing nichts
notice, to anmerken, bemerken
noticeable merklich
notify, to benachrichtigen, informieren
notion Ansicht, Begriff, Vorstellung
notwithstanding obwohl, trotz(dem), ungeachtet
nought state Nullage
noughts complement B-Komplement (Math)
noun Hauptwort, Substantiv
novel neu(artig)
now jetzt, gleich, nun
noway(s) auf keinen Fall, gar nicht
nowhere nirgends, nirgendwo
nowise auf keine Weise, nicht im geringsten
nozzle Ansatzrohr, Düse, Öffnung
np junction NP-Übergang
npin transistor NPIN-Transistor
npip transistor NPIP-Transistor
npn junction transistor NPN-Flächentransistor
NPO (negative-positive-zero) negativ-positiv-Null
NPR (noise power ratio) Rauschleistungsdichteabstand, Störleistungsverhältnis
NRM (normal response mode) Aufforderungsbetrieb

NRP (noise power ratio) Rauschleistungsdichteabstand
NRZ (non-return to zero) NRZ (keine Rückehr zur Null; bestimmte Form der Leitungscodierung), Richtungsschrift (Magnetbandaufzeichnung)
ns (nanosecond) Nanosekunde (ns)
n-step transformer n-stufiger Transformator
NTC (negative temperature coefficient) negativer Temperaturkoeffizient
  NTC resistor Heißleiter
NTL (non-threshold logic) schwellwertfreie Logik
n-type N-dotiert
  n-type impurity N-Dotierungsatom
nuclear nuklear, Atom..., Kern...
  nuclear accelerator Kernbeschleuniger
  nuclear clock Atomuhr
  nuclear distance Kernabstand
  nuclear engineering Kerntechnik
  nuclear level Kernniveau
  nuclear magnetic resonance Kernresonanz
  nuclear material Kernmaterial
  nuclear particle Kernteilchen
  nuclear power plant Kernenergieanlage
  nuclear power station Kernkraftwerk
  nuclear quadruple resonance Kernquadrupolresonanz (Phys)
  nuclear radiation Kernstrahlung
  nuclear reaction Kernreaktion
  nuclear resonance Kernresonanz
  nuclear shell model Schalenmodell des Atomkerns
  nuclear size Kerngröße
  nuclear spin Kernspin (Phys)
nucleation Keimbildung
nucleonics Kerntechnik
nucleons Nukleonen
nucleus Kern, Kristallisationskern, Systemkern (Dv)
null Null
  null balance Nullabgleich
  null detector Abgleichdetektor
  null drift Nullpunktsdrift
  null indication Nullanzeige
  null instrument Nullinstrument
  null-point Nullpunkt
  null position Nullstellung
  null set Leermenge
  null suppression Unterdrückung von Nullen
nullator Nullator
nullify, to aufheben, ungültig machen
nullity Ungültigkeit
number, to numerieren
  number serially, to durchnumerieren
number (An)Zahl, Nummer
  number base Basis (eines Stellenwertsystems)
  number crunching Lösen komplexer numerischer Rechenvorgänge
  number display Ziffernanzeige
  number key Zifferntaste
  number notation Zahlendarstellung
  number of cycles Schwingungsanzahl
  number of turns Windungszahl
  number pad Tastenfeld
  number representation Zahlendarstellung
  number set Zahlenmenge
  number system Zahlensystem
  number theory Zahlentheorie (Math)
numbered consecutively fortlaufend numerieren
numbering Numerierung
numeral Zahl(zeichen), Zahlensymbol, Ziffer, Ziffernsymbol
  numeral display Ziffernanzeige

numeric numerisch
  numeric character Ziffer
  numeric code Zahlencode
  numeric coding numerische Codierung
  numeric keypad numerische Tastatur
  numeric printer Zifferndrucker
numerical numerisch, zahlenmäßig, ziffernmäßig, Zahlen...
  numerical analysis numerische Analyse (Math)
  numerical aperture numerische Apertur (Phys)
  numerical computation numerische Berechnung
  numerical control numerische Steuerung
  numerical CRT (cathode ray tube) Elektronenstrahl-Ziffernanzeigeröhre
  numerical display Ziffernanzeige
  numerical example Zahlenbeispiel
  numerical field numerisches Feld
  numerical integration numerische Integration
  numerical read-out Ziffernanzeige
  numerical value Zahlenwert
numerous zahlreich
numitron Numitron (Glühlampensystem zur Zifferndarstellung)
nut Schraubenmutter
nuvistor Nuvistorröhre (Hochfrequenzröhre)
NVM (nonvolatile memory) nichtflüchtiger Speicher
NVRAM (nonvolatile RAM) nichtflüchtiges RAM
Nyquist criterion Nyquist-Kriterium, Ortskurvenkriterium
Nyquist diagram/plot Ortskurve des Frequenzgangs
Nyquist slope Nyquist-Flanke
n-zone N-dotierter Bereich

O

obey, to (Befehl) ausführen, durchführen, gehorchen
object Gegenstand, Objekt
  object code Maschinencode
  object computer Programmausführungscomputer
  object glass Objektiv
  object language Maschinensprache
  object program Maschinenprogramm
  object size Gegenstandsgröße
  object time Ausführungszeit
objection Beanstandung, Einwand
objectionable störend, unzulässig
objective objektiv (sachlich)
objective Zielsetzung
  objective lens Objektivlinse
objectless planlos, ziellos
oblate abgeplattet
  oblate spheroid abgeplatteter Rotationsellipsoid (Math)
oblateness Abplattung
oblige, to verpflichten
oblique schräg, Schräg...
  oblique-angled schiefwinklig
obliquity Neigung, Schiefe, Schräge
obliterate, to (aus)löschen
oblong Rechteck
obscure dunkel
observance Beachtung, Beobachtung, Befolgung
observation Beobachtung
observatory Observatorium (Beobachtungsstation)
observe, to beobachten
obsolescence (technische) Veralterung
obsolete veraltet
obstacle Hindernis

obstruct

obstruct, to   behindern, hemmen
obtain, to   empfangen, erhalten, gewinnen
obtainment   Erlangung
  obtainment time   Beschaffungszeit
obtuse   abgestumpft, stumpf
  obtuse angle   stumpfer Winkel
obvious   klar, offensichtlich
occasion   Gelegenheit
occlude, to   adsorbieren (Chem), versperren
occupancy   Besetzung(sgrad), Belegung
occupation   Belegung, Besetzung
  occupation phase   Belegungsphase
  occupation state   Besetzungszustand
occupied   belegt
  occupied level   besetztes (Energie)Niveau
occupy, to   belegen, besetzen, einnehmen
occur, to   auftreten, eintreten, vorkommen
occurrence   Ereignis, Vorgang, Vorkommnis
  occurrence number   (Tabellen)Elementnummer
  occurrence probability   Ereigniswahrscheinlichkeit, Wahrscheinlichkeit des zufälligen Auftretens
ocean   Meer, Ozean
oceanography   Meereskunde, Ozeanographie
ocher   Ocker (gelbbraune Farbe)
OCR (optical character reader)   Klarschriftleser
OCR (optical character recognition)   optische Zeichenerkennung
octagon   Achteck
octagonal   achteckig, oktagonal
octal   oktal (Basis 8)
  octal digit   Oktalziffer

octal notation   Oktalschreibweise
octal number   Oktalzahl
octal numbering system   Oktalsystem
octave   Oktave (Frequenzverhältnis 1:2)
  octave band   Oktavband
  octave filter   Oktavfilter
  octave slope   Oktavensteilheit
octaword   Oktawort (Bezeichnung für 16 aufeinanderfolgende Bytes; 128 Bit)
octet   Byte (8 Bit)
  octet shell   Achterschale (eines Atoms)
octohedral   achtflächig
octonal characteristic   Achtercharakteristik
octonary   oktal (Basis 8)
ocular   Okular (die dem Auge zugewandte Linse eines optischen Gerätes)
odd   ungerade
  odd-even check   Prüfung auf ungerade-gerade
  odd mass number   ungerade Massenzahl
  odd-numbered   ungeradzahlig
  odd parity   ungerade Parität (ungerade Bitzahl)
oddly   sonderbarerweise
odds   Unterschied, Wahrscheinlichkeit
OED (oxidation-enhanced diffusion)   OED (Diffusion in oxidhaltiger Atmosphäre)
OEM (original equipment manufacturer)   Hersteller von Originalbauteilen
oersted   Oersted (veralt. Einh. d. magnetischen Feldstärke)
of   auf, aus, von
off   (ab)geschaltet, aus, ausgeschaltet
  off-band rejection   Unterdrückung von Nachbarbändern
  off-center   exzentrisch (außerhalb des Mittelpunktes liegend)
  off-centering   Bildverschiebung

off channel gesperrter Kanal
off-condition Ausschaltzustand, Sperrzustand
off-delay Abfallverzögerung, Ausschaltverzögerung
off-emergency Notausschalter
off-ground Potentialwert über dem Bezugspunkt
off-line indirekt arbeitend, Off-Line... (nicht direkt an eine Einheit angeschlossen)
off-line computer eigenständiger Rechner
off-line equipment peripheres (an eine Einheit angeschlossenes) Gerät
off-line operation indirekter Betrieb
off-line processing Off-Line-Datenverarbeitung (unter Einschalten des Menschen)
off-normal contact Arbeitskontakt
off-period Sperrzeit
off-punch Fehllochung
off-region Sperrbereich
off-resistance Widerstand im Auszustand
off-resonant verstimmt
off-shelf serienmäßig gefertigt
off-state Ausschaltzustand, Sperrzustand
off-state ausgeschaltet, gesperrt, Sperr...
off-state current Sperrstrom
off-state voltage Blockierspannung
off-status ausgeschaltet
off-the-shelf ab Lager
off-the-shelf component/device fertiges Standardbauteil
off-the-shelf item ab Lager verfügbares Teil
off-tune verstimmt

offer, to anbieten, entgegensetzen
offer Angebot
offered traffic Verkehrsangebot
offering Anbieten, Aufschalten
  offering trunk Zubringerleitung
  offering trunk group Zubringerbündel
offhook eingeschaltet
  offhook signal Beginnzeichen
office Amt, Büro
  office communication Bürokommunikation
  office machine Büromaschine
offload, to entlasten
offset, to aufheben, verschieben
offset außer der Reihe, versetzt
offset Abweichung, Offset, Versetzung
  offset angle Reibungswinkel
  offset between input and output Versetzen zwischen Eingang und Ausgang
  offset current Eingangsfehlstrom, Offsetstrom, Reststrom
  offset diode Offsetdiode (Diode zur Verschiebung des Gleichspannungspegels)
  offset switch Korrekturschalter
  offset voltage Gegenspannung, Kompensationsspannung, Offsetspannung
often häufig, oft, vielfach
o/g (outgoing) abgehend (z.B. Leitung)
ohm Ohm (Einh. d. elektrischen Widerstandes)
ohmic ohmsch, galvanisch
  ohmic continuity galvanischer Durchgang
  ohmic drop Spannungsabfall
  ohmic heating Widerstandsheizen
  ohmic isolation galvanische Trennung
  ohmic range Widerstandsbereich
  ohmic resistance Ohmscher Widerstand

ohmmeter Ohmmeter
Ohm's law Ohmsches Gesetz
oil Öl
  oil capacitor ölimprägnierter Kondensator
  oil circuit breaker Ölschalter
  oil immersed transformer Öltransformator
oiled paper Ölpapier
old alt, ehemalig, früher
omit, to weglassen
omit line Ausschlußzeile
omnibus line Tandemleitung
omnidirectional rundstrahlend, ungerichtet
  omnidirectional aerial Rundstrahlantenne
  omnidirectional characteristic Kugelcharakteristik
  omnidirectional microphone Kugelmikrofon
  omnidirectional radiator Rundstrahlantenne
omnirange Drehfunkfeuer
on an, auf, eingeschaltet
  on-and-off cycles Ein-Ausschaltzyklen
  on-axis axial (angeordnet)
  on-board auf der Leiterplatte angeordnet, auf der Platine befindlich
  on-chip auf dem Chip befindlich, im Chip integriert
  on-condition Durchlaßzustand, leitender Zustand
  on-delay Einschaltverzögerung
  on-hook signal Schlußzeichen
  on-line direktgekoppelt, prozeßgekoppelt, On-Line...
  on-line computation prozeßgekoppelte Berechnung (Verarbeitung in Verbindung mit einer Datenverarbeitungsanlage)
  on-line computer prozeßgekoppelter Rechner, Prozeßrechner
  on-line operation direkter Betrieb
  on-line processing On-Line-Betrieb, On-Line-Datenverarbeitung
  on-line storage Datenträger
  on-off Ein-Aus...
  on-off base current Ausräumstrom
  on-off control Zweipunktregelung
  on-off controller Zweipunktregler
  on-off keying Ein-Austastung
  on-off operation Ein-Aus-Betrieb
  on-off system Zweipunktsystem, Relaissystem
  on order in Auftrag
  on-period Betriebszeit, Einschaltzeit
  on-resistance Einschaltwiderstand
  on-screen editing Bearbeiten (z.B. einer Datei) am Bildschirm
  on site an Ort und Stelle
  on state Durchlaßzustand, eingeschalteter Zustand, leitender Zustand
  on-state resistance Einschaltwiderstand
  on-status eingeschaltet
  on-the-air Sender
  on-the-fly printer Walzendrucker
  on-time Einschaltzeit, Einwirkzeit
once einmal, sobald
one ein, eins, man
  one-address Einadreß...
  one-body model Einkörpermodell
  one-chip Einchip... (auf einem Halbleiterplättchen integriert)
  one-cycle multivibrator monostabiler Multivibrator, monostabile Kippstufe
  one-device cell Eintransistorzelle
  one-digit einstellig

one-digit adder Halbaddierer
one-dimensional disorder eindimensionale Fehlordnung
one-dimensional imperfection eindimensionale Gitterstörstelle
one-element Einselement (Logik)
one-figure einstellig
one-for-one language Eins-zu-Eins-Sprache
one-level address direkte Adresse
one-level code Maschinencode
one-level subroutine einstufiges Unterprogramm
one-load tap changer Stufenschalter
one-out-of ten 1-aus-10...
one-pass assembler Ein-Schritt-Assembler (erkennt eine Codierung und wandelt sie sofort in den Maschinencode um)
one-phase einphasig
one-pole operation einpoliger Betrieb
one-port Zweipol
one-prong connector einpoliger Stekker
one-quarter ein Viertel
one-shot (multivibrator) monostabiler Multivibrator
one-shot operation Einzelschrittbetrieb
one-side switching arrangement Umkehr-Kopplung
one-sided einseitig
one-stage einstufig
one-state Einszustand
one-step einstufig
one-term eingliedrig
one-to-one eineindeutig, Eins-zu-Eins...
one-valued function eindeutige Funktion (Math)

one-wave rectifier Einweggleichrichter, Halbwellengleichrichter
one-way circuit Einwegschaltung
one-way communication einseitige Datenübermittlung
one-way operation einfachgerichteter Betrieb, Simplexbetrieb
one-way transmission Simplexbetrieb
ones complement Eins-Komplement
O-network Doppel-Pi-Schaltung
only bloß, einzig, erst, nur
only than außer wenn, daß
onset Beginn, Einsatz, Einsetzen
onto auf
onward nach vorne (gerichtet), fortschreitend
op amp (operational amplifier) Operationsverstärker
op code (operation code) Befehlscode
opacimeter Trübungsmesser
opacity Lichtundurchsichtigkeit, Trübheit
opal glass Milchglas
opaque lichtundurchlässig, undurchsichtig
open, to abfallen (Relais), (er)öffnen, trennen, unterbrechen
open offen, eröffnet
  open air Freiluft...
  open circuit Leerlauf, offener Stromkreis, Stromkreisunterbrechung
  open-circuit condition Leerlaufzustand
  open (circuit) contact Ruhekontakt
  open-circuit input impedance Leerlaufeingangsimpedanz
  open-circuit voltage Leerlaufspannung, Ruhespannung
  open collector Transistor mit offenem Kollektor
  open condition Unterbrechung

open core offener Kern
open current Arbeitsstrom
open data file eröffnete Datei
open-ended ausbaubar, erweiterbar, leerlaufend, offen
open loop offener Regelkreis
open-loop amplification Verstärkung ohne Gegenkopplung
open-loop control Steuerung (ohne Rückkopplung)
open-loop gain Kreisverstärkung, Leerlaufverstärkung
open routine Eröffnungsprogramm
open shop Eigentest-Betrieb (Programmierer können ihre Programme auf einer Anlage selbst austesten)
open subroutine Makro (Unterprogramm, auf das von jeder Programmstelle zugegriffen werden kann)
open switch Arbeitskontaktschalter
open systems communication offene Kommunikation
open systems interface Schnittstelle, die an offene Kommunikationssysteme angeschlossen ist
open-tube process Durchströmverfahren (Diffusionsverfahren)
open wire line Freileitung
opening Durchführung, (Er)Öffnung
opening bracket eckige Klammer auf
opening of a loop Unterbrechung einer Schleife
opening time Ausschaltverzögerung, Ausschaltzeit
operable betriebsfähig
operable time Betriebszeit
operand Operand (Dv, Math), Rechengröße
operate, to arbeiten, bedienen, betätigen, betreiben, rechnen, speisen

operate a switch, to einen Schalter betätigen
operate repetitively, to periodisch arbeiten
operate current Ansprechstrom
operate delay Ansprechverzögerung
operate speed Ansprechgeschwindigkeit, Ansprechzeit (Relais, Kontakt)
operate time Ansprechzeit, Arbeitszeit
operating Arbeits..., Betriebs..., Bedienungs...
operating angle Arbeitswinkel, Phasenanschnittwinkel
operating button Bedienungsknopf
operating characteristics Arbeitskennlinie, Annahmekennlinie, Betriebsdaten, Betriebskennlinie
operating code Befehlscode
operating coil Relaisspule
operating coil current Erregerstrom (eines Relais)
operating condition Betriebszustand
operating efficiency Betriebsleistung, Wirkungsgrad
operating failure Betriebsausfall
operating fault Bedienungsfehler
operating force Stellkraft
operating form Bedienform
operating limitations Betriebsgrenzen
operating manual Bedienungshandbuch
operating margin Betriebsgrenzwert
operating mode Arbeitsweise, Betrieb, Betriebsbereich (Transistor) Betriebsweise
operating point Arbeitspunkt
operating position Schaltstellung
operating principle Arbeitsprinzip, grundsätzliche Arbeitsweise (eines Gerätes)

operating rate Betriebsgeschwindigkeit
operating ratio Verfügbarkeitsgrad
operating sequence Arbeitsablauf, Betätigungsfolge
operating space Bildbereich, Darstellungsbereich
operating system Betriebssystem
operating threshold Ansprechschwelle
operation Ansprechen, Arbeitsablauf, Betrieb, Operation, Befehls... (Dv)
operation amplifier Operationsverstärker
operation code Befehlscode
operation knob Bedienungsknopf
operation lever Schalthebel
operation of push-buttons Betätigung von Drucktasten
operation part Operationsteil (eines Befehls)
operation potential Betriebsspannung
operation voltage rejection Betriebsspannungsunterdrückung
operational betriebsfähig, wirksam, Betriebs..., Funktions...
operational amplifier Operationsverstärker
operational behaviour Betriebsverhalten
operational characteristics Betriebsdaten
operational error Funktionsfehler
operational life test(ing) Betriebslebensdauerprüfung
operational procedure Betriebsverfahren
operational relay Rechenrelais
operational research Unternehmensforschung
operational sign Vorzeichen

operations Betätigung, Operation, Schaltvorgänge
operations code Befehlscode
operations guide Bedienungsanleitung
operations research Unternehmensforschung
operations scheduling Arbeitsvorbereitung
operative betriebsfähig, in Betrieb, wirksam
operator Bediener (einer Anlage), Operator (Math)
operator call Eintreteaufforderung
operator console typewriter Bedienungsblattschreiber
operator desk Bedienungspult
operator display Bildschirm (für die Ausgabe von Anweisungen)
operator error Bedienerfehler
operator interrupt manuelle Unterbrechung
operator station Bedienerstation
operator's answer delay Warten auf Abfrage
operator's position Arbeitsplatz
operator's telephone Abfrageapparat
opinion Ansicht, Meinung
opportunity Gelegenheit
opposed entgegengesetzt
 opposed mode interference Gegentaktstörung
opposite Gegenteil
opposite entgegengesetzt (gerichtet), gegenüber(liegend), Gegen...
 opposite sense Gegensinn
 opposite sign entgegengesetztes Vorzeichen
 opposite voltage Gegenspannung
opposition Gegensatz, Widerstand
opt, to sich entscheiden, optieren

optic(al) optisch, Seh...
  optical axis Z-Achse eines Kristalls
  optical cable Lichtleiterkabel
  optical character reader Klarschriftleser
  optical character recognition optische Zeichenerkennung
  optical communications optische Nachrichtentechnik
  optical communications link glasfaseroptische Verbindung
  optical conductor Licht(wellen)leiter
  optical coupler Optokoppler (Erkl.: s. optocoupler)
  optical density Dichte, Schwärzung (Foto)
  optical disk optische Platte
  optical feed Strahlungsspeisung
  optical feedback optische Rückkopplung
  optical fibre Glasfaser
  optical fibre communication Informationsübertragung über Lichtwellenleiter
  optical fibre waveguide Lichtwellenleiter
  optical flat planparallele Glasplatte
  optical insensitive optisch unempfindlich
  optical integrated circuit integrierte optische Schaltung
  optical isolator Optokoppler (Erkl.: s. optocoupler)
  optical lithography Photolithographie
  optical maser Laser
  optical microscope Lichtmikroskop
  optical path Lichtweg, Strahlengang
  optical pattern Lichtband
  optical plane Bildebene
  optical port Öffnung für optische Strahlen
  optical printing Belichten
  optic scrambler Mischer (opt. Nt)
  optical time domain reflectometer OTDR (Gerät zur Bestimmung der optischen Durchlässigkeit eines Lichtwellenleiters)
  optical transistor Optotransistor
  optical twinning optisches Zwillingsbild
  optical video disk Bildplatte
  optical waveguide Lichtwellenleiter
  optical wafer stepping schrittweises Belichten eines Wafers
optically generated durch Licht erzeugt
optically insensitive optisch unempfindlich
optics Optik
optimal optimal, Best...
optimization Optimierung
optimize, to optimieren
optimizing optimierend
optimum Bestwert, Optimum, Optimal...
  optimum code Optimalcode
  optimum coupling kritische Kopplung
  optimum filter Optimalfilter
  optimum load optimale Belastung
  optimum value Optimalwert
option Angabe, Ausführung, Bauart, Option, Sonderzubehör, Wahlmöglichkeit, Zusatz
optional wahlweise
  optional extra Zubehör
  optional feature wahlweise Zusatzeinrichtung
  optional sign Vorzeichen (einer Zahl)

optional word Wahlwort (Dv)
optocoupler Optokoppler (Bauteil, das Signale zwischen voneinander galvanisch getrennten Schaltkreisen überträgt)
optoelectronic converter optoelektronischer Umsetzer
optoelectronic device optoelektronisches Bauteil
optoelectronics Optoelektronik
optoisolator Optokoppler (Erkl.: s. optocoupler)
or oder
OR (operations research) Unternehmensforschung
OR ODER-Verknüpfung
  OR circuit ODER-Schaltung
  OR element ODER-Glied
  OR gate ODER-Gatter
oral(ly) mündlich
  oral reconsideration Rücksprache
orange Orange
orbit Bahn, Elektronenbahn, Orbit, Umlaufbahn
orbital angular momentum Bahndrehimpuls (eines Hüllenelektrons)
orbital electron Hüllenelektron
orbital quantum number azimutale Quantenzahl (Phys)
order, to bestellen, ordnen
order Anweisung, Auftrag, Befehl, Bestellung, (Größen)Ordnung, Reihenfolge
  order code Befehlssatz (Dv)
  order code processor Befehlsprozessor
  order of magnitude Größenordnung
  order sequence Anweisungsfolge
  order structure Aufbau eines Befehlswortes, Befehlsstruktur
ordered geordnet

ordering Ordnen
orderless regellos
ordinal (number) Ordinalzahl, Ordnungszahl
ordinary normal, gewöhnlich, üblich
  ordinary differential equation gewöhnliche Differentialgleichung
  ordinary ray ordentlicher Strahl (bei Doppelbrechung)
  ordinary temperature Raumtemperatur
  ordinary wave ordentliche Welle
ordinate Ordinatenachse (vertikale Achse in einem Koordinatensystem)
ore Erz
ored disjunktiv verknüpft
organ Funktionsteil, Operationsteil, Organ, Orgel
organic organisch
  organic compound organische Verbindung
  organic dye laser organischer Flüssigkeitslaser
organization Gliederung, Organisation, Struktur
organize, to gestalten, gliedern, organisieren
orgware (organizational ware) Orgware (das zur Betreuung eines Computers verfügbare Personal)
orient, to ausrichten (Kristalle), orientieren
orientation Ausrichtung, Orientierung, Peilung
oriented gerichtet
  oriented edge Pfeil
orienting Adressenfixierung, Adressenzuweisung
orifice Austritt, Öffnung
origin Ausgangspunkt, Nullpunkt, (Koordinaten)Ursprung
  origin address Anfangsadresse

original Original, Vorlage
original ursprünglich, Anfangs..., Ausgangs..., Ur...
original artwork Originalvorlage
original value Ausgangswert
originally anfänglich, hauptsächlich, ursprünglich
originate, to entstehen, herstellen (Nachrichten), herrühren, seinen Ursprung haben
originating exchange Ursprungsvermittlung
originating traffic entspringender Verkehr
origination Entstehung, Ursprung
originative erfinderisch
orthicon Orthikon (speichernde Bildsignalröhre)
ortho Ortho..., Recht...
orthoaxis Orthodiagonale (Math)
orthochromatic farbenrichtig
orthodox semiconductor herkömmlicher Halbleiter
orthogonal orthogonal, rechtwinklig, senkrecht
OS (operating system) Betriebssystem
OSCAR (orbital satellite carrying amateur radio) OSCAR (Satellit für Amateurbetrieb)
oscillate, to oszillieren, pendeln, schwingen
oscillating Schwingungs...
　oscillating circuit Schwingkreis
　oscillating crystal Schwingquarz
　oscillating discharge oszillierende Entladung
　oscillating frequency Schwingungsfrequenz
　oscillating period Schwingungsdauer
oscillation Pendelbewegung, Schwingung

oscillation build-up Anschwingen
oscillation level Schwingungspegel
oscillation node Schwingungsknoten
oscillation period/time Schwingungsdauer
oscillation tube Oszillatorröhre
oscillator Generator, Oszillator, Schwinger, Schwingungserzeuger
oscillator circuit Schwingkreis
oscillator harmonic interference Oberwellenstörung
oscillator tank Schwingkreis
oscillatory schwingend, Schwing..., Schwingungs...
oscillatory circuit Resonanzkreis, Schwingkreis
oscillatory current schneller Wechselstrom
oscillatory motion Schwingbewegung, Zitterbewegung
oscillistor Oszillistor (Halbleiterbauelement)
oscillogram Oszillogramm (vom Oszilloskop aufgezeichnetes Schwingungsbild)
oscilloscope Oszilloskop (Gerät zum Aufzeichnen veränderlicher Vorgänge)
oscilloscope display Sichtanzeige
oscilloscope face Oszilloskopschirm
oscilloscopic display oszillographische Anzeige, Bildschirmanzeige
osculate, to (sich) anschmiegen an, berühren
OSI (open systems interconnection) OSI (Schichtarchitekturmodell für Datennetze nach ISO)
osmium Osmium (chem. Element)
osmosis Osmose (Übergang eines Lösungsmittels durch eine feinporige Wand in eine höher konzentrierte Lösung)

OTDR (optical time domain reflectometer) OTDR (Zeitbereichsreflektometer; Gerät zur Bestimmung der optischen Durchlässigkeit eines Lichtwellenleiters)
other andere (r,s)
otherwise andernfalls, sonst
ought müßte, sollte
ounce Unze (angels. Masseeinheit; 1 oz = 28,35 g)
out aus, heraus
  out-band signaling Außerband-Signalisierung
  out-of-area installation Vorfeldeinrichtung (Verm)
  out-of-balance nicht abgeglichen, unausgeglichen
  out-of-band radiation Randaussendung
  out-of-contact berührungslos
  out-of-focus unscharf
  out-of-order außer Betrieb, gestört
  out-of-phase phasenverschoben
  out-of-scale verzerrt
  out-of-stock ausverkauft, nicht an Lager
  out-of-tune verstimmt
outage Ausfall, Versagen
outcome Ausfall (eines Bauteils), Ergebnis
outdate, to veralten
outdiffusion Ausdiffusion
outdoor Freiluft, Außen...
  outdoor aerial Außenantenne, Freiantenne
outer äußere(r,s), Außen...
  outer conductor Außenleiter
  outer diameter Außendurchmesser
  outer dimensions Außenabmessungen
  outer electron Außenelektron, Valenzelektron
  outer space extraterrestrischer Raum
  outer strand Außenader
  outer work function äußere Austrittsarbeit
outermost äußerste(r,s)
outfit Ausrüstung, Ausstattung
outgassing Entgasung
outgoing abgehend, auslaufend, austretend, herausfliegend
  outgoing line Abnehmerleitung
  outgoing traffic abgehender Verkehr
  outgoing trunk Abnehmerleitung
  outgoing trunk group Abnehmerbündel
outlet Ausgang, Auslauf, Austritt, Steckdose
  outlet energy Austrittsarbeit
outline, to entwerfen, skizzieren, umreißen
outline Außenmaß, Bauform, Übersicht, Zusammenfassung
  outline drawing Gehäusezeichnung
outlined deutlich, klar, scharf umrissen
outmost äußerste(r,s)
outphased phasenverschoben
output, to abgeben, ausgeben
  output a character, to ein Zeichen ausgeben
output Ausgang, Ausgabe..., Ausgangs...
  output amplifier Endverstärker
  output capacitance Ausgangskapazität
  output circuit Ausgangsschaltung
  output data Ausgabedaten
  output device Ausgabegerät
  output equipment Ausgabegerät
  output file Ausgabedatei
  output impedance Ausgangsimpedanz
  output jack Ausgangsbuchse
  output lead Ausgangsleitung

output level Ausgangspegel
output logic Ausgangslogik
output primitive Anzeigeelement
output-protected ausgangsgeschützt
output quantity Ausgangsgröße, Ausgabegröße
output rate Ausgabegeschwindigkeit
output stage Endstufe
output transformer Ausgangsübertrager, Ausgangstransformator
output voltage ripple Ausgangsspannungsbrumm
outside außen, außerhalb, Außen...
outslot signaling Zeichengabe außerhalb
outstanding außergewöhnlich, vorstehend
outstation Fernwirkunterstation, Teilnehmeraußenstelle
outward äußere(r,s), Außen...
oval oval
oven Ofen, Thermostat
over aus, hinüber, über, vorüber, Über...
  over gating Übersteuerung
  over level signal Übersteuerungssignal
  over match Spannungsanpassung
  over range Meßbereichsüberschreitung
  over-the-horizon transmission Überhorizontübertragung
overall umfassend, Gesamt...
  overall attenuation Gesamtdämpfung
  overall bandwidth Gesamtbandbreite
  overall response time Gesamtantwortverzugszeit
overbias, to zu hohe Vorspannung anlegen
overbiasing coat Überzug
overburden, to überlasten
overcouple, to überkritisch koppeln
overcurrent Überstrom

overdamping überkritische Dämpfung
overdrive factor Übersteuerungsfaktor
overdriving Übersteuerung
overexpose, to überbelichten
overflow Ablauf, (Bereichs)Überschreitung, Überlauf (z.B. Zahlenbereich, Speicherbereich)
  overflow route/routing Überlaufweg
  overflow track Folgespur
  overflow traffic Überlaufverkehr
  overflow traffic carried Überlaufbelastung
  overflow traffic offered Überlaufangebot
  overflow type operation Überlaufbetrieb
overgrow, to überziehen
overhaul, to reparieren, überprüfen
overhaul Instandsetzung, Überholung
overhead Gesamtaufwand, zusätzlicher Platzbedarf
overhead allgemein, höher, oberirdisch, zusätzlich
  overhead line Freileitung
overhearing Abhören
overheat, to überheizen, überhitzen
overlap Überlappung
  overlap measure Überlappungsmaß
  overlap processing überlappte Verarbeitung
overlapping sich überschneidend
overlapping Überlappung, Überschneidung
overlay, to bedecken, überlagern, überschreiben (von Programmteilen), überziehen
overlay Planpause, Überlagerung (Aufteilen großer Programme in kleinere Abschnitte, die dann entsprechend den Anforderungen in den Arbeitsspeicher geladen werden), Zurichtung

overlay segments Programm-Segmente (Programmteile, die im Assembler nacheinander den gleichen Platz einnehmen)
overlay technique Überlagerungstechnik
overlay transistor Overlay-Transistor (Multiemittertransistor für hohe Frequenzen)
overload, to überlasten, übersteuern
overload Überlast, Übersteuerung
  overload control strategy Überlastabwehrstrategie
  overload protection Überlastschutz
  overload relay Überlastrelais
  overload traffic capacity Verkehrsüberlastung
overloading Überlastung
overmodulation Übermodulation, Übersteuerung
overprint überdrucken
overrange Meßbereichsüberschreitung
override, to übersteuern
overrun Überlauf
overshoot Überschwingen
  overshoot interference Funkstörungen durch Überreichweiten
overstress Überlastung
overswing diode Übersteuerungsschutzdiode
overthrow distortion Überstrahlung
overtone Oberton
  overtone crystal Oberschwingquarz
overtravel, to überschwingen
overtravel switch Endschalter
overview Überblick
overvoltage Schutz gegen Fremdspannungen
  overvoltage proof überspannungsfest
  overvoltage protection Überspannungsschutz

overwrite, to durch Überschreiben löschen, überschreiben
ovonic memory Ovonic-Speicher (Speicher, in den die Informationen in amorphem Material gespeichert werden)
O-wave (ordinary wave) ordentliche Welle
owe, to verdanken
Owen bridge Owen-Meßbrücke (Induktivitätsmeßbrücke)
owing to aufgrund, infolge, wegen
own eigen, Eigen...
own, to besitzen
owner Eigentümer, Inhaber
oxidant Oxidationsmittel (Chem)
oxidation Oxidation
oxide Oxid
  oxide barrier Oxidsperrschicht
  oxide film Oxidschicht
  oxide isolation Oxidisolierung
  oxide masking Diffusionsmaskierung (Herstellung von Bauelementen in Planartechnik)
  oxide passivation Oxidpassivierung (Überziehen von Halbleiteroberflächen mit isolierenden Oxidschichten)
oxidize, to oxidieren
OXIM technology (oxide-insulated monolithic integrated circuit) OXIM-Technik (spezielle Isolationstechnik bei der Herstellung integrierter Schaltungen)
OXIS (oxide-insulation) **technology** OXIS-Technik (entspricht der OXIM-Technik)
oxygen Sauerstoff
  oxygen deficiency Sauerstoffmangel
  oxygen-hydrogen cell Knallgaselement
oxygenated sauerstoffangereichert
ozone Ozon (Sauerstoffmodifikation)

P

PABX (private automatic branch exchange) Nebenstellenanlage
pace, to (ab)messen, dosieren (Nachrichtenmenge), durchschreiten
pace Gangart, Schritt, Stufe
pace angloam. Längeneinheit (1 pace = 0,762 m)
pace(make)r Herzschrittmacher
p-channel P-Kanal
pacing Steuerung einer Nachrichtenfolge
pack, to abdichten, Datengruppen abspeichern, (ein)packen, komprimieren, verdichten (Daten)
pack Anhäufung, (Platten)Stapel
package Baustein, Gehäuse, Gerätebaugruppe, (Software)Paket
  package diagram Anschlußdiagramm
  package lead Gehäuseleitung
  package style/type Gehäuseform
packaged chip gekapseltes Chip
packaged circuit Kompaktschaltung
packaging Kapselung, Verpackung
  packaging density Packungsdichte (von Bauelementen in integrierten Schaltungen), Integrationsdichte
  packaging of circuits gedrängter Zusammenbau von Schaltungen
packed gepackt
  packed mode gepackte Form (zwei BCD-Ziffern in einem Byte)
  packed switching Paketvermittlung
packet (Daten)Paket
  packet assembly Paketierung
  packet assembly-disassembly facility Paketierer-Depaketierer
  packet assembly facility Paketierer
  packet concept Paket-Konzept
  packet disassembly facility Depaketierung
  packet retransmission Paketwiederholung
  packet sequencing Paketreihung
  packet switching (Daten)Paketvermittlung
packetized in Pakete aufgeteilt, paketiert
  packetized voice Sprachübertragung in Paketvermittlungsnetzen
packing Verdichten (z.B. von Daten), Verpackung
  packing density Aufzeichnungsdichte, Flußwechseldichte, Informationsdichte, Integrationsdichte (von Bauteilen)
PAD (packet assembly-disassembly) PAD (Paketierung, Depaketierung; Verm)
pad, to ergänzen
pad Anpassungsglied, Dämpfungsglied, Kontaktierungsflecken auf einem Halbleiterplättchen, kleine Tastatur
  pad character (Auf)Füllzeichen, Blindzeichen, Leerzeichen
padding Auffüllen (von Leerstellen in einem Datenblock)
  padding capacitor Reihenkondensator
paddle Steuerhebel, Steuerknüppel
page, to blättern, Seiten wechseln (in einem virtuellen Speicher)
  page in, to seitenweise einspeichern (vom Extern- in den Arbeitsspeicher)
  page out, to seitenweise abspeichern (vom Arbeits- in den Externspeicher)
page (Daten)Seite im Arbeitsspeicher (256 Bytes)
  page frame Seitenrahmen
  page mode schrittweises Ausgeben von Daten auf dem Bildschirm
  page printer Blattschreiber

pager Personenrufempfänger
paging Paging (Aufteilen eines Arbeitsspeichers in gleiche Abschnitte)
pain Mühe, Schmerz, Schmerz...
  pain threshold Schmerzschwelle
paint, to (im Siebdruckverfahren) aufbringen, malen
paint Bildzeichen (Rad), Überzug (bei Isolierungen)
  paint on process Diffusionsverfahren, Schichtverfahren
pair, to doppelt einsetzen, paarweise anordnen
pair (Werte)Paar
  pair annihilation Paarvernichtung
  pair creation/generation/production Paarerzeugung
paired gepaart
pairing Paarbildung
pairwise paarweise
PAL (phase alternation line) PAL-Verfahren (Fs)
PAL (programmable array logic) PAL (programmierbare integrierte Bausteine mit logischer Struktur)
palladium Palladium (chem. Element)
pallet Substrathalter
PAM (pulse amplitude modulation) PAM (Pulsamplitudenmodulation)
pan, to klappen, schwenken
pancake Pfannkuchen
  pancake design Flachbauweise
panel Feld, Platte, Schalttafel
  panel board Schalttafel
  panel cutout Montageausschnitt
  panel flush mounting Einbau
  panel instrument Einbauinstrument, Schalttafelinstrument
  panel meter Einbauinstrument
  panel mounting Frontplatteneinbau, Schalttafelaufbau, Schalttafeleinbau
  panel switch Frontplattenschalter, Schalttafelschalter
  panel mount, to in Frontplatten einbauen
panorama Panorama, Rundblick
  panorma radar Rundsicht-Suchradar
panoramic aerial Panorama-Antenne
paper Abhandlung, Papier
  paper capacitor Wickelkondensator
  paper feed Papiervorschub
  paper fibre Papierfaser
  paper-foil capacitor Papierkondensator
  paper tape Lochstreifen
  paper-tape reader Lochstreifenleser
  paper tractor Vorrichtung zum Einziehen von Papier (in einem Drucker)
  paper transport Papiervorschub
para-hydrogen Parawasserstoff (Chem)
parabola Parabel (Math)
parabolic parabolisch, Parabol...
  parabolic antenna Parabolantenne
  parabolic reflector Parabolreflektor, Parabolspiegel
paraboloid Paraboloid (Math)
paraffin Paraffin (Chem)
paragraph Absatz, Paragraph (fortlaufende Numerierung z.B. in einem Manuskript)
parallactic parallaktisch, Parallaxen...
parallax Parallaxe (Winkel zwischen zwei Geraden, die von verschiedenen Standorten auf einen Punkt gerichtet sind)
parallel, to parallel schalten, überbrücken
parallel gleichlaufend, parallel
  parallel adder Paralleladdierer
  parallel balance Quersummenprüfung
  parallel by bit bitparallel

parallel by character zeichenparallel
parallel capacitance Parallelkapazität
parallel carry Parallelübertrag
parallel circuit Parallelkreis
parallel connection Parallelschaltung
parallel counter Synchronzähler
parallel cut Y-Schnitt (Krist)
parallel-feed parallel gespeist (Ant)
parallel grove clamp Stromklemme
parallel mode Parallelbetrieb, Simultanbetrieb
parallel printer Paralleldrucker, Zeilendrucker
parallel processing Parallelverarbeitung
parallel resistor Parallelwiderstand, Shunt
parallel search storage Assoziativspeicher
parallel-serial conversion Parallel-Serien-Umsetzung
parallel strip contacts parallele Kontaktstreifen
parallel terminals parallelgeschaltete Anschlußklemmen
parallel transfer/transmission Parallelübertragung
paralleled dupliziert
paralleling Parallelschalten
parallelogram Parallelogramm
parallelogram distortion Parallelogrammverzerrung
paralysis Lähmung, Sperrung
paralyzing voltage Sperrspannung
paramagnetic paramagnetisch
paramagnetism Paramagnetismus (Verstärkung der magnetischen Induktion in einem paramagnetischen Körper)

parameter charakteristische Konstante, Kenndaten, Kenngröße, Parameter
parametric parametrisch (von Parametern abhängig)
parametric amplifier parametrischer Verstärker
parametric representation Parameterdarstellung
parametron Parametron (digitales Schaltelement mit parametrischer Anregung)
paramistor aus Parametrons bestehende Einheit
paramp (parametric amplifier) parametrischer Verstärker
paraphase amplifier Gegentaktverstärker, Phasenumkehrverstärker
parasitic parasitär, schädlich, unerwünscht, Stör..
  parasitic aerial passiver Strahler
  parasitic antenna Sekundärstrahler
  parasitic effect Störeffekt
  parasitic oscillation Streuschwingung, Störschwingung
  parasitic resonance parasitäre Resonanz
  parasitic signal Störsignal
  parasitic suppressor Sperrkreis zur Unterdrückung von Störschwingungen
parasitics Störeffekte
parcel Paket
pardon, to verzeihen
parent Ursprung, Ausgangs..., Grund...
  parent compound Ausgangsverbindung
  parent state Ausgangszustand
  parent substance Ausgangsmaterial, Muttersubstanz
parenthesis (runde) Klammer
parity Gleichstellung, Parität
  parity bit Paritätsbit, Prüfbit
  parity check Paritätsprüfung

parsec parsec (astron. Längeneinh.; 1 pc = $3{,}084 \cdot 10^{16}$ km)
parsing Syntaxanalyse
part Bauteil, Bestandteil, Ersatz, Stück, Teil
  part-failure rate Teilausfallrate
  part list Ersatzteilliste
  part number Teilenummer
partial partiell, teilweise, Teil...
  partial cross section partieller Wirkungsquerschnitt
  partial derivative partielle Ableitung (Math)
  partial differential equation partielle Differentialgleichung (Math)
  partial failure Änderungsausfall, Teilausfall
  partial fraction Partialbruch (Math)
  partial manufacture Teilfertigung
  partial node Teilknoten (bei stehenden Wellen)
  partial overlap partielle Überlappung
  partial pressure Partialdruck (in einem Gasgemisch der Druck einer der Gaskomponenten)
partially teilweise
  partially common trunk teilweise gemeinsame Verbindung
  partially-evacuated teilevakuiert
  partially-occupied band teilweise besetztes Band
participant Teilnehmer
particle Korpuskel, Teilchen
  particle accelerator Teilchenbeschleuniger
  particle displacement Schallausschlag, Teilchenausschlag (Ak)
  particle flux density Teilchenflußdichte
  particle momentum Teilchenimpuls
  particle trajectory Teilchenbahn

particular besondere(r,s)
particulars Einzelheiten
partition, to abtrennen, (unter)teilen
partition(ing) Aufteilung, (Unter)Teilung
partly teilweise
parts density Bauteildichte
parts list Stückliste
parts per million ppm (Anteile je 10^6 Teile)
parts per thousand Promille
party line Gemeinschaftsleitung, Party-Line-System (Anschluß verschiedener Teilnehmer an eine gemeinsame Leitung), Sammelleitung
PASCAL PASCAL (Programmiersprache)
pascal Pascal (Einh. d. Druckes; 1 Pa = 10^{-5} bar)
  pascal second Pascalsekunde (Einh. der dynamischen Viskosität)
pass, to durchgehen, durchlassen, durchleiten, durchschicken, einleiten, verlaufen
  pass through, to durchführen (Kabel)
  pass through a minimum, to ein Minimum durchlaufen
pass Durchgang, Durchlauf (Tonband), Programmablauf
  pass band Durchlaßbereich (eines Filters)
passage Durchfluß, Durchgang
  passage frequency Durchgangsfrequenz
  passage of light Lichtdurchgang
passing contact Wischkontakt
passivant Passivierungsmittel
passivate, to passivieren
passivation (Oberflächen)Passivierung (Isolation der Halbleiteroberfläche gegen äußere Einwirkungen; meist mit einer Silizium(II)-oxidschicht)

passive passiv, untätig
  passive balance return loss Fehlerdämpfung
  passive component passives Bauelement
  passive repeater passives Relais
  passive station Wartestation
  passive substrate passives Trägermaterial
password Kennwort
past Vergangenheit
  past due überfällig
paste, to kleben
paste Klebstoff, Paste
  paste flux Lötflußpaste
patch, to einfügen, korrigieren (Software), stöpseln, zusammenschalten
patch Fleck, Korrekturbefehl
  patch board Buchsenfeld, Schalttafel, Stecktafel
  patch cord steckbare Verbindungsschnur, Steckerkabel, Steckerleitung
  patch of light Lichtfleck
patched circuit "gesteckte" Verbindung
patches Fehlerkorrekturbefehle
patching (vorübergehendes) Zusammenschalten mit Verbindungskabel
  patching jackfield Klinkenfeld, Steckerfeld
patent Patent
  patent pending Patent angemeldet
  patent specification Patentschrift
patenting Patentieren
path (Leiter)Bahn, Pfad, Verlauf, Weg
  path length Weglänge
  path loss Funkfelddämpfung
  path of integration Integrationsweg (Math)
  path search Wegsuche
  path selection Wegauswahl
  path time diagram Weg-Zeit-Diagramm

pathfinding Wegsuche
patience Geduld
patient geduldig
pattering Strukturierung
pattern, to strukturieren
pattern Charakteristik, Diagramm, Modell, Muster, Raster, Struktur
  pattern drawing Modellzeichnung
  pattern generation Kennzeichenerzeugung
  pattern generator Mustergenerator, Zeichengenerator
  pattern of dislocations Versetzungskonfiguration
  pattern recognition Mustererkennung, Zeichenerkennung
  pattern transfer Übertragung eines Bildmusters
  pattern washout symmetrische Strukturverzerrung
Pauli (exclusion) principle Paulisches Ausschließungsprinzip (Phys)
pause, to warten
pause Pause, Unterbrechung, Zwischenstop
pawl Klinke, Schaltklinke
PAX (private automatic exchange) private Fernsprechvermittlung
pay, to bezahlen, sich bezahlt machen
  pay out, to ablaufen lassen, abrollen
  pay station Münzfernsprecher
payment (Be)Zahlung
PBX (private branch exchange) Nebenstellenanlage
PC (personal computer) Personal-Computer (Kleinrechner für Jedermann)
PC (programmable controller) programmierbare Steuerung
PCB (printed-circuit board) gedruckte Schaltung, Platine

PCI (programmable communication interface) PCI (programmierbare Übertragungsschnittstelle)
PCM (pulse-code modulation) PCM (Pulscodemodulation)
p-conducting P-leitend
PCS (plastic-clad silica fiber) PCS-Faser (kunststoffummantelte Glasfaser)
PD-controller PD-Regler (Regler mit Proportional- und Differentialanteil)
PDM (pulse-delta modulation) Pulsdeltamodulation (Sonderform der PCM)
PDM (pulse-duration modulation) PDM (Pulsdauermodulation)
PDN (public data network) öffentliches Datennetz
peace Frieden
peak, to Maximum besitzen
peak Höcker, Maximum, Scheitelwert, Spitze, Spitzen...
  peak acceleration Spitzenbeschleunigung
  peak amplitude Spitzenamplitude
  peak chopper Begrenzer
  peak clipper Amplitudenbegrenzer
  peak clipping Abschneiden der Spitzen, Spitzenwertbegrenzung
  peak current Scheitelstrom, Spitzenstrom
  peak deviation Maximalhub
  peak inverse voltage Spitzensperrspannung
  peak limiter Amplitudenbegrenzer
  peak point Gipfelpunkt, Scheitelpunkt
  peak point current Höckerstrom
  peak point voltage Höckerspannung
  peak position Lage des Maximums
  peak power Spitzenleistung
  peak response höchste Ansprechempfindlichkeit
  peak sensitivity Höchstempfindlichkeit
  peak separation Abstand zwischen den Maxima
  peak-to-peak Spitze zu Spitze
  peak-to-peak swing Schwingungsamplitude
  peak-to-peak voltage größte Spannungsschwankung
  peak-to-through ratio Welligkeit
  peak value Maximalwert, Scheitelwert
peaked traffic spitziger Verkehr
peaking Resonanzanhebung
peanut tube Kleinstöhre
peck angloam. Hohlmaß (1 peck = 9,1 dm^3)
peculiar eigen(artig), Eigen...
PECVD (plasma-enhanced CVD) process PECVD-Verfahren (bei integrierten Schaltungen das Abscheiden von Isolierschichten aus einem Plasma unter Wärmeeinwirkung)
pedal contact Fußkontakt
pedestal Schwarzanhebung (Fs), Montageblock, Sockel
  pedestal level Schwarzpegel (Fs)
peel, to ablösen, abblättern, schälen
peel strength Abschälkraft
pegboard Stecktafel
pel Bildelement, Bildpunkt
pellet Einzelelement, Perle, Pille
pellicle Membran
Peltier effect Peltier-Effekt (Erwärmen oder Abkühlen einer Verbindungsstelle zweier metallischer Leiter beim Durchsenden von elektrischem Strom)
pen (Schreib)Feder
  pen dosimeter Stabdosismesser
  pen tracking Lichtverfolgung
penalty Nachteil

pencil (Blei)Stift, Strahlenbündel
   pencil beam Bleistiftkeule
pendant hängend, schwebend, unentschieden
pending angemeldet (Patent), ausstehend, in der Schwebe, unerledigt
pendulum Pendel
penetrability Durchdringbarkeit, Durchlässigkeit
penetrate, to durchdringen, eindringen
penetrating power Durchdringungsfähigkeit, Durchdringungsvermögen, Eindringvermögen
penetration Durchdringen, Eindringen
   penetration depth Eindringtiefe
pennyweight angloam. Masseeinh. (1 dwt = 1,555 g)
pentagonal fünfeckig
pentagrid tube Fünfgitterröhre
pentatron Pentatron (Vakuumröhre mit einer Katode, zwei Gittern und zwei Anoden)
pentavalent fünfwertig
pentode Pentode (Fünfpolröhre)
penumbra Halbschatten
people Leute, Volk
   people's computer Heimcomputer, Hobby-Computer
per je, pro
perceivable wahrnehmbar
perceive, to erkennen, wahrnehmen
percent Prozent
   percent by volume Volumenprozent(e)
   percent of ripple voltage Brummspannungsverhältnis, Welligkeitsverhältnis (ausgedrückt in Prozent)
   percent ripple Welligkeitsgrad
percentage in Prozent, prozentual
   percentage modulation Modulationsgrad in Prozent
perceptible meßbar, wahrnehmbar

perception Einsicht, Kenntnis, Wahrnehmung
perceptron Perzeptron (Aufnahmegerät zur Zeichenerkennung)
perch angloam. Längeneinh. (1 perch = 5,0292 m)
percussion Aufschlag, Schlag..., Stoß...
perfect einwandfrei, fehlerfrei, ideal, vollkommen
   perfect code vollständiger Code
   perfect crystal idealer Kristall
   perfect gas ideales Gas
   perfect lattice ideales Gitter (eines Kristalls)
perforate, to perforieren, stanzen
perform, to Arbeit leisten, ausführen, durchführen
   perform as, to wirken als
performance Arbeit, Betriebseigenschaften, Güte, Leistung(sverhalten), Zugriffsverhalten (Dv)
   performance characteristics Leistungskenndaten
   performance class Güteklasse
   performance comparison Leistungsvergleich
   performance curve Leistungskurve
   performance evaluation Bewertung einer Datenverarbeitungsanlage
   performance level Leistungsstufe
   performance margin Leistungsspielraum
   performance parameter Betriebsparameter
   performance standard Leistungsstandard
perhaps vielleicht
perigee Perigäum (Erdnähe)
perimeter Umfang
period Periode, Periodendauer, Punkt, Schwingungsdauer, Zeitraum

period of oscillation Schwingungsdauer
period of storage Lagerzeit
period of warranty Gewährleistungs-
  zeitraum
periodic(al) periodisch (veränderlich)
  periodic alternating voltage periodische Wechselspannung
  periodic resonance Eigenresonanz
  periodic system of elements Perio-
  densystem
periodical Zeitschrift
periodicity Frequenz, periodischer
  Vorgang, Periodizität
periods of year über Jahre hindurch
peripheral peripher, Rand...
  peripheral device Ein-Ausgabe-Geräte
  eines Computers
  peripheral electron kernfernes Elektron, Valenzelektron
  peripheral interface adapter PIA,
  periphere Schnittstelle
  peripheral speed Umfangsgeschwin-
  digkeit
  peripheral storage externer Speicher
  peripheral unit peripheres Gerät
peripherals periphere Geräte, Peripherie
periphery Peripherie (am Rand befindlich)
Permalloy Permalloy (Nickel-Eisen-Le-
  gierung
Permalloy-powdered core Massekern
  aus Permalloy
permanence Beständigkeit, Konstanz,
  Permanenz
permanent bleibend, dauernd, permanent, ständig, ununterbrochen, Dauer...
  permanent convergence bedingte Konvergenz (Math)

permanent damage Dauerschaden
permanent fault Dauerausfall
permanent flux Dauerfluß
permanent load Dauerbelastung
permanent magnet Dauermagnet
permanent moving-coil instrument
  Drehspulinstrument
permanent signal Dauerton
permanent storage/store Festspeicher
permanent virtual call feste virtuelle Verbindung
permanently dauerhaft, fest
permatron Permatron (Elektronenröhre
  mit magnetischer Steuerung des Ano-
  denstroms)
permeability Durchlässigkeit, Permeabilität
permeable durchlässig
permeance magnetischer Leitwert
permeate, to durchdringen
permissible zulässig
permission Erlaubnis
permit, to erlauben, zulassen
permittivity Permittivität, relative
  Dielektrizitätskonstante
  permittivity of a vacuum elektrische Feldkonstante
permutation Permutation (Math), Vertauschung
permute, to zyklisch vertauschen
perpendicular lotrecht, normal, senkrecht, vertikal
perpetual andauernd, fortwährend
  perpetual calendar ewiger Kalender
persist, to anhalten, aufrecht erhalten, bleiben, beharren, nachwirken
persistence Andauern, Beharrung, Nachleuchtdauer, Nachwirkung
persistent command Dauerbefehl
persistent information Dauermeldung
persistent screen Speicherschirm

persistor Persistor (supraleitendes Speicherlement)
person Mensch, Person
personal persönlich
  personal code Schlüsselzahl, die einer Person zugeteilt wird
  personal computer Personal-Computer (Kleinrechner für Jedermann)
perspicuous klar, verständlich
perturb, to stören
perturbation Störung
  perturbation calculation Störungsrechnung (Math)
perturbative field Störfeld
perturbative force Störkraft
perturbed crystal gestörter Kristall
perturbing potential Störpotential
perveance Raumladungskonstante
pervious durchlässig
petal printer Typenraddrucker
Petri net Petri-Netz (Dv)
petrol Benzin
petroleum Erdöl
petticoat insulator Deltaisolator, Glockenisolator
pF (picofarad) Pikofarad (10^{-12} F)
pf (power factor) Leistungsfaktor
p-FET Feldeffekttransistor mit P-Kanal
PFR (power-fail restart) automatisches Wiederanlaufen einer Datenverarbeitungsanlage nach Netzunterbrechung
PGA (programmable gate array) PGA (programmierbare integrierte Schaltung mit logischen Strukturen)
p-gate thyristor katodenseitig steuerbarer Thyristor
pH-value pH-Wert (negativ dekadischer Logarithmus der Wasserstoffionenkonzentration
phantom Phantom...
  phantom aerial künstliche Antenne

phantom circuit Phantomkreis, Viererleitung
phantom coil Fernleitungsübertrager
phantom powering Phantomspeisung
phase, to in Phase bringen
phase Aggregatzustand (Phys), Phase
phase advance Phasenschiebung, Phasenverlauf, Phasen...
phase advancer Phasenschieber
phase angle Phasenwinkel
phase balance Phasengleichheit
phase bondary Phasengrenze
phase change Phasenumwandlung, Phasenwechsel
phase-coded phasengetastet
phase coincidence Phasenübereinstimmung
phase constant Phasenmaß
phase control Phasenanschnittsteuerung
phase control thyristor Netzthyristor
phase converter Phasenschieber
phase correction Phasenkorrektur, Phasenregelung
phase delay Phasenverschiebung, Phasenverzögerung
phase-delay time Phasenlaufzeit
phase detector phasenempfindlicher Gleichrichter
phase deviation Phasenabweichung, Phasenhub
phase difference Phasendifferenz, Phasenunterschied, Phasenverschiebung
phase discriminator Phasendiskriminator
phase displacement Phasenverschiebung
phase distortion Laufzeitverzerrung, Phasenverzerrung
phase division Phasenteilung

phase encoding Richtungstaktschrift
phase equalizer Laufzeitentzerrer, Phasenentzerrer
phase-invariant phasenstarr
phase inversion Phasenumkehr
phase jitter Phasengeräusch, Phasenjitter
phase keying Phasenumtastung
phase lag Phasenlaufzeit, Phasennacheilung
phase lead Phasenvoreilung
phase lock Phasenrastung
phase-locked loop eingerastete Phasenschleife, Phasenregelkreis
phase margin Phasenrand, Phasensicherheit
phase modulation Phasenmodulation, Richtungstaktschrift
phase opposition Gegenphase
phase position Phasenlage
phase rejection Phasenunterdrückung
phase response Phasenabhängigkeit, Phasengang
phase reversal Phasenumkehr
phase rotation Phasendrehung
phase rule Phasenregel
phase-sensitive phasenabhängig, phasenempfindlich
phase shift Phasenverschiebung
phase-shift keying Phasenumtastung, PSK-Modulator
phase shifter Phasenschieber
phase space Phasenraum
phase splitter Phasenteiler
phase stability Phasenkonstanz
phase-stable phasenstabil
phase transition Phasenflußwechsel
phase variation Phasenschwankung
phased phasengesteuert
phased-array antenna phasengesteuerte Antenne
phasing Phaseneinstellung, Phasenlage
phasing capacitor Phasenabgleichkondensator
phasing circuit Synchronisierungsschaltung
phasitron Phasitron (Elektronenröhre für Phasenmodulation)
phasor Zeiger
phenolic Kunstharz (Chem)
phenomenon Erscheinung
philosophy Philosophie (in elektronischer Literatur meist: dahinter stehender Gedanke, Idee, Technik)
phon Phon (Kennzeichen der Lautstärke)
phone Fernsprechen, Fernsprecher, Telefon
phoneme Phonem (Laut; kleinste sprachliche Einheit)
phonetic input Spracheingabe
phonetic transcription Lautschrift
phonon Phonon (Wärmequant)
phosphine Phosphin (Chem)
phosphor Leuchtstoff
  phosphor dots Leuchtstoffpunkte
  phosphor screen Leuchtschirm
  phosphor triple Farbtripel
phosphorescence Nachleuchten, Phosphoreszenz (verzögertes Nachleuchten nach Stoppen der Einstrahlung)
phosphorous doped phosphordotiert
phosphorus Phosphor (chem. Element)
photo Licht..., Photo...
  photo lacquer photoempfindlicher Lack
photoactive photoaktiv, lichtelektrisch
photocell lichtelektrische Zelle, Photoelement, Photowiderstand, Photozelle
photochemical photochemisch

photochemical cell elektrolytisches Photoelement
photochopper lichtelektrischer Zerhacker
photoconductance Photoleitwert
photoconducting photoleitend
photoconduction Photoleitfähigkeit, Photoleitung
photoconductive lichtelektrisch, photoleitend
  photoconductive cell Photowiderstand
  photoconductive effect innerer Photoeffekt
  photoconductive layer Photowiderstandsschicht
  photoconductive response lichtelektrische Ansprechempfindlichkeit
photoconductivity Photoleitfähigkeit
photoconductor Photoleiter
photocoupler Optokoppler (Bauteil, das Signale zwischen galvanisch getrennten Schaltkreisen überträgt)
photocurrent Photostrom
  photocurrent stimulation Photostromanregung
photodelineation Strukturierung (eines Wafers) durch Belichten
photoelasticity Spannungsoptik
photoelectric lichtelektrisch
  photoelectric attenuation Schwächung durch Photoeffekt
  photoelectric conductivity lichtelektrische Leitfähigkeit
  photoelectric effect äußerer Photoeffekt, photoelektrischer Effekt
  photoelectric emission lichtelektrische Emission
  photoelectric relay lichtelektrisches Relais, Lichtrelais
  photoelectric sensing lichtelektrische Abtastung
  photoelectric work function Austrittsarbeit der Photoelektronen
photoelectricity Photoelektrizität
photoelectronic photoelektronisch
  photoelectronic component/device photoelektronisches Bauelement
photoemission lichtelektrische Emission
photoemissive cell Photozelle
photoemissive effect äußerer Photoeffekt, Hallwachs-Effekt
photoemissivity lichtelektrische Ausbeute
photoexcitation Photoanregung
photoexcited lichtelektrisch angeregt
photogeneration Erzeugung von Licht durch Photonenabsorption
photogrammetry Photogrammetrie (Bildmeßwesen)
photograph Lichtbild, Fotografie
photoimpact Stoß eines Lichtquants
photoionization lichtelektrische Ionisation
photojunction cell Gleichrichterzelle
photolayer Photoschicht
photolithography Photolithographie (Verfahren zur Herstellung von Halbleiterbauelementen)
photolysis Photolyse (bei der Photosynthese: Zersetzung chemischer Verbindungen durch Lichteinwirkung)
photomask Photomaske (Schablone zur Erzeugung der Dotierungsinseln auf der Oberfläche eines Halbleiterplättchens)
photometric photometrisch
photometry Lichtstärkemessung, Photometrie
photomultiplier Photovervielfacher, Sekundärelektronenvervielfacher
photon Lichtquant, Photon

photon annihilation Photonenvernichtung
photon detector Quantenempfänger, Strahlungsempfänger
photon flux Photonenstrom
photonegative photonegativ (Material mit negativer Photoleitfähigkeit bei einfallendem Licht)
photooptical lichtoptisch, photooptisch
photooptical memory Filmspeicher
photophoresis Photophorese (Bewegung von ultramikroskopischen Teilchen bei Bestrahlung in oder entgegengesetzt zur Strahlungsrichtung)
photopositive photopositiv (Material mit positiver Photoleitfähigkeit bei einfallendem Licht)
photoprint Fotokopie
photoreduction fotografische Verkleinerung
photoresist lichtempfindlicher Lack, Photolack
photoresistance lichtelektrischer Widerstand, Photowiderstand
photoresistive detector Halbleiterphotowiderstand
photoresistor Photowiderstand
photoresponse Lichtempfindlichkeit
photosensing optisch lesbar
photosensitive lichtempfindlich
  photosensitive lacquer lichtempfindlicher Lack
  photosensitive layer lichtempfindliche Schicht
photosensitization Photosensibilisierung (gegen Licht empfindlich machen)
photosensor Photowiderstand, Photozelle
photospeed Lichtempfindlichkeit

photosphere Photosphäre (äußerste Sonnenschicht)
phototelegraphy Bildtelegrafie
phototransistor Phototransistor
phototube lichtelektrische Zelle, Photozelle
photovoltaic photoelektrisch (Erzeugung einer Spannung bei Lichteinwirkung)
  photovoltaic cell Photoelement, Photozelle
  photovoltaic device Sperrschichtphotoelement
  photovoltaic effect innerer Photoeffekt
phrase Phrase, Zusatz
physical physikalisch, physisch, wirklich
  physical address absolute Adresse, Maschinenadresse
  physical characteristics mechanische Eigenschaften
  physical description technische Beschreibung
  physical device name tatsächlicher Name
  physical meaning physikalische Bedeutung
  physical record Block, Datenblock, physischer Satz
  physical size Abmessung(en)
  physical strength Festigkeit
  physical unit Baueinheit
physics Physik
  physics of radiation Strahlungsphysik
pi-network Pi-Schaltung
PIA (peripheral interface adapter) PIA (peripherer Schnittstellenadapter)
pica Pica (Schriftgröße bei Schreibmaschinen (1 pica = 0,0293 mm)

pick, to auswählen, auflesen, erregen
pick up, to abgreifen, abtasten, aufnehmen
pick coil Erregerspule
pick time Ansprechzeit
pickoff (Meß)Fühler
  pickoff head Abtastkopf
pickup Ansprechen (Relais), Anziehen (Relais), Meßfühler, Tonabnehmerkopf
pickup coil Sondenspule
pickup facility Anrufübernahme
pickup tube Bildaufnahmeröhre
pickup value Ansprechwert (Relais)
pico Piko... (10^{-12})
  picoampere Pikoampere (1 pA = 10^{-12} A)
picoprogramming Pikoprogrammierung
pictogram Piktogramm (Bildsymbol)
picture Bild, graphische Darstellung, Maske (Dv), Bild...
  picture black Schwarzwert
  picture brightness Bildhelligkeit
  picture carrier Bildträger
  picture definition Bildauflösung
  picture distortion Bildverzerrung
  picture element Bildelement, Bildpunkt
  picture frequency Bildfolgefrequenz
  picture inversion Bildumkehr
  picture jitter Bildschwankung(en)
  picture line standard Standardzeilenzahl (Fs)
  picture monitor Fernsehbildschirm
  picture phone Bildtelefon
  picture reproduction Bildwiedergabe
  picture screen Bildschirm
  picture size Bildformat
  picture tone Bildträgerfrequenz
  picture transmission Bildübertragung
  picture transmitter Bildsender
  picture tube Bildröhre, Fernsehröhre

pie chart mehrfarbiges Diagramm
piece Abschnitt, Stück
piece out, to ergänzen, vervollständigen
piece up, to ausbessern
pierce, to durchbohren, lochen, stanzen
Pierce function NAND-Verknüpfung
piercing point Durchstoßpunkt
piezoelectric piezoelektrisch, Piezo...
  piezoelectric effect piezoelektrischer Effekt
  piezoelectric microphone Kristallmikrofon
piezoelectricity Piezoelektrizität (Druckelektrizität)
piezoresistance Piezowiderstand
pigeon hole Ablegefach, Brieffach (wörtl.: Taubenloch)
PIGFET (p-channel isolated gate FET) PIGFET (P-Kanal-FET mit isoliertem Gate)
piggy-back board eine auf eine Platine aufgesteckte Platine
pigmy lamp Birnenlampe
pigtail Drahtbrücke
pile Reaktor
pileup Anhäufung
pillar Pfeiler, Säule, Stütze
pillbox Hohlleiter mit parallelen Platten
  pillbox aerial Segmentantenne
pillow-shaped kissenförmig
pilot, to lenken, steuern
pilot Lotse, Steuergerät, Pilot...
  pilot frequency Pilotfrequenz, Steuerfrequenz
  pilot lamp Kennlampe, Kontrollämpchen, Meldelampe, Signallampe, Überwachungslampe
  pilot plant Versuchsanlage

pilot reference Pilotton
pin (Anschluß)Stift, Bein, Kontaktstift
   pin assignment Anschlußbelegung
   pin base Stiftsockel
   pin bushing Steckerhülse
   pin board Schalttafel, Stecktafel
   pin compatible anschlußverträglich
   pin connector Steckverbinder
   pin swapping Vertauschen von Anschlüssen (z.B. CAD)
PIN diode PIN-Diode (Diode mit der Anordnung: P-dotiert; eigenleitend; N-dotiert)
PIN rectifier PIN-Gleichrichter
pinch, to einzwängen, klemmen, quetschen
   pinch off, to abklemmen, abkneifen, abschnüren, einschnüren
   pinch effect Einschnüreffekt
pinchoff (Kanal)Abschnürung
   pinchoff point Abschnürstelle
pincushion distortion Kissenverzeichnung (Fs)
pine-tree aerial Tannenbaumantenne
pinfeed (platen) Stachelwalze
ping Tonimpuls vorgegebener Breite
pinhole Nadelloch (kleines Loch in der Isolationsschicht auf der Halbleiteroberfläche)
   pinhole camera Lochkamera
pinion Zahnstange
pink Gipfel, Rosa, Spitze
   pink noise 1/f-Rauschen (vorzugsweise bei niedrigen Frequenzen)
PINO (positive-input, negative-output) Schaltung mit positivem Eingangspegel und negativem Ausgangspegel
pinout Anschlußbelegung
pinpoint, to hinweisen auf, lokalisieren

pint angels. Hohlmaß (1 pint = 0,568 dm^3; USA: 0,473 dm^3)
pinwheel printer Typenraddrucker
PIO (programmable input-output) device PIO (programmierbarer Ein-Ausgabe-Baustein)
pip Zacke
pipe Pfeife, Rohr
pipeline Leitung
pipelining Fließbandverarbeitung
PIPO (parallel-input, parallel-output) PIPO (Baustein mit paralleler Eingabe und paralleler Ausgabe)
PISO (parallel-input, serial-output) PISO (Baustein mit parallelem Eingang und seriellem Ausgang)
piston Kolben
   piston diaphragm Kolbenmembran
pit Ätzgrube, Vertiefung
pitch, to aufladen, aufstellen, bestimmen, errichten, festsetzen
pitch Ganghöhe, Gewindesteigung, Grad, Rastergrundmaß, (regelmäßiger) Abstand, Schräge, Schrittweite, Schrittzahl/Zoll, Steigung, Teilung, Zeichendichte
   pitch angel Steigungswinkel
   pitch circle Teilkreis
   pitch interval Tonhöhenverhältnis
   pitch variation Schwankung der Tonhöhe
pits Poren
pivot Drehpunkt
pixel Bildelement, Bildpunkt
pixie tube Pixie-Röhre (Ziffernanzeigeröhre)
PL/1 (programming language one) PL/1 (Programmiersprache)
PLA (programmable logic array) PLA (programmierbare Bausteine mit logischen Strukturen)

place, to bestücken, setzen (in), stellen
place Ort, Platz, Stelle
  place value Stellenwert (Math)
placing in operation Inbetriebnahme
plagiarize, to abschreiben, kopieren, plagiieren
plain Ebene, Fläche
plain einfach, gewöhnlich, glatt, blank (Draht)
  plain alternative routing starre alternative Verkehrsführung (Verm)
  plain connector Flachstecker
  plain hole nichtmetallisiertes Loch
  plain language/text Klartext
plan, to planen
plan Plan, Planzeichnung
  plan-position indicator Rundsichtdarstellung
planar eben, planar
  planar array Dipolwand
  planar diode Planardiode (nach der Planartechnik hergestellte Diode)
  planar process Planarverfahren
  planar technique Planartechnik (Dotierungstechnik)
  planar technology Planartechnik
  planar transistor Planartransistor
Planck's constant Plancksches Wirkungsquantum ($6,63 \cdot 10^{-34}$ Js)
Planck's distribution law Plancksches Verteilungsgesetz
Planck's radiation law Plancksches Strahlungsgesetz
plane eben, plan
plane Ebene, Fläche, Flächen...
  plane aerial Flächenantenne
  plane curve ebene Kurve
  plane diode Flächendiode
  plane lattice ebenes Gitter, Flächengitter
  plane mirror Planspiegel
  plane of a crystal Kristallfläche
  plane of incidence Einfallsebene
  plane-parallel planparallel
  plane-polarized linear polarisiert
  plane-position indicator Rundsichtgerät
  plane scanner Flachbettabtaster
  plane surface ebene Oberfläche
planet Planet
planning Planung, Projektierung
PLANOX (plane-oxide) technology PLANOX-Verfahren (Isolationsverfahren für integrierte Bipolarschaltungen)
plant Anlage, Fabrik, Gerät, Maschinerie, Regelstrecke, Werk
plasma Plasma (ionisiertes Gas)
  plasma-assisted auf Plasma beruhend
  plasma beam Plasmastrahl
  plasma deposition Ablagerung aus dem Plasma
  plasma display Plasmaanzeige
  plasma etching Plasmaätzen
  plasma laser Plasmalaser
  plasma length Debye-Länge
  plasma oxidation Oxidation aus dem Plasma (IC-Fertigung)
  plasma panel Plasmabildschirm
  plasma physics Plasmaphysik
  plasma propulsion Plasmaantrieb
  plasma theory Plasmatheorie
plastic formbar. plastisch
plastic(s) Kunststoff
  plastic carrier Kunststoffträger
  plastic casing Kunststoffgehäuse
  plastic clad silica fiber PCS-Faser (Glasfaser mit Kunststoffummantelung)
  plastic coating Kunststoffbeschichtung
  plastic encapsulation Kunststoffverkapselung

plastic film Kunststoffdielektrikum, Kunststoffschicht
plastic film capacitor Kunststoff-folienkondensator
plastic foam Schaumstoff
plastic housing/package Kunststoff-gehäuse
plastic laser Kunststofflaser
plastic picture Plastikeffekt
plastic resin Kunststoffharz
plasticizer Weichmacher
plate, to galvanisieren (durch Elektrolyse mit Metallschicht überziehen)
plate (Ablenk)Platte, Anode, Elektrode, Scheibe, Tafel
  plate battery Anodenbatterie
  plate capacitor Plattenkondensator
  plate circuit Anodenkreis
  plate keying Anodentastung
  plate pulse modulation Anodenpulsmodulation
  plate resistance Innenwiderstand einer Röhre
  plate through hole durchmetallisierte Bohrung, durchkontaktiertes Loch
  plate wire memory Drahtspeicher
plateau Plateau (erhöhte ebene Fläche)
plated galvanisiert
  plated through hole durchkontaktiertes Loch
  plated-wire memory Magnetdrahtspeicher
platen (Druck)Platte, Schreibwalze
platform Standfläche
plating galvanisches Überziehen, Kaschieren (Leiterplatten)
  plating up Metallisieren
platinum Platin (chem. Element)
play, to spielen
play Spiel, toter Gang
playback, to abspielen, rückspielen

playback Abspielen, Wiedergabe
pleasant angenehm
pleasure Vergnügen
plenty of eine Menge (von)
pliers (Draht-, FLach-)Zange
PLL (phase-locked loop) PLL (eingerastete Phasenschleife)
PL/M (programming language microprocessor) PL/M (Programmiersprache für Mikrocomputer)
plot, to aufzeichnen, graphisch darstellen
  plot logarithmically, to logarithmisch auftragen
plot Diagramm, graphische Darstellung, Meldung (Rad)
  plot-to-track correlation Meldungszuordnung
plotter Kurvenzeichengerät, Plotter
  plotter step size Inkrementgröße (Schrittweite bei einem Plotter)
plotting Aufzeichnung, graphische Darstellung
plug, to stecken, stöpseln
plug Stecker, Steckverbinder, Stöpsel
  plug adapter Zwischenstecker
  plug and socket connection Steckverbindung
  plug board Schalttafel, Steckkarte
  plug connection Steckverbindung
  plug connector Steckverbinder
  plug contact Steckkontakt
  plug-in steckbar, Steck...
  plug-in connection Steckanschluß, Steckverbindung
  plug-in electronics Einschubelektronik
  plug-in tag Einsteckfahne
  plug-in (unit) Einschub
plugging Gegenstrombremsung
plumbicon Plumbicon (Kameraröhre)

plumbing Hohlleitung
plume künstliches Echo
plunger Tauchkern
  plunger coil controller Tauchspulenregler
plus sign Pluszeichen
plutonium Plutonium (chem. Element)
PLZT (polycrystalline lead-zirconate-titanate) **ceramics** PLZT-Keramik (polykristalline Bleizirkonat-Titanat-Keramik)
PMOS (p-channel MOS) PMOS (MOS mit P-Kanal)
pn junction PN-Übergang
pneumatic pneumatisch, Druckluft...
pnin transistor PNIN-Transistor (Transistor mit einer eigenleitenden Schicht zwischen den beiden P-dotierten Bereichen)
pnip transistor PNIP-Transistor (Transistor mit einer eigenleitenden Schicht zwischen einem N- und einem P-dotierten Bereich)
pnp alloy transistor Legierungstransistor
pnp transistor PNP-Transistor
pocket Tasche, Taschen...
  pocket calculator Taschenrechner
  pocket-sized in Taschengröße
  pocket-type plate Taschenplatte
pod Gruppe von einheitlichen Modulen
point, to deuten, zeigen auf
point (Dezimal)Komma, Punkt (im graphischen Gewerbe: 1 pt = 0,35141 mm), Kontaktpunkt, Spitze, Stelle
  point charge Punktladung
  point-contact diode Spitzendiode
  point defect atomare Gitterstörstelle
  point grid Punktraster
  point imperfection atomare Störstelle

  point of breakdown Zener-Knie
  point of condensation Taupunkt
  point of contact Berührungsstelle
  point of discontinuity Unstetigkeitsstelle
  point of failure Unterbrechungsstelle (aufgrund eines Programmfehlers)
  point of impact Einschlagstelle
  point of inflection Wendepunkt
  point of intersection Schnittpunkt
  point of measurement Meßpunkt, Meßstelle
  point of origin Anfangspunkt, Ursprung
  point of reference Bezugspunkt
  point of regression Umkehrpunkt
  point-of-sale terminal Kassenterminal
  point of tangency Berührungspunkt
point probe Spitzensonde
point shaped punktförmig
point source punktförmige Strahlungsquelle
point-to-point Punkt-zu-Punkt...
  point-to-point circuit Standleitung
  point-to-point path search Punkt-Punkt-Wegsuche (Verm)
  point-to-point radio telecommunication Richtfunktechnik
  point-to-point traffic End-End-Verkehr
pointed angespitzt, spitz
pointer Adressenverweis, Zeiger
pointing Interpunktion (Zeichensetzung), Voreinstellung (von Skalen)
poison Gift
poisoning Vergiftung
poisonous giftig
Poisson distribution Poisson-Verteilung (statistische Verteilungskurve)
poke, to stoßen

polar gepolt, polar
  polar coordinates Polarkoordinaten
  (die Lage eines Punktes ist durch
  den Radiusvektor und den Polarwinkel
  definiert)
  polar crystal polarer Kristall
  polar diagram Polardiagramm (Diagramm, in dem eine Größe in Polarkoordinaten dargestellt wird)
  polar electrolyte capacitor gepolter Elektrolytkondensator
  polar relay gepoltes Relais
polarity Polarität
  polarity convention Vereinbarung der Polarität
  polarity correlator Polaritätskorrelator
  polarity inverter Phasenwandler
  polarity of the input Eingangspolarität
  polarity reversal Polaritätsumkehr
polarization Polarisation (elektromagnetischer Wellen)
  polarization fading Polarisationsschwund
polarize, to polarisieren, polen
polarized gepolt, polarisiert
  polarized plug gepolter Stecker
  polarized radiation polarisierte Strahlung
  polarized relay gepoltes Relais
polarizer Polarisationsfilter
polarizing current Polarisationsstrom
polarizing power Polarisationsvermögen
polarizing voltage Polarisationsspannung
pole angloam. Längeneinh. (1 pole = 5,0292 m)
pole Pol
  pole detector Polaritätsdetektor
  pole piece Polschuh
  pole terminal Polklemme

poling switch Polwechselschalter
polish, to polieren
Polish notation polnische Notation (Berechnen arithmetischer Ausdrücke ohne Verwendung von Klammern)
polishing Polieren, Schliff
poll, to (zyklisch) abfragen, abrufen, aufrufen
poll Abfrage
polling Abruf, (zyklische) Abfrage (von Interruptleitungen), Aufruf, Sendeaufruf, Wahl, zyklisches Abfragen von Eingabestationen
  polling (selecting) mode Aufrufbetrieb, Aufrufverfahren
pollute, to verschmutzen, verunreinigen
pollution Verschmutzung
poly mehr..., viel...
polyatomic mehratomig
polycarbonate Polycarbonat (Chem; Handelsname: Makrolon)
  polycarbonate capacitor Polycarbonatkondensator
polychromatic mehrfarbig, vielfarbig
polycrystalline mehrkristallin, polykristallin
polycyclic mehrphasig
polyenergetic neutrons Neutronen unterschiedlichen Energieinhaltes
polyester Polyester (Chem)
  polyester capacitor Polyesterkondensator
polyethylene Polyethylen (Chem)
polygonal vieleckig
polygraph Lügendetektor
polyhedral vielflächig
polyimide Polyimid (Chem)
polyline Polygonzug (Math)
polymer Polymer (Verbindung, bestehend aus Großmolekülen)

polymerization Polymerisation (Verfahren zur Bildung von Großmolekülen)
polymorphous polymorph (vielgestaltig)
polynomial Polynom (Math)
polyphase mehrphasig
polypropylene Polypropylen (Chem)
polysilicon polykristallines Silizium
polystage switch Stufenschalter
polystyrene Polystyrol (Chem)
polysulfone Polysulfon (Chem)
polytetrafluoroethylene Polytetrafluorethylen (Handelsname: Teflon)
polyvalent mehrwertig
polyvinyl chloride Polyvinylchlorid, PVC
pond Pond (veralt. Einh. d. Kraft)
pool Lager, Pool, Registerspeicher, Schmelze
  pool cathode flüssige Katode
pooling Zusammenschluß
poor arm, dürftig, schlecht
  poor contact Wackelkontakt
pop, to entnehmen
  pop up, to hervorholen
popcorn noise Stoßrauschen
populated electron level besetztes Elektronenniveau
population Besetzung, Besetzungsdichte, Gesamtheit
  population inversion Besetzungsinversion (Laser)
porcelain capacitor Porzellankondensator
porch Schwarzschulter
pore Pore, Speicherzelle (in amorphen Speichern)
porosity Porosität (Durchlässigkeit, Löchrigkeit)
porous porös
porous semiconductor poröser Halbleiter
port Anschlußleiste (kann als Ausgang oder Eingang programmiert werden), Ein-Ausgabe-Baustein, (Daten)Kanal, Tor
portability Datenaustauschbarkeit, Übertragbarkeit
portable (über)tragbar
  portable receiver Kofferradio
portables tragbare Geräte
portion Abschnitt, Bereich, Menge, Quantum, Teil
portray, to graphisch darstellen
position, to anbringen, einstellen, justieren, positionieren
position (Anschluß)Lage, Position, Stelle, Stellung
  position-dependent lageabhängig, ortsabhängig
  position determination Ortsbestimmung
  position finding Ortung
  position-independent lageunabhängig, ortsunabhängig
  position-sensitive lageempfindlich, ortsempfindlich
positional positionsgebunden
  positional notation Stellenwertschreibweise
positioning Einstellung
  positioning element Stellglied
positive empirisch, positiv, praktisch, wirklich
  positive bias positive Vorspannung
  positive contact Arbeitskontakt
  positive drive zwangsläufiger Antrieb
  positive electron Positron (Elementarteilchen)
  positive feedback Mitkopplung

positive-going ansteigend
positive grid Bremsgitter
positive half cycle positive Halbwelle
positive hole Defektelektron
positive ion positiv geladenes Ion
positive live unter (positiver) Spannung stehend
positive logic positive Logik (höherem Potential wird H-Signal zugewiesen)
positive operation zuverlässiger Betrieb
positive rays Kanalstrahlen (aus positiv geladenen Ionen bestehende Strahlen)
positive resist positiver Photolack
positive slope ansteigende Flanke
positive temperature coefficient resistor Kaltleiter, PTC-Widerstand
positive to positiv gegen
positive-true logic positive Logik
possess, to besitzen, verfügen über
possibility Möglichkeit
possible möglich
post, to aktualisieren, auf den neuesten Stand bringen
post Post, Posten, Stellung, Nach...
post acceleration Nachbeschleunigung
post-dialling delay Rufverzug
postamble Postambel (letzte Bandsprosse eines Bandblocks beim Aufzeichnen)
postfix notation umgekehrte polnische Notation
postmortem routine Hilfsprogramm (zur Analyse eines abgebrochenen Programms)
postpone, to aufschieben, zurückstellen
postponement Aufschub, Vertagung

pot, to vergießen, schießen
pot Topf, Potentiometer
  pot magnet Topfmagnet
  pot type capacitor Topfkondensator
  pot well Potentialmulde
potassium Kalium (chem. Element)
potential Potential, Spannung
potential möglich, potentiell, Potential...
  potential barrier Potentialberg, Potentialschwelle, Potentialwall
  potential-barrier height Höhe des Potentialwalls
  potential divider Spannungsteiler
  potential energy potentielle Energie
  potential equalization Potentialausgleich
  potential gradient Potentialgefälle, Potentialgradient, Spannungsverlauf
  potential well Potentialtopf
potentiality Möglichkeit
potentiometer Potentiometer (Spannungsteiler)
  potentiometer circuit Kompensator
  potentiometer method Kompensationsmethode
  potentiometer setting Potentiometereinstellung
  potentiometer wiper Schleifer des Spannungsteilers
potentiometric kompensierend
potted vergossen
potting compound/material Vergußmasse
pottle engl. Hohlmaß (1 pottle = 2,273 dm^3)
pound angloam. Masseeinh. (1 lb = 0,454 kg)
  pound weight amerik. Krafteinh. (1 pw = 4,448 N)

poundal

poundal angels. Krafteinh. (1 pdl = 0,138 N)
powder Puder, Pulver
  powder core Massekern
powdered pulverförmig
  powdered-iron core Massekern
  powdered-metal core pulverisierter Metallkern
power, to anregen, antreiben, speisen
  power down, to abschalten
power in der Zeiteinheit geleistete Arbeit, Kraft, Leistung, Leistungsvermögen, Leistungszufuhr, Potenz (Math), Stärke, Vergrößerungsfaktor (Mikroskop), Leistungs...
  power absorption Leistungsverbrauch
  power booster Leistungsverstärker
  power cable Netzkabel
  power common Netzerde
  power consumption Leistungsaufnahme, Leistungsbedarf, Leistungsverbrauch
  power converter Stromrichter
  power cord Netzleitung
  power-delay product Produkt aus Verlustleistung und Verzögerungszeit (z.B. einer integrierten Schaltung)
  power fluctuation Leistungsschwankung
  power frequency technische Frequenz
  power-frequency bridge Schering-Meßbrücke
  power generation Energieerzeugung
  power lead Netzleitung
  power limiting switch Leistungsgrenzschalter
  power-line Netzleitung, Speiseleitung
  power-line frequency Netzfrequenz
  power monitoring Energieüberwachung
  power outage Netzausfall
  power output abgegebene Leistung
  power-output stage Leistungsendstufe
  power pack Netzgerät, Netzteil
  power plant Starkstromanlage
  power plug Netzstecker
  power product Potenzprodukt
  power production Energieerzeugung
  power relay Leistungsrelais, Starkstromrelais
  power stage Leistungsstufe
  power station Kraftwerk
  power supply (unit) Netzgerät, Netzteil, Stromversorgungseinrichtung
  power supply from outside Fremdeinspeisung
  power supply rejection ratio Betriebsspannungsunterdrückung
  power switch Netzschalter
  power unit Netzgerät
powered by a.c. mains vom Wechselstromnetz gespeist
powerful kräftig, leistungsfähig
Poynting's vector Poyntingscher Vektor
pp junction PP-Übergang (Halbleiter mit zwei unterschiedlich dotierten P-Bereichen)
ppb (parts per billion) ppb (Verhältnis $1:10^9$)
PPI (plan-position indicator) Rundsichtdarstellung
PPI (programmable-peripheral interface) PPI (programmierbare Ein-Ausgabe-Schnittstelle)
ppm (parts per million) ppm (Verhältnis $1:10^6$)
PPM (pulse-phase modulation) Pulsphasenmodulation
practicable ausführbar, durchführbar
practical praktisch
practice, to ausüben
practice Praxis, Übung
  practice session praktische Übung

pre früher, vor, Prä..., Vor...
preadjust, to voreinstellen
prealign, to voreinstellen
preamble Präambel (erste Bandsprosse eines Bandblocks beim Aufzeichen mit Richtungstaktschrift), Vorrede, Vorwort
preamplifier Vorverstärker
preassemble, to vorfertigen
preassembled vorgefertigt
precaution Richtlinien, Vorkehrung, Vorsichtsmaßnahme
precedence Priorität, Reihenfolge, Vorrang
preceding vorangehend, vorhergehend
precession Präzession
precharge time Wiederbereitschaftszeit (bei integrierten Speichern)
precharging vorheriges Aufladen
precious äußerst, ausgezeichnet, höchst, wertvoll
  precious metal Edelmetall
precipitate, to ausfällen, ausscheiden, niederschlagen
precipitation Ausfällen, Ausscheidung, Niederschlag
  precipitation attenuation Dämpfung durch atmosphärischen Niederschlag
  precipitation hardening Ausscheidungshärtung
precise exakt, genau, präzise
  precise measurement genaue Messung
precision Genauigkeit, Präzision
  precision bridge Präzisionsmeßbrücke
  precision-manufactured unit Bauelement hoher Präzision
  precision measuring instrument Feinmeßgerät
  precision resistor Präzisionswiderstand
precistor Präzisionswiderstand

preclude, to ausschließen, verhindern, vorbeugen
precompounded vorimprägniert
precondition Vorbedingung
  precondition input Vorbereitungseingang
predecessor Vorgänger
predefined vorgegeben
predeposition Vorbelegung (beim Diffundieren im Zweischritt-Verfahren)
predetermine, to vorgeben
predicate Prädikat
  predicate logic Prädikatenlogik, Quantorenlogik
predict, to voraussagen, vorhersagen
predictable voraussagbar
predominance Übergewicht, Vorherrschaft
predominant überwiegend, vorherrschend
preemphasis Höhenanhebung, Vorverzerrung
preemptive priority frei vorgebbare Priorität
prefer, to vorziehen
preference state Vorzugslage
preferential bevorzugt
preferred dimension Vorzugsabmessung
preferred orientation Vorzugsrichtung
prefetch Einlesen eines neuen Befehls, bevor der andere Befehl schon ausgeführt ist
prefix Präfix, Verkehrsausscheidungszahl (Verm), Vorsilbe
preheated vorgewärmt
preheating time Aufwärmzeit
preliminary vorläufig, Vor...
  preliminary investigation Voruntersuchung
  preliminary specifications vorläufige technische Daten
premagnetized vormagnetisiert

premature disconnection vorzeitige Trennung
premature release vorzeitige Auslösung
pre-optive mit Vorwahl
preparation Herstellung, Vorbehandlung, Vorbereitung
prepare, to aufbereiten, vorbereiten
prerequisite Voraussetzung
prescaler vorgeschalteter Frequenzteiler
prescribe, to anordnen, vorschreiben
prescript(ion) Anweisung, Vorschrift
preselect, to voreinstellen, vorwählen
preselect command Vorbefehl
preselectable counter Vorwahlzähler
preselection Vorwahl (Verm)
  preselection phase Vorwahlphase
preselector Eingangsstufe
presence Anwesenheit, Vorhandensein
present gegenwärtig
  present state-of-the-art gegenwärtiger Stand (der Technik)
present, to darbieten
  present on the screen, to auf dem Schirm darstellen
presentation Darstellung
  presentation layer Anpassungsschicht
preservation Aufrechterhaltung, Erhaltung
preset, to voreinstellen
preset Setzen
preset voreingestellt, vorgegeben, vorgewählt
  preset control einstellbarer Regler, Voreinstellung
  preset counter Vorwahlzähler
  preset limit vorgegebene Toleranz
  preset nominal vorgewählter Sollwert
  preset potentiometer Einstellpotentiometer, Trimmpotentiometer
  preset switch Vorwahlschalter

presettable voreinstellbar
press, to betätigen, drücken, pressen
press button Drucktaste
press-fit diode Einpreßdiode
press-fit fitting Preßverschraubung
pressed layer Aufpreßschicht
presspack outline Scheibendiode
pressure Druck, Spannung
  pressure balance Druckausgleich
  pressure cell Druckaufnehmer
  pressure connection Quetschverbindung
  pressure gauge Manometer
  pressure-responsive/-sensitive druckempfindlich
  pressure transducer Druckmeßwertwandler
  pressure transmitter Druckgeber
pressureproof druckdicht, druckfest
pressurized druckdicht, druckfest
prestage Vorstufe
prestore, to vorspeichern
presumable vermutlich, voraussichtlich
presumptive instruction unmodifizierter Befehl
presupposition Prämisse, Voraussetzung
pretend, to vortäuschen
pretune, to vorabstimmen
prevail, to vorherrschen
prevailing vorhanden, (vor)herrschend, vorliegend
prevalent allgemein verbreitet, vorherrschend
prevarication Irrelevanz, Störinformationsentropie
prevent, to verhindern, vorbeugen
preventive vorbeugend
previous früher, letzt, vorübergehend
prewired vorverdrahtet
PRF (pulse repetition frequency) Impulsfolgefrequenz

price Preis
primaries Primärfarben
primary Primärausdruck, Primärteilchen, Primärwicklung
primary anfänglich, primär, Grund..., Anfangs..., Erst..., Ur...
primary-carrier flow Primärstrom
primary cell galvanisches Element, Primärelement
primary color Primärfarbe
primary control Leitsteuerung
primary detector Meßgeber
primary failure Primärausfall
primary feedback Hauptrückführung
primary inductance Induktivität der Primärspule
primary key Ordnungsbegriff, Primärschlüssel
primary memory/storage Arbeitsspeicher
primary particle Primärteilchen
primary signal Farbwertsignal
primary standard Urnormal
primary task Grundaufgabe
primary winding Primärwicklung
primary wiring Hochspannungsleitung
prime, to vorbereiten
prime Anfang, Strich, Grund..., Haupt..., Prim... (Math)
primitive einfach, primitiv, urpsrünglich, Ur...
primitive color Grundfarbe
principal hauptsächlich, Haupt...
principal direction Hauptrichtung
principal E(H)-plane Haupt-E(H)-Fläche
principal equation Grundgleichung
principal focus Brennpunkt
principal mode Grundschwingung
principal quantum number Hauptquantenzahl

principle Satz (Math), Prinzip
print, to (aus)drucken, belichten
print (Auf)Druck, Kopie
print coil Aufzeichnungsspule
print pen Ätzstift
printed gedruckt
printed board assembly bestückte Leiterplatte
printed-circuit (board) gedruckte Schaltung, Leiterplatte, Platine
printed-circuit panel Leiterplatte
printed-circuit practice Leiterplattentechnik
printed-circuit socket Buchse für gedruckte Schaltungen
printed-circuit tag Anschluß für gedruckte Schaltungen
printed-circuit technique Technik gedruckter Schaltungen
printed read-out ausgedruckte Daten
printed record Protokoll
printed resistor gedruckter Widerstand
printed wiring gedruckte Schaltung
printer Belichtungsgerät, Drucker
printing Drucken
printing area Druckzone
printing cycle Drucktakt
printing gap Belichtungsabstand
printing head Druckkopf
printing interval Druckabstand
printing ribbon Farbband
printing speed Druckgeschwindigkeit
printout Ausdruck (aus einem Computer)
prior to vor (zeitlich)
priority Priorität, Vorrang, Wertigkeit
priority class Prioritätsklasse
priority command Schnellbefehl
priority number Prioritätszahl

priority sequency   Prioritätsreihenfolge
priority-state information   Schnellmeldung
prism   Prisma
  prism aerial   Reusenantenne
prismatic cell   prismatische Zelle
prismatic colors   Regenbogenfarben
privacy   Geheim...
  privacy lock   Zugriffssperre
private   privat
  private branch exchange   Nebenstellenanlage
  private memory   vom System benutzter Speicherbereich
privileged   bevorzugt
PRN (periodic (pseudo) random noise)   Pseudo-Zufallsrauschen
probabilistic automaton   stochastischer Automat
probability   Wahrscheinlichkeit
  probability density   Aufenthaltswahrscheinlichkeit, Wahrscheinlichkeitsdichtefunktion
  probability distribution   Verteilungsfunktion
  probability of blocking (congestion)   Blockierungswahrscheinlichkeit
  probability of delay   Wartewahrscheinlichkeit
  probability of displacement   Verdrängungswahrscheinlichkeit
  probability of excitation   Anregungswahrscheinlichkeit
  probability of loss   Verlustwahrscheinlichkeit
  probability of overflow   Verlustwahrscheinlichkeit, Überlaufwahrscheinlichkeit
  probability of preemption   Unterbrechungswahrscheinlichkeit
  probability of waiting   Wartewahrscheinlichkeit
  probability theory   Wahrscheinlichkeitstheorie
probable   mutmaßlich, wahrscheinlich, zu erwarten(d)
  probable error   wahrscheinlicher Fehler
probe, to   mit Prüfspitze abtasten
probe   Meßfühler, Prüfkopf, Sonde, Tastkopf
  probe head   Prüfkopf
  probe technique   Sondentechnik
  probe tip   Meßspitze, Tastkopfspitze
probing   Abtasten
problem   Aufgabe(nstellung), Problem
  problem area   Problemkreis
  problem definition language   Problembeschreibungssprache
  problem generator   Aufgabengenerator
  problem of acceptance   Akzeptanzproblem (mangelnde Nutzung der Computerkapazität)
  problem oriented language   problemorientierte Sprache
  problem solving   Problemlösen
  problem state   Problemstatus
procedural language   verfahrensorientierte Sprache (Dv)
procedural statement   Befehl
procedure   Ablauf, Prozedur (Dv), Verfahren, Vorgang
  procedure declaration   Prozedurvereinbarung (Dv)
  procedure division   Prozedurteil, Verarbeitungsteil
procedure-oriented language   verfahrensorientierte Sprache
proceed, to   fortfahren, weitermachen
  proceed autonomously, to   selbständig ablaufen

proceed in an identical manner, to in gleicher Weise vorgehen
proceed logarithmically, to logarithmisch verlaufen
proceed to dial/select Wählaufforderung
process, to verarbeiten
process Prozeß, Verfahren, Vorgang
  process automation Prozeßautomatisierung
  process average fraction defective mittlerer Fehleranteil
  process computer Prozeßrechner
  process control Fertigungssteuerung, Prozeßsteuerung, Qualitätssteuerung
  process control system Prozeßrechensystem
  process data processing Prozeßdatenverarbeitung
  process feedback control Prozeßregelung
  process forward control Prozeßsteuerung
  process interface equipment Prozeßperipherie
  process management Prozeßsteuerung
  process plant Fertigungsanlage
  process research Verfahrensforschung
  process time Verfahrenszeit
  process variables Prozeßdaten
  process virtual address virtuelle Prozeßadresse
processing Aufbereitung, Bearbeitung, Verarbeitung
  processing speed Verarbeitungsgeschwindigkeit
processor Prozessor, Verarbeitungsprogramm, Zentraleinheit
  processor performance Verarbeitungsleistung
procurable erhältlich, zu beschaffen
procurement Belange, Beschaffung, Fertigungsplanung
prod Prüfspitze, Tastspitze
produce, to erzeugen, herstellen
product Durchschnitt (Math), Erzeugnis, Produkt (Math)
  product line Produktgruppe
production Fertigung, Herstellung, Produktion
  production checking/control Fertigungskontrolle
  production environment Produktionsumfeld
  production inspection Betriebskontrolle
  production line Fließband
  production mask Arbeitsmaske
  production quartz crystal synthetischer Quarz
  production scheduling Arbeitsvorbereitung
  production series Baureihe
  production technique Fertigungstechnik
  production work Serienbau
productivity Leistungsfähigkeit, Produktivität
profession Beruf
professional beruflich, fachlich
  professional journal/paper Fachzeitschrift
profile Form, Profil, Verlauf
profit Gewinn, Nutzen, Vorteil
profound tiefgreifend, gründlich
program, to programmieren
program Programm, Sendung (Fs, Radio), Programm...
  program control Programmsteuerung
  program control unit Befehlswerk
  program-controlled programmgesteuert
  program counter Befehlszähler

program fetch Programmaufruf
program fetch routine Lader
program file Programmdatei
program flow(chart) Programmablaufplan
program instruction Befehl
program level Programmebene
program link Rundfunkverbindung
program loop Programmschleife
program release Programmfreigabe
program run Programmlauf
program run sheet Bedieneranweisung
program supply Programmzuführung
program unit Programmbaustein
programmable programmierbar
  programmable communication interface programmierbare Übertragungsschnittstelle
  programmable controller programmierbare Steuerung
  programmable gate/logic array programmierbare Bausteine mit logischer Struktur
  programmable peripheral interface PPI (programmierbarer Ein-Ausgabe-Baustein)
  programmable read-only memory PROM (programmierbarer Festspeicher)
programmer Programmierer, Programmiergerät
programming Programmieren, Programmierung
  programming facility Programmiereinrichtung
  programming keyboard Programmiertastatur
  programming language Programmiersprache
  programming tool Programmierhilfe
progress, to ablaufen, fortschreiten

progress Fortschritt, Verlauf
  progress of charge Ladeverlauf
  progress of discharge Entladeverlauf
progression Progression (mathem. Reihe, Stufenfolge), Reihe (Math), Vorrücken
progressive fortlaufend, fortschreitend
  progressive-field tube Lauffeldröhre
  progressive grading Staffel (Verm)
  progressive scanning fortlaufende Abtastung
  progressive wave fortschreitende Welle
prohibit, to unterbinden, verbieten
prohibition Verbot
prohibitive(ly) unzulässig
project, to entwerfen, planen, projizieren
projectile Geschoß
projection Projektion (Abbildung)
  projection printer Projektionsbelichtungssystem
  projection welding Buckelschweißen
prolate abgeplattet, länglich, gestreckt
  prolate shape gestreckte Form
proliferate, to sich vermehren, wuchern
prolongation Verlängerung
PROM (programmable read-only memory)
  PROM (programmierbarer Festspeicher)
promethium Promethium (chem. Element)
promise, to versprechen
prompt Aufforderungszeichen, Hinweiszeichen
  prompt mode Aufforderungszustand
prompting Aufforderung, Bedienerführung
prone anfällig, empfänglich für, vornübergeneigt

prong Anschlußstift, Kontaktzunge
pronounce, to betonen, erklären
pronounced ausgeprägt, deutlich
pronunciation Aussprache
proof, to prüfen
proof Beweis, Nachweis, Probe
proof dicht, undurchlässig
  proof against short-circuits kurzschlußfest
  proof by induction induktiver Beweis (Math)
  proof figures Prüfzahlen
  proof stress Dehngrenze
propagate, to (sich) ausbreiten, (sich) fortpflanzen, fortschreiten
propagated error mitlaufender Fehler
propagating wave fortschreitende Welle
propagation Ausbreitung, Fortpflanzung, Verbreitung
  propagation constant Fortpflanzungskonstante
  propagation delay Laufzeitverzögerung, Schaltzeit, Verzögerungszeit
  propagation factor Ausbreitungsfaktor
  propagation of limited errors Fortpflanzung von Fehlergrenzen
  propagation rate Fortpflanzungsgeschwindigkeit
  propagation ratio Ausbreitungsfaktor
  propagation speed Ausbreitungsgeschwindigkeit, Fortpflanzungsgeschwindigkeit (Licht)
  propagation time Laufzeit
propel, to (an)treiben, vorwärtstreiben
proper echt, geeignet, richtig, speziell, Eigen...
  proper fraction echter Bruch
  proper mass Ruhemasse
  proper value Eigenwert (Phys)

property Eigenschaft, Eigentum
  property sort Sortieren nach Eigenschaften
proportion Anteil, Verhältnis
proportional proportional (verhältnisgleich)
  proportional action control P-Regler (Proportionalregler)
  proportional counter Proportionalzähler
  proportional deviation P-Abweichung
proportionality constant Proportionalitätskonstante
proportioning Dimensionierung
propose, to anregen, behaupten, vorschlagen
proposition Behauptung, (Lehr)Satz
propositional calculus Aussagenkalkül, Aussagenlogik
propositional connective Junktor (Logik)
propositional equivalence Bisubjunktion (Logik)
proprietary gesetzlich geschützt
propulsion Antrieb
pros and cons Vor- und Nachteile
prosecute, to ausüben, verfolgen
protect, to abschirmen, schützen
  protect against overload, to gegen Überlast schützen
protect Schutz...
protected gekapselt, geschützt
  protected against geschützt gegen
  protected file geschützte Datei
protecting Schutz...
  protecting code Schutzcode
protection Absicherung, Schutz
  protection blind Blendrahmen
  protection cover Schutzhaube
  protection cut-out Sicherungsautomat

protection relay Schutzrelais
protection resistance Vorwiderstand
protective Schutz...
  protective atmosphere Schutzatmosphäre
  protective coating/film Schutzschicht
  protective gas Schutzgas
protector Blitzableiter, Schutzvorrichtung
protocol Protokoll, (Verhandlungs)Niederschrift
  protocol layer Protokollebene, Protokollschicht
proton Proton (Elementarteilchen)
  proton-enhanced diffusion durch Protonen gesteuerte Diffusion
  proton irradiation Protonenbestrahlung
  proton range Protonenreichweite
  proton scattering Protonenstreuung
prototype Muster, Prototyp
protractor Winkelmesser
protrude, to herausragen, vorstehen, vortreten
prove, to beweisen, erproben, prüfen, (sich) zeigen
provide, to benötigen, versorgen, vorsehen
  provide ancillary services, to Nebendienste leisten
  provide complete shielding from, to vollständig abschirmen gegen
  provide signals, to Signale abgeben
  provide with, to ausrüsten mit, bestücken
provided vorausgesetzt
provision Vorkehrung
proximity (An)Näherung, Nachbarschaft, Abstands...
  proximity detector Näherungsschalter

proximity effect Nahwirkung, Stromverdrängungseffekt
proximity printing Proximity-Belichtung (Abstandsbelichtung)
proximity switch Grenztaster, Näherungsschalter
pseudo falsch, nicht echt, Pseudo...
  pseudo-random number Pseudozufallszahl
pseudocode Pseudobefehl
pseudoinstruction Pseudobefehl, symbolischer Befehl
pseudotetrad Pseudotetrade
PSK (phase-shift keying) Phasenumtastung
psn diode PSN-Diode (Halbleiterdiode mit der Dotierungsfolge von z.B. P+NN+)
psophometer Psophometer (Geräuschmeßgerät)
PSSR (power-supply rejection ratio) Betriebsspannungsunterdrückung
PSW (program status word) Programmstatuswort
PTC (positive temperature coefficient) **resistor** Kaltleiter
PTM (pulse-time modulation) Pulszeitmodulation
p-transfer element proportionales Übertragungsglied
p-type conduction Defektelektronenleitung
p-type doping P-Dotierung
public Öffentlichkeit
public öffentlich
  public channel offener Kanal
  public land mobile radio network öffentliches mobiles Landfunk-Netz
  public memory für Anwender zugänglicher Speicherbereich
  public network öffentliches Netz

public relations Interessenvertretung in der Öffentlichkeit
publication language Programmiersprache zum Ausdrucken von Informationen
pull, to ziehen
  pull down, to herunterziehen
  pull to ground, to an Masse legen
  pull up, to hochziehen
pull-in Ansprech...
pull-off strength Abreißfestigkeit
pull-out ausziehbar
pull rate Ziehgeschwindigkeit
pull-up resistor Widerstand zum Hochsetzen der Spannung
puller Ziehgerät (für Kristalle)
pulling effect Mitzieheffekt (Frequenz)
pulling rod Ziehstab
pulling stress Zugbeanspruchung
pulsatance Kreisfrequenz, Winkelfrequenz
pulsate, to pulsieren
pulsating pulsierend
pulse (Im)Puls, Stoß
  pulse amplitude Impulshöhe
  pulse-amplitude modulation PAM, Pulsamplitudenmodulation
  pulse bottom Impulssohle
  pulse burst Impulsstoß
  pulse carrier Trägerimpuls
  pulse clipper Impulsbegrenzer
  pulse-code modulation PCM, Pulscodemodulation
  pulse-delay time-jitter Pulsverzögerungszeitjitter
  pulse duration Impulsbreite, Impulsdauer
  pulse duty cycle/factor Tastverhältnis
  pulse edge Impulsflanke
  pulse envelope Impulsform
  pulse-forming impulsbildend, impulsformend
  pulse-forming network Laufzeitkette
  pulse (frequency) spectrum Frequenzspektrum (eines Impulses)
  pulse group Impulskette
  pulse interrogation Impulsabfrage
  pulse interval Impulsabstand
  pulse jammer Impulsstörer
  pulse-modulated radar Impulsradar
  pulse-modulated system impulsmoduliertes System
  pulse number check Synchronschlußkontrolle
  pulse operation Impulsbetrieb
  pulse-packing density Impulsaufzeichnungsdichte
  pulse-position modulation PPM, Pulsphasenmodulation
  pulse power impulsförmige Energie
  pulse-recurrence frequency Impulsfolgefrequenz
  pulse-rejection circuit Impulssperrkreis
  pulse-repetition frequency Impulsfolgefrequenz
  pulse reply Impulsecho
  pulse scaler Impulsuntersetzer
  pulse separation Impulsabstand
  pulse-shaper amplifier impulsformender Verstärker
  pulse signal Impulskennzeichen
  pulse slope Impulsflankensteilheit
  pulse snap diode ladungsgesteuerte Schaltdiode
  pulse spike Störspitze
  pulse-storage time Entladeverzug
  pulse stretcher Impulsdehner
  pulse synchronization Schrittsynchronisierung (Fs)
  pulse tilt Dachschräge

pulse-time modulation Pulszeitmodulation
pulse timing Impulstastung
pulse-to-pulse interval Impulsabstand
pulse train Impulskette, Impulsserie
pulsed impulsbetätigt, impulsgesteuert, impulsgetastet, im Impulsbetrieb, pulsierend, Impuls..., Puls...
  pulsed laser Impulslaser
  pulsed operation Impulsbetrieb
pulser Impulserzeuger, Impulsgeber
pulsing Impulsgabe
pump, to pumpen
  pump down, to evakuieren (luftleer machen)
pump Pumpe, Pumpquelle (Laser)
  pump band/level Pumpniveau
pumping frequency/light Pumpfrequenz
pumping scheme Pumpdiagramm
punch, to lochen, stanzen
punch Durchschlag, Lochung
punched card Lochkarte
  punched-card interpreter Lochkartenleser
punched tape Lochstreifen
punchthrough Durchgreifen, Durchgreif...
  punchthrough voltage Durchgreifspannung
punctuation (character) Satzzeichen
punctuation mark Interpunktionszeichen
puncture elektrischer Durchschlag
pupil Schüler
pupinize Pupinisieren (mit Pupin-Spulen belasten)
purchase, to (an)heben, beschaffen, erwerben, kaufen
purchase Anschaffung, (Ein)Kauf
  purchase resistance Widerstandswert beim Kauf eines Widerstandes (entspricht Farbcode)
  purchase tolerance Toleranz zum Zeitpunkt des Einkaufs
pure rein, theoretisch
  pure chance traffic Zufallsverkehr (Verm)
  pure silver Feinsilber
  pure (single) crystal reiner (Ein)Kristall
  pure sound Sinuston
  pure tone Reinton...
purely periodic exakt periodisch (Math)
purge, to löschen (einer Datei), reinigen, säubern
purging Datenlöschen
purification Reinigung
  purification process Reinigungsprozeß
purify, to reinigen
purity Reinheit
purple Purpur
  purple boundary Purpurlinie (Farbmetrik)
purpose Zweck
push, to drücken, einspeichern (in Stapelspeicher), stoßen
  push down, to zurückstellen
push Schub, Stoß
  push button Druckknopf, Drucktaster, Wähltaste
  push-button dialling/selection Tastwahl
  push force Steckkraft
  push operation Betätigung einer Drucktaste
  push pull Gegentakt
  push-pull circuit Gegentaktschaltung
  push-pull current Strom auf erdsymmetrischer Leitung
  push push Gleichtakt
  push-push voltages gleichphasige Spannungen auf symmetrischer Leitung

push-to-break switch Schalter, der beim Drücken etwas ausschaltet
push-to-make switch Schalter, der beim Drücken etwas einschaltet
push-up list FIFO-Liste (das zuerst Eingetragene wird als Erstes wiedergefunden)
pushdown list LIFO-Liste (das zuletzt eingetragene Information wird als Erstes wiedergefunden)
pushdown machine Kellerautomat (Automatenmodell, das auch Klammerausdrücke verarbeiten kann)
pushdown store Kellerspeicher, Stapelspeicher
pushing Frequenzverstimmung
put, to legen, setzen, stellen, stecken
  put equal to, to gleichsetzen mit
  put into operation, to in Betrieb nehmen
  put out of operation, to außer Betrieb setzen
PVC (polyvinyl chloride) PVC (Polyvinylchlorid; Chem)
pylistor Pylistor (spezieller Thyristor)
pylon aerial Schlitzrohrantenne
pyramid Pyramide (Math), Pyramidenschaltung
pyroelectricity Pyroelektrizität (Eigenschaft von Kristallen, bei Temperatureinwirkung an bestimmten Grenzflächen entgegengesetzte Ladungen aufzuweisen)
pyrogenic temperaturerhöhend
pyrolysis Pyrolyse (Zersetzung von Stoffen durch Wärmeeinwirkung)
pyrometer Pyrometer
PZT (plumbum-zirconate-titanate) ceramics Blei-Zirkonat-Titanat-Keramik

Q

QAM (quadrature amplitude modulation) Quadraturmodulation
Q-band Q-Band (Frequenzbereich von 36 GHz bis 46 GHz)
Q-factor Gütefaktor
Q-meter Gütefaktormesser
QPL (qualified product list) vom Militär herausgegebene Liste mit den Anforderungen an Bauelemente
Q (quiescent) point statischer Arbeitspunkt
QPSK-modulator (quaternary phase-shift keying modulator) QPSK-Modulator (Vierphasen-Umtastmodulator)
quad Sternvierer, Vierfach...
  quad formation Sternvierer-Verseilung
  quad-pair cable Doppelsternkabel
quadrant Quadrant (Viertelkreis)
  quadrant electrometer Quadrantelektrometer
quadrasonics Quadrofonie
quadratic equation quadratische Gleichung
quadrature Quadratur...
  quadrature amplitude modulation Quadraturmodulation
  quadrature component Blindkomponente
  quadrature phase um 90° verschobene Phase
  quadrature voltage um 90° phasenverschobene Spannung
quadric zweiten Grades, zweiter Ordnung
quadrilateral Viereck, vierseitige Figur

quadripole   Vierpol
quadrivalence   Vierwertigkeit
quadrophony   Quadrofonie
quadruple, to   vervierfachen
quadrupler   Vervierfacher
quadruplex recording   Querspurverfahren
quadruplicity   Vierwertigkeit
quadrupole amplifier   Vierpolverstärker
quadrupole interaction   Quadrupolwechselwirkung
qualification   Kennzeichnung, Qualifikation
qualifier   Kennzeichner
qualify, to   genau beschreiben, modifizieren, qualifizieren
qualitative   qualitativ
quality   Eigenschaft, Qualität
  quality assessment   Gütebestätigung
  quality assurance   Gütesicherung, Qualitätssicherung
  quality character   Qualitätsmerkmal
  quality control   Qualitätskontrolle
  quality factor   Güte
  quality inspection   Güteprüfung, Qualitätsprüfung, Qualitätsüberwachung
  quality of emission   Güte der Nutzaussendung
quandary   schwierige Lage, Ungewißheit
quantitative   quantitativ (mengenmäßig)
  quantitative character   meßbares Merkmal
  quantitative explanation   quantitative Erklärung
  quantitative verification   quantitative Bestätigung
quantity   Anzahl, Größe, Menge
  quantity in a.c. theory   Wechselstromgröße
  quantity of data   Datenmenge
  quantity of electricity   Strommenge
  quantity of heat   Wärmemenge
  quantity of light   Lichtmenge
  quantity production   Massenproduktion
quantization   Quantisierung
  quantization error   Auflösungsfehler, Quantisierungsfehler
  quantization noise   Quantisierungsrauschen
quantized   quantisiert...
quantizer   Analog-Digital-Umsetzer
quantizing   Quantisierungs...
quantum   Menge, Quant, Quanten...
  quantum efficiency   Quantenausbeute
  quantum electrodynamics   Quantenelektrodynamik (Phys)
  quantum electronics   Quantenelektronik
  quantum jump   Quantensprung
  quantum mechanics   Quantenmechanik
  quantum number   Quantenzahl
  quantum state   Quantenzustand
  quantum statistical   quantenstatistisch
  quantum theory   Quantentheorie (Phys)
  quantum transition   Quantensprung, Quantenübergang
quart   amerik. Raummaß (1 quart = $1{,}1 \cdot 10^{-3}$ m^3)
quarter   Viertel
  quarter-phase   zweiphasig
  quarter square multiplier   Vierquadrantenmultiplizierer
  quarter-turn   Vierteldrehung
  quarter wave   Viertelwelle
  quarter-wave line   Viertelwellenleitung
quartic equation   Gleichung vierten Grades
quartz   Quarz
  quartz-crucible silicon   im Tiegel geschmolzenes Silizium

quartz crystal clock Quarzuhr
quartz crystal-controlled quarzgesteuert
quartz crystal (unit) Schwingquarz
quartz lamp Quarzlampe
quartz oscillator Quarzoszillator
quartz resonator Schwingquarz
quash, to unterdrücken, zerdrücken, zerquetschen
quasi gleichsam, quasi
quasi-Fermi level Quasi-Fermi-Niveau
quasi-Gaussian gaußähnlich
quasi-neutral quasineutral
quasi-stationary quasistationär
quaternary compound quaternäre Verbindung
quaternary phase-shift keying modulator QPSK-Modulator (Vierphasen-Umtastmodulator)
quench, to abschrecken (Metall), (aus)löschen
  quench to room temperature, to auf Zimmertemperatur abkühlen
quench Funkenlöschung
  quench frequency Pendelfrequenz
  quench-hardened durch Abschrecken gehärtet
  quench period Dämpfungsperiode
quenched automatic volume control verzögerte selbsttätige Lautstärkeregelung
quenching Abschrecken
  quenching experiment Abkühlungsexperiment
  quenching frequency Hilfsfrequenz, Löschfrequenz
  quenching oscillator Pendeloszillator
query, to abfragen (z.B. Speicher)
query Stationsaufforderung, (Such)Abfrage

question Frage
  question-mark Fragezeichen
questionable bedenklich, fraglich
queue (Warte)Schlange
  queue discipline Abfertigungsdisziplin
queued access method erweiterte Zugriffsmethode
queueing Schlange stehen, Warten
  queueing process Bedienungsprozeß
  queueing system Wartesystem
  queueing theory Warteschlangentheorie
quick schnell
  quick-acting flink, schnellwirkend
  quick break schnell öffnend (Schalter)
  quick disconnect Bajonettkupplung
  quick-release fastener Schellverschluß
quicksort schnelles Sortierverfahren
quiescence Ruhe
quiescent current Ruhestrom
quiescent operating point (statischer) Arbeitspunkt
quiescent potential Ruhepotential
quiescent state Ruhezustand
quiescing Unterbinden der Nachrichtenübertragung
quiet gedämpft, geräuschlos, ruhig
  quiet channel geräuschfreier Kanal
  quiet sound leiser Ton
quieting Gräuschdämpfung
QUIL (quad-in-line) package QUIL-Gehäuse (Gehäuse mit zwei parallelen Doppelanschlußreihen)
quit, to verlassen
quite ganz, ziemlich
quotation mark Anführungszeichen, Hochkomma
quotient Quotient (Ergebnis einer Division)

R

R&D (research and development) Forschung und Entwicklung
race, to rennen
raceway Kabeltrasse, Leitungskanal
racine Wurzel
rack Chassis, Einschub, Gestell
  rack adapter Einschub
  rack and panel application Einschubtechnik
  rack assembly Einschub
  rack mounting Gestelleinbau
racon (radar beacon) Radarbake
rad (radiation absorbed dose) Einheit der absorbierten Strahlendosis (1 rad = 10^{-2} Jkg^{-1})
radar (radio detection and ranging) Radar
  radar altimeter Radarhöhenmesser
  radar beacon Radarbake
  radar beamwidth Radarhalbwertsbreite
  radar-controlled radargesteuert
  radar deception Radartäuschung
  radar dome Radardom, Radarspitze
  radar engineering Funkmeßtechnik
  radar parameter Radargeräteparameter
  radar range Radarreichweite
  radar response Radarecho
  radar seeker Radarsuchkopf
  radar simulator Radarsimulator
radial radial, sternförmig, strahlenförmig
  radial acceleration Radialbeschleunigung
  radial-beam tube Radialstrahlröhre
  radial component Radialkomponente
  radial lead radial angeordnete Anschlüsse
  radial network Sternnetz
  radial scan radiale Ablenkung
radian Radiant (1 rad = $180°/\pi$)
  radian frequency Kreisfrequenz, Winkelfrequenz
  radian frequency deviation Kreisfrequenzhub
  radian measure Bogenmaß
radiance Ausstrahlungsvermögen
radians-to-degrees angle conversion Winkelumrechnung von Radiant auf Grad
radiant strahlend, Strahlungs...
  radiant absorption Strahlungsabsorption
  radiant efficiency Strahlungsausbeute
  radiant flux Lichtstrom, Strahlungsfluß
  radiant heat Strahlungswärme
radiate, to (aus)strahlen, abstrahlen
radiated intensity Strahlstärke
radiated power Strahlungsleistung
radiating strahlend, Emissions..., Strahlungs...
  radiating curtain Dipolebene
  radiating element Strahler
  radiating guide abstrahlender Hohlleiter
radiation (Ab)Strahlung, Strahlungs...
  radiation belt Strahlungsgürtel
  radiation damage Zerstörung durch Strahlungseinwirkung kosmischer Strahlen
  radiation detector Strahlungsdetektor
  radiation dosage Strahlungsdosis
  radiation energy Strahlungsenergie
  radiation excitation Strahlungsanregung

radiation field Strahlungsfeld
radiation flux Strahlungsfluß
radiation generation Strahlungserzeugung
radiation hardening gegen kosmische Strahlung unempfindlich machen
radiation hazard Strahlungsgefährdung
radiation intensity Strahlungsdichte
radiation law Strahlungsgesetz
radiation lobe (Strahlungs)Keule (Ant)
radiation pattern Richtdiagramm, Richtcharakteristik, Strahlungscharakteristik
radiation quantum Strahlungsquant
radiation sensitive strahlungsempfindlich
radiation sensor Strahlungsdetektor
radiation sickness Strahlenkrankheit
radiation surface Strahlungsfläche
radiation time Bestrahlungszeit
radiationless recombination strahlungslose Rekombination
radiative Strahlungs...
   radiative recombination strahlende Rekombination
radiator Strahler
radical Wurzelausdruck
   radical index Wurzelexponent
   radical sign Wurzelzeichen
radicand Radikand (Wurzelausdruck)
radio, to funken, senden, übertragen (Rundfunk)
radio Radio, Rundfunkempfänger
radio radioaktiv, Funk..., Radio...
   radio amateur Funkamateur
   radio amplification by stimulated emission of radiation Raser (Laser im Hf-Bereich von 10 MHz bis 100 MHz)

radio beacon Funkbake, Funkfeuer
radio beam Richtstrahl
radio broadcasting Rundfunkübertragung
radio control drahtlose Fernsteuerung
radio-controlled drahtlos gesteuert
radio deception Funktäuschung
radio detection finder Funkpeiler
radio engineering Funktechnik, Hochfrequenztechnik
radio equipment Funkgerät
radio fadeout Totalschwund von Kurzwellen
radio frequency Hf, Hochfrequenz (Frequenz oberhalb 150 kHz, Zusammensetzung: s. rf)
radio interference suppression Funkentstörung
radio jamming Funkstörung (durch andere Sender)
radio link Funkkanal, Funkverbindung, Richtfunkstrecke
radio relay station Relaisfunkstation
radio relay system Richtfunksystem
radio-screened funkentstört, hochfrequenzabgeschirmt
radio service Funkdienst
radio set Rundfunkempfänger
radio spectrum Funkspektrum (Frequenzbereich von 3 kHz bis 300 GHz)
radio telecontrol Funkfernsteuern
radioacoustics Radioakustik
radioactive radioaktiv
   radioactive emanation radioaktive Ausströmung
   radioactive series Zerfallsreihe
   radioactive state Zerfallszustand
   radioactive tracer radioaktiver Indikator

radioactivity Radioaktivität
radioastronomy Funkastronomie, Radioastronomie
radiocommunication Funktechnik, Funkverbindung, Funkverkehr
radiogram Funktelegramm, Funkspruch
radioisotope radioaktives Isotop
radiolocation Funkortung
radiology Radiologie (Strahlenkunde)
radiometer Radiometer (Strahlungsmesser)
radiometry Radiometrie (Strahlungsmessung)
radionavigation Funknavigation
radionuclide Radionuklid
radiopaque für Röntgenstrahlen undurchlässig
radioparent für Röntgenstrahlen durchlässig
radiophoto Funkbild
radiophotogram Bildtelegramm, Radiophotogramm
radioresistant strahlenfest
radiosonde Radiosonde
radiotelegraph signal Funktelegrafiesignal
radiotelephony Funkfernsprechen
radiotherapy Röntgentherapie
radium Radium (chem. Element)
radius, to abrunden
radius Radius (Halbmesser)
  radius of action Wirkungsbereich
  radius of curvature Krümmungsradius
  radius vector Ortsvektor
radiused abgerundet
radix Basis (eines Zahlensystems), Grundzahl, Wurzel
radix complement B-Komplement (Math)
radix notation Radixschreibweise, Stellenwertschreibweise

radix point Dezimalkomma, Dezimalpunkt
radome Radom (Umkleiden einer Antenne)
radon Radon (chem. Element)
rail Schiene
railing Störung von Radarimpulsen
rain Regen
  rain clutter Regenecho, Regenstörung (Rad)
rainbow Regenbogen
raise, to (an)heben, erhöhen
  raise to a power, to potenzieren
raised erhaben, vorstehend
RAM (random access memory) RAM (Lese-Schreibspeicher), Direktzugriffsspeicher
ramp Anstieg, Dachschräge, Flanke (eines Impulses), Rampe
  ramp function Anstiegsfunktion, Rampenfunktion
  ramp function response Anstiegsantwort
  ramp off Dachschräge
  ramp signal Sägezahnsignal
ramp down, to linear abfallen
ramp up, to linear ansteigen
random regellos, statistisch verteilt, ungerichtet, wahlfrei, willkürlich, zufällig, Zufalls...
  random access Direktzugriff
  random-access memory Direktzugriffsspeicher, RAM
  random disturbances statistische Störungen
    random error zufälliger Fehler, Zufallsfehler
  random events regellose Vorgänge
  random failure Zufallsausfall, Zufallsfehler
  random file zufällig abgespeicherte Datei

random fluctuation zufällige Schwankung
random incidence diffuser (allseitiger) Schalleinfall
random logic "wilde" Logik (Logikschaltung mit unregelmäßiger Struktur)
random noise weißes Rauschen
random number Zufallszahl
random-number generator Zufallszahlengenerator
random routing Zufallsleitweg
random sample (Zufalls)Stichprobe
random-sampling technique statistische Auswahltechnik
random signal zufälliges (regelloses) Signal, Zufallssignal
random train of pulses Zufallsfolge von Impulsen
random velocity ungerichtete Geschwindigkeit
randomly distributed regellos verteilt
randomness Zufälligkeit
range, to reichen, sich erstrecken auf
range Angebotsumfang, Auswahl, Bildmenge, (Einsatz)Bereich, Entfernung, Gruppe, Intervall, Kette (Math), Reichweite, Strecke, Umkreis (Math), Wellenbereich
  range adjustment Bereichseinstellung
  range bin Entfernungselement
  range finder Entfernungsmesser
  range indicator Entfernungsanzeiger
  range limitation Bereichsgrenze
  range measurement Reichweitemessung
  range of pick-up Ansprechbereich
  range selection Bereichsumschaltung, Bereichswahl
  range setting Bereichseinstellung
  range-span adjustment Bereichswahl

ranging Bereichsumschaltung, Entfernungsmessung
rank Rang (einer Matrix)
rankine angloam. Temperatureinheit (10 R = (5/9) K)
ranking Ranking (Anordnung der bei einer Suchanfrage gefundenen Informationen nach ihrer Bedeutung)
rapid flink, schnell, Schnell...
  rapid-acting cut-out schnellansprechender Unterbrecher
  rapid adjustment Grobabstimmung
  rapid phase change Phasensprung
  rapid response hohe Ansprechempfindlichkeit
rare selten
  rare earths Seltene Erden
  rare gas Edelgas
raster (Bild)Raster
  raster display Rasterbildschirm
  raster scanning gerastertes Absuchen
ratch Sperrklinke, Sperrvorrichtung
ratchet relay Fortschaltrelais, Sperrklinkenrelais
rate, to bemessen, bewerten
rate Betrag, Gebühr, Geschwindigkeit, Höhe, Maß, Rate, Tarif, Verhältnis
  rate-grown junction stufengezogener Übergang
  rate growth Stufenziehen (abwechselndes Dotieren von Kristallen beim Ziehen aus der Schmelze)
  rate of change Änderungsgeschwindigkeit
  rate of count Zählgeschwindigkeit
  rate of deposition Aufdampfrate
  rate of diffusion Diffusionsgeschwindigkeit
  rate of disintegration Zerfallsgeschwindigkeit

rate of failure Ausfallrate
rate of fall Abfallgeschwindigkeit (von Impulsen), Flankensteilheit
rate phase angle Grenzwinkel
rate time Vorhaltezeit
rated ausgelegt für, Nenn...
   rated time Bezugszeit
   rated total power Gesamtleistung
   rated value Nennwert, Sollwert
rather eher
   rather...then eher als
rating Belastbarkeit, Bewertung, Kennwert, Nennwert
   rating life Lebensdauer
ratings Betriebsdaten, Kenndaten
ratio Größenverhältnis, Quotient, (Übersetzungs)Verhältnis
   ratio amplifier Quotientenverstärker
   ratio arm Brückenzweig, Quotientenzweig, Zweig (einer Brückenschaltung)
   ratio detector Verhältnisdiskriminator
   ratio error Übersetzungsfehler
   ratio meter Quotientenmesser
   ratio of signal-to-noise Signal-Rausch-Verhältnis
rational rational (vernunftgemäß)
rationalize, to rationalisieren
raw roh
   raw data Originaldaten
   raw d.c. ungeregelte Gleichspannung
   raw material Rohmaterial, Rohstoff
ray Strahl
   ray-control electrode Strahlreglerelektrode, Strahlsteuerelektrode
   ray deflexion Strahlablenkung
   ray hardness Strahlenhärte
   ray surface Strahlungsfläche
Rayleigh distribution Rayleigh-Verteilung (Phys)

RC (resistor-capacitor) RC... (Schaltungen aus ohmschem Widerstand und Kondensator)
   RC amplifier RC-Verstärker
   RC constant Zeitkonstante
   RC coupling RC-Kopplung
   RC oscillator RC-Oszillator
reach, to erreichen, sich erstrecken
reach-through voltage Durchgreifspannung
react, to reagieren
reactance Blindwiderstand, imaginärer Widerstand
   reactance chart Hf-Tapete
   reactance coil Drossel, Drosselspule
   reactance current Blindstrom
reaction Reaktion, Rückkopplung, Rückwirkung
   reaction threshold Ansprechschwelle
   reaction time Anlauffrist, Anlaufzeit, Reaktionszeit
reactivation Regenerierung
reactive reaktionsfähig (Chem), rückwirkend, Blind...
   reactive component Blindkomponente
   reactive factor Blindleistungsfaktor
   reactive force Rückwirkungskraft
   reactive sputtering Katodenzerstäubung mit reaktiven Gasen (z.B. Sauerstoff)
   reactive volt-ampere meter Blindleistungsmesser
reactor Drosselspule, (Kern)Reaktor, Reaktionskammer
   reactor engineering Reaktortechnik
read, to (ab)lesen, abtasten, anzeigen, entnehmen (Dv)
   read in, to einlesen
   read off, to auslesen
   read zero, to Null anzeigen

read   Lesen, Lektüre
   read amplifier   Leseverstärker
   read frequency meter   Zungenfrequenzmesser
   read(ing) head   Lesekopf, Wiedergabekopf
   read-in   Einlesen
   read-in rate   Eingabegeschwindigkeit
   read-mostly memory   elektrisch löschbarer Halbleiterspeicher
   read-only memory   Festspeicher, ROM
   read pulse   Abtastimpuls, Leseimpuls
   read time   Zugriffszeit
   read track   Lesespur (Magnetkopf)
   read-write   Lese-Schreib...
   read-write period   Zyklusdauer (Lesen-Schreiben)
readability   Lesbarkeit, Verständlichkeit
reader   Lesegerät
readily   bequem, leicht
   readily recognizable   leicht erkennbar
reading   Ablesung, Anzeige
   reading cycle   Lesezyklus
   reading device   Lesegerät
   reading error   Ablesefehler
   reading sequence   Anzeigefolge
   reading stability   Anzeigekonstanz
readjust, to   erneut abgleichen, nachstimmen, neu einstellen
readjustment   Neujustierung
readoff time   Ablesezeit
readout, to   auslesen
   readout on, to   ablesen an
readout   Ablesen, Anzeige, Ausgabe, Auslesen
   readout facility   Auslesemöglichkeit
   readout instrument   Ableseinstrument
   readout pulse   Abtastimpuls, Ausleseimpuls

ready, to   betriebsbereit machen
ready   (betriebs)bereit, fertig
   ready condition   Bereitzustand
   ready for data   Übertragungsbereitschaft für Daten
   ready for immediate use   (sofort) betriebsfertig
   ready for press   Imprimatur (für den Druck freigegeben)
   ready to receive   empfangsbereit
real   echt, real, reell, wirklich
   real address   echte Adresse
   real component   Realteil, Wirkkomponente
   real crystal   Realkristall
   real estate   nutzbare Fläche (eines Chips)
   real gas   reales Gas
   real number   reele Zahl (Math)
   real part   Realteil
   real resistance   ohmscher Widerstand
   real time   Echtzeit, Echtzeitbetrieb, Echtzeitdarstellung, Istzeit
   real-time operation   ablaufsynchroner Betrieb
   real value   Istwert
realization   Realisierung
realize, to   erkennen, realisieren, verwirklichen
reallocation   Neuzuordnung, Neuzuweisung
realm   Bereich, Gebiet
rear   hinterer Teil, Hinter..., Rück...
   rear panel   Rückseite, Rückwand (eines Gehäuses)
   rear terminal   rückseitiger Anschluß
   rear view   Rückansicht
rearrangement   Umordnen, Umverteilen
reason   Grund, Ursache
reasonable   beweisbar, vernünftig
reasoning   Beweisführung

reassemble, to wieder zusammenbauen
reassembly Wiederzusammensetzen (z.B. einer Nachricht aus Paketen)
rebalance, to nachabgleichen, neuabgleichen, wiederabgleichen
rebound, to abprallen, zurückprallen
recalibrate, to nacheichen
recall, to abrufen (Daten), (sich) erinnern, zurückrufen
recall Aufruf (Dv), Wiederherbeiruf
recapture, to wieder einfangen
receive, to empfangen, erhalten, aufnehmen
receive Empfangs...
receiver Aufnehmer, Empfänger, Steuergerät
   receiver engineering Empfängertechnik
   receiver gating/keying Empfängertastung
   receiver margin Empfangsspielraum
   receiver primaries Grundfarben im Fernsehempfänger (Blau, Grün, Rot)
   receiver section Empfängerteil
receiving Empfang, Empfangs...
   receiving antenna Empfangsantenne
   receiving coil Empfängerspule
   receiving set Empfänger, Empfangsgerät, Rundfunkempfänger
recent letztere(r,s), neu
recently kürzlich
receptacle Buchse, Fassung, Gefäß, Kupplung, Steckdose, Steckhülse
   receptacle contact Buchsenkontakt
reception Empfang
recess Aussparung, Vertiefung
recessed versenkt
recharge, to wiederaufladen
recharge Umladung
rechargeable wiederaufladbar

recharger Ladegerät
recipe Rezept
reciprocal Kehrwert, Reziprokwert
reciprocal reziprok (umgekehrt)
   reciprocal matrix inverse Matrix
   reciprocal of amplification Durchgriff
   reciprocal space reziproker Raum
reciprocity Reziprozität, Umkehrbarkeit
   reciprocity theorem Reziprozitätssatz
recirculate, to umlaufen (z.B. Daten im Speicher)
recirculating umlaufend
reckon, to (be)rechnen, summieren
reckoning (Be)Rechnung, Vermutung
reclaim, to regenerieren (wiederbenutzbar machen)
reclosing relay Wiedereinschaltrelais
recoat, to neu beschichten
recode, to umcodieren, umschlüsseln
recognition (Wieder)Erkennen, Erkennung
recognize, to erkennen
recombination Rekombination, Wiedervereinigung
   recombination kinetics Rekombinationskinetik
   recombination level Rekombinationsniveau
   recombination radiation Rekombinationsstrahlung
   recombination rate Rekombinationsgeschwindigkeit
   recombination site Rekombinationsstelle
recombine, to rekombinieren, (sich) wiedervereinigen
recommence, to von vorne beginnen

recommend, to empfehlen
recommendation Angabe, Empfehlung
recondition, to aufbereiten, wiederherstellen, überholen
record, to aufzeichnen, speichern (Daten)
record Aufzeichnung, Datensatz, Protokoll, Schallplatte, Verzeichnis
  record amplifier Aufnahmeverstärker
  record format Satzformat
  record gap Satzlücke (Magnetband)
  record head Aufnahmekopf
  record player Plattenspieler
  record segment Satzsegment
  record speed Aufzeichnungsgeschwindigkeit
recorded magnetic tape beschriebenes Magnetband
recorded value registrierter Wert
recorder Aufnahmegerät, Aufzeichnungsgerät, Recorder, Tonbandgerät
recording Aufnahme, Aufzeichnung, Registrierung, Speicherung (Dv)
  recording amplifier Aufnahmeverstärker, Schreibverstärker
  recording device Registriereinrichtung
  recording galvanometer Registriergalvanometer
  recording head Schreibkopf, Tonkopf
  recording instrument Registriergerät, schreibendes Meßgerät
  recording mode Schreibverfahren
  recording track Schreibspur
recover, to entdecken, wiedererlangen, wiederherstellen, zurückgewinnen
recoverable behebbar
recovered charge Sperrverzugsladung
recovery Erholung, Regenerierung, Rückgewinnung, Wiederherstellung
recovery period Erholungsdauer, Erholungszeit
recovery procedure Wiederherstellung
recovery time Abklingzeit, Erholzeit, Freiwerdezeit, Verzögerungszeit
recrystallization Rekristallisation (Umkristallisierung)
recrystallize, to rekristallisieren
rectangle Rechteck
rectangular rechteckig, rechtwinklig, Rechteck...
  rectangular connector Flachstecker
  rectangular hysteresis loop core Kern mit rechteckiger Hystereseschleife
  rectangular-mo(u)lded rechteckig geformt
  rectangular waveguide Rechteck-Hohlleiter
  rectangular wire Flachdraht
rectification Gleichrichtung, Gleichricht...
  rectification factor Gleichrichtungsfaktor
rectified alternating current gleichgerichteter Wechselstrom
rectified voltage Richtspannung
rectifier Gleichrichter
  rectifier cell Gleichrichterplatte
  rectifier diode Gleichrichterdiode
  rectifier inverter Wechselrichter
  rectifier technique Stromrichtertechnik
  rectifier valve Gleichrichterröhre
rectify, to gleichrichten
rectifying Gleichrichtung
  rectifying barrier gleichgerichtete Sperrschicht
  rectifying contact Gleichrichterkontakt, Sperrkontakt

rectifying junction gleichgerichteter PN-Übergang
rectilinear geradlinig
rectilinear pulse Rechteckimpuls
recur cyclically, to zyklisch wie-
derkehren
recurrence Rekursion (Math), Rückkehr,
Wiederholung
recurrence frequency Wiederholungs-
frequenz
recurrence rate Folgefrequenz
recurrent periodisch, sich wiederholend, wiederkehrend
recurrent code zyklischer Code
recurrent network Kettenleiter, Kettenschaltung
recurrent pulse periodischer Impuls
recurring periodisch
recursion Rekursion (ständiges Wiederholen; Math)
recursive rekursiv (zurückgehend)
recyclability Wiederaufladbarkeit
recycling Rückführung, Regenerierung
red Rot
red-sensitive rotempfindlich (Photozelle)
red shift Rotverschiebung
redesign, to neuentwickeln, neukon-
struieren
redesign Neuentwicklung, Neukonstruk-
tion
redistribution Rückverteilung
reduce, to kürzen (Math), reduzieren,
verdichten (Daten), verkleinern,
verringern
reduce to lowest terms, to kürzen
(eines Bruches)
reduced physical size kleinere Abmessungen
reducing agent Reduktionsmittel
reducing sleeve Reduzierlöthülse

reduction Reduktion, Verkleinerung,
Verminderung
reduction in temperature Tempera-
tursenkung
reduction of noise Verminderung des
Rauschens
reduction ratio Untersetzungsver-
hältnis
reduction socket Reduzierfassung,
Übergangsfassung
reduction technique Minimierungsme-
thode (Logik)
redundancy Redundanz, Weitschweifig-
keit
redundancy check Redundanzprüfung
redundancy of code Coderedundanz
redundant redundant, überflüssig,
weitschweifig
redundant code redundanter Code
redundant data Multikopierproblem
(Problem, Kopien von Daten bei Daten-
änderung auf dem laufenden zu halten)
reed Kontaktzunge (Reed-Relais), Rohr
reed contact Reed-Kontakt
reed frequency meter Zungenfrequenzmesser
reed loudspeaker Zungenlautsprecher
reed relay Reed-Relais, Schutzrohrkontaktrelais, Zungenrelais
reel, to (auf)wickeln
reel Rolle, Spule
reel label Bandkennsatz
reel length Bandlänge
reeling speed Wickelgeschwindigkeit
reemission Reemission
reentrant jederzeit verwendbar
reentrant point Rücksprungstelle
reentrant program ablaufinvariantes
Programm (Programm, auf das mehrere
Anwender gleichzeitig zugreifen
können)

re-establish, to wiederherstellen
refer, to hinweisen auf, sich beziehen auf
referee, to begutachten
reference Bezug(nahme), Bezugspunkt, Hinweis, Literaturverzeichnis, Referenz, Bezugs...
  reference beam Vergleichsstrahl
  reference circle Teilkreis
  reference equivalent Bezugsdämpfung
  reference format Programmbildformat
  reference language Bezugssprache
  reference line Bezugslinie
  reference noise Bezugsrauschwert
  reference number Schlüssel
  reference record Bezugsdaten
  reference tone Normalton
  reference track location Bezugsspurabstand
  reference variable Sollwert
  reference white Normalweiß (Fs)
refill, to auffüllen, nachfüllen
refine, to verfeinern, verbessern
refined verfeinert
refinement Verfeinerung
  refinement step Abstraktionsstufe
reflect, to reflektieren, zurückwerfen
reflectance Reflexionsvermögen
  reflectance factor Reflexionsgrad
reflected binary code Gray-Code, zyklisch permutierter Code
reflected image Spiegelbild
reflected impedance Rückwirkungswiderstand
reflected wave Echowelle, reflektierte Welle
reflecting curtain reflektierende Dipolebene
reflecting grating Reflexionsgitter
reflecting optics Spiegeloptik

reflecting power Reflexionsvermögen
reflecting (type) galvanometer Spiegelgalvanometer
reflection Reflexion, Rückstrahlung
  reflection coefficient Reflexionsfaktor
  reflection law Reflexionsgesetz
  reflection loss Stoßdämpfung
  reflection sounding Echolotung
reflectionfree reflexionsfrei
reflective attenuation Stoßdämpfung
reflectivity Reflexionsvermögen
reflector Hohlspiegel, Reflektor, Umlenkspiegel
  reflector aerial Spiegelantenne
  reflector antenna Reflektorantenne, Spiegelantenne
reflex klystron Reflexklystron
reflexion s. reflection
reflow soldering Fließlöten
reformat, to neu anordnen
refract, to brechen (Strahlen)
refraction Brechung, Refraktion
refractive brechend
  refractive index Brechzahl
  refractive index distribution Brechzahlprofil
refractivity Brechungsvermögen
refractometer Refraktometer (Brechzahlmesser)
refractory metal-oxide semiconductor RMOS (MOS-Schaltung mit schwer schmelzbaren Metallen (z.B. Molybdän) als Steuergate)
refresh, to auffrischen, erneuern
refresh (Wieder)Auffrischen
  refresh cycle Refresh-Vorgang
refrigency Brechkraft
refrigerate, to gefrieren
refrigerator Kühlgerät
refuse, to ablehnen, verweigern

regenerate, to auffrischen, regenerieren, reinigen, rückkoppeln
regenerating receiver Rückkopplungsempfänger
regeneration Regenerierung, Rückkopplung, Wiedergewinnung, Wiederherstellung
regenerative rückkoppelnd, Regenerativ..., Rückkopplungs...
  regenerative amplification Rückkopplungsverstärkung
  regenerative circuit Rückkopplungskreis
  regenerative detector Audion (Verstärkerröhre)
  regenerative feedback Mitkopplung
  regenerative receiver Rückkopplungsempfänger
  regenerative repeater Fernschreibentzerrer
regime Arbeitsweise, Betriebsbedingungen
region Bereich, Gebiet, Zone
  region of the perfect crystal ungestörter Kristallbereich
register, to anzeigen, registrieren
register Register, Tabelle, Verzeichnis
  register signal Registerzeichen
  register ton angloam. Volumeneinheit (1 register ton = 2,83 m^3)
registering mark Positioniermarke
registration Eintragung, Registrierung, Überdeckungsgenauigkeit (Maskentechnik)
  registration mark Justiermarke
regression Regression, Rückgang
regroup, to neu gruppieren, umgruppieren
regrown rekristallisiert
regular ordentlich (Phys), regelmäßig

regularity regelmäßige Anordnung, Regelmäßigkeit
regulate, to (ein)regulieren, regeln
regulated current source Konstantstromquelle
regulated power supply geregeltes Netzgerät
regulated voltage source Konstantspannungsquelle
regulating diode Z-Diode (früher: Zener-Diode)
regulating resistor Regelwiderstand
regulating screw Stellschraube
regulating transformer Regeltransformator, Stelltransformator
regulation Regelung, Regulierung
  regulation characteristic Stabilisierungsfaktor
  regulation technique Regeltechnik
  regulation variable Stellgröße
regulator Regler
  regulator diode Reglerdiode, Stabilisatordiode, Z-Diode (früher: Zener-Diode)
  regulator technique Regeltechnik, Reglertechnik
reheat, to tempern
reignition Wiederzündung
reinforced verstärkt
reinforcement Verstärkung
reinstall, to wieder einbauen
reject, to ablehnen, sperren, verwerfen, zurückweisen
reject Ausschuß (bei der Fertigung)
rejection Ablehnung (Prüfung), Sperrung, Unterdrückung, Zurückweisung
  rejection band verbotenes Band
  rejection circuit Sperrkreis
  rejection filter Sperrfilter
  rejection network Sperrschaltung
  rejection number Rückweisezahl

rejection region Sperrbereich, Sperrgebiet
rejector circuit Sperrkreis
relate, to in Beziehung zueinander setzen
related ähnlich, verwandt
relation Beziehung, Relation
  relation expression Vergleichsausdruck
relational data-base system relationales Datenbanksystem (Speicherung der Datensätze in zweidimensionalen Tabellen)
relationship Beziehung, Verbindung, Verhältnis
relative bedingt, relativ
  relative accuracy Linearität
  relative bearing Bezugspeilung
  relative coding relative Adressierung
  relative displacement Relativverschiebung
  relative frequency Häufigkeit
  relative luminosity Augenempfindlichkeit
  relative permittivity Dielektrizitätszahl
  relative throughput Auslastung, relativer Durchsatz
relativistic relativistisch
relativity Relativität (Bezüglichkeit)
relaxation Entspannung, Relaxation
  relaxation amplitude Kippamplitude
  relaxation frequency Kippfrequenz
  relaxation generator Kippgenerator
  relaxation oscillation Kippschwingung, Relaxationsschwingung
  relaxation oscillator Kippgenerator, Sägezahngenerator
relay, to empfangen und weiterleiten (z.B. Signale)

relay Relais
  relay armature Relaisanker
  relay operation Relaisbetätigung
  relay release time Abfallzeit eines Relais
  relay switching system Speichervermittlung
relaying technique Vermittlungstechnik
release, to (ab)fallen, auslösen, freigeben, freisetzen, loslassen
release Abfall (Relais), Ausklinkung, Auslösen, Freigabe, Freisetzen, Version (eines Programms)
  release button Löschtaste
  release delay Abfallverzögerung
  release key Freigabetaste
  release speed Abfallgeschwindigkeit
  release statement Übergabeanweisung
  release value Abfallwert (eines Relais)
  release winding Abfallwicklung
releasing Abfallen (Relais), Freigabe
  releasing delay Auslösedauer
  releasing time Abfallzeit, Auslösezeit
relevance Bedeutung, Relevanz
reliability Betriebssicherheit, Zuverlässigkeit
  reliability data Zuverlässigkeitsangaben
  reliability of operation Betriebssicherheit
reliable betriebssicher, zuverlässig
relieving anode Ableitanode, Hilfsanode
relinquish, to aufgeben, verzichten
reload, to neu laden, umladen
relocatable verschiebbar
  relocatable program verschiebbares Programm

relocating loader verschiebbares Ladeprogramm
relocation Umadressierung, Verlagerung, (Stellenwert)Verschiebung
relocation address Anfangsadresse, Basisadresse
reluctance Reluktanz (magnetischer Widerstand)
reluctivity spezifischer magnetischer Widerstand (Kehrwert der Permeabilität)
rem (roentgen equivalent man) rem (Äquivalentdosis an radioaktiven Strahlen, die die gleiche Wirkung wie 0,01 J/kg Röntgenstrahlen hat)
remagnetization Ummagnetisierung
remain, to fortdauern, (ver)bleiben, übrigbleiben
remain fixed, to konstant bleiben
remainder Rest, Rückstand
remaining error Restfehler
remaining error rate Restfehlerrate
remake, to wieder schließen (Stromkreis)
remanence Remanenz (Restmagnetismus)
remanent remanent, zurückbleibend
remanent magnetization zurückbleibende Magnetisierung
remanent polarization Remanenzpolarisation
remanent relay Haftrelais
remark, to bemerken, beachten, feststellen
remark Anmerkung, Beobachtung, Feststellung
remarkable beachtlich, ungewöhnlich
remedy, to Fehler beseitigen
remember, to behalten, (sich) erinnern
remote entfernt, fern, Fern...
remote batch processing Stapelfernverarbeitung

remote computing processor Satellitensystem
remote control Fernbedienung, Fernschaltung, Fernsteuerung
remote control equipment Fernwirkgeräte
remote control unit Datenfernschaltgerät
remote data processing Datenfernverarbeitung
remote file access abgesetzter Dateizugriff
remote gauging Fernmessung
remote job entry Stapelfernverarbeitung
remotely actuated fernbetätigt
remotely controlled ferngesteuert
remotely monitored fernüberwacht
remotely operated ferngesteuert
remount, to wieder zusammenbauen
removable (ab)lösbar, abnehmbar, auswechselbar, demontierbar
removal Abbau, Beseitigung
removal of heat Wärmeableitung
removal of poles Polabbau
remove, to ausbauen (z.B. Bauelemente), beseitigen, entfernen
remove heat, to Wärme ableiten
remove the peaks, to die Spitzen abschneiden
renew, to auswechseln, erneuern
renewal Erneuerung, Ersatz, Ersatz...
renewal part Ersatzteil
reorder, to rücksortieren, wieder einordnen
reorientation Umorientierung
repackage, to umkonstruieren
repair, to instand setzen, reparieren
repair Reparatur
repair time Instandsetzungsdauer
repeat, to wiederholen

repeatability Reproduzierbarkeit (Wiederholbarkeit)
repeated call attempt Folgeanruf
repeater (Zwischen)Verstärker
  repeater spacing Verstärkerfeldlänge
repeating (sich) wiederholend
  repeating coil Übertragerspule
  repeating relay Melderelais
repel, to abstoßen, zurückstoßen
repeller Reflektor (für Elektronen)
repertory Repertoire, Vorrat
repetition Wiederholung
  repetition accuracy Wiederholgenauigkeit
  repetition frequency Folgefrequenz, Tastfrequenz, Wiederholfrequenz
  repetition rate Folgefrequenz, Taktfrequenz
repetitive periodisch, sich wiederholend
  repetitive accuracy Einstellgenauigkeit, Reproduzierbarkeit (Wiederholbarkeit)
  repetitive addressing Adreßwiederholung
  repetitive function periodische Funktion
  repetitive peak voltage periodische Spitzenspannung
rephase, to Phasenumkehr bewirken
replace, to austauschen, ersetzen
replaceable auswechselbar
replacement Austausch, Ersatz, Wiederbeschaffung, Ersatz...
  replacement function Erneuerungsfunktion
  replacement module Ersatzbaustein
  replacement part Ersatzteil
replacements Ersatzteile
replay, to abspielen, wiedergeben

replay amplifier Wiedergabeverstärker
replenish, to auffüllen, vervollständigen
replenishment Auffüllung, Ergänzung, Nachschub
replica Kopie, Nachbildung
replicate, to vervielfältigen
replug, to umstecken
reply, to antworten, erwidern
reply Antwort
  reply code Abfragecode, Antwortcode
  reply code overlap Antwortüberlappung
  reply message Quittung
  reply path sidelobe suppression Nebenkeulenunterdrückung auf dem Antwortweg
report Auflistung, Bericht, Liste
  report file Listendatei
  report section Abschnitt auflisten
  report writer Listprogramm
reposition, to rückstellen, verstellen, zurücksetzen
represent, to darstellen, veranschaulichen
representation Abbildung, Darstellung
reprint Nachdruck
reprocess, to weiterverarbeiten
reproduce, to darstellen, wiedergeben
reproducer Wiedergabegerät
reproducibility Reproduzierbarkeit (Wiederholbarkeit)
reproducing frequency Wiedergabefrequenz
reproducing head Tonabnehmer
reproduction Wiedergabe
reprogrammable wiederprogrammierbar
  reprogrammable ROM REPROM (wiederprogrammierbarer Festspeicher)
reprogramming Neuprogrammierung
REPROM s. reprogrammable ROM

repulsion Abstoßung, Rückstoß
repulsive force Abstoßungskraft, Rückstoßkraft
request, to anfordern, aufrufen
request Abfrage, Abrufen, Anfordern, Anforderung, Anfrage, Belegungsversuch
  request for information Aufruf (von Daten)
  request signal Rückfragesignal
require, to benötigen, brauchen, erfordern
required value Sollwert
requirement Anforderung, Ansprüche, Bedingung
reradiation Relaissendung, Störstrahlung, Wiederausstrahlung
  reradiation attenuation Rücksprechdämpfung
rerecording Kopieren, Umschnitt
rereel, to umspulen, umwickeln
rering, to Anruf wiederholen
rerouting Rückumsteuern
rerun, to erneut laufen lassen, wiederholen
rerun Wiederanlauf (nach Programmunterbrechung)
  rerun routine Wiederholprogramm
rescue point Wiedereinstiegspunkt
research Forschung, Untersuchung
  research and development Forschung und Entwicklung
  research model Labormuster
reservation Einschränkung, Vorbehalt
  reservation circuit Sperrschaltung
reserve Ersatz, Reserve, Rücklage
  reserve part Ersatzteil
reservoir capacitor Speicherkondensator
reset, to löschen, zurücksetzen, zurückstellen
  reset to zero, to auf Null zurückstellen
reset Nachstellen, Zurückstellen, Löschen, Lösch...
  reset button Löschtaste, Rückstellknopf
  reset input Rücksetzeingang (Flipflop)
  reset pulse Löschimpuls, Rückstellimpuls
  reset time Rückstellzeit
resettable rückstellbar
resetter potentiometer Rückstellpotentiometer
resetting Rückstellung, Umsteuern
  resetting coil Rückstellspule
  resetting switch Rückstellschalter
reshape, to rückbilden
reshaper Umformer
reshaping of pulses Impulsformung
reside, to beruhen auf
  reside on, to sich aufhalten auf
residence Aufenthalt(sort)
  residence time Verweilzeit
resident resident (ständig vorhanden)
  resident monitor Systemkern
residual nachbleibend, restlich, Rest...
  residual current Anlaufstrom
  residual error probability Übermittlungsfehlerwahrscheinlichkeit
  residual noise Eigenrauschen
  residual relay Nullstromrelais
  residual time constant Eigenzeitkonstante
residue Residuum (Math), Rest, Rückstand
  residue theorem Residuensatz (Math)
resilience Elastizität, Rückprall
resilient elastisch, federnd
resin Harz

resin-encapsulated kunststoffumhüllt
resin-insulated kunststoffisoliert
resin-mo(u)lded kunststoffumpreßt
resist, to standhalten, widerstehen
resist photoempfindlicher Lack, Photolack, Schutzlack
resistance Festigkeit, ohmscher Widerstand, Widerstandsfähigkeit, Wirkwiderstand
resistance balance Widerstandsausgleich
resistance brazing Widerstandsschweißen
resistance-capacitance RC... (Widerstand-Kondensator)
resistance drop ohmscher Spannungsabfall
resistance furnace Widerstandsofen
resistance losses ohmsche Verluste
resistance measurement Widerstandsmessung
resistance noise thermisches Rauschen, Widerstandsrauschen
resistance pad Dämpfungsglied (aus ohmschen Widerständen)
resistance strain ga(u)ge Dehnmeßstreifen
resistance to heat Hitzebeständigkeit, Wärmefestigkeit
resistant widerstandsfähig
resistant to chemicals gegen Chemikalien widerstandsfähig
resistive rein ohmisch
resistive balance ohmscher Abgleich
resistive bridge ohmsche Brücke
resistive current Wirkstrom
resistive divider Widerstandsteiler
resistive load ohmsche Last
resistivity spezifischer Widerstand
resistivity layer Widerstandsschicht

resistivity profile Widerstandskurve, Widerstandsprofil
resistor Widerstand (Bauelement)
resistor color code Farbcode (für Widerstände)
resistor composition Widerstandspaste
resistor ga(u)ge Widerstandsdehnmeßstreifen
resistor geometry Abmessung eines (Schicht)Widerstandes
resistor ladder Spannungsteiler aus hintereinandergeschalteten Widerständen
resolder, to nachlöten
resolution Auflösung(svermögen)
resolution capability Auflösungsfähigkeit, Auflösungsvermögen
resolution element Auflösungszelle
resolution time Auflösungszeit
resolution wedge Auflösekeil
resolve, to auflösen, analysieren
resolved component zerlegte Komponente
resolver Drehmelder
resolving time Auslösezeit
resonance Resonanz
resonance amplifier abgestimmter Verstärker, Resonanzverstärker
resonance bridge Resonanzbrücke
resonance characteristic Resonanzkurve, Resonanzverlauf
resonance circuit Resonanzkreis, Schwingkreis
resonance fluorescence Resonanzfluoreszenz
resonance network Schwingkreis
resonance radiation Resonanzstrahlung
resonance relay Resonanzrelais
resonancefree resonanzfrei

resonant schwingend, Resonanz...
resonant cavity Hohlraumresonator
resonant circuit Schwingkreis
resonant curve Resonanzkurve, Resonanzverlauf
resonant frequency Resonanzfrequenz
resonant gap Resonanzspalt
resonant line abgestimmte Leitung
resonant mode Resonanz-Schwingungstyp
resonant rise Aufschaukeln durch Resonanz
resonant vibration Resonanzschwingung
resonating circuit Schwingkreis
resonator (Hohlraum)Resonator
resonator circuit Schwingkreis
resonator crystal Filterquarz
resonistor Resonistor(Halbleiterbauelement, das eine Ausgangsspannung definierter Frequenz liefert)
resort, to Zuflucht nehmen, zurückgreifen auf
resource Hilfsmittel, Systemelement (Dv)
resource sharing Funktionsverbund
respective betreffend
respectively beziehungsweise
respond, to ansprechen, anziehen (Relais), reagieren
responder Antwortsender
responding value Ansprechwert
response Ansprechempfindlichkeit, Antwort(funktion), Frequenzgang, spektrale Empfindlichkeit
response current Ansprechstrom
response curve Empfindlichkeitskurve, Empfindlichkeitsverteilung, Frequenzgang
response peak Empfindlichkeitsmaximum

response sensitivity Ansprechempfindlichkeit
response spectrum Empfindlichkeitsspektrum, Frequenzspektrumm
response time Ansprechzeit, Antwortzeit, Einschwingzeit, Einstellzeit, Reaktionszeit
responser Antwortgerät, Antwortempfänger
responsible verantwortlich
responsibility Verantwortung
responsive ansprechfähig, empfindlich
responsiveness Ansprechbarkeit, Reaktionsfähigkeit
responsivity Ansprechempfindlichkeit, Ansprechvermögen, Reaktionsfähigkeit
rest, to bleiben, ruhen
rest Rest, Ruhe(lage), Ruhestellung (eines Zeigers), Stillstand, Ruhe...
rest current Ruhestrom
rest energy Ruheenergie
rest mass energy Energie der Ruhemasse
rest position Ruhelage, Ruhestellung
rest state Ausgangszustand (eines Tasters)
restart Wiederanlauf
resting frequency unmodulierte Trägerfrequenz
resting potential Ruhepotential
restorability Instandsetzungsmöglichkeit
restoral Wiedereinschaltung, Wiederinbetriebnahme
restore, to rücksetzen, wiederherstellen, zurückführen, zurückstellen
restoring circuit Rückstellschaltung
restrict, to beschränken auf, einschränken
restricted beschränkt, eingeschränkt
restricted space beschränkter Raum

restriction Beschränkung, Einschränkung
result, to sich ergeben, resultieren
result Auswirkung, Ergebnis, Folge, Meßwert, Resultat, Wirkung
  result of count Zählerstand
  result of measurement Meßergebnis
resultant Resultierende (Math)
resume, to fortsetzen, wiederaufnehmen
reswitching Umschalten, Umsteuern
retain, to beibehalten, festhalten, zurückhalten
retained gespeichert (bleiben) (z.B. Informationen)
  retained image Nachwirkungsbild
retainer Halter
retaining circuit Haltestromkreis (beim Relais)
retard, to bremsen, retardieren, verlangsamen, verzögern
retardant hemmend
retardation (Ab)Bremsung, Phasenverschiebung, Verzögerung
retarding Brems...
  retarding field Bremsfeld
  retarding magnet Bremsmagnet
  retarding potential Bremspotential
retention Beibehaltung, Konservierung, Speicherung
  retention of heat Wärmespeicherfähigkeit
  retention pin Arretierstift, Haltestift
  retention time Speicherzeit, Verweilzeit
retentivity Remanenz
reticle Reticle (Zwischenmaske bei photolithographischen Methoden)
reticulation Netzstruktur
retina Netzhaut
retire, to sich zur Ruhe setzen

retrace Rücklauf (eines Elektronenstrahls)
  retrace blanking Dunkelsteuerung (Fs)
  retrace line Rücklaufzeile (Fs)
  retrace time Rücklaufintervall
retract, to zurückführen
retransmit, to (zu)rückübertragen
retrieval Wiederauffinden
  retrieval query Suchanfrage
  retrieval time Wiederauffindzeit
retrieve, to (aus)lesen, wiederauffinden
retrigger time Nachtriggerzeit
retriggerable durch Triggerimpuls umschaltbar (Flipflop), umtriggerbar
retro (zu)rück...
retroactive rückwirkend
retrofit, to nachrüsten
retroreflective rückstrahlend
retry Wiederholung
retune, to nachstimmen
return, to rückstellen, zurückgeben, zurückkehren
return Rückgabe, Rückkehr, Rücklauf, Rücksprung, Rück..., Rückkehr..., Rücksprung...
  return address Rückkehradresse
  return code Rückkehrcode
  return current Echostrom, Rückstrom
  return information Rückmeldung
  return line Rücklaufzeile (Elektronenstrahl), Rückleitung
  return loss Anpassungsdämpfung, Echodämpfung, Fehlerdämpfung (Reflexionsverlust durch Fehlanpassung), Rückflußdämpfung
  return path Rückleitung
  return signal Rückführungssignal, zurückkommendes Signal
  return sweep Rücklauf (Wobbelsender)

return-to-zero signal RZ-Signal (Impulsfolgesignal mit Rückkehr nach Null)
return trace Rücklaufspur (Elekronenstrahl)
return wire Rückleitung
returned signal reflektiertes Signal
retype, to überschreiben
reusable wiederverwendbar
reuse of components Wiederverwendung von Bauelementen
revalue, to mit neuen Adressen versehen
reverberant room Hallraum
reverberate, to nachhallen, reflektieren, zurückstrahlen
reverberation Echo, Reflexion, Hall...
reverberation time Nachhallzeit
reverberator Hohlspiegel, Reflektor
reversal Umkehr
reversal of sign Vorzeichenumkehr
reverse entgegengesetzt, rückwärts, Rück..., Rückwärts...
reverse, to (sich) umkehren, umpolen, umsteuern
reverse current, to Strom umpolen
reverse the polarity, to Polarität umkehren, umpolen
reverse the sign, to Vorzeichen umkehren
reverse Rücklauf, Umkehr
reverse-acting rückwärts wirkend
reverse bias Rückwärtsspannung, Sperrspannung, Vorspannung in Rückwärtsrichtung
reverse biased in Sperrichtung vorgespannt
reverse-blocking current Rückwärtsstrom
reverse-blocking triode thyristor rückwärtssperrende Thyristortriode

reverse-breakdown voltage Durchbruchspannung
reverse characteristic Sperrcharakteristik, Sperrkennlinie
reverse charging request Anforderung der Gebührenübernahme
reverse clipping Ausblenden
reverse control Abwärtsregelung (Transistor)
reverse current relay Gegenstromrelais
reverse leakage current Reststrom in Rückwärtsrichtung
reverse mutual admittance komplexe Rückwirkungsadmittanz, Übertragungsadmittanz
reverse operation Betrieb in umgekehrter Richtung
reverse phase Gegenphase
reverse Polish notation umgekehrte polnische Notation (klammerfreie Schreibweise mathem. Ausdrücke)
reverse power protection Rückleistungsschutz
reverse printer Drucker, der vor- rückwärts drucken kann
reverse recovery time Sperrerholzeit, Sperrverzögerungszeit
reverse run Rücklauf
reverse transfer Rückwirkungs...
reverse transfer admittance Kurzschlußrückwärtssteilheit (Transistor), Rückwärtssteilheit
reverse transfer capacitance Rückwirkungskapazität
reverse video negative Bildschirmdarstellung
reverse voltage entgegengesetzte Polarität, Rückwärtsspannung
reversed umgekehrt gepolt
reversed feedback Gegenkopplungs...

reversed type Negativschrift
reversible reversibel, umkehrbar
reversible counter Umkehrzähler, Vor-Rückwärts-Zähler
reversible cycle umkehrbarer Kreislauf/Kreisprozeß
reversible power supply umpolbare Stromversorgung
reversible ring counter umsteuerbarer Ringzähler
reversible tripping device Umkehrauslöser
reversing counter Umkehrzähler
reversing drive Umkehrantrieb
reversing switch Wechselschalter
reversion Umpolung
review Besprechung, Rückblick, Überblick, Zusammenfassung
revised revidiert, überprüft
revision Durchsicht, Revision, Überarbeitung
revitalization Auffrischung, Regenerierung
revocable widerruflich
revolution Umdrehung, Gang (Potentiometer)
revolution counter Umdrehungszähler
revolution transducer Drehzahlaufnehmer
revolve, to kreisen, rotieren
revolving rotierend, umlaufend
rewind, to aufspulen, (zu)rückspulen
rework, to nacharbeiten, umarbeiten
rewrite, to wiedereinschreiben
rf (radio frequency) Hf, Hochfrequenz, Mikrowellen...
  rf bridge Hf-Meßbrücke, Hochfrequenzmeßbrücke
  rf choke Hf-Drossel, Hochfrequenzdrossel
  rf heating Hochfrequenzheizen
  rf interferencefree funkentstört
  rf keying Wechselstromtastung
  rf sputtering Hochfrequenzzerstäuben
  rf transconductance Hf-Steilheit, Hochfrequenzsteilheit
  rf waveguide Hf-Hohlleiter
RGB (red, green, blue) camera RGB-Kamera
rheostat Schiebewiderstand
rhombic rhombisch
  rhombic aerial Rhombusantenne
rhombus Raute, Rhombus (Parallelogramm mit gleichen Seiten)
rhumbatron Rhumbatron (Hohlraumresonator)
ribbon Band
  ribbon cable Bandkabel, Flachkabel
  ribbon cartridge Farbbandkassette
  ribbon microphone Bändchenmikrofon
ridge Grat, Kamm, Rücken
ridged waveguide Steghohlleiter
rig Anlage, Anordnung, Aufbau
right gerade, korrekt, rechts, rechtwinklig, richtig, Rechts...
  right-adjust rechtsbündig verschieben
  right-aligned rechtsbündig
  right-angled rechtwinklig
  right-hand rechtsgängig, rechtsseitig
  right-hand rule Dreifingerregel der rechten Hand, Rechtehandregel
  right-hand taper Potentiometer
  right justify rechtsbündig
  right line gerade Linie
  right shift Rechtsverschiebung
rigid fest, stabil, starr
  rigid disk Festplatte
  rigid microdisk 5,25-Zoll-Winchesterplatte

rigorous exakt, genau, streng (Math)
rim Rand, Kante, Wulstrand
ring, to einschwingen, läuten
  ring back, to zurückrufen (Telefon)
  ring off, to den Hörer auflegen
  ring up, to anrufen (Telefon)
ring Anruf, Ring, Ruf, Ring...
  ring around Störring
  ring circuit Ringleitung, Ringkreis (Mikrowellen)
  ring modulator Ringmodulator
  ring network Ringnetz
  ring oscillator Ringoszillator
  ring seal Ringdichtung
  ring shaped ringförmig
  ring switch Resonanzschalter (Mikrowellen)
ringing Anruf, gedämpfte Schwingung, Rufen, Rufen der Endstelle (Hauptfunktion bei einem Digitalanschluß)
  ringing condition Rufzustand
  ringing frequency Überschwingfrequenz
  ringing phase Rufphase
  ringing relay Rufrelais
  ringing time Rufdauer
ripple (Rest)Welligkeit
  ripple adder Serienaddierer
  ripple blanking Ausblenden (von Nullen)
  ripple counter asynchroner Zähler
  ripple current Welligkeitsstrom
  ripple filter Brummfilter, Glättungsfilter
  ripple frequency Brummfrequenz
  ripple noise Netzbrumm
  ripple percentage Welligkeit
  ripple-through counter asynchroner Zähler
  ripple voltage Brummspannung, Störspannung

rise, to ansteigen
rise Anstieg
  rise path Neukurve
  rise time Anlaufzeit, Anregelzeit, Anstiegszeit
rising (an)steigend, aufgehend
rising Erhöhung, Zunahme
risk Risiko, Wagnis
river Fluß
rivet Niet(e)
RJE (remote job entry) Stapelfernverarbeitung
RMOS (refractory metal-oxide semiconductor) RMOS (MOS-Schaltung mit schwer schmelzbaren Metallen (z.B. Molybdän) als Gate)
rms (root mean square) Effektivwert
robot Automat, Roboter
robotics Robotertechnik
robustness Robustheit, Widerstandsfähigkeit
Rochelle salt crystal Seignettesalz-Kristall
rock, to hin- und herbewegen, wackeln
rock Felsen
  rock hard steinhart
  rock salt Steinsalz
rocker-actuated switch Wippschalter
rocket Rakete
rocketry Raketentechnik
rod angloam. Längeneinh. (1 rod = 5,03 m)
rod Stab, Stange
  rod radiator Stielstrahler
roentgen equivalent man Äquivalenzdosis an radioaktiver Strahlung, die die gleiche Wirkung hat wie 0,01 J/kg
roentgen rays Röntgenstrahlen
roger "verstanden" (Meldungsbestätigung)

roll, to   auf- und abwärts bewegen (von Informationen auf dem Bildschirm)
roll back, to   wiederholen (Programm)
roll down, to   zyklisch vertauschen
roll in, to   einspeichern
roll off smoothly, to   langsam abfallen
roll out, to   ausspeichern
roll   Weglaufen (des Fernsehbildes nach oben oder unten)
roll out   Ausspeichern
roll over   Bildsprung
roll type capacitor   Wickelkondensator
rolling   Rollen
   rolling ball   Rollkugel
   rolling cut   Rollschnitt
ROM (read-only memory)   ROM (Festspeicher)
rood   angels. Flächeneinheit (1 rood = 1011,7 m^2)
roof   Dach
room   Raum, Zimmer
   room acoustics   Raumakustik
   room aerial   Zimmerantenne
   room noise   Umgebungsgeräusch
root   Wurzel
   root locus   Wurzelort, Wurzelortskurve
   root mean square   Effektivwert
rope   Seil, Tau
   rope lay strand   verseilter Leiter
rosin   Kolophonium (Material aus Harz)
   rosin flux   Flußmittel
rotary   kreisend, rotierend, (sich) drehend, umlaufend, Dreh..., Rotations...
   rotary-beam aerial   drehbare Rückstrahlantenne
   rotary dial selection   Nummernschalterwahl
   rotary dialler   Drehwähler
   rotary dialling   Nummernscheibenwahl
   rotary joint   Drehkupplung
   rotary set attachment   Nummernschalterwahl
   rotary stepping relay   Schrittrelais
   rotary stepping switch   Stufendrehschalter
   rotary variable capacitor   Drehkondensator
   rotary wafer switch   Stufendrehschalter
rotatable   drehbar
rotate, to   (sich) drehen, rotieren, sich zyklisch verschieben
rotating   Dreh...
   rotating anode   Drehanoden...
   rotating field   Drehfeld
rotation   Drehung, Rotation
   rotation sense   Drehsinn
   rotation speed   Drehzahl, Umlaufgeschwindigkeit
rotational   drehend, rotierend
   rotational absorption spectrum   Rotationsabsorptionsspektrum
   rotational direction   Drehrichtung
   rotational frequency   Rotationsfrequenz
   rotational life   Anzahl der möglichen Umdrehungen, bevor ein Drehpotentiometer ausfällt
   rotational speed   Umdrehungsgeschwindigkeit
rotor   Läufer, Rotor
rough   grob, roh, ungefähr
   rough adjustment   Grobeinstellung
   rough calculation   Überschlagsrechnung
round   gerundet, rund
round, to   aufrunden
   round down/off, to   abrunden

round can zylindrisches Gehäuse
round off Runden
round reliability Antwortwahrscheinlihkeit
round waveguide Rundhohlleiter
round wire Runddraht
rounding Runden
　rounding error Rurdungsfehler
route to, to einspeisen, zuführen, (zu)leiten
route selector stage Richtungskoppelfeld
routine gewohnheitsmäßig, gewöhnlich, laufend, normal, routinemäßig, üblich
routine Programm, Routine(arbeit)
routing Leiterwegsuche (CAD), Verkehrslenkung, Wegermittlung
row Reihe, Zeile
　row scanning Decodiertechnik bei der Abfrage
royalty Abgabe, Lizenzgebühr
rpm (revolutions per minute) Umdrehungen pro Minute
RPN (reverse Polish notation) umgekehrte polnische Schreibweise (klammerfreies Schreiben mathem. Ausdrücke)
RPROM (reprogrammable ROM) RPROM (wiederprogrammierbares ROM)
RQL (rejectable quality level) Rückweisegrenze
RS flip-flop RS-Flipflop (bistabile Kippschaltung)
RTTY (radio teletype) Funkfernschreiben
rub, to reiben
　rub out, to ausradieren, löschen
rubber Gummi
　rubber-covered gummiisoliert
rubidium Rubidium (chem. Element)
ruby Rubin

ruby laser Rubinlaser
rugged stabil, widerstandsfähig
ruggedness Unebenheit, Unempfindlichkeit, Widerstandsfähigkeit
rule Maßstab, Regel, Satz (Math), Vorschrift
　rule of inference Schlußregel
　rule of precedence Rangfolge
　rule of thumb Faustregel
run, to abarbeiten, (ab)laufen, funktionieren, gehen, rennen
　run idle, to leerlaufen
　run out, to ablaufen
　run parallel to, to parallel verlaufen zu
run Arbeitsgang, (Durch)Lauf, Meßreihe, Programmablauf, Verlauf
　run-back Rücklauf (Magnettonbandgerät)
　run-down Ablauf
　run length coding Auflängencodierung
　run mode Abarbeiten eines Programms
runaway Drift, Instabilität, Weglaufen
runner Gleitschiene, Laufrolle
running in period Anlaufzeit
running program ablaufendes Programm
running time Ausführungszeit (eines Programms), Betriebsdauer, Laufzeit
runout Positionierungsfehler (Chip)
rupture Unterbrechung
rush eilig
rush Andrang
rustle, to rascheln, rauschen
rustle radiation Rauschstrahlung
ruthenium Ruthenium (chem. Element)
rutherford Rutherford (veralt. Einh. d. radiologischen Aktivität)
Rydberg frequency Rydberg-Frequenz
RZ (return-to-zero) Rückkehr nach Null

S

S²L (self-aligned superintegration logic) selbstabgleichende Logik höchster Integrationsstufe
sacrificial protection potential Schutzpotential
saddle Rücken, Sattel, Schlitten
　saddle point Sattelpunkt (einer Kurve; Math)
　saddle terminal Schlitzklemmenanschluß
safe sicher, zulässig
　safe against theft diebstahlsicher
　safe load zulässige Belastung
　safe operating area erlaubter Arbeitsbereich
　safe region Sicherheitsbereich
safeguard, to schützen
safety Sicherheit, Sicherheits...
　safety class system Schutzklasse
　safety rule Unfallvorschrift
sag, to sich durchbiegen, nachlassen
SAGMOS (self-aligning gate MOS) SAGMOS (MOS-Baustein mit selbstabgleichendem Gate)
sale Verkauf, Vertrieb
sales Umsatz
　sales engineer Vertriebsingenieur
salient auffällig, bemerkenswert
　salient point Knick (z.B. einer Kurve)
salt Salz
　salt mist Salznebel
saltus Sprunggröße (einer Funktion)
salvage Rettung (z.B. von Daten)
　salvage value Schrottwert
SAM (sequential access method) sequentielle Zugriffsmethode
SAM (serial address memory) SAM (serieller Adreßspeicher)
samarium Samarium (chem. Element)
same gleich
　same manner in gleicher Weise
SAMNOS (self-aligning gate metal-nitride-oxide semiconductor) SAMNOS (NMOS mit selbstabgleichendem Gate)
SAMOS (stacked-gate avalanche-injection MOS) SAMOS (MOS-Speicherzelle mit schwebendem Gate)
sample, to abfragen, abtasten, probieren
sample Abtastwert, Muster, (Stich)Probe
　sample-and-hold Abtasthalteglied
　sample sequentially nacheinander abtasten
　sample signal abgetastetes Signal
　sample size Stichprobenumfang
　sample strew Exemplarstreuung
　sample testing Musterprüfung
　sample-to-hold switching transient Schaltverhalten des Abtast-Haltegliedes
sampled data abgetastete Werte
　sampled data control Abtastregelung
sampler Abtaster
sampling Abtasten, (Stich)Probenentnahme
　sampling error Stichprobenabweichung, Stichprobenfehler
　sampling fraction Auswahlsatz
　sampling frequency Abtastfrequenz
　sampling inspection Stichprobenprüfung
　sampling oscilloscope Abtastoszilloskop
　sampling plan Stichprobenplan
　sampling rate Abtastfrequenz, Abtastrate

sampling theorem Abtasttheorem
sand Sand
sand blasting Sandstrahlen
sandwich, to schichtweise anordnen
sandwich Schichtanordnung
SAP (service access point) SAP (Dienstzugangspunkt; Verm)
saphe Phasenfunktion bei der Cepstrum-Analyse (Wortverdrehung von Phase)
sapphire Saphir (Aluminiumoxid)
satellite Satellit
  satellite communication service Satellitenfunk
  satellite computer Satellitenrechner (Computer an einer Datenstation, der mit einem Hauptrechner verbunden werden kann)
  satellite-to-receiver telecasting Satellitenfernsehen
satisfactory befriedigend, hinreichend, den Erwartungen entsprechend
satisfy, to befriedigen, erfüllen, genügen
SATO (self-aligned thick-oxide) **process** SATO-Verfahren (Isolationsverfahren für integrierte MOS-Schaltungen)
saturable reactor eisengesättigte Drossel
saturate, to aussteuern (Verstärker), sättigen
saturated logic gesättigte Logik
saturation Sättigung, Übersteuerung, volle Belegung
  saturation current Sättigungsstrom
  saturation curve Magnetisierungskurve, Sättigungskurve
  saturation factor Übersteuerungsfaktor
  saturation recording direktes digitales Erfassen
  saturation region Sättigungsbereich
  saturation velocity Sättigungsgeschwindigkeit
  saturation voltage Sättigungsspannung
save, to einsparen, retten, sichern, speichern
saved file gerettete Datei
saving sparend, sparsam, wirtschaftlich
saving Einsparung
SAW (surface acoustic wave) **device** Oberflächenwellen-Bauelement
saw, to (zer)sägen
sawtooth Sägezahn
  sawtooth generator Sägezahngenerator
  sawtooth-shaped sägezahnförmig
  sawtooth voltage Zeitablenkspannung
  sawtooth wave Sägezahnschwingung
say, to behaupten, meinen, sagen
S-band S-Band (1,55 GHz bis 5,2 GHz)
SBC (single-board computer) Einplatinenrechner
SBC-IC (standard buried collector integrated circuit) SBC-Schaltung (integrierte Schaltung mit vergrabenem Kollektor)
SBD (Schottky barrier diode) Schottky-Diode (Diode mit Metall-Halbleiter-Übergang)
SBS (silicon bilateral switch) bilateraler Halbleiterschalter
SBT (surface-barrier transistor) Oberflächensperrschicht-Transistor
scalar Skalar (ungerichtete mathematische Größe)
  scalar product Skalarprodukt (Math)
scale, to maßstabsgerecht ändern
  scale down, to maßstabsgerecht verkleinern
  scale up, to maßstabsgetreu vergrößern

scale (Abbildungs)Maßstab, Skala
  scale adjustment Skaleneinstellung
  scale factor Maßstabsfaktor
  scale length Skalenlänge
  scale-of-two counter Flipflop-Zähler
  scale setting Skaleneinteilung
scaled paper Registrierpapier
scaler circuit Untersetzerschaltung, Zähler
scaling Impulszählverfahren, proportionale Maßstabsänderung, Untersetzung, Zahlenbereichsänderung
  scaling position Skalenstelle (Dv)
SCAM (subcarrier amplitude modulation) Zwischenträger-Amplitudenmodulation
scan, to abfragen, abfühlen, ablenken, (ab)lesen, absuchen, abtasten, rastern
  scan out, to abrufen
scan Strahldurchlauf (über den Bildschirm), Abtast...
  scan angle Auslenkwinkel
  scan area Rasterfläche
  scan conversion Bildumsetzung
  scan line Abtastzeile
  scan period Absuchintervall
  scan program Abfrageprogramm
  scan sequence Abtastfolge
scandium Scandium (chem. Element)
scanistor Scanistor (integrierte optische Abtasteinheit)
scanner Abtaster, Abtastgerät, Scanner (Waferbelichtungsanlage), Umschalter von mehreren Quellen auf ein Meßgerät
scanning Absuchen, Abtasten, Abtast...
  scanning angle Ablenkwinkel (einer Bildröhre)
  scanning beam Abtaststrahl
  scanning disk Rasterscheibe (Oszilloskop)
  scanning electron-beam lithography Rasterelektronenstrahl-Lithographie
  scanning error Abtastabweichung
  scanning frequency Tastfrequenz
  scanning line Bildzeile
  scanning method Abtastverfahren
  scanning point Abtastpunkt
  scanning rate/speed Abfragegeschwindigkeit, Umsetzgeschwindigkeit
  scanning step Abtastschritt
  scanning unit Abfrageeinheit, Abfragestation
SCAT (surface-controlled avalanche transistor) Lawinentransistor mit Steuerung der Durchbruchspannung
scatter, to sprühen (Funken), verbreiten, (zer)streuen
scatter propagation Streuausbreitung
scattered-ray Streustrahl
scattered read gesteuertes Lesen (Dv)
scattering Streuung, Verteilung, Streu...
  scattering matrix Streumatrix
  scattering parameter Streuparameter (S-Parameter)
SCC (single-cotton-covered) mit einer Lage Baumwolle isoliert
SCDSB (suppressed-carrier double sideband) transmission Zweiseitenbandübertragung mit unterdrücktem Träger
SCF (switched-capacitor filter) SC-Filter (Schalter-Kondensator Filter)
schedule, to aufzeichnen, bereitstellen, organisieren, planen, zuordnen, zusammenstellen (in Tabellenform)
schedule Aufstellung, Liste, Plan, Verzeichnis
scheduled geplant, planmäßig
scheduler Scheduler (Steuerprogramm)
scheduling Ablaufplanung

schematic schematisch (einem Schema
folgend)
schematic (circuit) diagram Schaltbild, Stromlaufplan
schematize, to systematisch anordnen
scheme Diagramm, Schema (graphische
Darstellung)
Schering bridge Schering-Brücke (Meßbrücke)
schlieren Schlieren
Schmitt trigger Schmitt-Trigger
(Schaltung, die verschliffene Ein-
gangssignale in Rechtecksignale um-
formt)
schmoo plot X,Y-Darstellung
Schottky (barrier) diode Schottky-Diode (Diode mit Metall-Halbleiter-Übergang)
Schottky defect Schottky-Defekt (Wanderung von Atomen aus dem Kristall-
inneren an die Kristalloberfläche)
Schottky TTL TTL-Schaltung mit Schottky-Dioden
science (Natur)Wissenschaft
  science and engineering Wissenschaft
und Technik
scientific wissenschaftlich
  scientific notation Exponenten-
schreibweise
scintillation Szintillation (Lichter-
scheinung beim Auftreffen radioaktiver Strahlung auf fluoreszierende
Werkstoffe)
scissor Aufteilen eines Bildes in Abschnitte
scissors-bonding Stichverfahren
SCL (source-coupled logic) SCL (Schaltungstechnik für MESFETs)
SCM (scratch pad memory) Notizblock-
speicher, Zwischenspeicher (geringer
Kapazität)

scope (Darstellungs)Bereich, Geltungs-
bereich, Gesichtskreis, Lieferumfang,
Oszilloskop
scorch, to (durch)schmoren
score, to Punkte (Tore, Treffer) zählen (bei Videospielen)
score Einschnitt, Kerbe, Markierung,
Trefferzahl (Videospiel)
scoring logic Auswertelogik
SCR (silicon controlled rectifier;
exakt: reverse-blocking triode thyristor) Thyristor
scramble, to durcheinander werfen,
klettern, krabbeln
scrambled speech verschlüsselte Sprache
scrambler Sprachverschlüßler, Sprachverzerrer
scrambling (Sprach)Verschlüsselung
scrap, to verschrotten
scrap factor prozentualer Ausschuß
(bei Massenfertigung)
scratch, to löschen, ritzen, streichen, (zer)kratzen
scratch area Arbeitsbereich
scratch file (ungeschützte) Arbeitsdatei
scratch-pad memory Kellerspeicher,
(Daten)Puffer, Zwichenspeicher (geringer Kapazität)
screen, to (ab)schirmen, projizieren
screen (Bild)Schirm, Leuchtschirm,
Sieb (beim Siebdruck)
  screen burn Einbrennen des Leucht-
schirms
  screen deposition Aufbringen von
Leiterbahnen im Siebdruckverfahren
  screen grid Schirmgitter
  screen image Bildschirmformat
  screen pattern Schirmraster
  screen printing Siebdruck

screened image display Bildrasteranzeige
screened-on im Siebdruckverfahren hergestellt
screening Abschirmen, Aufführung (z.B. eines Fernsehspiels), Aussieben von leistungsschwachen Bauelementen oder Bauteilen durch Vorbehandeln (Einbrennen) oder Durchmessen, Rastern
  screening inspection Sortierprüfung
screw Schraube
  screw mounting Schraubbefestigung
  screw terminal Kopfschraubenklemmanschluß, Schraubanschluß, Schraubklemme
screwdriver Schraubendreher
screwed lamp holder Schraubfassung
scribe, to anreißen, (ein)ritzen
scribing Vereinzeln (von Halbleiterstäben)
scroll, to auf dem Bildschirm seitenweise (nach oben oder unten) verschieben
  scroll off, to herausrollen
scroll Liste, (Schrift)Rolle, Verzeichnis
scrolling seitenweises Verschieben von Bildschirminformationen
  scrolling text Laufschrift
scrub, to reinigen
scrutinize, to eingehend prüfen, genau erforschen
SCT (surface-charge transistor) Oberflächenladungstransistor
SDFL (Schottky-diode FET logic) SDFL (MESFET-Technik)
SDHT (selectively doped heterojunction transistor) SDHT (schneller FET mit Heterostruktur)
SDM (space-division multiplex) Raummultiplex

sea Meer, See
  sea level Meeresspiegel
seal, to abdichten
seal (Ab)Dichtung, Verschluß
sealed eingeschmolzen, versiegelt
  sealed against dust staubgeschützt
  sealed against moisture feuchtigkeitsfest
  sealed cell gasdichte Zelle
  sealed contact relay Relais mit Schutzkontakten, Schutzrohrkontaktrelais
sealing Abdichtung, Versiegeln
  sealing compound Vergußmasse
seam Naht
  seam welding Nahtschweißen
seamless nahtlos
seaquake Seebeben
search, to (durch)suchen
search Forschen, Suche, Suchlauf, Untersuchung, Such...
  search key Suchschlüssel
  search process Suchvorgang
  search word Suchbegriff
seasoning Alterung (von Werkstoffen)
SEC (secondary-emission conductivity) Speicherröhre
sec (secondary winding) Sekundärwicklung
secant Sekans (Math)
second Sekunde
second sekundär, untergeordnet, Zweit...
  second breakdown zweiter Durchbruch
  second charge Nachladung (einer Batterie)
  second derivation zweite Ableitung (Math)
  second source Zweithersteller
secondary Folgesteuerung, Sekundärausdruck, Sekundärkreis, Sekundärwicklung

secondary sekundär, Sekundär...
  secondary color Sekundärfarbe
  secondary control Folgesteuerung
  secondary electron Sekundärelektron
  secondary failure Folgeausfall
  secondary memory/storage Externspeicher, Hilfsspeicher, Zusatzspeicher, Zweitspeicher
  secondary voltage Sekundärspannung
seconds pulse Sekundenimpuls
secrecy Geheimhaltung, Verborgenheit
  secrecy device Geheimhalteeinrichtung, Sprachverschlüsselungseinrichtung
section (Ab)Schnitt, Kapitel (Dv), Teilung
sectional Schnitt..., Teil...
  sectional view Schnittansicht
sectionalization Eingrenzung
sectionalize a fault, to einen Fehler eingrenzen
sector Ausschnitt, Sektor (auf einer Magnetplatte)
secure, to schützen, sichern
security Sicherheit
  security unit Abschaltebereich
SED (spectral energy distribution) spektrale Energieverteilung
sedecimal sedezimal (Basis 16)
see, to sehen
  see in relief, to räumlich sehen
see-as-you-talk phone Bildtelefon
seed crystal Impfkristall, Kristallkeim
seek, to (auf)suchen
seem, to scheinen
seemingly anscheinend
segment Abschnitt, Halbwort, Segment (abgeschlossener Programmabschnitt, Teil einer zu übertragenden Nachricht), Strecke

segmentation Einteilung in Abschnitte, Segmentierung
segregation Absonderung, Ausscheidung
  segregation coefficient Verteilungskoeffizient
seismic seismisch, Erdbeben...
seismograph Seismograph (Erdbebenmesser)
seize, to belegen (einer Leitung), ergreifen
seizure Belegen, Belegung
seldom selten
select, to abgreifen, aussteuern, (aus)wählen, trennen
select Auswahl
  select line Ansteuerleitung
  select logic Ansteuerlogik
selectance Trennschärfe
selecting Auswählen, Empfangsaufruf
  selecting character Empfangsaufrufzeichen
  selecting switch Wahlschalter
selection Auswahl, Trennung, Unterscheidung
  selection knob Einstellknopf
  selection signals Wählzeichenfolgesignale
  selection sort Auswahlsortierung
selective auswählend, selektiv, trennscharf
  selective amplifier Schmalbandverstärker, selektiver Verstärker
  selective command Anwahlbefehl
  selective diffusion selektive Diffusion (Herstellung integrierter Schaltungen)
  selective dump Ausspeichern bestimmter Arbeitsspeicherbereiche
  selective fading selektiver (ungleichmäßiger) Schwund
selectivity Trennschärfe

selector Wähler, Wahlschalter
  selector (light) pen Lichtstift
selenium Selen (chem. Element)
self selbst
  self-acting automatisch, selbsttätig
  self-adapting selbstanpassend
  self-adjusting selbsteinstellend, selbstregulierend
  self-aligned selbstabgleichend, selbstjustierend
  self-balancing selbstabgleichend
  self checking Selbstprüfung
  self checking code Fehlererkennungscode
  self-contained eingebaut
  self-excited eigenerregt, selbsterregt
  self-explanatory selbsterklärend
  self-extinguishing selbstlöschend
  self-healing selbsheilend
  self-heating Eigenerwärmung
  self-holding relay Selbsthalterelais
  self-locking selbsthemmend, selbstsperrend
  self-oscillation Eigenschwingung, selbsterregte Schwingung, Pfeifen (eines Verstärkers)
  self-powered batteriebetrieben
  self-quenching selbstlöschend (Funken)
  self-resonant frequency Eigenresonanzfrequenz
  self-synchronizing code selbstsynchronisierter Code
  self-testing Selbstüberwachung
  self-tuning selbstabgleichend
  self-windowing function Signal endlicher Zeitdauer, das bei der Signalanalyse keiner Fensterfunktion (windowing) bedarf
selsyn Drehfeldgeber, Drehmelder

SEM (scanning electron microscope) Rasterelektronenmikroskop
semantic(s) Semantik (Gebiet, das sich mit der Bedeutung von Zeichenfolgen befaßt)
semaphore Flügelsignal, Semaphor, Synchronisierung mehrerer gleichzeitig ablaufender Prozesse
semblance Ähnlichkeit, (scheinbares) Aussehen
semf (spurious electromotoric force) Streu-EMK
semi halb, Halb...
  semi-colon Semikolon, Strichpunkt
  semi-insulating halbisolierend
  semi-timelag mittelträge
semiautomatic halbautomatisch
semicircular halbkreisförmig
semicircumference halber Umfang
semiconductor Halbleiter
  semiconductor body Substrat
  semiconductor compound Halbleiterverbindung
  semiconductor device Halbleiterbauelement
  semiconductor electronics Halbleiterelektronik
  semiconductor injection laser Halbleiterinjektionslaser
  semiconductor integrated circuit integrierte Halbleiterschaltung
  semiconductor interface Halbleitergrenzfläche
  semiconductor junction Halbleitersperrschicht, Halbleiterübergang
  semiconductor junction transistor Flächentransistor
  semiconductor laser Halbleiterlaser, Laserdiode
  semiconductor memory Halbleiterspeicher

semiconductor-metal barrier Potentialberg am Metall-Halbleiter-Übergang
semiconductor-metal contact Metall-Halbleiter-Übergang
semiconductor noise Funkelrauschen
semiconductor processing Halbleiterbearbeitung
semiconductor property Halbleitereigenschaft
semiconductor region Halbleiterzone
semiconductor-semiconductor junction Halbleiter-Halbleiter-Übergang
semiconductor slice Halbleiterscheibe
semiconductor solar energy converter Solarzelle
semiconductor space-charge region Raumladungszone (eines Halbleiters)
semiconductor technology Halbleitertechnik, Halbleitertechnologie
semiconductor version Halbleiterausführung
semiconductor wafer Halbleiterscheibe, Wafer
semicustom IC nach Kundenwunsch hergestellte vorgefertigte integrierte Schaltung
semienclosed berührungsgeschützt
semifringe reception mittelmäßiger Empfang
semilog(arithmic) halblogarithmisch
semipermeable halbdurchlässig
semipolar bond semipolare Bindung (Chem)
send, to schicken, senden, übertragen
send-receive switching Sende-Empfangs-Umschaltung
sender Geber, Sender
sending Sende...
  sending end Eingangsseite, Sendeseite

sensation Eindruck, Empfindung
  sensation area Hörfläche (menschl. Schallpegelbereich)
  sensation level Hörpegel
sense, to (ab)fühlen, abtasten, empfinden, erfassen, feststellen, lesen (Lochkarten), messen, nachweisen, wahrnehmen
sense Bedeutung, Richtung, Sinn
  sense amplifier Leseverstärker
  sense condition Prüfbedingung
  sense line Abfrageleitung
  sense switch Programmschalter
  sense wire Lesedraht
sensibility Empfindlichkeit
sensing Abfühlen, Abtasten, Wahrnehmung
  sensing aerial Suchantenne
  sensing current Abfragestrom, Abfühlstrom
  sensing device Tasteinrichtung
  sensing head Meßkopf, Tastkopf
  sensing probe Sonde
sensistor Sensistor (Transistor, dessen Widerstand vom Druck oder von der Temperatur abhängt)
sensitive empfindlich
  sensitive element Fühler(element)
  sensitive to heat wärmeempfindlich
  sensitive to radiation strahlungsempfindlich
sensitivity (Ablenk)Empfindlichkeit, Ansprechvermögen, Empfindlichkeits...
  sensitivity fall-off Abfall der Empfindlichkeit
  sensitivity level Ansprechpegel
  sensitivity limit Empfindlichkeitsgrenze
sensitization Aktivierung
sensitize, to (licht)empfindlich machen, sensibilisieren

sensitizing agent Sensibilisierungsmittel
sensor Meßfühler, Sensor
  sensor-based computer Prozeßrechner
sentence Aussage, Satz
sentinel (Band)Marke, Trennsymbol (Dv)
separable trennbar
separate, to (ab)trennen, separieren unterscheiden, zerlegen
separate einzeln, getrennt
  separate excitation Fremderregung
separately excited fremderregt
separately regulated getrennt geregelt (z.B. Spannung)
separating Trenn...
  separating character Trennzeichen
separation Absonderung, Abstand (von Impulsen), (Auf)Spaltung, Trennschärfe, Trennung, Zerlegung
  separation between states Abstand zwischen den Zuständen
  separation point Trennstelle
  separation process Trennverfahren
separator Begrenzungssymbol, Trennsymbol (Dv), Zwischenstück
septate waveguide Längssteg-Hohlleiter
septum Membran (dünnes Blättchen)
sequence, to (nacheinander) einordnen
sequence Reihe, Sequenz, Serie, (Sortier)Folge
  sequence control Ablaufsteuerung
  sequence counter Ablaufzähler, Befehlszähler
  sequence error Folgefehler
  sequence of operations Betriebsablauf, Operationsfolge
  sequence of regions Zonenfolge
  sequence of states Folge von Zuständen
  sequence switch Steuerschalter
  sequence switching Folgeschalten

sequencer Programmgeber, Sortierer
sequencing Aneinanderreihung, Aufeinanderfolge
  sequencing control Ablaufsteuerung
  sequencing operation Sortiervorgang
sequential folgend, folgerichtig, sequentiell (starr fortschreitend)
  sequential access sequentieller Zugriff
  sequential circuit Schaltwerk
  sequential computer programmgesteuerter Computer
  sequential logic sequentielle Logik
  sequential memory Sequenzspeicher
  sequential processing Reihenfolgeverarbeitung
  sequential scanning Zeilenfolgeabtastung
  sequential scheduling Folgeverarbeitung
  sequential searching sequentielles Suchen
sequentially nacheinander
serial laufend, reihenweise, seriell, Serien...
  serial access serieller (sequentieller) Zugriff
  serial adder Serienaddierer
  serial by bit bitseriell
  serial by character zeichenseriell
  serial interface serielle Schnittstelle
  serial memory serieller Speicher
  serial number Fabrikationsnummer
  serial operation Serienbetrieb
  serial-parallel conversion Serien-Parallel-Umsetzung
  serial-parallel converter Serien-Parallel-Umsetzer
  serial programming serielle Programmierung

serializer

serializer Parallel-Serien-Umsetzer, Serienumsetzer
serially seriell
series Baureihe, Reihe (Math), Serien...
  series capacitor Vorschaltkondensator
  series circuit Reihenschaltung
  series-connected hintereinandergeschaltet
  series-coupled seriengekoppelt
  series expansion Reihenentwicklung
  series-fed reihengespeist (Antenne)
  series feedback Seriengegenkopplung
  series-mode rejection Serienunterdrückung
  series of measurements Meßreihe
  series-parallel connexion Reihen-Parallel-Schaltung
  series relay Reihenrelais, Serienrelais, Stromrelais
  series-shunt network Kettenschaltung, symmetrisches Netzwerk
  series statement Reihenansatz
  series-tuned circuit Reihenresonanz
  series-wound motor Hauptschlußmotor
serious bedeutend, wichtig
serrated gekerbt, gezackt
  serrated pulse Sägezahnimpuls
serrations sägezahnförmige Zacken
serve, to dienen, versorgen
server Bedieneinheit
service, to bedienen, warten
service Dienstleistung
  service area Sendebereich
  service categories Dienste
  service discipline Abfertigungsdisziplin
  service ground Betriebserde
  service indicator Dienstkennung (Verm)
  service instruction Bedienungsanweisung, Bedienungsvorschrift
service integrated network dienstintegriertes Nachrichtennetz
service life Betriebsdauer, Nutzungsdauer
service program/routine Dienstprogramm
service request Datenanforderung (durch Programm)
service seeking Aufrufbetrieb
service unit Bedieneinheit
serviceability Funktionstüchtigkeit, Wartungsfreundlichkeit
serviceable gebrauchsfähig
servicing Bedienen
serving Abfertigen
  serving trunk Abnehmerleitung
  serving trunk group Abnehmerbündel
servo Servoeinrichtung, Servogerät, Servo...
  servo amplifier Servoverstärker
  servo-controlled folgegesteuert
  servo drive Stellantrieb
  servo operation Servobetrieb
servomotor Servomotor, Stellmotor
session logische Verbindung (zweier Einheiten), Sitzung
set, to bringen, setzen, (ein)stellen, vorgeben (z.B. Sollwert)
  set an upper limit, to eine obere Grenze festsetzen
  set at, to einstellen auf
  set equal to, to gleichsetzen mit
  set in, to einsetzen
  set to the maximum, to auf Maximum einstellen
  set to zero, to löschen
  set up, to aufstellen, einstellen
set Anordnung, Geräteeinheit, Gruppe, Menge (Math), Satz (Math), Setzen, System, Vorrat
  set frequency eingestellte Frequenz

set input   Setzeingang
set limit   vorgegebene Grenze
set noise   Eigenrauschen
set of curves   Kurvenschar
set of equations   Gleichungssystem
set of wiper contacts   Schleiferkontaktsatz
set-point   Sollwert
set pulse   Einstellimpuls
set-reset flip-flop   SR-Flipflop (Setz-Rücksetz-Flipflop)
set speed   eingestellte Geschwindigkeit
set statement   Setzanweisung
set theory   Mengenlehre (Math)
set union   Vereinigungsmenge (Math)
set-up   Anordnung, Ansatz (einer Gleichung), Aufbau, Einstellen
set-up heatsink   Aufsetzkühlkörper
set-up time   Rüstzeit, Vorbereitungszeit
settability   Einstellbarkeit
setter   Einstellelement, Schalter, Taste
setting   Einfassung (z.B. einer Linse), Einstellen, Einstell...
setting accuracy/precision   Einstellgenauigkeit
setting time   Ausregelzeit, Einstellzeit
setting-up   Einrichten
setting-up time   Rüstzeit
settle, to   abklingen, sich beruhigen (Einschwingvorgang), (sich) entscheiden
settling time   Abklingzeit
seven segment display   Siebensegmentanzeige
several   mehrere, verschiedene
severe   ernst, heftig, schwerwiegend, streng

severe-duty applications   Einsatz unter härtesten Bedingungen
sexadecimal   sedezimal (Basis 16)
sexless connector   Zwitterstecker
sferics   (atmospherics) (atmosphärische) Störungen
SFET   (surface field-effect transistor) Oberflächen-Feldeffekttransistor
shade, to   abschirmen, abstufen, schraffieren
shaded   gestrichelt, schraffiert
shaded memory   nichtadressierbarer Arbeitsspeicherbereich
shading   Abschattung
shadow   Schatten
  shadow mask   Lochmaske
  shadow microscope   Schattenmikroskop
  shadow region   Schweigezone (Rad)
shadowing   Schattenbildung
shaft   Achse, Welle
  shaft (angle) encoder   Drehgeber
  shaft position encoder   Winkelcodierer
shallow   belanglos, flach, oberflächlich
  shallow donor   flachliegender Donator
  shallow-donor level   flaches Donatorniveau
  shallow pn junction   flacher (dicht unter der Oberfläche liegender) PN-Übergang
shape   Form, Gestalt
  shape factor   Formfaktor
shaping circuit   Impulsformerschaltung
shaping network   Netzwerk zur Korrektur eines (zeitlichen) Signalverlaufs
share, to   gemeinsam benutzen, (sich) teilen
  share equally to, to   gleichmäßig teilhaben an
share   Anteil

shared mehrfach ausgenützt
  shared data gemeinsame Daten
  shared file gemeinsam benutzte Datei
  shared-line equipment Gemeinschaftsleitung
sharp scharf, steil, Schief...
  sharp break scharfer Knick
  sharp change plötzliche Änderung
  sharp cut-off steiler Abfall (Knick)
  sharp edge scharfe Kante
  sharp increase steiler Anstieg
  sharp tuning Feinabstimmung, Scharfabstimmung
sharpen, to steiler (schmaler) werden
sharply-defined characteristic eng begrenzte Kennlinie
sharply demarked scharf abgegrenzt
sharpness Schärfe
sheaf Bündel (Math)
shear, to (ab)scheren
shear mode Scherungsschwingung
shear wave Scherungswelle
shearing action Scherung
sheath Armierung (eines Kabels), Außenhülle, Mantel, Ummantelung, Wand (Hohlleiter)
sheet Blatt, Blech, Schicht
  sheet grating Halbleiterfilter
  sheet resistance Schichtwiderstand
  sheet steel Blech
Sheffer stroke function NAND-Verknüpfung
shelf life Gebrauchsfähigkeit, Haltbarkeit, Lagerfähigkeit
shell Gehäuse (eines Gerätes), Hülle, Schale
  shell electron Hüllenelektron
  shell model Schalenmodell
  shell structure Schalenaufbau
  shell-type transformer Manteltransformator

shelter Schutzdach, Unterstellraum
SHF (superhigh frequency) extrem hohe Frequenz (3 GHz bis 30 GHz), Zentimeterwellen
shield Abschirmung, Schirm
  shield factor Abschirmfaktor
shielded abgeschirmt
  shielded pair abgeschirmte symmetrische Leitung
shielding Abschirmung, Ausblendung (graphische Dv)
  shielding can Abschirmbecher
shift, to austauschen, umschalten, (ver)schieben, verstellen
shift (Ver)Schieben, Wechsel, Schiebe...
  shift counter Ringschieberegister
  shift key Umschalter
  shift keying Tastung
  shift out Dauerumschaltung
  shift register Schieberegister
shifting Umschaltung, Verschiebung, Verlagerung
shifting beweglich, veränderlich
  shifting register Schieberegister
shine, to leuchten, strahlen
ship, to (ver)senden
ship-to-shore communication Bord-Land-Verbindung
shock, to einen elektrischen Schlag versetzen
  shock mount, to erschütterungsfrei einbauen
shock Erschütterung, Schlag, Schocken (Einzelstöße)
  shock excitation Stoßanregung
  shock hazard Elektrisierungsgefahr
  shock-proof erschütterungsfest, stoßfest, stoßsicher
  shock-resistant stoßfest
  shock-resistant movement stoßfestes Meßwerk

shock-resisting stoßfest
shock test Stoßprüfung
Shockley diode Shockley-Diode (Vierschichtdiode)
shoe (Brems)Schuh, Gleitschuh, Kontaktrolle, Polschuh
shoeshine motion Hin- und Herbewegung
shop Werkstatt
shore Küste
short, to kurzschließen
short Kurzschluß
short abgekürzt, kurz
  short circuit Kurzschluß...
  short-circuit current Kurzschlußstrom
  short-circuit forward transfer admittance Kurzschluß-Vorwärtssteilheit
  short-circuit input admittance Kurzschlußeingangsleitwert
  short-circuit proof kurzschlußfest
  short-circuit reverse conductance Kurzschlußrückwirkungsleitwert
  short-circuit reverse transfer admittance Transadmittanz
  short-circuit strength Kurzschlußfestigkeit
  short-distance transmitter Nahsender, Ortssender
  short-duration kurz, kurzzeitig
  short-lived kurzlebig
  short message Kurztelegramm
  short range kleine Reichweite, Nah...
  short-range fading Nahschwund
  short term Kurzzeit...
  short to ground Kurzschluß gegen Masse
shortable überbrückbar durch Kurzschlußverbindung
shortcoming Mangel, Unzulänglichkeit, Verknappung
shorted kurzgeschlossen
  shorted out überbrückt (Schaltungen)
  shorted turn Kurzschlußwindung
shorten, to (ver)kürzen
shorthand notation Kurzdarstellung
shorting Kurzschließen
shortwave Kurzwelle (1,6 MHz bis 30 MHz)
  shortwave fine tuning KW-Lupe (Empfängerfeinabstimmung im KW-Bereich)
shot Belichtungsblitz
  shot effect Schroteffekt
  shot length Aufzeichnungslänge
  shot noise Schrotrauschen
show, to anzeigen, aufzeigen, beweisen
shower Schauer
shrink, to abnehmen, kleiner werden, schrumpfen
shrink Schrumpfung, Verkleinerung
  shrink fitting Schrumpfmontage
shrinkage Schrumpfung
shrouded ummantelt
shunt, to parallelschalten, überbrücken
  shunt out, to einen Widerstand durch Parallelschalten eines wesentlich kleineren Widerstandes unwirksam machen
shunt Nebenschluß(widerstand), Nebenwiderstand, Parallelwiderstand
  shunt arm Nebenschlußzweig
  shunt capacity Parallelkapazität, Querkapazität
  shunt current Querstrom
  shunt diode Löschdiode, Paralleldiode
  shunt-fed parallelgespeist
  shunt feedback Parallelgegenkopplung
shunted mit Nebenwiderstand, überbrückt

shunting Nebenschlußbildung, Parallelschaltung
shut, to abschalten
shutdown Abschalten, Abstellen, Abschalt...
  shutdown time Stillstandzeit
shutoff, to abschalten, außer Betrieb setzen
shutoff Abschalten, Sperre, Verriegelung, Verschluß
shutter Blende, Verschluß
shuttle, to pendeln
SIC (semiconductor integrated circuit) integrierte Halbleiterschaltung
side Rand, Schenkel (eines Winkels), Seite
side seitlich, Neben..., Seiten...
  side-brazed an den Stirnseiten angelötet
  side-by-side nebeneinanderliegend
  side circuit Stammleitung
  side effect Nebenwirkung
  side frequency Nachbarfrequenz
  side lead seitliche Zuführung
  side lobe Nebenkeule (einer Antenne), Nebenzipfel
  side-lobe suppression Nebenkeulenunterdrückung
  side-locking radar Seitensichtradar
  side reversed seitenverkehrt
sideband Nebenbande, Seitenband
  sideband suppression Seitenbandunterdrückung
sidetone Nebengeräusch
sideway diffusion Diffusion nach der Seite
sideways sum Quersumme
siemens Siemens (Einheit des elektrischen Leitwertes)
sight Anblick, Ausblick, Sicht
sigma Sigma (griech. Buchstabe)

sign, to mit Vorzeichen versehen
sign Vorzeichen, Zeichen
  sign and magnitude Vorzeichen-Betrag-Darstellung (Zahlendarstellung im Dualsystem)
  sign bit Vorzeichenbit
  sign change Vorzeichenwechsel
  sign indication Polaritätsanzeige
  sign reversal Vorzeichenumkehrung
signal, to melden
signal (Schalt)Kennzeichen, Signal, Zeichen
  signal compression Signalpressung
  signal conditioning Meßwertaufbereitung, Signalumformung
  signal connection Signalverbindung
  signal conversion Signalumsetzung
  signal current Meßstrom
  signal degradation Signalverschlechterung
  signal distance Hamming-Abstand
  signal dropin Störsignal
  signal dropout Signalausfall
  signal element Schritt(dauer)
  signal element timing Schrittakt
  signal flow Informationsfluß, Signalfluß
  signal generator Meßsender
  signal ground Betriebserde
  signal injection Signaleinspeisung
  signal input Signaleingabe
  signal noise Rauschen
  signal output level Ausgangssignalpegel
  signal-power-to-noise-power ratio Verhältnis von Signal- zu Rauschleistung
  signal propagation time Signallaufzeit
  signal resolution Signalauflösung
  signal set Signalvorrat

signal slope Signalflanke
signal splitter Signalweiche
signal-strength meter S-Meter (Meßgerät zur Messung der Signalfeldstärke)
signal-to-hum ratio Brummabstand
signal-to-interference ratio Störabstand
signal-to-intermodulation ratio Intermodulationsabstand
signal-to-noise ratio Rauschabstand, Rauschleistung, Signal-Rausch-Verhältnis, SNR
signal tracing Signalverfolgung
signal train Signalfolge, Zeichenfolge
signal transfer point Zeichengabe-Transferpunkt
signal winding Eingangswicklung
signaling Signalisierung (Verm), Hauptfunktion bei einem Digitalanschluß (BORSCHT)
  signaling error rate Schrittfehlerwahrscheinlichkeit
  signaling phase Zeichengabephase
  signaling set Rufeinrichtung
  signaling time Zeichengabedauer
signature analysis Signaturanalyse (Suchverfahren bei Digitalschaltungen)
signed mit Vorzeichen versehen
  signed binary vorzeichenbehaftete Dualzahl
  signed integer vorzeichenbehaftete ganze Zahl
significance Bedeutung, Sinn, (Stellen)Wertigkeit
significant bedeutsam, merklich, wesentlich
  significant digit wesentliche Ziffer

signum Bezeichnung, (Kurz)Zeichen, Signum
SIL (single-in-line) package SIL-Gehäuse (Gehäuse mit nur an einer Seite angebrachten Anschlüssen)
silane Silan (Chem)
silent ruhig, still
  silent zone Schweigezone, tote (empfangslose) Zone
silica Silizium(II)-oxid
silicon Silicium (chem. Element; in der Elektronik meist "Silizium" geschrieben)
  silicon alloyed pn-junction legierter Silzium-PN-Übergang
  silicon bar Siliziummaterial
  silicon block Siliziumeinkristall
  silicon controlled rectifier Thyristor
  silicon dioxide Silizium(II)-oxid
  silicon double-base diode UJT (Unijunction-Transistor)
  silicon-gate technology Silizium-Gate-Technik
  silicon ingot Siliziumblock
  silicon monoxide Silizium(I)-oxid
  silicon nitride Siliziumnitrid
  silicon nitride passivation Siliziumnitridpassivierung (Schutz der Halbleiteroberfläche gegen äußere Einwirkungen durch Siliziumnitrid)
  silicon-on-diamond technology SOD-Technik (auf Diamant aufgewachsenes Silizium)
  silicon-on-insulator technology SOI-Technik (auf einen Isolator aufgewachsenes Silizium)
  silicon-on-sapphire technology SOS-Technik (auf Saphir aufgewachsenes Silizium)
  silicon slab Siliziumplatte

silicon tetrachloride Siliziumtetra-
chlorid (Chem)
silicon wafer Siliziumscheibe
(Durchmesser bis 15 cm), Wafer
silicone Silikon (Chem)
silk Seide
　silk-covered mit Seide umsponnen
　silk-screen printing Siebdruck
　silk-screened durch Seide abge-
　schirmt
silver Silber (chem. Element)
　silver-coated/-faced/-plated versil-
　bert
silvered-mica capacitor Kondensator
aus versilberten Glimmerplättchen
similar ähnlich, annähernd, gleich(artig), gleichnamig (Math)
similarity Ähnlichkeit
SIMOS (stacked-gate injection MOS)
　SIMOS (MOS-Struktur mit Steuer- und
　Speicher-Gate)
simple einfach, rein, Rein...
　simple fraction gewöhnlicher Bruch
　simple-to-use einfach anwendbar
simplex simplex, Einfach...
　simplex operation Simplexbetrieb
　(Betrieb nur in einer Richtung)
　simplex software Übertragen von Da-
　ten in einer Richtung
simplicity Einfachheit
simplification Vereinfachung
　simplification of circuits Schal-
　tungsvereinfachung
simplify, to vereinfachen
simplifying assumption vereinfachende
Annahme
simply bloß, einfach
simulate, to nachbilden, simulieren
simulation Nachbildung, Simulation
simulator Simulator (Programm, das
Prozesse nachbildet)

simultaneity Gleichzeitigkeit
simultaneous(ly) gleichzeitig, simul-
tan
　simultaneous access Parallelzugriff
　simultaneous computer Simultanrech-
　ner (bestehend aus mehreren Einhei-
　ten, die Teile eines Programms neben-
　einander abarbeiten)
　simultaneous operation Parallelbe-
　trieb
　simultaneous peripheral operations
　online SPOOL (Abspeichern von Ausga-
　bedaten auf externe Speicher während
　des Programmablaufs)
　simultaneous processing Simultanar-
　beit
sinc-function si-Funktion (Funktion
(sin x)/x)
since da, denn, weil
sine Sinus (Math)
　sine current Sinusstrom
　sine-squared impulse $\sin^2$-Impuls
　(Glockenimpuls)
　sine-wave sinusförmig
singing Pfeifen (Verstärker)
　singing margin Abstand vom Pfeifpunkt
　singing-point method Pfeifpunktver-
　fahren
single einfach, einzeln, einzig, allein, Einzel...
　single-acting einfach wirkend
　single-address instruction Einadreß
　befehl
　single-aperture core Ringkern
　single-beam dual-trace oscilloscope
　Einstrahl-Zweispuroszilloskop
　single-board computer Einplatinen-
　computer
　single cell Monozelle
　single-chip circuit integrierte
　Schaltung

single coil two-pole changeover latching relay Stromstoßrelais mit Einzelspule und zweipoliger Umschaltung
single-contact relay einpoliges Relais
single-core einadrig
single-cotton double-silk covered einmal mit Baumwolle und zweimal mit Seide umsponnen
single crystal Einkristall
single crystal growing Einkristallziehen
single-crystalline einkristallin
single density einfache Aufzeichnungsdichte (von Disketten)
single-ended einseitig, unsymmetrisch
single-ended amplifier Eintaktverstärker, unsymmetrischer Verstärker
single-flighted eingängig
single-frame exposure Einzelbildaufnahme
single-frequency kohärent (Licht von gleicher Schwingungsart und Wellenlänge), monochromatisch (einfarbig)
single-in-line package SIL-Gehäuse (ein nur einseitig mit Anschlüssen versehenes Gehäuse)
single-layer einlagig
single mode Einmoden...
single-phase circuit Einphasenkreis, Einphasenschaltung
single-phase mains Einphasennetz
single pole einpolig, unipolar
single-pole double-throw contact einpoliger Umschaltkontakt, Wechselkontakt
single-pole single-throw switch einpoliger Kippschalter
single rail supply eine einzige Spannungsquelle
single shot (multivibrator) Monoflop, monostabile Kippstufe
single-shot sweep einmalige Zeitablenkung
single sideband Einseitenband...
single-sided einseitig
single-stage einstufig
single-step mode Einzelschrittbetrieb
single strand Einzelader
single sweep einmaliger Durchlauf
single-thread eingängig
single-throw switch Ein-Aus-Schalter, Kippschalter
single-trace einspurig
single-trace oscilloscope Einspuroszilloskop
single-trip multivibrator Monoflop, monostabile Kippstufe
single-turn eingängig
single-user system Einplatzsystem
single-valued eindeutig, einwertig
single-wire einadrig, Eindraht...
singular solution singuläre Lösung (Math)
singularity Singularität (bei Kurven Stellen, in denen das Verhalten vom normalen Verlauf abweicht)
sinistrorse linksgängig, Links...
sink, to entnehmen (von einer Quelle), herabsinken
sink current, to Strom ziehen (entnehmen)
sink Senke, wärmeableitendes Bauteil
sink for holes Rekombinationsstelle für Defektelektronen
sinoidal s. sinusoidal
sinter, to sintern (Zusammenbacken pulverförmiger Stoffe durch Erhitzen)
sintered foil plate Sinterfolie
sintering Sintern

sinus Sinus (trigonometrische Funktion)
sinus-wave generator Sinusgenerator
sinus-wave voltage Sinusspannung
sinusoid Sinusschwingung
sinusoidal sinusförmig, Sinus...
   sinusoidal oscillator Sinusoszillator
   sinusoidal output sinusförmige Ausgangsspannung
   sinusoidal quantity Sinusgröße
SIP (single-in-line package) SIP (Gehäuse, aus dem nur eine Reihe von Anschlüssen herausgeführt wird)
SIPO (serial-in, parallel-out) SIPO (serielle Eingabe, parallele Ausgabe)
SIPOS (semiisolating polysilicon) SIPOS (halbisolierendes polykristallines Silizium)
SIR (signal-to-interference ratio) Signal-Störverhältnis
siren Sirene
SI-system (International System of Units) SI-System (internationales Einheitensystem)
SISO (serial-in, serial-out) SISO (serielle Eingabe, serielle Ausgabe)
site, to anbringen, aufstellen
site Ort, Platz
   site of atoms atomarer Gitterplatz
Si-vidicon Si-Vidicon (speichernde Fernsehaufnahmeröhre)
six sechs
   six-position sechsstufig
sixfold sechsfach
size, to bemessen, dimensionieren
size Abmessung, Dimension, Größe, Umfang, Stärke
   size error Überlauf (Dv)
sizing Bemessung, Dimensionierung
skeletal coding Rahmencodierung

skeleton Skelett
   skeleton diagram Prinzipschaltbild
sketch, to entwerfen, skizzieren, umreißen
sketch Entwurf, Skizze, Zeichnung
skew Asymmetrie, Bitversatz, Schiefe, Schräglauf
skew (wind)schief, schräg, unsymmetrisch
   skew coordinates schiefwinklige Koordinaten
skewness (of a distribution) Schiefe (einer Wahrscheinlichkeitsverteilung)
skiatron Dunkelschriftröhre
skill Fertigkeit, Geschicklichkeit
skilled erfahren, erprobt, geschickt
   skilled labor Fachkräfte, Fach...
skimmed-off abgesaugt (Ladungsträger), abgezogen
skin, to abisolieren
skin Haut
   skin depth Eindringtiefe
   skin effect Skin-Effekt (bei hohen Wechselstromfrequenzen Verlauf des Strompfades an der Leiteroberfläche)
   skin tracking Verfolgen nach Echo (Rad)
skinner isoliertes Drahtende
skinning Abisolierung
skip, to übergehen, überspringen
skip Auslassung, Leerstelle, Sprung, Unterdrückung, Vorschub
   skip distance Sprungentfernung
skipping Übergreifen
   skipping line Zeilenvorschub
skirt, to einfassen, umgeben
   skirt selectivity Flankensteilheit (einer Filterkurve)
skirts Rand(gebiet)
sky Himmel
   sky wave Raumwelle

slab Bitgruppe, (Chassis)Platte, Halbleiterstab, Plättchen
slack locker, lose
slacken, to (sich) lockern, (sich) lösen
slant, to abschrägen, kippen
slant Neigung, Schräge
  slant-angled schrägwinklig
  slant range Direktentfernung
slash Schrägstrich
slave Slave (Einheit, die von einer übergeordneten Einheit angesteuert wird; wörtl.: Sklave), Tochtergerät
  slave relay Hilfsrelais, Nebenrelais
  slave station Empfangsstation, Nebenstelle
sleeve Buchse, Hülle, Hülse, Manschette, Muffe
  sleeve antenna Koaxialdipol
  sleeve dipole Manschettendipol
  sleeve terminal Buchsenklemme
sleeving Isolierschlauch
slew rate Anstiegsgeschwindigkeit
SLIC (subscriber line interface circuit) SLIC (Schnittstelle für den Anschluß analoger Fernsprechapparate an digitale Vermittlungen)
slice, to schneiden, zertrennen
  slice into wafers, to Halbleiterstab in Scheiben schneiden
slice Halbleiterscheibchen, Plättchen, Scheibe, Schnitt, Slice (Prozessorelement mit 2 oder 4 Bits)
slide, to gleiten, rutschen
slide Dia, Objektträger, Schieber
  slide contact verschiebbarer Kontakt
  slide-in printed-circuit board Einschubplatine
  slide resistor Schiebewiderstand
  slide rule Rechenschieber
  slide wire Schleifdraht

slideback voltmeter Kompensationsspannungsmesser
slider Gleitkontakt, Schieber, Schleifkontakt (Drehwiderstand)
sliding gleitend, Gleit...
  sliding contact Gleitkontakt, Schiebekontakt, Schleifer, Schleifkontakt
  sliding control Schieberegler
  sliding friction Gleitreibung
slight dünn, geringfügig, leicht
slightly ganz wenig
  slightly curved leicht gekrümmt
slim(line) dünn, schlank, schmal
  slim cabinet Flachgehäuse
slip, to gleiten, rutschen
slip Gleitung (Kristalle), Schlupf
  slip-on aufsteckbar
  slip ring Gleitring, Schleifring
slippage Schlupf
slipping clutch Rutschkupplung
slit, to aufschlitzen, spalten
slit Blende, Schlitz, Spalt
  slit diaphragm Spaltblende
  slit of light Lichtspalt
slo-blo träge (Sicherung)
slogan Schlagwort
slope, to abfallen (lassen)
slope Anstieg, Flanke, (Flanken)Steilheit, Neigung, Steigung, Flanke....
  slope angle Neigungswinkel, Steigungswinkel
  slope of the ramp Neigung der Dachschräge
  slope time Flankenzeit
sloped geneigt, schräggestellt
sloping abfallend, geneigt, schräg
slot Anschlußleiste, Kerbe, Schlitz, Steckerleiste
slotted geschlitzt, mit (Zeit)Schlitzen versehen
  slotted head screw Schlitzschraube

slotted line

   slotted line/section/waveguide Meßleitung (Wellenleiter)
slow, to (sich) verlangsamen, verzögern
   slow down, to abbremsen, (sich) verlangsamen
slow langsam, niedrig
   slow-acting langsam ansprechend
   slow-acting relay Langzeitrelais
   slow-blow fuse träge Sicherung
   slow death Verschlechterung von
Kenndaten
   slow electron scattering Streuung
langsamer Elektronen
   slow motion Zeitlupe
   slow neutron capture Einfang langsamer Neutronen
   slow-operating relay Langzeitrelais
   slow response träges Ansprechen
   slow-speed langsam laufend
   slow-time scale gedehnter Zeitmaß-
stab
   slow transient langsamer Einschwingvorgang
slowing-down Abbremsung, Brems...
SLSI (super large-scale integration)
SLSI (Höchstintegration; mehr als
100 000 Transistoren pro Chip)
SLT (solid-logic technique) SLT
(Technik der integrierten Schaltungen)
slug Barren, Rohling, Spulenkern
sluggish langsam, träge, zähflüssig
   sluggish response träges Ansprechen
sluggishness Trägheit
S-meter (signal-strength meter) S-Meter (Instrument zur Anzeige der Sen-
designalfeldstärke)
small klein, niedrig, Klein...
   small-scale integration SSI (Kleinintegration)

small signal Kleinsignal...
small-signal resistance dynamischer
Widerstand
small-signal transistor Transistor
für Kleinsignalverstärkung
small size klein
smart elegant, flink, lebhaft, modern
   smart terminal komfortables Terminal
smashed zerquetscht
SMD (surface-mounted device) technique
SMD-Technik (Technik zur automatischen Bestückung von Leiterplatten)
smear, to beschmieren, (sich) verwi-
schen
   smear out, to verschmieren, verwaschen
   smear resistance Wischfestigkeit
smearing Aufweiten eines Übertragungs-
bandes (z.B. bei windowing), Verschmieren
smectic liquid crystal smektischer
Flüssigkristall (Schichtanordnung der
Moleküle)
smelting Schmelz...
Smith chart Smith-Diagramm (Diagramm
zur Darstellung komplexer Widerstände
bzw. Leitwerte)
smoke test erste Sichtprüfung
smooth, to ausgleichen, glätten
smooth eben, geglättet, glatt, stetig,
stufenlos
   smooth acceleration gleichmäßige Beschleunigung
   smooth curve stetige Kurve
   smooth layer glatte Schicht
   smooth network Glättungsschaltung
smoothing Glätten
   smoothing capacitor Glättungskondensator
   smoothing filter Siebschaltung
smoothness Glätte

smoothness check Stetigkeitsprüfung (Math)
SMPSP (switched-mode power supply) Schaltnetzteil
SMS (switched-mode power supply) Schaltnetzteil
SNA (systems network architecture) Kommunikationskonzept
snap-acting switch Mikroschalter
snap-in configuration Rastkontur
snap-in tab Flachstecker mit Rastzunge
snap-off diode Speicherschaltdiode
snap-on connector Flachsteckverbindung
snap switch Federschalter, Schnappschalter
snap varactor diode Varaktor-Speicherdiode
snapshot Momentaufnahme, Schnappschuß, Teilauszug (z.B. aus einem Kernspeicher)
sneak, to kriechen, schleichen
sneak current Kriechstrom
sniperscope Nachtsichtgerät
snooperscope Nachtsichtgerät
snow Grieß (Bildstörung), Schnee
snow-flecked verschneit (Fernsehbild)
SNR (signal-to-noise ratio) Rauschabstand, Rauschverhältnis, Störabstand
snug knapp, passend
so that so daß
SOA(R) (safe operating area) sicherer Arbeitsbereich
soak, to tränken
so-called sogenannt
socket Buchse, Fassung, Kabelschuh, Steckdose, (Steck)Sockel
socket connector (Anschluß)Buchse, Federleiste
socket outlet Steckdose

SOD (silicon-on-diamond) technology SOD (auf Diamant aufgewachsenes Silizium)
sodium Natrium
soft kontrastarm, unscharf (Impuls), weich, zart
soft copy Softkopie (z.B. eine auf einem Bildschirm ausgegebene Information)
soft ferrites weichmagnetische Ferrite
soft-iron instrument Dreheiseninstrument, Weicheiseninstrument
soft magnetic weichmagnetisch
soft radiation weiche Strahlung
soft-sectored softsektoriert (Sektorierung einer Diskette über Steuerdaten)
soft soldering Weichlöten
softbacking Vorhärten
soften, to erweichen
softswitch vom Programm gesteuerter Schalter
software Software (die Programme eines Rechnersystems)
software description Softwarebeschreibung
SOI (silicon-on-insulator) technology SOI-Technik (Silizium, aufgewachsen auf einen Isolator)
solar solar, Sonnen...
solar battery Solarbatterie, Sonnenbatterie
solar cell Solarzelle
solar constant Solarkonstante (Energie der Sonneneinstrahlung; 1,353 kWm^{-2})
solar energy Sonnenenergie
solar irradiation Sonneneinstrahlung
solar photovoltaic cell Solarzelle

solar-powered mit Sonnenenergie betrieben
solar radiation Sonnenstrahlung
solder, to löten
solder (Weich)Lot, Lötzinn
  solder bath Lötbad
  solder bump Lötkontakthügel
  solder(ed) connection Lötanschluß, Lötverbindung
  solder eyelet Lötauge, Lötöse
  solder lug Lötfahne, Lötöse
  solder masking Lötstopper
  solder masking pin Lötstoppnadel
  solder paint Lötlack
solderability Lötbarkeit
soldered joint Lötstelle, Lötverbindung
soldering Löten
  soldering instruction Lötvorschrift
  soldering iron Lötkolben
  soldering lug Lötöse
  soldering strip Lötösenstreifen
  soldering terminal Lötklemme
solderless lötfrei, unverlötet
solely allein, bloß, nur
solenoid Magnetspule, Solenoid
  solenoid valve Magnetventil
solenoidal field quellenfreies Feld
solid Festkörper
solid fest, voll, Voll...
  solid angle Steradiant (Raumwinkeleinheit)
  solid block of iron homogener ferromagnetischer Kern
  solid circuit Festkörperschaltung
  solid contact fester Kontakt
  solid curve ausgezogene Kurve
  solid electrolyte fester Elektrolyt
  solid line ausgezogene Linie
  solid-logic technique Technik der integrierten Schaltkreise
  solid object lichtundurchlässiges Objekt
  solid solution Mischkristall
  solid state in Festkörpertechnik hergestellt, Festkörper, Halbleiter...
  solid-state device Halbleiterbauelement
  solid-state physics Festkörperphysik
  solid surface Festkörperoberfläche
solidification Erstarrung, Verfestigung
solidify, to (sich) verfestigen
solidus curve Soliduslinie (im Schmelzdiagramm die Kurve für das Festwerden einer flüssigen Mischung)
solstice Sonnenwende
soluble löslich
solute gelöster Festkörper
solution Auflösung, Lösung
  solution growth Ziehen aus der Schmelze
solve, to (auf)lösen (Aufgabe, Gleichung)
solvent Lösungsmittel
some einige, manche
sometimes manchmal, zuweilen
somewhat etwas
SONAR (sound navigation and ranging)
  SONAR (Ultraschallortung)
sone Sone (Einh. d. Lautheit)
sonic Schall...
  sonic cleaning Reinigung durch Schall
  sonic delay line akustische Verzögerungsleitung
  sonic depth finder/sounder Echolot
  sonic frequency Schallfrequenz
  sonic speed Schallgeschwindigkeit
sonoluminescence Sonolumineszenz (Lumineszenz aufgrund von Ultraschallwellen)

soot, to   verschmutzen
sophisticate, to   ausklügeln, verdrehen, verfälschen (Text)
sophisticated   fortgeschritten, hochentwickelt, künstlich
  sophisticated device   hochentwickeltes Gerät
sorption   Kombination aus Ab- und Adsorption im gleichen Werkstoff
sort, to   sortieren
sort   Art, Gattung, Sorte, Sortieren, Sortier...
  sort check   Sortierprüfung
  sort file   Sortierdatei
  sort key   Sortierschlüssel
sorter   Sortiermaschine
sorting   Sortieren
  sorting in place   Sortieren auf dieselbe Datei
SOS (silicon-on-sapphire) technique   SOS-Technik (auf Saphir aufgewachsenes Silizium)
sound   Laut, Schall, Ton
  sound amplifier   Tonverstärker
  sound analyzer   Klanganalysator, Schallanalysator
  sound deadening   Schallschluckung
  sound engineer   Toningenieur, Tonmeister
  sound intensity   Schallintensität, Schallstärke
  sound locating   Schallortung
  sound particle velocity   Schallschnelle
  sound pick-up   Tonabnehmer
  sound radiation impedance   Schallkennimpedanz
  sound technician   Toningenieur, Tontechniker
  sound transmitter   Tonsender
  sound volume   Klangfülle, Lautstärke

source   (Daten)Quelle, Sourceanschluß (FET), Strahlungsquelle
source-bulk-voltage   Spannung zwischen Source-Anschluß und Substrat
source coding   Quellencodierung
source computer   Kompilierungscomputer
source document   Original, Urbeleg
source-drain spacing   Abstand zwischen Source- und Drain-Elektrode
source encoding   Quellencodierung
source-gate capacitance   Kapazität zwischen Source- und Gateanschluß
source language   Originalsprache, Quellensprache
source program   Quellenprogramm
source resistance   Innenwiderstand des Source-Bereiches
source statements   Quellendatei
south   Süden
southern   südlich, Süd...
space, to   in Abständen anordnen, weiterrücken (Band)
space   Leerstelle, (Zwischen)Raum
  space bar   Leertaste
  space character   Leerzeichen, Zwischenraum
  space charge   Raumladung
  space-charge barrier/layer/region   Raumladungszone
  space coordinates   Raumkoordinaten
  space curve   Raumkurve
  space diversity   Antennen-Diversity (räumlich versetzte Anordnung mehrerer Antennen)
  space-division multiple access   Raummultiplex (Übertragung von Signalen über einzelne Nachrichtenverbindungen)
  space electronics   Raumfahrtelektronik

space **expand** Sperrschrift
space **factor** Füllfaktor, Gruppenfaktor
space-fixed **coordinates** raumfeste Koordinaten
space **grating/lattice** Raumgitter
space **key** Leertaste
space **line** Leerzeile (Dv)
space **requirement** Platzbedarf, Raumbedarf
space **telecommunication** Weltraumnachrichtenverkehr
space **vector** **diagram** Raumzeigerdiagramm
spacebar Leertaste
spaced **in** **time** zeitlich abgestuft
spacer Abstandsring, Distanzrolle, Zwischenlage
spacing (räumlicher) Abstand, Zwischenraum
  spacing **of** **levels** Abstand der (Energie)Niveaus
spacistor Spacistor (Halbleiterbauelement für hohe Frequenzen)
spaghetti (dünner) Isolierschlauch
span Abstand, (Anzeige)Bereich, Maßstab, Meßbereich, Spanne, Spannweite, Umfang
spanned **record** segmentierter Satz (Dv)
spanning **of** **pulses** Überbrückung von Impulsen
spare Ersatzteil
  spare **amplifier** Reserveverstärker
  spare **capacity** freie Kapazität
  spare **channel** Reservekanal
  spare **contact** Leerlaufkontakt
  spare **fuse** Ersatzsicherung
spark Funke
  spark **capacitor** Funken(lösch)kondensator
spark **gap** Funkenstrecke
spark **generator** Funkengenerator
spark **ignition** Funkenzündung
spark **killer** Funkenlöscher
spark-over (Funken)Überschlag
spark **quenching** Funkenlöschung
spark **rate** Funkenfolgefrequenz
sparking Funkenbildung
spatial räumlich, Raum...
  spatial **charge** Raumladung
  spatial **coordinate** Raumkoordinate
  spatial **distribution** räumliche Verteilung
  spatial **frequency** Ortsfrequenz, Raumfrequenz, Wellenzahl
SPC (stored program control) speicherprogrammierte Steuerung
SPDT (single-pole double-throw) **switch** einpoliger Umschalter
speak, to sprechen
speaker Lautsprecher
  speaker **dividing** **network** Frequenzweiche (für Lautsprechersysteme)
  speaker **voice** **coil** Schwingspule
special ganz besonders, speziell, Sonder..., Spezial...
  special **case** Sonderfall
  special **character** Sonderzeichen
  special **device** Zusatzeinrichtung
  special **engineering** Spezialtechnik
  special **feature** Zusatzeinrichtung
  special-purpose **language** Spezialsprache (auf besondere Belange zugeschnittene Programmiersprache)
specialize, to sich spezialisieren auf
species Art, Klasse
specific besondere, charakteristisch, genau festgelegt, speziell
  specific **address** absolute Adresse
  specific **code** Maschinencode
  specific **gravity** Dichte

specification detaillierte Angabe, genaue Beschreibung, Spezifikation, Vorschrift
  specification language Spezifikationssprache (Programmiersprache, mit der ein System beschrieben wird)
  specification sheet Datenblatt
specifications Bestimmungen, Vorschriften
specified bestimmt, festgelegt, vorgegeben
  specified accuracy vorgeschriebene Genauigkeit
specify, to angeben, bestimmen, darlegen, im einzelnen festlegen, spezifizieren
specimen Muster, Probeexemplar (einer Zeitschrift), Prüfling
spectacles Brille
spectral spektral (auf das Spektrum bezogen), Spektral...
  spectral band Spektralbande, Spektralbereich
  spectral emittance spektrales Emissionsvermögen
  spectral energy distribution Strahlungsverteilung
  spectral filter Farbfilter, Spektralfilter
  spectral irradiance spektrale Beleuchtungsstärke
  spectral radiant power spektrale Strahlungsleistung
  spectral response spektrale Empfindlichkeit
spectrograph Spektrograph (Gerät zur Aufnahme von Absorptions- und Emissionsspektren)
spectroscope Spektroskop (Gerät zur Bestimmung der Wellenlänge von Spektrallinien)

spectrum Spektrum (Häufigkeits- und Intensitätsverteilung in Abhängigkeit einer physikalischen Eigenschaft)
  spectrum analysis Spektralanalyse
  spectrum analyzer Spektrumanalysator
specular reflektierend, spiegelbildlich, spiegelnd
speech Sprache, Sprech...
  speech amplifier Modulationsvorverstärker, Sprachverstärker
  speech analysis Sprachanalyse
  speech band Sprachfrequenzband
  speech communication Sprachverständigung, Sprechverbindung
  speech frequency Sprachfrequenz, Sprechfrequenz (32 Hz bis 16 kHz)
  speech-input amplifier Mikrofonverstärker
  speech intelligibility Sprachdeutlichkeit, Sprachverständlichkeit
  speech processing Sprachverarbeitung
  speech recognition Spracherkennung
  speech scrambler Sprachverzerrer
  speech synthesis Sprachsynthese
  speech transmission Sprachübertragung
speed, to beschleunigen
speed Drehzahl, Geschwindigkeit
  speed adjustment Drehzahleinstellung
  speed controller Drehzahlregler
  speed indicator Drehzahlanzeiger, Geschwindigkeitsanzeiger
  speed measurement Drehzahlmessung
  speed of light Lichtgeschwindigkeit ($3 \cdot 10^8$ ms^{-1})
  speed of response Ansprechgeschwindigkeit, Ansprechzeit
  speed of rotation Umlaufgeschwindigkeit

speed-power product Produkt aus Geschwindigkeit und Leistungsbedarf (Größe, die zum Vergleich von Digitalschaltungen herangezogen wird)
speed reducer Untersetzer
speed regulation Drehzahlregelung, Geschwindigkeitsregelung
speed-up Voreilen
speed-up capacitor Kondensator zur Einschaltbeschleunigung (bei Kippstufen)
spell, to buchstabieren, ein Programm erarbeiten
sphere Kugel, Bereich, Gebiet, Sphäre
  sphere cap diaphragm Kalottenmembran
  sphere of action Wirkungsbereich
spherical kugelförmig, räumlich, sphärisch, Kugel...
  spherical anode kugelförmige Anode
  spherical coordinates Kugelkoordinaten (Math)
  spherical harmonic Kugelfunktion (Math)
spheroid Rotationsellipsoid (Math)
spider (grid) bonding Spinnentechnik (Anschlußtechnik bei integrierten Schaltungen)
spike, to durchbohren, festnageln, vereiteln
spike Dorn, Spitze, Zacke
  spike leakage energy Nadelimpulsverlustleistung
  spike pulses Nadelimpulse
spiking Bilden einer Zacke beim Überschwingen
  spiking filter Filter zur Regeneration eines Einzelimpulses
spill Rückstreuverlust, Streuung
spillover Ladungsschwund (in einem elektrostatischen Speicher), Überlauf
spin, to (aus)schleudern, rotieren, (sich) umdrehen
spin Spin (Phys), Umdrehung, Spin...
  spin-coating Schleuderbeschichtung
  spin flip Umklappen des Spins
  spin quantum number Spinquantenzahl (Phys)
  spin wave function Spinwellenfunktion (Phys)
spinner Drehantenne
spinning electron Elektron mit Eigendrehimpuls
spinor Spinor (Größe zur Beschreibung des Spins)
spiral Schneckenlinie, Spirale, Wendel
  spiral path spiralförmiger Weg
  spiral turn Spiralwindung
splashproof spritzwassergeschützt
splatters Farbspritzer (beim Ausdruck)
splice, to spleißen, (frei) verbinden, verzahnen
splice Klebestelle (am Tonband), Spleißung (des Kabels)
splicing Spleißen (z.B. von Lichtwellenleitern)
spline Kurvenlineal
  spline function Spline-Funktion (Funktionensatz für Approximationsprobleme)
split, to (auf)spalten, aufteilen, auftrennen
split (Auf)Spaltung
  split anode Schlitzanode
splitter (Auf)Spalter, Frequenzweiche, Teiler
splitting Aufspaltung, Spaltung
  splitting jack Trennbuchse, Trennstecker
  splitting of dislocations Aufspaltung der Versetzungen
splitting-off Abzweigung

SPN (self-powered neutron) detector Neutronenflußaufnehmer
spongy löchrig, porös
sponsor, to finanzieren, fördern
spontaneous selbständig, spontan, unmittelbar, Selbst..., Spontan...
  spontaneous magnetization spontane Magnetisierung
spoof Schwindel, Täuschung
spool Spule (z.B. für Magnetbänder)
SPOOL (simultaneous peripheral operations on-line) SPOOL (Verfahren zur Zwischenspeicherung von Ein-Ausgabe-Daten)
spooler Aufspulgerät
spooling Dateiverwaltung
sporadic sporadisch, vereinzelt
spot, to auffinden, entdecken
spot Bildelement, Bildpunkt, (Leucht)-Fleck, Lichtfleck, Platz
  spot bonding Punktverbindung
  spot contact Punktkontakt
  spot frequency Festfrequenz
  spot size Punktgröße
  spot speed Abtastgeschwindigkeit (Fs)
  spot welding Punktschweißen
spottiness Fleckigkeit (eines Fernsehbildes)
spray, to sprühen, zerstäuben
spraying Sprühen
spread, to (sich) ausbreiten, dehnen, verbreiten
spread Abweichung, Ausbreitung, (Aus)-Dehnung, Streubereich, Verbreitung
  spread angle Öffnungswinkel
  spread spectrum gedehntes Spektrum (mit großem Zeit-Bandbreiteprodukt)
spreading Ausbreitungs...
  spreading resistance Bahnwiderstand
  spreading time Ausbreitungszeit

spring Feder, Spannkraft, Schnell...
  spring balance Federwaage
  spring biased switch Federschalter
  spring-mounted federnd gelagert
  spring pressure Federdruck
sprocket hole Führungsloch, Transportloch
spur Spur (z.B. einer Matrix; Math)
spurious falsch, störend, unecht, unerwünscht, ungewollt, Schein..., Stör..., Streu...
  spurious effect Nebeneffekt, ungewollter Effekt
  spurious frequency Störfrequenz
  spurious mode entarteter Wellentyp
  spurious oscillation Parasitäreffekt
  spurious radiation Störausstrahlung
  spurious signal Störsignal
sputter, to zerstäuben
sputtering (Auf)Sprühen, (Katoden)Zerstäuben
squarable quadrierbar
square, to in Rechteckwellen umformen, quadrieren
  square up, to in Rechteckwellen umwandeln
square Quadrat
square quadratisch, Quadrat...
  square bracket eckige Klammer
  square-core coil Rechteckspule
  square dimension Flächendimension
  square impulse Rechteckimpuls
  square-law region quadratischer Bereich, quadratisches Gebiet
  square-loop ferrite Ferrit mit Rechteckschleife
  square measure Flächenmaß
  square multiplier Parabelmultiplizierer
  square root Quadratwurzel
  square sheet quadratisches Kühlblech

square-sided pulse Rechteckimpuls
square-topped pulse rechteckförmiger Impuls, Rechteckimpuls
square wave Rechteckwelle
square-wave generator Rechteckimpulsgenerator
square-wave oscillator Rechteckwellenoszillator
sqare-wave pulse Rechteckimpuls
square-wave response Rechteckwellenfrequenzgang
square well Potentialkasten
squared paper kariertes Papier
squaring Quadrieren (Math), Rechteckformung
squashing Quetschung
squeegee, to aufpressen
squeezable waveguide Quetschhohlleiter, Quetschmeßleitung
squeeze, to pressen, quetschen
squegging oscillator Sperrschwinger
squelch, to (völlig) unterdrücken, zermalmen
squelch Geräuschunterdrückung, Rauschsperre
squelch time Echoschutzzeit
squirrel-cage rotor Kurzschlußläufer
SR (set-reset) flip-flop SR-Flipflop
SRAM (static RAM) statischer Lese-Schreibspeicher, statisches RAM
SRV (surface recombination velocity) Oberflächenrekombination
SSB (single sideband) Einseitenband
SSI (small-scale integration) SSI (Kleinintegration)
SSR (secondary surveillance radar) Rundsicht-Sekundärradar
SSR (solid-state relay) Festkörperrelais
SSTV (slow-scan television) langsame schmalbandige Bildübertragung

stability Beständigkeit, Festigkeit, Konstanz, Stabilität
stability factor Stabilitätsfaktor
stability margin Konstanzspielraum
stabilization Stabilisierung
stabilization characteristics Konstanthaltungseigenschaften
stabilization factor Regelfaktor, Stabilisierungsfaktor
stabilize, to glätten, (konstant) halten, (sich) stabilisieren
stabilized stabilisiert
stabilized current Konstantstrom
stabilized power supply Konstantstromquelle
stabilized voltage stabilisierte (konstante) Spannung
stabilizer Konstanthalter, Stabilisator
stabilizing Stabilisierung
stable beständig, stabil, stetig
stable biasing voltage konstante Vorspannung
stable current source konstante (stabile) Stromquelle, Konstantstromquelle
stable dislocation stabile Versetzung
stable power source Konstantstromquelle
stable reference voltage konstante Bezugsspannung
stack, to schichten, (auf)stapeln
stack Kellerspeicher, Puffer, Stapelspeicher, Schichtung
stack pointer Stapelzeiger
stacked assembly übereinander (angeordnete) Baugruppe
stacked-gate avalanche-injection-type MOS SIMOS (MOS-Speicherzelle mit übereinanderliegenden Gates)

stacked-plate gestapelt
stacker Ablagefach
stacking Stapelung
  stacking fault Stapelfehler
  stacking sequence Stapelfolge
stage Objekttisch, Stadium, (Verstärker)Stufe
  stage gain Stufenverstärkung
stagger, to staffeln, versetzt anordnen
stagger time Zeitstaffelung
staggered versetzt, zeitlich nicht gleichmäßig
  staggered tuning versetzte Abstimmung (z.B. bei gekoppelten Schwingkreisen)
staggering Verstimmung
stainless nichtrostend, rostfrei
  stainless steel nichtrostender Stahl
stair(case) Treppe
  staircase generator Treppenspannungsgenerator
  staircase signal Treppensignal
  staircase waveform Treppenwellenform
stall, to blockieren, zum Stillstand kommen
STALO (stabilized local oscillator) frequenzkonstanter Überlagerer
stamp Briefmarke, (Präge)Stempel, Stampfer
stand, to stehen
  stand by, to bereit stehen, in Bereitschaft sein, sendebereit sein
  stand for, to bedeuten
  stand impacts, to Stöße aushalten
stand Gestell, Ständer
  stand-alone allein operierend, selbständig
  stand-alone device Einzelstation
standard Norm, Standard, Norm..., Normal..., Standard...
standard handelsüblich, genormt
  standard attenuator Eichteiler
  standard audio frequency Normaltonfrequenz
  standard cell Normalelement, Normalzelle
  standard-cell library Standardzellenbibliothek
  standard component Normalbauteil
  standard deviation Standardabweichung
  standard-dimensioned normgerecht ausgelegt
  standard feature Standardeinrichtung
  standard frequency system Normalfrequenzanlage
  standard function Grundfunktion
  standard hydrogen potential Standardwasserstoff-Potential
  standard noise factor/figure Standardrauschzahl
  standard pitch Ton A bei 440 Hz
  standard tape speed Soll-Bandgeschwindigkeit
  standard test method Normprüfverfahren
  standard tuning tone Kammerton
  standard variation Standardabweichung
  standard version Standardausführung
standardization Normung, Vereinheitlichung
standardize, to eichen, normen
standardized genormt, normiert
standardizing Eichen
standby (Betriebs)Bereitschaft, Ersatzbetrieb, Hilfsgerät, Reservegerät, Ruhebetrieb, Zubehör, Reserve...
  standby battery Hilfsbatterie, Notstrombatterie
  standby current Notstrom

standby operation Ruhebetrieb
standby power supply Notstromaggregat, Notstromversorgung
standby state Bereitschaftszustand
standby time Wartezeit
standing current Ruhestrom
standing wave stehende Welle
  standing-wave factor/ratio Stehwellenfaktor, Stehwellenverhältnis, Welligkeitsfaktor
standoff, to abseits stehen, (sich) absetzen, sich zurückhalten
standoff-pin female connector Federleiste
standoff-pin male connector Messerleiste
standpoint Standpunkt
star Stern
  star-connection Sternschaltung
  star-delta conversion Stern-Dreieck-Umwandlung
  star quad Sternvierer
  star-shaped heat dissipator Kühlstern
  star-taped network Sternnetz
start, to anlaufen, beginnen, einsetzen, starten
start Start
  start button/control Startknopf
  start distance Startweg
  start signal Startzeichen
  start-stop transmission Start-Stop-Übertragung
  start sync Startsynchronisierung
  start time Startzeit
  start-up Anfahren, Anlauf(en), Inbetriebnahme
starter Anlasser
starting Anlassen, Ingangsetzen
  starting electrode Zündelektrode
  starting frequency Anlaßhäufigkeit
starting impulse Anlaßimpuls, Startimpuls
starting material Ausgangsmaterial
starting point Anfangspunkt, Ausgangspunkt
starting potential Anfangspotential
starting relay Anlaßrelais
starting surge Einschwingen
starting voltage Einsatzspannung
stat Vorsatz für elektrostatische Einheiten (B: 1 statampere = $3.34 \cdot 10^{-10}$ A)
state, to festsetzen, feststellen
state Lage, Stadium, Zustand, Zustands...
  state density Zustandsdichte
  state diagram Graph
  state equation Zustandsgleichung
  state of aggregation Aggregatzustand
  state of charge Ladungszustand
  state-of-the-art dem neuesten Stand der Technik entsprechend, hochmodern
  state switch Betriebsschalter
  state table Zustandstabelle
  state variable Zustandsvariable
statement Anweisung, Aussage, Behauptung, Erklärung, Feststellung, Übersicht
  statement part Anweisungsteil
static ruhend, statisch, Ruhe...
  static characteristics statische Eigenschaften
  static current Ruhestrom
  static memory statischer Speicher
  static state Ruhezustand
  static system ortsfestes System
staticize, to übernehmen (von Befehlen)
staticizer Serien-Parallel-Umsetzer
station Endstelle
  station key Stationsschalter, Stationstaste

stationary feststehend, ortsfest, stationär
  stationary charge ruhende Ladung
  stationary field stationäres Feld
  stationary picture stehendes Bild
  stationary wave stehende Welle
statistical statistisch
statistically distributed statistisch verteilt
statistics Statistik
stator Ständer, Stator
status Status (Dv), Zustand
  status bit Statusbit
  status indication Zustandskennung
  status modifyer Sprungbedingung
  status register Statusregister
stay, to bleiben, verweilen
steadiness Gleichmäßigkeit, Konstanz
steady gleichmäßig, konstant, stationär, stetig
  steady current Gleichstrom, Ruhestrom
  steady discharge Dauerentladung
  steady excitation konstante Anregung
  steady plate current Anodenruhestrom
  steady plate voltage Anodenruhespannung
  steady radiation kontinuierliche Strahlung
  steady-state eingeschwungen, stationär
  steady-state equation stationäre Gleichung
  steady-state response Betrag der Übertragungsfunktion (im Frequenzbereich)
  steady temperature konstante Temperatur
steady out, to einschwingen
steam Wasserdampf
steatite Steatit (Magnesiumsilicat)

steel Stahl
steep steil
  steep curve Kurve mit hoher Flankensteilheit
  steep edge steile Flanke
  steep-skirted steilflankig
steer, to führen, lenken, steuern
steerable lenkbar
  steerable aerial verstellbare Antenne
stem Schaft, Stange, Stift
stencil Matrize, Schablone(narbeit)
step, to schrittweise bewegen, stufenweise einstellen
  step down, to heruntertransformieren
  step to, to stufenweise schalten auf
  step to high, to von L- auf H-Zustand übergehen
  step up, to beschleunigen, hinauftransformieren
step Schritt, Sprung, Stufe
  step-and-graded index fiber Stufenprofilglasfaser
  step-and-repeat camera Schrittkamera (Kamera, die bei der Maskenherstellung integrierter Schaltungen die Muttermaske verkleinert)
  step attenuator Eichleitung, Stufenabschwächer
  step-by-step diskontinuierlich, schrittweise, stufenweise
  step-by-step control direkte Steuerung
  step-by-step operation (Einzel)-Schrittbetrieb
  step change sprunghafte Änderung
  step-down ratio Untersetzung
  step function Sprungfunktion
  step index fiber Stufenprofillichtwellenleiter
  step junction abrupter Übergang

step-recovery diode Speicherschaltdiode
step response Sprungantwort, Verhalten bei stufenweiser Änderung
step-step profile abruptes Profil
step-up Aufwärtsübersetzung
step-up transformer Aufwärtstransformator, Transformator zur Spannungserhöhung
step-variable stufenweise einstellbar
steplessly variable kontinuierlich einstellbar, stufenlos regelbar
stepped (ab)gestuft, treppenförmig, Stufen...
   stepped oxide abgestuftes Oxid (unterschiedlich dicke Silizium(II)-oxid-Schichten auf einem Substrat)
   stepped-up hinauftransformiert, hinaufübersetzt
   stepped voltage stufenförmige Spannung
stepper motor Schrittmotor, Schrittschaltmotor
stepping schrittweises Positionieren, Schritt...
   stepping relay Schrittschaltrelais
   stepping switch Stufenschalter
stepwave Treppenkurve
stepwise approximation schrittweise Näherung
steradian Steradiant (Raumwinkeleinheit)
Sterba-curtain array Sterba-Antenne
stereo stereofon, Stereo...
   stereo decoder Stereodecoder
stereophonic plastisch hörbar, stereofonisch
   stereophonic hearing/sensation räumliches Hören
   stereophonic sound Raumton, Stereoton

stereophony Stereofonie
Stibitz-code Exzeß-3-Code
stick, to festhängen, hängenbleiben, haften
   stick together, to zusammenkleben
sticking relay Haftrelais
stiff starr, steil
stiffness Federkonstante, Elastizitätsmodul (Phys)
stilb Stilb (veralt. Einh. d. Leuchtdichte)
still (immer)noch, trotzdem
   still picture communication Festbildkommunikation
   still picture on cable Kabelbild
stimulate, to anregen
stimulated emission induzierte Emission
stimulation Anregung
   stimulation signal Reizsignal
stimulus Anregung, Anreiz, Erregung
   stimulus pulse Anregungsimpuls, Auslöseimpuls, Triggerimpuls
stipulate, to bestimmen, festlegen
stipulation Bedingung, Forderung, Vereinbarung
stitch, to (aneinander)heften
stitch bonding Stichkontaktierung (Kontaktierungsverfahren für integrierte Schaltungen)
STL (Schottky transistor logic) Schottky-Transistor-Logik
stochastic stochastisch, zufällig, Zufalls...
   stochastic process Zufallsprozeß
stock Klotz, Lager, Stock, Vorrat, Lager..., Stamm...
stockkeeping Lagerhaltung
stockpile (Reserve)Vorrat
stocksize Normalgröße
stoichiometry Stöchiometrie (Chem)

stop, to (an)halten, stoppen
stop Anschlag, Halt, Stopp
  stop distance Stoppweg
  stop sequence Stopprogramm
  stop statement Stoppanweisung
  stop time Stoppzeit
stopband Sperrbereich
  stopband attenuation Sperrdämpfung
stopgap Lückenbüßer, Notbehelf
stopless potentiometer Umlaufpotentiometer
stopping cross section Bremsquerschnitt
stopping number Bremszahl
stopping potential Bremsspannung
stopping power Bremsvermögen
storage Akkumulator (Dv, Et), Lagerung, Speicher
  storage allocation Speicherplatzzuteilung
  storage assignment Speicherzuordnung
  storage battery Akkumulator
  storage cathode-ray tube Sichtspeicherröhre
  storage cell Akkumulatorzelle, Speicherzelle
  storage crt s. storage cathode-ray tube
  storage cushion Reservespeicher
  storage density Aufzeichnungsdichte
  storage life Lagerfähigkeit, Lagerlebensdauer
  storage medium Datenträger
  storage printout Speicherausdruck
  storage temperature Lagerungstemperatur
  storage-to-disk dump Programm zum Abspeichern des Arbeitsspeicherinhaltes auf Diskette
  storage unit Speicherwerk
  storage utilization Speicherausnutzung

store, to (ab)speichern
  store away, to abspeichern
  store temporarily, to zwischenspeichern
store Lager, Speicher
  store access time Speicherzugriffszeit
  store-and-forward messaging Mitteilungsdienst
  store-and-forward switching Speichervermittlung
  store cycle time Speicherzykluszeit
  store location Speicherplatz, Speicherstelle
  store management Speicherverwaltung
stored (ab)gespeichert
  stored charge gespeicherte Ladung
  stored program abgespeichertes Programm
stout dick, kurz, stark, steif
stowing Versatz
straight gerade, geradlinig
  straight amplifier Geradeausverstärker
  straight bar pattern Balkenstruktur
  straight binary rein binär
  straight-blade connector/plug/receptacle Flachstecker
  straight line Gerade
  straight-line geradlinig, linear
  straight-line code linearer Code
  straight-line characteristic lineare Kennlinie
  straight-line curve Gerade
  straight receiver Geradeausempfänger
  straight-thread screw zylindrische Schnecke
  straight-through amplifier Geradeausverstärker
  straight transconductance Geradeaussteilheit

straighten

straighten, to (aus)richten
straightforward einfach, gerade, unkompliziert
   straightforward calculation einfache Berechnung
strain Beanspruchung, Deformierung, Verformung, Verzerrung
   strain bridge Dehnungsmeßbrücke
   strain energy Verzerrungsenergie
   strain gauge Dehnmeßstreifen
   strain indicator Dehnungsmeßgerät
strained überspannt, verzerrt
   strained lattice verzerrtes Gitter
   strained metal verformtes Metall
strainfree spannungsfrei
strand Einzeldraht, Faden, Faser, Kabelader, Litze
   strand wire Litzendraht
strange eigenartig, fremd
strap Drahtbügel, Koppelleitung
strapping unerwünschter Schwingungsmoden, Unterdrückung
stratification Schichtung
stratosphere Stratosphäre (oberer Teil der Atmosphäre)
stratum Schicht
stray einzeln, verstreut, Streu...
   stray capacitance Streukapazität
   stray current Streustrom
   stray pick-up Störaufnahme
   stray radiation Streustrahlung
strays atmosphärische Störungen
streak Streifen, Strich
stream Strom
   stream days Arbeitstage (pro Jahr)
   stream of air Luftstrom
   stream of particle Teilchenstrom
streamer Leuchtfaden
streaming Strömung
streamline, to modernisieren, verbessern

streamline Stromlinie
strength Festigkeit, Intensität, Stärke
   strength of current Stromstärke
strengthen, to verstärken
stress, to beanspruchen, dehnen
stress Dehnung, Spannung, (Zug)Beanspruchung
   stress cycle Beanspruchungszyklus
   stress length Beanspruchungsdauer
stretch, to anziehen, (sich) dehnen, sich erstrecken
striae Schlieren
striation Riffelung, Schichtung, Schlierenbildung
strict genau, straff, streng
strictly genau, streng, strikt
   strictly speaking genau genommen
strike, to (auf)treffen, aufschlagen
strike (An)Schlag, Stoß
striking Durchschlag, Zündung
string Faden, Kette, Reihe, Saite, Strang, Zeichenfolge, Zeichenkette
   string electrometer Saitenelektrometer
   string quotes Zeichenfolgeklammern (Dv)
stringent genau, streng, zwingend
strip, to abisolieren
strip Streifen
   strip conductor Bandleiter
   strip contact Kontaktstreifen, Streifenkontakt
   strip width Streifenbreite
stripe, to in Streifen teilen, stricheln
stripline Bandleitung, Streifenleitung
   stripline filter Stripline-Filter (gekoppelte Streifenleiter halber Wellenlänge)
stripper Abisoliermaschine

stripping Abziehen
strobe, to auftasten, einblenden
  strobe out, to ausblenden
  strobe Meßmarke, Oszilloskop
  strobe pulse Auftastimpuls
stroboscope Stroboskop
stroke Schlag, Strich, Takt
  stroke width Strichstärke
strong kräftig, scharfsinnig, stark
strontium Strontium (chem. Element)
structural strukturell, Bau..., Struktur...
  structural analysis Strukturanalyse
  structural defect Gitterstörstelle
  structural dissimilarity Strukturunähnlichkeit
  structural element Bauelement, Bauteil
  structural irregularity Gitterstörstelle
structure Anordnung, Aufbau, Gefüge, Struktur
  structure of matter Aufbau der Materie
structured strukturiert
  structured command strukturierter Befehl
  structured programming strukturierte Programmierung
structureless strukturlos
STTL (Schottky-clamped transistor-transistor logic) STTL (TTL mit Schottky-Dioden)
stub Blindleitung, Stichleitung, Stummel, Stumpf
  stub cable Abzweigkabel
stud Bolzen
  stud mounted diode Schraubdiode
study, to untersuchen
sturdy kräftig, robust, stabil
style Art, Ausführung

styling Formgebung
stylus Griffel, Kopierstift, Nadel (des Plattenspielers)
  stylus head Fühler
subarea Teilbereich, Teilfläche
subassembly Baueinheit, Teilmontage, Untergruppe
subaudio frequency Tiefstfrequenz
subaudio telegraphy unterlagerte Telegrafie
subcarrier Hilfsträger, Zwischenträger
  subcarrier frequency Zwischenträgerfrequenz
subcollector Subkollektor (integr. Schaltung)
subcritical unterkritisch
subdiffused layer vergrabene Schicht
subdivided unterteilt
subdivision Unterteilung
subdomain Teilbereich
subdued gedämpft
subfield Teilfeld, Teilkörper (Math)
subgroup Untergruppe
subharmonic Subharmonische (Math)
  subharmonic generator diode Frequenzteilerdiode
subject, to aussetzen, unterwerfen
  subject to, to unterwerfen, unterziehen
subject Gegenstand, Thema
sublattice Teilgitter
sublevel Teilniveau
sublimation Sublimierung
subload Teillast
submarine Unterwasser...
submatrix Untermatrix
submaximum Nebenmaximum
submerge, to eintauchen, überschwemmen
submerged eingetaucht, Unterwasser...
submicron dimension Abmessungen im Nanometer-Bereich

subminiature Kleinst...
  subminiature ceramicon keramischer Kleinstkondensator
submit, to einreichen, verweisen, vorschlagen
subnanosecond unterhalb des Nanosekundenbereichs
subordinate untergeordnet
subproblem Teilproblem
subprogram Unterprogramm
subroutine Unterprogramm
  subroutine reference Unterprogrammaufruf
subscriber Abonnent, (Fernsprech)Teilnehmer
  subscriber circuit Teilnehmerschaltung
  subscriber identification Anschlußkennung, Teilnehmerkennung
  subscriber line Anschlußleitung, Teilnehmerleitung
  subscriber number Rufnummer
subscript Index
subscripted variable indizierte Variable
subsequent anschließend, (darauf)folgend, danach, folglich
subset Signalumsetzer (Modem), Teilmenge, Untermenge (Math)
subsidiary zusätzlich, Hilfs..., Neben...
subsidiary Tochtergesellschaft
subsonic Unterschall
subspace Teilraum
substantial bedeutend, kräftig, stabil, wesentlich
substantiate, to bestätigen, erhärten
substitute, to einsetzen, ersetzen, substituieren
substitution Auswechseln, Einsetzen, Substitution (Math)

substitutional auf Gitterplatz eingebaut
substrate Substrat (Grundmaterial)
substrate current Substratstrom
substring Teilfolge
subsystem Teilsystem
subtend, to gegenüberliegen
subtitle Untertitel
subtle dünn, geschickt, scharf(sinnig)
subtotal Zwischenergebnis (Rechner)
subtract, to abziehen, subtrahieren
subtraction Subtraktion
subtractor Subtrahierer
subunit Baugruppe, Baustein
succeeding folgend, nachgeschaltet
success Erfolg
successful erfolgreich
successive aufeinanderfolgend
  successive approximation sukzessive Approximation, stufenweises Annäherungsverfahren, Wägeverfahren
  successive sequential circuit Schrittschaltwerk
successor Nachfolger
such derartig
suction Saugen, Sog
sudden(ly) auf einmal, plötzlich, unvorhergesehen
sudden failure Sprungausfall
suffice genügend, hinreichend
sufficient ausreichend, genügend, hinreichend
suffix Nachsilbe, Suffix
suggest, to anregen, hinweisen auf, suggerieren, vorschlagen
suggestion Spur, Vorschlag
suitable geeignet, passend
suit, to (an)passen, geeignet sein
suite Programmfolge
sulphur Schwefel (chem. Element)
sulphuric acid Schwefelsäure

sum Addition, Summe, Vereinigung (Math)
  sum total Gesamtsumme
summarize, to zusammenfassen
summary Übersicht, Zusammenfassung
summation Summierung
  summation check Summenprobe
summer Summierer
summing amplifier Summierverstärker
summing element Summierglied
summing integrator summierender Integrator
sundry sonstige
sunk versenkt
super brillant, erstklassig, Super..., Über...
  super large-scale integration Höchstintegration
superb ausgezeichnet, großartig
superconducting supraleitend
superconductivity Supraleitfähigkeit
superconductor Supraleiter
superficial oberflächlich
superfinished fein poliert
superframe Überrahmen
supergroup Sekundärgruppe
superhet (superheterodyne receiver) Überlagerungsempfänger
superhigh frequency SHF (extrem hohe Frequenz; 3 GHz bis 30 GHz), Zentimeterwellen
superimpose, to einblenden (Frequenz), überlagern
superimposed telegraphy Überlagerungstelegrafie
superior erstklassig, hochwertig
superlattice Überstruktur
superload, to über(be)lasten
superpose, to übereinander anordnen, überlagern
superposed circuit Simultanschaltung

superposition Superposition, Überlagerung
supersaturation Übersättigung
supersede, to ersetzen, verdrängen
supersensitive überempfindlich
supersession Aufhebung, Ersetzung
supersonic Ultraschall...
supervise, to kontrollieren, überwachen
supervision Überwachung
supervisor Aufseher, Organisationsprogramm
supervisory Überwachung, Aufsichts...
  supervisory computer Leitrechner
  supervisory routine Kontrollprogramm
  supervisory sequence Übertragungssteuerfolge
supplement Ergänzung
supplementary ergänzend, Hilfs..., Zusatz...
  supplementary-added carrier Zusatzträger
  supplementary relay Hilfsrelais, Zwischenrelais
  supplementary SI-units ergänzende SI-Einheiten
supplied from the mains netzgespeist
supplier Hersteller, Lieferant
supply, to liefern, versorgen
  supply power, to speisen
supply Einspeisung, Netz(anschluß), (Strom)Versorgung, Netz...
  supply change Netzschwankung
  supply current Speisestrom, Versorgungsstrom
  supply line Versorgungsleitung
  supply mains Versorgungsnetz
  supply outlet Steckdose
  supply reel Ablaufrolle, Vorratsspule
  supply transformer Netztransformator

supply voltage Betriebsspannung, Netzspannung, Versorgungsspannung
support Auflage, Halterung, Sockel, Träger, Unterlage, Unterstützung
support software Unterstützungssoftware
suppose, to annehmen, vermuten
suppress, to unterbinden, unterdrücken
suppressed carrier unterdrückter Träger
suppressed zero unterdrückter Nullpunkt
suppression Unterdrückung
suppression filter Sperrfilter
suppressor circuit Begrenzerschaltung
suppressor grid Bremsgitter (in Pentode)
supraconductivity Supraleitfähigkeit
supremacy Überlegenheit
surd irrationale Zahl (Math)
surface Fläche, Oberfläche, Flächen...
surface barrier Oberflächenpotential
surface-coated oberflächenvergütet
surface depletion region Bereich der Oberflächenrandschicht
surface finish Oberflächenbeschaffenheit
surface integral Flächenintegral (Math)
surface junction Oberflächensperrschicht
surface layer Deckschicht, Randschicht
surface leakage current Kriechstrom
surface loudspeaker Bodenlautsprecher
surface passivation Oberflächenpassivierung (Isolation einer Halbleiteroberfläche gegen Umgebungseinwirkungen)
surface probe Meßkopf für Flächen
surface relief Oberflächengestalt, Oberflächenrelief
surface replica Oberflächenabdruck
surface smoothness Ebenheit der Oberfläche
surface texture Oberflächenstruktur
surface-wave filter Oberflächenwellenfilter, SWF
surge Spannungsstoß, Stoß, Stromstoß
surge absorbing capacitor Löschkondensator
surge current Stromstoß
surge dissipator Überspannungsableiter
surge generator Impulsgenerator, Stoßgenerator
surge impedance Wellenwiderstand
surge protection Überspannungsschutz
surge relay Stromstoßrelais
surge voltage Spannungsstoß
surmount, to überwinden
surpass, to übertreffen
surpassing hervorragend, überdurchschnittlich
surplus Überschuß
surrender Auslieferung, Preisgabe, Rücklauf
surrounding Umgebung
surveillance Überwachung
survey Übersicht, Überwachung
survivability Überlebensfähigkeit
susceptance Blindleitwert, Suszeptanz
susceptibility Anfälligkeit, Empfänglichkeit, Suszeptibilität
susceptible anfällig, empfindlich
suspect, to annehmen, erwarten, vermuten
suspend, to aufhängen, aufschlämmen, schweben (in Flüssigkeit)
suspended fault bleibender Fehler

suspended substrate line Streifenleitung für integrierte Mikrowellenschaltungen
suspense Aufschub, Spannung, Unsicherheit
suspension Aufschlämmung, (zeitweiliger) Ausschluß, Aussetzung, Suspension
   suspension lug Aufhängefahne
sustain, to aufrechterhalten
sustained dauernd, Dauer...
   sustained deviation bleibende Regelabweichung
SW (shortwave) Kurzwelle (1,6 MHz bis 30 MHz)
swallow, to aufbrauchen, verschlingen
swamping resistance Serienwiderstand mit kleinem Temperaturkoeffizienten
swan socket Bajonettfassung
swap, to austauschen, vertauschen
   swap in, to einlagern
   swap out, to auslagern
swapping wechselseitiges Ein- und Auslagern von Informationen
sweep, to ablenken, absuchen, abtasten, durchstimmen, durchstreifen, wobbeln
sweep Ablenkung, Horizontalablenkung, Zeitablenkung
   sweep amplifier Ablenkverstärker
   sweep circuit Ablenkschaltung, Abtastkreis (Rad), Kippschaltung, Zeitablenkschaltung
   sweep current Kippstrom
   sweep delay Hinlaufverzögerung (Oszilloskop), (Zeit)Ablenkungsverzögerung
   sweep diode Kippdiode
   sweep duration Zeitablenkdauer
   sweep frequency Wobbelfrequenz
   sweep generator Ablenkgenerator, Kippgenerator, Wobbelgenerator
   sweep magnification Zeitdehnung
   sweep rate/velocity Durchlauffrequenz, (Zeit)Ablenkgeschwindigkeit
   sweep speed Wobbelgeschwindigkeit
   sweep time Ablenkzeit
   sweep voltage Kippspannung, Zeitablenkspannung
sweeping durchgreifend, gründlich, weittragend
sweeping Wobbeln
swell, to (an)schwellen, (sich) ausbauchen
SWF (surface-wave filter) Oberflächenwellenfilter, SWF
swing Ausschlag, Hub(spannung), Pegelabstand, Schwingung
   swing blocking generator/oscillator Sperrschwinger, Sperrschwinggenerator
   swing frame Schwenkrahmen
swinger bewegliche Kontaktfeder, Wechselkontaktfeder (eines Kontaktsatzes)
switch, to schalten
   switch in, to (ein)schalten
   switch off/out, to abschalten, ausschalten
   switch on, to einschalten
   switch over, to umschalten
   switch sequentially, to in Folge schalten
switch (elektrischer) Schalter, Verteiler (Dv), Wähler
   switch board instrument Schalttafelinstrument
   switch code Umschaltcode
   switch indicator Kennzeichen
   switch line Wählleitung
   switch-off Sperren (Transistor)
   switch-off period Sperrzeit (Transistor)
   switch-over Umschalten
switchable umschaltbar, umstellbar

switchboard Schaltbrett, Schalttafel
  switchboard instrument Schalttafel-meßinstrument
  switchboard mounting Schalttafeleinbau
switched-capacitor filter Schalter-C-Filter
switched center Wählamt
switched connection Wählverbindung
switched network vermitteltes Netz auf Wählleitung (bei Ausfall der Standleitung), Wählnetz
switchgear Schaltgerät, Schaltvorrichtung
switching (Um)Schalten
  switching algebra Schaltalgebra
  switching amplifier Schaltverstärker, Schleusenverstärker
  switching characteristics Schaltverhalten, Schaltzeit
  switching circuit Schaltkreis
  switching cycle Schaltspiel, Schalttakt, Schaltvorgang, Schaltzyklus
  switching element Schaltglied
  switching frequency Impulsfrequenz, Schaltfrequenz
  switching matrix Koppelvielfach (Verm)
  switching network Koppelfeld (Verm)
  switching office Vermittlungsstelle
  switching-over contact Umschaltkontakt
  switching power supply Schaltnetzteil
  switching row Koppelreihe
  switching system Vermittlungssystem, Wählsystem
  switching transient Einschaltvorgang
swop, to austauschen, vertauschen
SWR (standing-wave ratio) Stehwellenverhältnis, Welligkeit(sfaktor)

syllabic Silben...
syllable Bitgruppe, Silbe
  syllable articulation Silbenverständlichkeit
syllogism Syllogismus (logischer Schluß)
symbol Formelzeichen, Schaltzeichen, Symbol
symbolic symbolisch
  symbolic address symbolische Adresse (Adresse, der ein Name zugeordnet wird)
  symbolic logic symbolische Logik
symmetric(al) symmetrisch
  symmetrical lumped network symmetrisches Netzwerk aus Einzelbauteilen
symmetrically located symmetrisch angebracht
symmetry Symmetrie
  symmetry axis Symmetrieachse
  symmetry elements Symmetrieelemente
sync (synchronous) synchron
  sync signal Synchronsignal
synchro Drehmelder, Synchro...
  synchro separator Amplitudensieb
synchronism Gleichlauf
synchronization Gleichlauf, Synchronisierung
synchronize, to synchronisieren
synchronoscope Synchronoskop (Phasenvergleicher)
synchronous gleichlaufend, synchron
  synchronous capacitor Phasenschieber
  synchronous commencement Anfangssynchronisierung, Start
  synchronous gating synchrones Auftasten
  synchronous rectifier phasenempfindlicher Gleichrichter
  synchronous scanning Synchrontastung
  synchronous working Synchronbetrieb

synchrotron Synchrotron (Teilchenbeschleuniger)
syncing Synchronisieren
synistor Synistor (Fünfschichtdiode)
synonymous gleichbedeutend, synonym
synopsis Übersicht, Zusammenfassung
  synopsis of terms Begriffe
synoptic(al) synoptisch, übersichtlich, zusammenfassend
syntax Syntax (Satzlehre)
  syntax error Syntaxfehler
synthesis Synthese (Aufbau)
synthesize, to aufbauen, künstlich erzeugen, nachbilden, (miteinander) vereinigen
synthetic künstlich, synthetisch
  synthetic insulation material Kunststoffisoliermaterial
  synthetic resin Kunstharz
  synthetic speech künstliche Sprache
  synthetic varnish Kunstharzlack
syntonic abgestimmt, Abstimmungs...
syringe Spritze
system Anordnung, System
  system analysis Systemanalyse
  system analyst Systemanalytiker
  system clock Systemtakt
  system configuration Netzstruktur, Systemanordnung
  system crash Systemabsturz (Dv)
  system designer Systementwickler
  system earth Betriebserde
  system engineering Systemtechnik
  system of units Einheitensystem
  system performance Systemverhalten
  system splitup Netzzusammenbruch, Systemzusammenbruch
  system tie Netzkopplung
  system tuning Systemoptimierung
systematic(al) planmäßig, systematisch

T

T^2L (transistor-transistor logic) TTL (Transistor-Transistor-Logik)
tab, to tabellieren
tab Drucktastenauslöser, (Kontakt)Fahne, Flachstecker, Lötanschluß, Nase, Tabulator
  tab key Tabulatortaste
table, to in eine Tabelle eintragen, tabellarisch zusammenstellen
table Tabelle, Tafel, Tisch
  table handling Tabellenbearbeitung
  table item Tabelleneintrag
  table lookup Tabellensuchen
  tables of contents Inhaltsverzeichnis
tablespoon amerik. Raumeinheit (1 tablespoon = $1{,}48 \cdot 10^{-5}$ m^3)
tablet (Digitalisier)Tablett
taboo Tabu, Verbot
  taboo frequency gesperrte Frequenz, Schweigefrequenz
tabular tabellarisch, Tabellen...
  tabular value Tabellenwert
tabulate, to tabellarisch zusammenstellen, tabellieren
tabulator Tabulator, Tabelliermaschine
tacit lautlos, still
  tacit assumption stillschweigende Annahme
tackiness Haftfähigkeit, Klebrigkeit
tackle, to ergreifen, in Angriff nehmen
tactile fühlbar, Tast...
tactics Taktik (auf genauen Überlegungen basierend)
tag, to kennzeichnen, markieren
tag Kennzeichen, Marke, (Zeit)Haftstelle, Lötfahne

tag-along sort Sortieren mit Feldangabe
tag sort Merkmalsortierung
tag termination Lötanschluß
tagged gekennzeichnet
tail Ausläufer, hinteres Ende, hintere Flanke, Schwanz, Schweif (eines Kometen)
  tail clipping Methode zur Versteilerung der abfallenden Flanke eines Impulses
tailing Fahnenbildung, Fahnenziehen
tailor, to abstimmen, zuschneiden
tailored abgestimmt auf, zugeschnitten auf
take, to (an)nehmen, entnehmen
  take account of, to beachten, berücksichtigen
  take current, to Strom entnehmen
  take from, to entnehmen (Daten aus einem Speicher)
  take neat, to in unveränderter Form übernehmen
  take off, to abheben, starten
  take over, to einschalten, übernehmen
  take the logarithm, to logarithmieren
  take to, to einspeisen, verbinden mit, zuführen
  take to pieces, to in Einzelteile zerlegen
  take up, to aufwickeln
taking Entnahme, Hinnahme
  taking of bearing Peilung
talbot amerik. Einh. d. Lichtmenge (Einh.: lms^{-1})
talk, to reden
talk Gespräch
talker Gerät in einem Bussystem, das Daten abgibt; Sendegerät, Sprecher
talking Sprech...
tall groß
tally, to passen, stimmen
tally Stückliste, Zähler
  tally light Signallampe (an Fernsehkameras)
tamper with, to unsachgemäß behandeln
tandem connection Kettenschaltung von Vierpolen, Reihenschaltung
tandem transistor Zwillingstransistor
tangency Berührung
tangent Tangens, Tangente (Math)
tangential tangential, Tangential...
tank Behälter
  tank circuit Oszillatorschwingkreis, Parallelschwingkreis
tantalum Tantal (chem. Element)
tap, to (leicht) anschlagen, anzapfen
  tap off, to abgreifen
tap Abgriff, Fahne, Nase
  tap switch Stufenschalter
tape Streifen, (Ton)Band
  tape cable Bandkabel
  tape cartridge/cassette (Magnet)-Bandkassette
  tape deck Magnetbandgerät
  tape drive (Magnet)Bandlaufwerk
  tape feed Bandtransport
  tape guidance Bandführung
  tape jam Bandsalat
  tape mark Bandmarke
  tape merging Bandverschmelzung
  tape microphone Bändchenmikrofon
  tape recorder Tonbandgerät
  tape recording (Ton)Bandaufnahme
  tape reel Bandspule
  tape spillage Bandsalat
  tape storage Magnetbandspeicher
  tape wear Bandabnutzung
taped program Programm (z.B. Fs) in der Konserve

taper, to abschrägen, spitz zulaufen lassen, (sich) verjüngen
taper allmähliche Abnahme, Konus, Verjüngung
  taper of potentiometer Widerstandsverlauf eines Potentiometers
tapered abgeschrägt, kegelförmig, keilförmig, konisch
  tapered fiber Verjüngung am Ende einer Lichtleitfaser
  tapered potential well abgeschrägter Potentialtopf
tapering ungleichmäßige Belegung
taping machine Bandbewicklungsmaschine
tapped angezapft
  tapped bush Gewindebuchse
  tapped resistor Widerstand mit Anzapfung
tappet Stößel
tapping Anzapfung
  tapping amplifier Mithörverstärker
  tapping point Verzweigungspunkt
  tapping service Abhördienst
target Antikatode, Auftreffplatte, Markierung, Objekt, Target, Ziel
  target category Zielklasse
  target classification Zielklassifizierung
  target computer Abbildungscomputer (Computer, der mit einem automatisch erstellten Maschinenprogramm arbeitet)
  target decision Zielentscheidung
  target diode Rückprallelektrode
  target extraction Zielextraktion
  target glint Echowanderung
  target identification Zielidentifizierung
  target mapping Zielabbildung
  target noise Fluktuation (Schwankung)
  target parameter estimation Zielparameterentwicklung
  target program Objektprogramm, Zielprogramm
  target splitting Zielaufspaltung
tariff Gebührensatz
tarnish, to anlaufen
TASI (time assignment speech interpolation) TASI (Verfahren zur Mehrfachausnutzung von Sprechwegen)
task Arbeit, Aufgabe, Folge von Anweisungen, Problem, (Rechen)Prozeß, Task (Dv; Programmteil)
  task dispatcher Anlaufsteuerungsprogramm
  task management Prozeßsteuerung, Prozeßverwaltung
  task sharing Funktionsteilung
taut straff
  taut-band suspension Spannbandaufhängung (Meßgerät)
tautology Tautologie (Logik)
tax, to in Anspruch nehmen
tax Steuer
taxonomy Taxonomie (Lehre von der Klassifizierung von Objekten)
Taylor series Taylor-Reihe (Math)
TC (temperature coefficient) Temperaturkoeffizient
TC (temperature-compensated) **capacitor** temperaturkompensierter Kondensator
TC (thermocompression) **bonding** Thermokompressionskontaktierung
TC (transmission control) Übertragungssteuerung
TCAM (telecommunications access method) TCAM (Datenfernverarbeitungs-Zugriffmethode)
TCR (temperature coefficient of resistance) Temperaturkoeffizient des Widerstandes

TDM (time-division multiplex) Zeitmultiplex (zeitliche Folgeabtastung der Signale von mehreren Kanälen und Übertragung auf einem Kanal)
TDMA (time-division multiple access) TDMA (Zeitmultiplex mit Vielfachzugriff)
TDR (time-delay relay) Verzögerungsrelais
TE mode TE-Modus (Wellenleiter)
teach, to lehren
teacher Lehrer
teachware Unterrichtsprogramm
team Arbeitsgruppe, Gruppe, Mannschaft
teamwork Gruppenarbeit
tear, to reißen
  tear off, to abreißen
tear Riß, Träne
  tear resistance (strength) Reißfestigkeit
  tear-shaped tränenförmig
tearing Zerreißen
technetium Technetium (chem. Element)
technical technisch, industriell
  technical data technische Werte
  technical standard technische Norm
  technical term Fachausdruck
technician Techniker
technique Technik, Verfahren, Arbeitsweise
  technique for long-range transmission Fernübertragungstechnik
  technique of measurement Meßtechnik
technological technisch, industriell
  technological know-how technisches Wissen
technology Technologie, Technik
tecnetron Hochleistungs-Mehrkanal-FET
TED (television disc) Bildplatte
TED (transferred electron device) TED (Mikrowellenbauelement)

tee junction T-Stück
teflon Teflon (Chem)
TEGFET (two-dimensional-electron GaAs-FET) TEGFET (extrem schneller GaAs-FET mit Heterostruktur)
tele Fern..., Tele...
teleadjusting Ferneinstellen
teleautography Fernzeichen
telecamera (television camera) Fernsehkamera
telecast Fernsehsendung
telecommand Fernsteuern
telecomms (telecommunications) Fernmeldetechnik, Nachrichtentechnik
telecommunication Daten(fern)übertragung, Nachrichtentechnik
  telecommunication equipment Fernmeldegerät
  telecommunication network Fernmeldenetz, Nachrichtennetz
telecommunications Fernmeldetechnik, Nachrichtentechnik
  telecommunications engineering Fernmeldetechnik
teleconference Telekonferenz (Konferenz zwischen örtlich getrennten Teilnehmern)
telecontrol Fernwirken, Fernwirk...
  telecontrol engineering Fernwirktechnik
  telecontrol installation Fernwirkanlage
  telecontrol link Fernwirkverbindung
  telecontrol station Fernwirkzentralstation
  telecontrol transmitter Fernwirksender
telecopy, to fernkopieren
telefax Fernkopieren
telegram Telegramm
telegraph Fernschreiber

telegraph code Fernschreibcode
telegraphic telegrafisch, Telegrafen..., Telegrafie...
telegraphy Telegrafentechnik
teleindication Fernanzeige
teleinformatics Nachrichteninformatik
teleload Fernladen (eines Programms)
telematics Telematik (Gebiet, das die Nachrichtentechnik und die Informatik miteinander verbindet)
telemeter, to fernmessen, Meßwerte übertragen
telemetering Fernmessen, Fernmeßtechnik
telemetry Meßwertübertragung, Telemetrie
telemonitoring Fernüberwachung
teleoperator ferngesteuerter Roboter
telephone Telefon
  telephone answering set Anrufbeantworter
  telephone circuit Telefonleitung
  telephone exchange Fernsprechamt
  telephone network Fernsprechnetz
  telephone receiver Telefonhörer
  telephone set Fernsprechapparat
  telephone subscriber Fernsprechteilnehmer
telephony Fernsprechtechnik
  telephony by wire (drahtgebundene) Fernsprechtechnik
telephoto Fernaufnahme
telephotography Bildtelegrafie, Bildübertragung
teleprinter Fernschreiber
  teleprinter network Fernschreibnetz
teleprocessing Datenfernverarbeitung
  teleprocessing system Datenfernverarbeitungssystem
telepulsing Ferntastung
telescope Fernrohr, Teleskop

telescopic ausziehbar
telescript Fernzeichen
teleseism Fernbeben
telesoftware Telesoftware (Verbreitung von Rechnerprogrammen über Btx)
teleswitching Fernschalten
teletex Bürofernschreiben, Teletex
  teletex terminal Bürofernschreiber, Telexgerät
teletext Videotextsystem
teletype Fernschreiben
  teletype conference Fernschreibkonferenz
  teletype network Fernschreibnetz
  teletype set Fernschreibmaschine
teletypewriter Fernschreiber
teletyping Fernschreiben
televise, to im Fernsehen übertragen
television Fernsehen, Fernseh...
  television band Fernsehbereiche
  television broadcasting Fernsehen
  television camera Fernsehkamera
  television cnannel spacing Fernsehkanalabstand
  television field Halbbild
  television frame Fernsehbild
  television line Fernsehzeile
  television link Fernsehverbindung
  television picture tube Bildröhre
  television transposer Fernsehumsetzer
  television turret Fernsehkanalschalter
telewriter Fernschreiber
telewriting Fernschreiben
telex (teleprinter exchange service) Telex (Fernschreiben)
  telex network Fernschreibnetz
  telex service Telex-Dienst
tell, to befehlen, sagen
tell-tale Anzeiger, Registrierapparat
tellurium Tellur (chem. Element)

TEM (transverse electromagnetic wave) TEM-Welle (Wellenleiter)
TEMEX (telemetry exchange) Fernwirktechnik im Fernsprech- oder Datennetz
tempco (temperature coefficient) Temperaturkoeffizient
temper, to abhärten, abschrecken, tempern
temperate gemäßigt
temperature Temperatur
  temperature change Temperaturänderung
  temperature-compensated temperaturkompensiert
  temperature-concentration diagram Zustandsdiagramm
  temperature cycling Temperaturwechsel
  temperature derating Lastminderung durch Wärmeentwicklung
  temperature derivation Temperaturabweichung
  temperature detector Temperaturfühler
  temperature distribution Temperaturprofil
  temperature drop Temperaturabnahme, Wärmeabnahme
  temperature gauge Temperaturmeßgerät
  temperature heat sink Wärmeabführung
  temperature indication Temperaturanzeige
  temperature level Temperaturwert
  temperature profile Temperaturverlauf
  temperature range Temperaturbereich, Temperaturintervall
  temperature resistance Temperaturfestigkeit
  temperature-responsive temperaturabhängig, temperaturempfindlich
  temperature rise Temperaturanstieg
  temperature-sensing head Temperaturfühler
  temperature-sensitive temperaturabhängig
  temperature span Temperaturbereich
  temperature tracking Temperaturgang
  temperature transmitter Temperaturgeber
tempering Tempern (Entkohlen von Eisen)
  tempering color Anlauffarbe
template Schablone
temporal zeitlich
temporary temporär, vorübergehend, zeitweilig
  temporary current surge kurzer Stromstoß
  temporary disk zeitweilige Spurenzuordnung (auf einer Diskette)
  temporary earthing provisorische Erdung
  temporary error behebbarer Softwarefehler
  temporary file Arbeitsdatei
  temporary magnetism temporärer (vorübergehender) Magnetismus
  temporary memory Pufferspeicher, Zwischenspeicher
  temporary register Zwischen(speicher)register
ten zehn
  ten-position switch zehnstufiger Schalter
  ten-way zehnpolig
tend, to sich nähern, streben nach
tendency Neigung, Richtung, Streben
tender Angebot
tenfold zehnfach
tenon Zapfen
tens/tenth complement Zehnerkomplement
  tens place Zehnerstelle
tensile dehnbar, spannbar, Dehnungs...

tensile strength Zugfestigkeit
tensile stress Zugspannung
tension Spannung
tensionproof zugfest
tensistor Halbleiterdehnmeßstreifen
tensor Tensor (Math)
tentative versuchsweise, vorläufig
tenth ein Zehntel
  tenth complement Zehnerkomplement
TEOS (tetraethylene orthosilicate) TEOS (Chem)
tera Tera (10^{12})
terbium Terbium (chem. Element)
term, to bezeichnen
term Ausdruck, Begriff, (Energie)Term, Glied
  term scheme Energieniveauschema
  term splitting Termaufspaltung
terminal Anschluß, Anschlußgerät, Datenendgerät, Datenstation, Grenzstelle, Klemme, Terminal
  terminal (base) capacity Fußpunktkapazität
  terminal address Anschlußadresse
  terminal block Klemmleiste
  terminal board Anschlußbrett
  terminal configuration Anschlußausführung
  terminal covering Anschlußbelegung
  terminal end Kabelschuh
  terminal entry Dateneingangsterminal
  terminal equipment Datenendstation, Endgerät
  terminal exchange Endamt
  terminal lead Anschlußdraht
  terminal lug Anschlußöse
  terminal marking Klemmenbezeichnung
  terminal node Anschlußknoten, Blatt eines Baumes (Knoten ohne Nachfolger; Graphentheorie)

  terminal pad Anschlußfläche (bei integrierten Schaltungen)
  terminal repeater Fernleitungsendverstärker
  terminal session Sitzung am Terminal
  terminal strip Klemmleiste
  terminal symbol Abschlußsymbol (in einem Programmablaufplan)
  terminal voltage Klemmenspannung
  terminal wire Anschlußdraht
terminate, to abschließen, beenden
terminating endlich, Abschluß..., End...
  terminating diode Abschlußdiode
  terminating exchange Zielvermittlungsstelle
  terminating resistor Abschlußwiderstand
  terminating traffic endender Verkehr
termination Abschluß, Beendigung
terminator Abschlußsymbol (in einem Programmablaufplan)
terminology Erklärung, Terminologie
termiprinter Anschlußdrucker
ternary dreifach, ternär
  ternary compound ternäre Verbindung
terrain Gelände
  terrain-avoidance radar Hinderniswarnradar
terrestrial irdisch, terrestrisch, Erd...
  terrestrial orbit Erdbahn
terrible schrecklich
tertiary tertiär (die dritte Stelle einnehmend)
Tesla Tesla (Einh. d. magnetischen Flußdichte)
tessellate(d) mosaikartig
tesselation automaton zellularer Automat
tesseral regulär

test, to prüfen, untersuchen
  test in site, to am Einsatzort prüfen
  test out, to ausprüfen (z.B. Programm)
test Probe, Prüfung, Test, Untersuchung
  test bench Prüfstand
  test board Prüfplatz
  test busy signal Sperrsignal
  test chart Testbild
  test clip Prüfklemme
  test equipment/instrument Prüfgerät, Testgerät
  test face Prüffläche
  test lead Meßkabel
  test line Prüfzeile
  test log Prüfprotokoll
  test loop Meßschleife
  test loop oscillograph Schleifenoszillograph
  test pattern generator Bildmustergenerator
  test probe Tastkopf
  test prod Prüfspitze
  test regulation Prüfbestimmung
  test routine/schedule Prüfprogramm
  test site Prüfstelle
testability Prüfbarkeit
testing Hauptfunktion bei einem Digitalanschluß (BORSCHT), Prüfen, Prüf...
tetrad Tetrade (Gruppe von vier Dualstellen)
  tetrad code tetradischer Code
tetragon Viereck
tetragonal tetragonal, viereckig, vierzählig
tetrahedral tetraedrisch, vierflächig
tetrahedron Tetraeder (Math)
tetravalent vierwertig
tetrode Tetrode (Vierpolröhre)
TEX (telex) Telex (Fernschreiben)

text Text
  text communication Textkommunikation (Übermitteln von Text in codierter Form)
  text compression Textkompression (Verdichten von Informationen)
  text connection Textbearbeitung
  text editing Textaufbereitung, Textbearbeitung
  text editor Texteditor, Textaufbereitungsprogramm
  text processing system Textautomat
  text terminal equipment Textendeinrichtung
textfax Textfax (punktweise Übertragung von Bildern und zeichencodierte Übertragung von Text)
texture Textur, Struktur
TF (tone frequency) Niederfrequenz, Tonfrequenz
TFET (thin-film FET) TFET (Dünnschicht-FET)
T flip-flop T-Flipflop, T-Kippstufe (Wechsel des Informationsinhaltes bei Anliegen eines H-Signals; von toggle, to = kippen)
TFT (thin-film transistor) Dünnschichttransistor
thallium Thallium (chem. Element)
than als
thank, to danken
that das, der, die, daß, welche(r,s)
thaw, to auftauen
theft Diebstahl
then danach, dann, so
theorem Lehrsatz, Theorem
theory Theorie, Lehre
  theory of combinations Kombinatorik (Math)
  theory of perturbation Störungsrechnung

theory of sets Mengenlehre (Math)
there da, dort
therefore deshalb
therm angels. Energieeinheit
(1 therm = 105,5056·10^6 J)
thermal thermisch, Thermo..., Wärme...
thermal agitation Wärmebewegung
thermal breakdown thermischer Durchbruch, thermische Instabilität
thermal compound Wärmeleitpaste
thermal conductivity Wärmeleitfähigkeit
thermal converter Thermoumformer
thermal cutout thermische Sicherung
thermal data thermische Kenngrößen
thermal decomposition thermische Zersetzung
thermal endurance thermische Beständigkeit
thermal equilibrium thermisches Gleichgewicht
thermal excitation thermische Anregung
thermal fatigue thermische Ermüdung
thermal generation thermische Erzeugung
thermal junction Thermoelement
thermal lag Wärmeverzug
thermal leakage coefficient Ableitungskoeffizient
thermal noise thermisches Rauschen, Wärmerauschen
thermal oxydation thermische Oxidation (Verfahren zum Aufbringen von Silzium(II)-oxid-Schichten auf die Halbleiteroberfläche)
thermal printer Thermodrucker
thermal radiation Temperaturstrahlung
thermal rating thermische Belastbarkeit
thermal resistance Wärmewiderstand
thermal runaway thermische Instabilität
thermal shock Abschrecken
thermal stability Wärmebeständigkeit
thermal strip Bimetallstreifen
thermal strip-printer Thermodrucker
thermal tracking thermischer Gleichlauf
thermal trip Temperaturfühler
thermally thermisch, Wärme...
thermally-compensated temperaturkompensiert
thermally conductive adhesive Wärmeleitkleber
thermally-evaporated thermisch aufgedampft
thermally-excited thermisch angeregt
thermally-grown thermisch aufgewachsen
thermally-released thermisch freigesetzt
thermic thermisch, Thermo..., Wärme...
thermic emission Glühemission
thermion Glühelektron
thermionic glühelektrisch, Röhren...
thermionic cathode Glühkatode
thermionic diode Röhrendiode
thermionic emission Glühemission
thermionic noise thermisches Rauschen
thermionic tube Elektronenröhre
thermionic voltmeter Röhrenvoltmeter
thermistor Heißleiter
thermochemistry Thermochemie
thermocompression bonding Thermokompressionskontaktierung (Kontaktieren von Halbleiterbauelementen durch Einwirkung von Druck und Wärme)
thermocouple Thermoelement
thermode Kontaktierungs...
thermodiffusion Thermodiffusion

thermodynamic equilibrium thermodynamisches Gleichgewicht
thermodynamics Thermodynamik
thermoelectric effect Seebeck-Effekt (Fließen elektrischen Stroms durch Wärmeeinwirkung auf Kontaktstellen aus verschiedenartigen Metallen)
thermoelectric element Thermoelement
thermoelectric series thermoelektrische Spannungsreihe
thermoelectricity Thermoelektrizität
thermoelectron Glühelektron
thermogenerator Wärmeerzeuger
thermographic machine Thermokopiergerät
thermographic paper Thermopapier
thermojunction Thermokontakt, Lötstelle
thermometer Thermometer
thermometry Thermometrie, Wärmemessung
thermopile Thermosäule
thermoplastic warmverformbar
thermoplastic thermoplastischer Werkstoff
thermosetting wärmehärtbar
thermosonic bonding Wärme-Ultraschall-Kontaktierung
thermostat Thermostat
thermovoltage Thermospannung
thesaurus Thesaurus (Titel wissenschaftlicher Sammelwerke)
these diese
thesis Lehrsatz
theta Gehirnwellen von 3,5 Hz bis 7,5 Hz
Thévenin's theorem Satz von der Ersatzspannungsquelle
thick dick
  thick-film Dickschicht...
  thick-film circuit Dickschichtschaltung

  thick-film hybrids Dickschichtschaltungen aus integrierten Schaltungen, diskreten Halbleiterbauelementen und Dickschichtwiderständen
thicken, to eindicken
thickness Dicke
  thickness gauge Dickenmesser
  thickness shear mode Dickenschermodus
thimble Fingerhut, Kausche, Meßring
thin dünn
  thin-film Dünnschicht...
  thin section Dünnschicht, Dünnschnitt
  thin-walled dünnwandig
thing Ding, Sache
think, to denken
  think time Wartezeit eines Benutzers am Terminal
thinning Dünnätzen, Verdünnung
third dritte(r,s), Drittel, Terz
  third-choice route Drittweg
Thomson bridge Thomson-Meßbrücke
Thomson's rule Thomsonsche Schwingungsgleichung
thoriated thoriert (mit Thorium beschichtet), Thorium...
thorium Thorium (chem. Element)
thorough gründlich
those jene
though obwohl, wenn auch
thought Gedanke, Überlegung
thousand tausend
thousandth Tausendstel
thrash, to besiegen, schlagen
thrashing Flattern, Niederlage, Systemverklemmung (Dv), Überlasten
thread, to aufreihen, einfädeln, einlegen (z.B. Film)
thread Faden, Faser, Gewindegang, Gruppe kleiner Programmbausteine

thread angle Steigwinkel (einer Schraube)
thread boring Aufnahmegewinde
thread electrometer Fadenelektrometer
threaded file gekettete Datei
threaded tree Fädelung
three drei
  three-angled dreieckig
  three-condition circuit Dreizustandsschaltung
  three-core dreiadrig
  three-digit dreiziffrig
  three-dimensional lattice Raumgitter
  three-dimensional sound Raumklang
  three-faced dreiflächig
  three-finger rule Dreifingerregel
  three-five compound Drei-Fünf-Verbindung (z.B. GaAs)
  three-layer Dreischicht...
  three-layer diode Diac (Leistungsbauelement)
  three-level Dreiniveau...
  three-part dreiteilig
  three-phase Dreiphasen...
  three-phase current Drehstrom
  three-phase transformer Dreiphasentransformator, Drehstromtransformator
  three-pin dreipolig
  three position controller Dreipunktregler
  three-state Schaltung mit drei Ausgangszuständen, Dreizustands...
  three-state output Ausgang mit drei möglichen Zuständen
  three-step controller Dreipunktregler
  three-term(ed) dreigliedrig
  three-terminal dreipolig
  three-turn dreigängig
  three-valued dreiwertig
  three-way dreipolig, Dreiweg...

  three-way jack dreipolige Klinke
threefold dreifach, dreizählig
thresh, to besiegen, schlagen
threshing Systemverklemmung (Dv), Niederlage
threshold Schwelle, Schwellwert
  threshold current Schwellenstrom
  threshold field Schwellenfeld
  threshold frequency Grenzfrequenz
  threshold level Schwellwert
  threshold logic Schwellwertlogik
  threshold of audibility/hearing Hörschwelle
  threshold of pain Schmerzschwelle
  threshold of sensation Reizschwelle
  threshold response Grenzempfindlichkeit
  threshold switch Grenzschalter
  threshold yield Grenzausbeute
throat Kehle, Hals, Rachen
  throat microphone Kehlkopfmikrofon
through durch
  through-connecting delay Durchschalteverzögerung
  through connection Durchkontaktierung
  through-connection phase Koppelphase
  through-hole Durchgangsloch
  through-hole connection durchplattiertes Loch
  through-hole contacting Durchkontaktieren
  through level absoluter Spannungspegel
  through-plated durchkontaktiert, durchplattiert
  through switching Durchschalten
throughput Datendurchlauf, Durchsatz, Durchgangsleistung
  throughput class Durchsatzklasse
  throughput of problems Anzahl der behandelten Probleme

throw, to werfen
throw Zeilensprung
  throw-over switch Wechselschalter
throwing range Wurfweite
thrown geschlossen
thru s. through...
thrust Schub, Stoß
  thrust bearing Drucklager
thulium Thulium (chem. Element)
thumb Daumen
  thumb-operated daumenbetätigt
  thumb rule Faustregel
thumbwheel (switch) Daumenradschalter, Codierschalter, Drehschalter
thump niederfrequentes Geräusch
thunder Donner
thunderbolt Blitzschlag
thunderstorm Gewitter
thus auf diese Weise, so
thyratron Thyratron (mit Edelgas gefüllte Elektronenröhre als Schaltelement)
thyristor Thyristor (Leistungsbauelement)
  thyristor-controlled thyristorgesteuert
tick (Teil)Strich, Ticken
ticketing Festhalten der Gesprächsdaten
tickler Notizblock, Problem
  tickler coil Rückkopplungsspule
tidal Gezeiten...
tide Flut
tidy ordentlich, sauber
tie, to (ver)binden
  tie to ground, to an Masse legen
  tie line Koppelleitung, Mietleitung, Querverbindung, Verbindungsleitung
  tie point Sammelpunkt
  tie trunk Querverbindungsleitung
tight dicht, fest, streng

tight beam eng gebündelter Strahl
tight coupling starke Kopplung
tighten, to abdichten, (fest) anziehen
tightening torque Anzugsdrehmoment
tightly bound fest gebunden
till bis
tilt, to kippen, neigen, (zusammen)klappen
tilt Dachschräge, Neigung
  tilt angle Neigungswinkel
tilting Kippen, Umlegen eines Schalters
time, to zeitlich festlegen
time Mal (Math), Takt, Zeit, Zeitpunkt, ...mal
time and again hin und wieder
time axis Zeitachse
time base Zeitablenkung, Zeitbasis
time-base amplifier Ablenkverstärker
time-base circuit Kippschaltung
time-base encoder Sägezahncodierer
time-base frequency Kippfrequenz
time behaviour zeitliches Verhalten
time between refresh Auffrischwiederholzeit
time-delay fuse träge Sicherung
time-delay period Laufzeit
time-delay scanned laufzeitgesteuert
time-division multiplex Zeitmultiplex mit Vielfachzugriff
time-domain reflectometry Impulsreflektometrie
time frame Empfangszeitraum
time interleaving Zeitverschachtelung
time lapse Zeitdauer, Zeitraffung
time of collision Stoßzeit
time-of-day clock Datumsprogramm
time of persistence Nachleuchtdauer
time-out zeitliche Begrenzung eines Befehlsablaufes, Zeitüberwachung

time pattern   Zeitplan
time-pulse metering   Zeilenimpulszählung
time scheduling   Terminplanung, Zeitverwaltung
time-shared   zeitlich verzahnt, zeitgestaffelt
time sharing   Zeitmultiplex-Betrieb (in einem Teilnehmer-Rechensystem, bei dem sequentiell den einzelnen Teilnehmern Rechenzeitanteile zugeordnet werden), Zeitverschachtelung
time-sharing system   Teilnehmersystem
time slice   Zeitscheibe
time-slice simulation   periodenorientierte Simulation
time slicing   zeitlich verzahnte Verarbeitung
time slot   Zeitkanal
time standard   Zeitnormal
time swing   Zeithub
time switch   Schaltuhr, Zeitschalter
time-true simulation   zeittreue Simulation
timelag   träge
timelag relay   Zeitrelais
timepiece   Uhr
timer   Impulsgeber, Timer, Zeitgeber, Zeitglied
  timer circuit   Zeitsteuerschaltung
times   mal
timing   Ablaufsteuerung, Taktsteuerung, Zeitsteuerung
  timing angle   Verstellwinkel
  timing capacitance   Verzögerungskapazität
  timing circuit   Zeitgeberschaltung, Zeitschaltung
  timing cycle   Taktzyklus
  timing diagram   Zeitablaufdiagramm
  timing error   Taktzeitfehler

  timing generator   Synchronisiereinheit, Zeitgenerator
  timing recovery   Taktwiedergewinnung
  timing relay   Verzögerungsrelais
  timing sequence   Taktfolge, Zeitschaltfolge
tin   Zinn (chem. Element)
  tin foil   Stanniol...
  tin-plated   verzinnt
tinge   Farbton
tinning   Verzinnen
tint   Färbung, Tönung
tiny   winzig
tip   Spitze
tipping   (Um)Kippen, Verkanten
tire, to   ermüden
tire   Mantel, Reifen
titanium   Titan (chem. Element)
title   Titel
  title format   Textformat
T-junction   T-Stück
TNFE (twisted nematic field-effect) display   TNFE-Anzeige (Technik bei Flüssigkristallanzeigen)
TO (transistor outlines)   Transistorgehäuseabmessungen
TO (teraohm) meter   Tera-Ohmmeter
to   bis, nach, zu
  to a large extend   weitgehend
today   heute
together   zusammen
toggle, to   kippen
toggle   Kipphebel, Knebel, Kipp...
  toggle flip-flop   T-Flipflop, T-Kippstufe (Wechsel des Informationsgehaltes bei Anliegen eines H-Signals)
  toggle rate   Kippgeschwindigkeit
  toggle switch   Kippschalter, Wechselschalter
token   (Kenn)Zeichen, (Unterscheidungs)Merkmal

token passing Token Passing (Paketvermittlungsverfahren für Bus- und Ringnetze)
token table Zeichentabelle
tolerance Toleranz (Differenz zwischen Soll- und Istwert), zulässige Abweichung
tolerate, to zulassen, tolerieren
tolerated stress Grenzbeanspruchung
toll Fernsprechgebühr, Tribut, Zoll
  toll cable Fernleitungskabel
  toll call Fernruf
  toll network Fernnetz
ton angloam. Gewichts- und Masseeinheit (1 ton = 1016,0470 kg)
  ton-force angels. Krafteinheit (1 ton-force = 9964,015 N)
  ton-weight amerik. Krafteinheit (1 ton-weight = 9964,015 N)
tonal tonal (auf einen Grundton bezogen), Ton...
tonalizer Klangfarbenregler
tone Klang, Ton, Ton...
  tone burst hochfrequenter Schwingungsimpuls
  tone control Klangregelung, Tonregelung
  tone-control aperture Tonwertblende
  tone dialling Drucktastenwahl
  tone frequency Tonfrequenz
  tone quality Klangfarbe, Tonqualität
  tone scale Tonleiter
  tone wedge Tonwertskala
tongue Zunge
too allzu, auch, zu
  too line Fernleitung
tool Gerät, Werkzeug
tooling Arbeitsvorbereitung
top Dach, Gipfel, höchster Punkt, Oberteil, Spitze

top höchste(r,s), oberste
  top capacity Endkapazität
  top-down programming Programmierung vom Allgemeinen zum Speziellen (hierarchische Programmgliederung)
  top face Oberseite
  top limit obere Grenze
  top load Dachkapazität
  top margin oberer Rand
  top-of-form Blattanfang
  top panel Frontplatte
  top quality Spitzenqualität
  top side Oberseite
topography Oberflächenanordnung auf einem Chip, Topographie (Lagebeschreibung)
topology Netzstruktur, Topologie
torch Brenner, Flamme
  torch battery Taschenlampenbatterie
toroid Ringkern, Toroid
  toroid core Ringkern
toroidal ringförmig
  toroidal coil Ringspule
  toroidal inductor Ringkernspule, Toroidspule
torque Drehmoment
torr veralt. Druckeinheit (1 Torr = 0,133 Pa)
torsion Torsion, Verdrehung
  torsion of crystals Verdrehung von Kristallen
torsional force Drehkraft
tortuous geschlängelt
torus Ringkörper
TOS (tape operating system) Bandbetriebssystem
total Endsumme
total gesamt, total, Gesamt..., Total...
  total defect Totalfehler
  total distortion Summenklirrfaktor
  total failure Totalausfall

total loss reference equivalent Gesamtbezugsdämpfung
total recovery vollständige Wiederherstellung
total reflection Totalreflexion
total solid angle amerik. Winkeleinheit (4π Steradiant)
total transmission loss Systemdämpfung
totalize, to summieren
totem pole circuit Totem-Pole-Schaltung (Endstufe bei Digitalschaltungen; wörtl.: Totem-Pfahl)
touch, to berühren
touch key Berührungstaste
touch potential Fehlerspannung
touch-tone calling Tastaturwahl
touching key Berührungstaste
touchscreen Kontaktbildschirm (Ansprechen von Daten und Befehlen durch Fingerberührung des Bildschirms)
tough zäh
toward(s) auf...zu
tower Turm
township amerik. Flächeneinheit (1 township = $9{,}32 \cdot 10^7$ m^2)
T-pad T-Netzwerk
tpi (tracks per inch) Spuren pro Zoll
trace, to schreiben, verfolgen, ziehen (einer Linie)
trace Ablaufverfolgung (Programm), Bildspur, Leuchtspur, Schreibspur, Spur
  trace blanking Strahlaustastung
  trace brightness/brilliance Spurhelligkeit
  trace display Spurdarstellung
  trace identification Spurkennzeichnung
  trace interval Zeitabtastdauer
  trace line Kurve
  trace recorder Kurvenschreiber
  trace speed Schreibgeschwindigkeit
tracer Fühler, radioaktiver Indikator, Taststift
  tracer color Kennfarbe
tracing routine Überwachungsprogramm
track, to nachlaufen, verfolgen
track (Leiter)Bahn, Spur
  track capacity Spurkapazität
  track evaluation Spurbildung
  track game Verfolgungsspiel
  track hold Spurschutz
  track initiation Spurinitiierung
  track layout Spuraufteilung
  track location Spurabstand
  track pitch Spurabstand, Spurteilung
  track plotter Kurvenschreiber
  track production Spurbildung
  track-resistant kriechstromfest
  track spacing Spuraufteilung, Spurabstand
  track splitting Spurverzweigung
  track width Spurbreite
trackball Rollkugel
tracking Gleichlauf, Nacheilung, Spureinstellung, Verfolgung
tracking geführt, gleichlaufend, mitlaufend
  tracking controller Folgeregler
  tracking current Kriechstrom
  tracking error Nachlauffehler
  tracking filter Mitlauffilter
  tracking network gleichlaufendes Netzwerk
  tracking path Kriechstrecke
  tracking resistance Kriechstromfestigkeit
  tracking symbol Nachführsymbol
tracks per inch Spuren pro Zoll
trade, to ausnutzen, handeln, (Waren) liefern

trade-off Kompromiß
traditional herkömmlich
traffic (Nachrichten)Verkehr
  traffic amount Verkehrsmenge
  traffic carried (Verkehrs)Belastung
  traffic computer Verkehrsrechner
  traffic handling theory Verkehrstheorie
  traffic intensity Verkehrswert
  traffic load Verkehrsbelastung
  traffic measuring error Verkehrsmeßabweichung
  traffic offered Verkehrsangebot
  traffic simulation Verkehrsnachbildung, Verkehrssimulation
  traffic theory Nachrichtenverkehrstheorie
  traffic unit amerik. Bezeichnung f. die Einh. Erlang (Verkehrswert)
  traffic volume Verkehrsmenge, Verkehrsumfang
trail, to hängen, nacheilen, (nach-)schleppen
trail Schwanz, Spur, Weg
trailer Lichtstreifen, Nachsatz (Dv)
  trailer block Ergänzungsblock
  trailer card Folgekarte
  trailer label Datei-Endkennsatz
trailing hängend, nacheilend
  trailing aerial Schleppantenne
  trailing blanks nachfolgende Nullen
  trailing contact Schleppkontakt (Relais)
  trailing edge abfallende Flanke, verwischte Bildkante
  trailing zeros nachfolgende Nullen
train, to lernen, richten, schulen, zielen (auf)
train Reihe, Serie
  train of impulses Folge von Impulsen, Impulsreihe

  train of successive pulses Impulsreihe
  train printer Kettendrucker
trajectory (Flug)Bahn, Trajektorie (Math), Umlaufbahn
  trajectory parabola Wurfparabel
TRAN (transmit) senden
transaction file Bewegungsdatei
transaction processing Dialogverarbeitung
transadmittance Durchgangsscheinleitwert, Gegenscheinleitwert, komplexe Steilheit, Transadmittanz
transborder grenzüberschreitend
transceiver Sende-Empfangsgerät
transcendental transzendent (Math)
transcoder Umcodierer
transconductance Durchgriff, Gegenleitwert, Steilheit, Übertragungsleitwert (Röhre)
transcribe, to aufzeichnen, kopieren, umschreiben
transcriber (Code)Umsetzer, Übersetzer
transcription Übertragung, Umschreibung
transducer Aufnehmer, Meßwandler, Schallwandler, Umformer, Wandler
  transducer converter Meßwertwandler
  transducer loss Übertragungsverlust
transductor magnetischer Verstärker
transfer, to befördern, springen, transportieren, übertragen, weiterleiten (Dv), versetzen
  transfer heat by conduction, to durch Wärmeleitung übertragen
  transfer of data, to Daten übertragen
  transfer one character at a time, to Zeichen für Zeichen übertragen
transfer Überführung, Übertragung, Umschaltung, Umspeicherung

transfer admittance Übertragungsleitwert
transfer characteristic Übertragungskennlinie
transfer check Übertragungsprüfung
transfer constant Übertragungsmaß
transfer current Transferstrom
transfer function Übertragungsfunktion, Umwandlungsfunktion (Dv)
transfer impedance gegenseitiger Scheinleitwert
transfer locus Ortskurve (des Frequenzgangs)
transfer loss Übergangsdämpfung
transfer rate Übertragungsgeschwindigkeit
transfer ratio Übertragungsverhältnis
transfer to another number Anrufumleitung
transference Übertragung
transferred arc welding Plasmalichtbogenschweißen
transform, to transformieren, umformen, umsetzen, umwandeln
transform Transformierte (Math)
  transform coding Transformationscodierung
transformation Transformation, Umsetzung, Umwandlung
  transformation ratio Übersetzungsverhältnis, Umspannungsverhältnis
transformer Transformator, Übertrager, Umsetzer
  transformer-coupled transformatorgekoppelt
  transformer loss Transformatorverlustleistung
  transformer ratio Übersetzungsverhältnis
  transformer vault Transformatorzelle
transforming section Anpassungsglied

transient Ausgleichsvorgang, Einschwingverhalten, Übergang, Übergangsvorgang
transient kurzzeitig auftretend, nichtstabil
  transient analysis Einschwinganalyse, Transienten-Analyse
  transient behaviour Einschwingverhalten
  transient characteristic Übertragungsverhalten
  transient current Ausgleichsstrom, Übergangsstrom
  transient error vorübergehender Fehler
  transient imperfection vorübergehende Störung
  transient load angle veränderlicher Lastwiderstand
  transient oscillation Einschwingen
  transient overshoot Überschwingweite
  transient overvoltage suppressor Überspannungsbegrenzer
  transient period Einschwingzeit
  transient power Einschaltleistung
  transient protection Schutz gegen Einschwingvorgänge
  transient recorder Transienten-Recorder (Gerät zur Zwischenspeicherung analoger Meßgrößen)
  transient response Einschwingvorgang, Frequenzgang, Übergangsfunktion, zeitliches Regelverhalten
  transient response time Einschwingzeit
  transient suppressor diode Spannungsbegrenzerdiode
  transient time Einschwingzeit
  transient wave Überspannungswelle, Wanderwelle
transimpedance Transimpedanz (Vierpol)

transinformation (transferred information) Transinformation, wechselseitiger Informationsgehalt
    transinformation content Transinformationsgehalt
    transinformation rate Transinformationsfluß (einer Nachrichtenverbindung)
transistor (transfer resistor) Bipolartransistor (im üblichen Sprachgebrauch: Transistor)
    transistor action Wirkungsweise eines Transistors
    transistor equivalent circuit Transistorersatzschaltbild
    transistor failure Transistorausfall
    transistor-instrumented/maintained transistorisiert
    transistor scaler Transistoruntersetzer
    transistor seconds nach der ersten Fertigungsprüfung verbleibende Transistoren
    transistor switch Transistorschalter
    transistor-transistor-logic TTL (Transistor-Transistor-Logik)
transistorized transistorisiert
transit Durchgang, Übergang, Transit...
    transit angle Laufzeitwinkel
    transit exchange Durchgangsvermittlungsstelle
    transit time Durchgangszeit, Laufzeit, Umschlagzeit
    transit traffic Durchgangsverkehr
transition Übergang(szeit)
    transition band Übergangsbereich
    transition capacitance Sperrschichtkapazität
    transition layer/region Übergangsbereich (Hl)
    transition table Übergangstabelle
    transition temperature Übergangstemperatur
    transition time Schaltzeit, Sprungzeit, Übergangszeit
transitional function Übergangsfunktion
translate, to parallel verschieben, übersetzen, umsetzen
translation Parallelverschiebung, Translation (Phys), Übersetzung, Umrechnung, Umsetzung (Dv)
translator Übersetzer, Übersetzungsprogramm, Umsetzer, Zuordner
translatory fortschreitend, parallel
transliteration Transliteration (Überführen von Zeichen von einem Alphabet in ein anderes), Umcodierung
translucence Lichtdurchlässigkeit
translucent durchscheinend, transparent
transmissibility Übertragbarkeit
transmissible durchlässig, übertragbar
transmission Ausbreitung, Sendung, Übermittlung, Übertragung, Transmission (Durchlässigkeit)
    transmission band Sendeband
    transmission code Übertragungscode
    transmission curve Durchlaßkurve
    transmission grating Durchlaßgitter
    transmission limit Durchlässigkeitsgrenze
    transmission line Freileitung, Übertragungsleitung
    transmission loss Betriebsdämpfung, Durchgangsdämpfung
    transmission method with negative acknowledgement Rückfragebetrieb
    transmission of information Nachrichtenübermittlung
    transmission on demand Abfragebetrieb, Aufrufbetrieb

transmission securing Betriebssicherung
transmission variation Übertragungsabweichung
transmission with information feedback Echobetrieb
transmissivity Durchlässigkeit
transmit, to ausbreiten, senden, übertragen
transmit Übertragung
  transmit channel Sendekanal
  transmit function Übertragungsfunktion
  transmit mode Sendebetrieb
  transmit-on-interrogation Übertragung auf Anfrage
  transmit-receive circuit Sende-Empfangs-Schaltung
  transmit-receive tube TR-Röhre (Sende-Empfangs-Röhre)
transmittal mode Übertragungsbetriebsart
transmittal of information Nachrichtenübermittlung
transmittance Durchlässigkeit, Transmissionsgrad
transmitted frequency Senderfrequenz
transmitted light Durchlicht
transmitted wave durchgelassene Welle
transmitter Meßumformer, Sender, Übertrager, Transmitter
  transmitter capsule Sprechkapsel
  transmitter frequency Senderfrequenz
transmitting Sende...
  transmitting medium Übertragungsmedium
  transmitting plant Sendeanlage
  transmitting power Sendeleistung
  transmitting station Sendeanlage
transmutation Umwandlung
transnational grenzüberschreitend
transonic Überschall...
transparency Transparenz (Lichtdurchlässigkeit)
transparent codeunabhängig, durchsichtig, lichtdurchlässig
transponder Antwortgerät, Transponder, Umsetzer
  transponder dead time Transpondertotzeit
transport, to befördern, transportieren
transport Beförderung, Transport
  transport equation Transportgleichun
  transport layer Transportschicht
transportation Beförderung, Transport
transpose, to transponieren, umstellen, verdrillen, vertauschen
transposition Austausch, Transaktion, Transponierung, Umsetzung, Vertauschung, Vorgang
  transposition error Transpositionsfehler
transrectifier Gleichrichter
transversal Transversale
transversal transversal, Transversal...
  transversal recording Querspurverfahren
transverse quer laufend, transversal, Quer...
  transverse-beam traveling-wave tube Querstrahl-Wanderfeldröhre
  transverse electromagnetic wave TEM-Welle (transversal-elektromagnetische Welle)
  transverse magnetic wave TM-Welle, transversal-magnetische Welle
  transverse mode T-Mode, transversale Eigenschwingung, transversaler Modus
  transverse route Querverbindung
  transverse testing Querprüfung
  transverse wave Transversalwelle

trap, to anlagern, (ein)fangen, springen (Dv)
trap Falle, (prozeßbedingte) Programmunterbrechung, Sperre, (Zeit)Haftstelle
trap coefficient Haftkoeffizient
trap site Einfangstelle
TRAPATT (trapped plasma avalanche transit-time) **diode** TRAPATT-Diode (Mikrowellendiode)
trapezoid Trapez (Math)
trapezoidal trapezförmig
trapezoidal integration Trapezintegration
trapped electron angelagertes Elektron
trapped mode Wellenleiterausbreitungsmodus
trapping Anlagerung, Einfang, nichtprogrammierter Sprung
trapping site Haftstelle
travel, to (sich) ausbreiten, (sich) bewegen, (sich) fortpflanzen, wandern, reisen
travel aid Fortbewegungshilfe
traveling field motor Wanderfeldmotor
traveling light spot wandernder Lichtfleck
traveling plane wave fortschreitende ebene Welle
traveling salesman problem Handelsreisendenproblem (Optimierungsproblem)
traveling wave Wanderwelle
traveling-wave magnetron Wanderfeld-Magnetron
traveling-wave tube Wanderfeldröhre
traverse, to durchlaufen, durchqueren, überqueren
traverse track Querspur
tray Einschub, Magazin (Wafer), Tablett, Trog

treat, to behandeln
treat numerically, to numerisch behandeln
treating Behandlung
treating time Behandlungszeitraum
treatment Behandlung
treble dreifach, schrill, Diskant...
treble hoher Ton
tree Baum
tree-type network Baumnetz
treeing Verästelung
tremble, to beben, zittern
trembling Zittern
tremendous ungeheuer
tremor Beben, Stoß, Zittern
trend Richtung, Trend
tresh, to schlagen, besiegen
triac Triac, Zweirichtungsthyristortriode
triad Triade (aus drei Einheiten bestehend)
triadic triadisch, dreigliedrig
trial Erprobung, Probe, Versuch
trial-and-error method empirisches Ermittlungsverfahren
trial equipment Versuchsanlage
trial run Probelauf
triangle Dreieck, Dreiecks...
triangle waveform Dreieckswelle
triangular dreieckig, Dreieck...
triangular dipole Spreizdipol
triangular voltage Dreiecksspannung
triangular wave Dreiecksschwingung
tribit Tribit (drei zusammenhängende Bits)
triboelectric reibungselektrisch
tributary station Trabantenstation
trick Kunstgriff, Trick
trickle charge Pufferladung
tricolor dreifarbig
tridimensional dreidimensional

TRIFET (trimmed resistor implanted FET) TRIFET (FET mit implantiertem Widerstand)
trigger, to ansteuern (durch Impulse), auslösen, kippen, triggern
trigger Auslöseimpuls, Triggerimpuls
  trigger circuit Triggerschaltung
  trigger current Auslösestrom
  trigger diode thyristor Triggerthyristordiode
  trigger module Triggerbaustein
  trigger pulse Triggerimpuls, Auslöseimpuls
triggering Auslösung, Triggern
trigistor Trigistor (bistabiles PNPN-Halbleiterbauelement mit Flipflop-Eigenschaften)
trigonal dreieckig, trigonal
trigonometric trigonometrisch
trihedral dreiflächig
trilateral dreiseitig
trillion Billion (USA), Trillion
trim, to abgleichen
trim shield Abschlußblende
trimmer Trimmer
  trimmer capacitor Abgleichkondensator, Trimmerkondensator
trimming Abgleich, Nachstimmen, Trimmen
  trimming capacitor Abgleichkondensator
  trimming resistor Abgleichwiderstand
  trimming screw Justierschraube
trimode drei Zustandsarten
trinistor Trinistor (Vierschicht-Halbleiterbauelement)
trinitron tube Trinitronröhre (Farbbildröhre)
trinomial dreigliedrig
triode Triode (Elektronenröhre mit drei Elektroden)

trip, to auslösen, entriegeln
  trip on and off, to ein-ausschalten
trip Auslöser
  trip coil Erregerspule
  trip voltage Auslösespannung
triplate Triplate(leitung) (Führung eines Streifenleiters zwischen zwei metallischen Leitern)
triple, to (sich) verdreifachen
triple dreifach, Dreifach...
  triple bond Dreifachbindung
  triple-diffused dreifach diffundiert
tripler Frequenzverdreifachung
triplet Triade (aus drei Dingen bestehend), Triplett (drei untereinander verbundene Serien eines Linienspektrums)
tripping behende, flink
  tripping current Auslösestrom
  tripping relay Auslöserelais
trisistor Trisistor (schnellschaltendes Halbleiterbauelement)
tristable tristabil
tristate Dreizustands...
tritium Tritium (Wasserstoffkern mit drei Neutronen)
trivalent dreiwertig
trivial trivial (alltäglich, gewöhnlich)
trochoid Trochoide (Radkurve)
trochotron Trochotron (Schaltröhre)
tropical tropisch, Tropen...
tropicproof tropenfest
troposphere Troposphäre (unterste Luftschicht der Atmosphäre zwischen 9 km und 18 km Höhe)
trouble Fehler, Schwierigkeit, Störung
  trouble indication Störungsanzeige
troublefree fehlerfrei, störungsfrei
troubleshoot(ing) Fehlersuche

true echt, gültig, richtig, tatsächlich, wahr (Logik)
  true complement B-Komplement (Dv)
  true-motion display Absolutkursdarstellung
  true north geographischer Nordpol
  true power Wirkleistung
  true resistance reeller Widerstand
  true rms (root mean square) echter Effektivwert
  true to scale maßstabsgetreu
truncate, to abbrechen, (ab)runden, abschneiden, zurechtstutzen
truncation Abschneiden
  truncation error Abschneidefehler (durch Abschneiden von Zahlenstellen)
trunk Fernleitung, Kanal, Leitung, Rumpf, Verbindungsleitung
  trunk amplifier Streckenverstärker
  trunk cabel Fernkabel
  trunk circuit Leitungssatz
  trunk code Ortskennzahl
  trunk exchange Fernvermittlungsstelle
  trunk group Leitungsbündel
  trunk hunting alternative Fernleitungsverbindung
  trunk line Amtsleitung, Verbindungsleitung
truth Wahrheit
  truth table Wahrheits(wert)tabelle
  truth value Wahrheitswert
try, to versuchen
T-section T-Schaltung
TTC (teletex-telex converter) TTU (Teletex-Telex-Umsetzer)
TTL (transistor-transistor logic) TTL (Transistor-Transistor-Logik)
TTY (teletypewriter) Fernschreiber
tub Wanne

tube Röhre, Röhren...
  tube bridge Röhrenmeßbrücke
tubular röhrenförmig, zylindrisch, Rohr...
  tubular capacitor Rohrkondensator
  tubular lamp Soffittenlampe
  tubular plate Röhrchenplatte
  tubular resistor Rohrwiderstand
  tubular terminal lug röhrenförmiger Anschluß
tumbler Zuhaltung
  tumbler switch Kippschalter
tunability Abstimmbarkeit
tunable abstimmbar, durchstimmbar
tune, to abstimmen, durchstimmen
tuned abgestimmt
  tuned amplifier Resonanzverstärker
  tuned circuit Abstimmkreis, Oszillatorschwingkreis
  tuned-plate tuned-grid oscillator Huth-Kühn-Oszillator
  tuned relay Resonanzrelais
  tuned to resonance auf Resonanz abgestimmt
  tuned transformer Resonanztransformator
tuner Kanalwähler, Tuner
tungsten Wolfram (chem. Element)
  tungsten lamp Lampe mit Wolframdraht
tuning Abgleich, Abstimmen
  tuning coil Abstimmspule
  tuning diode Abstimmdiode
  tuning eye magisches Auge
  tuning fork Stimmgabel
  tuning pitch Normstimmton
tunnel Tunnel, Windkanal
  tunnel diode Tunneldiode
  tunnel effect Tunneleffekt
tunneling Tunneln
  tunneling current Tunnelstrom

turbidimeter Trübungsmesser
turbulence Turbulenz (Wirbelbildung)
Turing machine Turing-Maschine (Automatentheorie)
turn, to drehen
  turn off, to abschalten, ausschalten
  turn on, to anschalten, einschalten
  turn out, to sich herausstellen, produzieren
  turn to, to einstellen auf
turn Drehung, Umdrehung, Wendung, Windung (einer Spule)
  turn-off Abschalten
  turn-off delay Abschaltverzögerung
  turn-off speed Abschaltgeschwindigkeit
  turn-off time Abschaltzeit, Ausschaltzeit
  turn-off transient Ausschaltvorgang
  turn-on delay Einschaltverzögerung
  turn-on time Einschaltzeit
  turn-on voltage Einsatzspannung
  turn-over frequency Übergangsfrequenz
  turn-over voltage Abbruchspannung
  turn switch Drehschalter
turnaround time Umschlagzeit, Verweilzeit
turning point Wendepunkt
turnkey Programm, das anwenderorientiert aufbereitet wird
turns ratio Übersetzungsverhältnis, Windungsverhältnis
turnstile (antenna) Drehkreuzantenne
turret Kanalschalter, Revolverkopf
tutorial Lehrmaterial
TV (television) Fernsehen
  TV home receiver Fernsehempfänger
  TV tuner Fernsehtuner, Kanalwähler
tweeter Hochtonlautsprecher
twice doppelt, zweifach, zweimal

twilight Dämmerung, Halbdunkel
  twilight switch Dämmerungsschalter
twin (Kristall)Zwilling, symmetrische Doppelleitung
twin doppelt, zweifach, Doppel...
  twin cable zweiadriges Kabel
  twin check Duplizierprüfung
  twin circuit Doppelleitung
  twin lead Paralleldrahtleitung
  twin line Bandleitung
  twin scale Doppelskala
  twin-T-circuit Doppel-T-Schaltung
  twin wiper contact Doppelschleifkontakt
twinning Zwillingsbildung (Kristall)
twinplex Telegrafie im Sprachband
twist, to (ver)drehen, verdrillen, rotieren, standhalten, widerstehen, wickeln
twist Drall, Biegung, Verwindung, Windung (spez.: Amplitudenverhalten zweier Schwingungen unterschiedlicher Frequenz)
twisted geflochten
  twisted pair verdrillte Doppelleitung
two zwei
  two-axis plotter XY-Schreiber
  two-brake-before-make contact Umschaltkontakt
  two-cavity klystron Zweikammerklystron
  two-figure zweistellig
  two-layer zweilagig, zweischichtig
  two-level signal Binärsignal
  two-out-of-five code 2-aus-5-Code
  two-part zweiteilig
  two-phase current Zweiphasenstrom
  two-place zweistellig
  two-point probe direct current method Zweisonden-Gleichstromverfahren

two-port Vierpol
two-position action control Zweipunktregelung
two-resonator klystron Zweikammer-Klystron
two-stage zweistufig, Zweistufen...
two-state Zweizustands...
two-step Zweistufen..., Zweischritt...
two-terminal zweipolig
two-way binär, wechselseitig
two-way beamwidth Zweiweghalbwertsbreite
two-way contact Wechselkontakt
two-way switch Wechselschalter
two-wire switching Zwei-Draht-Durchschaltung
twofold zweifach, zweizählig
two's complement Zweierkomplement
Twystor Twystor (hybride Mittelwellenröhre hoher Leistung)
type, to eingeben, eintasten
type Art, Sorte, Typ
  type area Satzspiegel
  type character Druckbuchstabe, Letter
  type designation Typenkennzeichnung
  type font Druckzeichen, Schriftart, Schriftkopf
  type of current Stromart
typeface Schriftbild
typehead Kugelkopf
typesetting Satz (Typographie)
typestyle Schriftart
typewheel Typenrad
typewriter Schreibmaschine
typhoon Taifun
typical charakteristisch, typisch
typing hours Schreibzeit
typography Buchdruckerkunst, Typographie
typotron Typotron (Sichtspeicherröhre)

U

u-antenna U-Antenne
UART (universal asynchronous receiver-transmitter) UART (vielfach verwendbarer asynchroner Empfänger-Sender)
U-connection U-Verbindung
UDC (universal decimal classification) allgemeine Dezimalklassifikation
u-fast (ultrafast) ultraschnell
UHF (ultrahigh frequency) UHF-Bereich (300 MHz bis 3 GHz), Dezimeterwellenbereich
UHF technique Dezimeterwellentechnik
u-high (ultrahigh) extrem hoch
  u-high frequency UHF (Ultrahochfrequenz, 300 MHz bis 3 GHz)
ULA (uncommitted logic array) ULA (unverdrahtete, aus Standardzellen bestehende Logikschaltungen)
ULSI (ultra large-scale integration) Ultrahöchstintegration
ultimate äußerst, höchst, höchstmöglich
  ultimate user Endverbraucher
ultor Ultor-Hochspannungsanode
ultra extrem, Über..., Ultra...
  ultra audible Ultraschall...
  ultra high extrem hoch
  ultra high frequency UHF (Ultrahochfrequenz), Dezimeterwelle (300 MHz bis 3 GHz)
  ultra high vacuum Höchstvakuum
  ultra large-scale integration Ultrahöchstintegration
  ultra precision sehr genau
  ultra pure ultrarein

ultraacoustic Ultraschall...
ultrafast ultraschnell
ultrafilter Feinfilter
ultralow frequency Infraschallfrequenz
ultrared infrarot
ultrashort wave Mikrowelle
ultrasonic Ultraschall...
　ultrasonic bonding Ultraschallkontaktierung (Verfahren zur Kontaktierung integrierter Schaltungen)
　ultrasonic cleaning Ultraschallreinigen
　ultrasonic delay line Ultraschallverzögerungsleitung
　ultrasonic gauging Ultraschallmessen
　ultrasonic memory Ultraschallspeicher
　ultrasonic power Ultraschallenergie, Ultraschalleistung
　ultrasonic receiver Ultraschallaufnehmer
　ultrasonic sound beam Ultraschall
　ultrasonic transmitter Ultraschallgeber
　ultrasonic welding Ultraschallschweißen
ultrasonics Ultraschall
ultrasound Ultraschall
ultraviolet Ultraviolett, UV...
　ultraviolet band Ultraviolettbande
　ultraviolet engineering Ultraviolettechnik
　ultraviolet exposure Ultraviolettbelichtung
　ultraviolet lamp UV-Lampe
　ultraviolet light ultraviolettes Licht, UV-Licht
　ultraviolet light erasing Löschen mit UV-Licht

　ultraviolet radiation Bestrahlung mit UV-Licht
　ultraviolet sensitive ultraviolettempfindlich
　ultraviolet transmitting ultraviolettdurchlässig
umbrella Schirm
　umbrella aerial Schirmantenne
　umbrella information provider Umbrella-Anbieter (Unteranbieter; Btx)
unaberrated bildfehlerfrei
unaffected natürlich, unbeeinflußt, unberührt
unallocated nicht zugeordnet
unambiguous eindeutig
unanticipated unerwartet
unary operator monadischer (einfacher) Operator
unattended unbeaufsichtigt, unbewacht
unauthorized unberechtigt
unavoidable unvermeidlich
unbalance, to aus dem Gleichgewicht bringen, verstimmen
unbalance Unsymmetrie, Unwucht
　unbalance voltage Diagonalspannung
unbalanced nicht abgeglichen, unsymmetrisch
　unbalanced circuit unsymmetrische Schaltung
　unbalanced electron überzähliges Elektron
unbedded ungeschichtet
unbiased nichtvorgespannt, nichtvormagnetisiert
unblank, to nicht austasten
unblanked nicht ausgetastet
　unblanked beam sichtbarer Strahl
　unblanking pulse Austastimpuls, Helltastimpuls
unblock, to entblocken, entriegeln, freigeben

unblocked record ungeblockter Satz (Datensatz, dessen Länge gleich der Blocklänge ist)
unblocking Entriegelung, Freigabe
unbound frei, nichtgebunden, ungebunden
unbreakable unzerbrechlich
unbuild, to auseinanderbauen
unburden, to entlasten, freigeben, entblocken
uncased nicht gekapselt
uncertain ungewiß, unbestimmt, unsicher
uncertainty Unbestimmtheit, Unsicherheit
   uncertainty principle Unbestimmtheitsprinzip
unchamfered ohne Fase
uncharged ladungsfrei, ungeladen
unclad nichtkaschiert, nichtplattiert
unclamped nicht geklammert
unclear undeutlich
uncoated unbeschichtet
uncoil, to abspulen
uncollimated ungebündelt (Strahlen)
uncolored farblos, ungefärbt
   uncolored crystal unverfärbter Kristall
uncommitted frei, ungebunden
   uncommitted logic array unverdrahtete, aus Standardzellen bestehende Logikschaltungen
unconditional unbedingt
   unconditional branch/jump unbedingter Sprung
uncontrollable unkontrollierbar
uncorrelated unkorreliert
uncrystallized unkristallisiert
uncut ungeschliffen
undamped ungedämpft
undecomposable unzerlegbar

undedicated nicht zweckgebunden
undefinable unbestimmbar, undefinierbar
undeniable unleugbar, unstrittig
under unter(halb)
   under match Stromanpassung
   under program-control programmgesteuert
undercoupling unterkritische Kopplung (Filter)
undercut, to unterätzen
underflow Bereichsunterschreitung
underground unterirdisch, Grund...
   underground cable Erdkabel
underline, to unterstreichen
underload Unterlast
underpass Unterquerung
underscore, to unterstreichen
underside view Ansicht von unten
undersize, to unterdimensionieren
understand, to erkennen, verstehen
understanding Verständnis
undertake, to anstellen, ausführen
underwater Unterwasser...
   underwater sound Unterwasserschall
undesired unerwünscht
undetectable nicht nachweisbar
undiffracted ungebeugt
undirected ungerichtet
undiscernible unmerklich, ununterscheidbar
undistinguishable nicht unterscheidbar
undistorted ungestört, unverzerrt
undisturbed ohne Störung, ungestört
   undisturbed traffic ungestörter Verkehr
undoped nicht dotiert
undulation Wellenbewegung, Schwingung
undulatory wellenartig, Wellen...
   undulatory current Wellenstrom

unequal ungleich, verschieden
uneven uneinheitlich, ungerade (Zahl), ungleichmäßig
unexcited nicht erregt
unexpected unerwartet
unexposed unbelichtet
unfilled unbesetzt
unfit ungeeignet, untauglich
unformatted formatfrei, nicht formatiert
ungrounded erdfrei, ungeerdet
unharmonic anharmonisch
unhook, to aushaken, (sich) loshaken
uniaxial einachsig
unidirectional in einer Richtung wirkend, Richt...
  unidirectional aerial Richtstrahlantenne
  unidirectional contact sperrender Kontakt
  unidirectional current gleichgerichteter Strom
unified (ver)einheitlicht
  unified field theory allgemeine Feldtheorie
  unified services Standarddienste
uniform einheitlich, gleichförmig, gleichmäßig, homogen
  uniform distribution homogene Verteilung
  uniform field homogenes Feld
  uniform junction gleichförmiger Übergang
  uniform numbering einheitliche Numerierung
  uniform velocity einheitliche Geschwindigkeit
  uniform waveguide homogener Hohlleiter
uniformity Gleichförmigkeit, Gleichmäßigkeit, Homogenität

uniformly gleichförmig, gleichmäßig
  uniformly doped region Gebiet mit konstanter Dotierung
unify, to vereinheitlichen
unijunction transistor Doppelbasisdiode, Unijunction-Transistor (UJT)
unilateral einseitig, nichtreziprok (Vierpol)
  unilateral conductivity asymmetrische Leitfähigkeit
unimpaired ungehindert
unimpeachable einwandfrei, unanfechtbar
unimpeded ungehindert
uninsulated blank (z.B. Kabel, Leiter)
unintelligent dumm
unintelligible unverständlich
unintentional unbeabsichtigt
uninterrupted ununterbrochen
union ODER-Verknüpfung, Vereinigung (CAD, Math), Verbindung
uniphase einphasig
unipolar einpolig, gleichpolig, unipolar
  unipolar operation Unipolartastung
  unipolar transistor Unipolartransistor
unique eindeutig, einzigartig
unirradiated unbestrahlt
uniselector Drehwähler
unit Bauelement, Baustein, Einer (Math), Einheit, Ganzes, Gerät, Teil, Einheits...
  unit area Einheitsfläche
  unit cell Elementarzelle
  unit charge Elementarladung
  unit cube (kubische) Elementarzelle
  unit-distance code einschrittiger Code
  unit fee Gebühreneinheit
  unit function Einheitsfunktion

unit matrix   Einheitsmatrix
unit place   Einerstelle
unit quantum efficiency   Quantenausbeute 1
unit radius   Einheitsradius
unit string   Zeichenfolge der Länge 1
unit vector   Einheitsvektor
unit volume   Volumeneinheit
unit weight   Gewichtseinheit
unit-wound coil   Kreuzwickelspule
unitary   unitär (Math)
unite, to   (sich) verbinden, (sich) vereinigen
unitimpulse   Einheitsimpuls
unitized   genormt
   unitized design   Standardausführung
unity   Einheit, Eins (Zahl)
   unity gain   Verstärkung von 1
   unity-gain amplifier   Verstärker mit Verstärkungsfaktor 1
   unity mark-to-space ratio   Tastverhältnis 1
   unity voltage gain   Spannungsverstärkungsfaktor 1
univalent   einwertig
universal   allgemein, universell, Universal...
   universal asynchronous receiver-transmitter   vielfach verwendbarer asynchroner Sender-Empfänger
   universal character set   Universalzeichensatz
   universal constant   Naturkonstante
   universal instrument   Mehrzweckgerät
   universal receiver   Allstromempfänger
   universal time   Standardzeit
universe   Weltall
Unix   Unix (Betriebssystem)
unknown   unbekannt
unknown   Unbekannte
unlabel(l)ed   nicht markiert

unlatch, to   entriegeln
unless   es sei denn, daß; wenn nicht
unlike   ungleich, ungleichnamig (Math)
   unlike signs   verschiedene Vorzeichen (Math)
unlimited   unbegrenzt
unload, to   entladen, herausnehmen
unloaded   unbestückt
unlock, to   freigeben, entriegeln
unmanned   unbemannt, unbewacht
unmark, to   eine Markierung löschen
unmarked   nicht gekennzeichnet
unmate, to   Kontakt lösen
unmeasurable   unmeßbar
unmodulated   unmoduliert
unmoved   unbewegt
unoccupied   unbesetzt
unoriented   ungerichtet
unpack, to   entpacken
unpatterned   unstrukturiert
unplug, to   herausziehen
unpolarized   nichtpolarisiert
unpolished   ungeschliffen
unpopulated   unbesetzt
unpredictable   nicht vorhersagbar
unprotected   ungeschützt
unprovability   Unbeweisbarkeit
unproved   unbewiesen
unpurified   ungereinigt
unreactive   inaktiv
unreal   irreal, unwirklich
unrecoverable   nicht wiederherstellbar
   unrecoverable error   nichtkorrigierbarer Fehler
unregulated d.c. voltage source   nichtstabilisierte Gleichspannungsquelle
unrestricted   nicht beschränkt
unsaturated   ungesättigt
   unsaturated logic   ungesättigte Logik

unscrew, to abschrauben
unsharpness Unschärfe
unshielded nicht abgeschirmt
unsigned ohne Vorzeichen (Math)
  unsigned integer vorzeichenlose, ganze Zahl
  unsigned number vorzeichenlose Zahl
unsmoothed nicht geglättet
unsolder, to auslöten, entlöten
unsolicited unaufgefordert, unverlangt
unsolvable unlösbar
unstable instabil (unbeständig), labil
unsteadiness Unstetigkeit
unsteady unregelmäßig, wacklig
  unsteady contact Wackelkontakt
unstraight ungerade
unstrained locker, unfiltriert, ungezwungen
unsuccessful erfolglos
  unsuccessful call attempt erfolgloser Verbindungsversuch
unsuitable ungeeignet
unsymmetric unsymmetrisch
untight undicht
until bis, bis zu, erst
untouched unberührt
untune, to verstimmen
untuned aperiodisch, nichtabgestimmt
unused frei, unbenutzt, ungenutzt
  unused signal unerwünschtes Signal
unusual selten, ungewöhnlich, Ausnahme...
unvoiced stimmlos
unwanted unerwünscht
  unwanted response Störresonanz
unweighted entlastet, ungewichtet
  unweighted power Fremdspannung
  unweighted signal-to-noise ratio Fremdspannungsabstand
unwieldiness Unhandlichkeit
unwieldy sperrig, unhandlich
unwind, to abwickeln, einzeln aufführen (Befehle)
unwound program lineares Programm, Programm ohne Schleifen
up bis, auf, oben
  up-counter Vorwärtszähler
  up-down counter Vor-Rückwärtszähler
  up-going ansteigend
  up-time Betriebszeit
  up-to-date auf dem laufenden
  up-to-now bisher, bis jetzt
  up-to-par auf der Höhe, vollwertig
  up-to-the-mark den Erfordernissen entsprechend
update, to aktualisieren, auf den neuesten Stand bringen
update Fortschreiben
updating run Änderungslauf
upgradability Ausbaufähigkeit
upgrade, to berichtigen, verbessern
upgrade ansteigend, fortschreitend
upgrade (Qualitäts)Verbesserung
upon auf über
upper obere(r,s), Ober...
  upper bond obere Grenze
  upper-case letter Großbuchstabe
uprange, to umschalten (auf höheren Meßbereich)
upset Störung
uptrend steigende Tendenz
upward aufwärts, Auf...
uranide Transuran
uranium Uran (chem. Element)
urge, to drängen
urgency Dringlichkeit, Notwendigkeit
urgent dringend, eilig
US (unit separators) Teilgruppenkennzeichen (CCITT-Alphabet Nr. 5)
usable brauchbar, gebrauchsfertig
usage Gebrauch, Verwendung

USART (universal synchronous-asynchronous receiver-transmitter) USART (vielfach verwendbarer synchroner-asynchroner Empfänger-Sender)
use, to benutzen, gebrauchen, verwenden
use Gebrauch, Verwendung
used verbraucht
useful nützlich, zweckmäßig, Nutz...
   useful gain nutzbare Verstärkung
   useful information Nutzinformation
   useful life Nutzlebensdauer
   useful signal Nutzsignal
useless nutzlos, unbrauchbar
user Anwender, Bediener, Benutzer
   user class of service Anschlußklasse, Benutzerklasse
   user definable vom Anwender definierbar
   user friendly benutzerfreundlich
   user group Teilnehmerbetriebsklasse
   user guidance Benutzerführung
   user label Benutzerkennsatz
   user oriented anwenderorientiert
   user program Anwenderprogramm
   user programmable anwenderprogrammierbar
   user prompting Benutzerführung
   user statement Benutzeranweisung
   user terminal Benutzerstation
   user-to-user connection durchgeschaltete Teilnehmerverbindung, Standleitung
   user's handbook/manual Anwenderhandbuch
u-shaped u-förmig
using life Gebrauchslebensdauer
USRT (universal synchronous receiver-transmitter) USRT (vielfach verwendbarer synchroner Sender-Empfänger)
usual gewöhnlich, üblich

utility Brauchbarkeit, Nutzen
   utility (program/routine) Dienstprogramm, Hilfsprogramm
utilizable anwendbar, verwertbar
utilization Anwendung, (Aus)Nutzung, Verwendung
utmost äußerst, größtmöglich, höchst
utter total, vollständig
utterance Aussprache, Sprechweise
UV (ultraviolet) Ultraviolett (UV)
   UV detector UV-Detektor

V

V^2LSI (very very large-scale integration) Ultrahöchstintegration
V-aerial V-Antenne
vacancy (Gitter)Leerstelle
vacant frei, unbesetzt
   vacant level leeres Niveau
   vacant site Leerstelle
vacuum Vakuum, Vakuum...
   vacuum-baked vakuumgetrocknet
   vacuum chuck Vakuumteller (Vakuumansaugvorrichtung)
   vacuum-deposited/evaporated im Vakuum aufgedampft
   vacuum deposition/evaporation Aufdampfung im Vakuum
   vacuum fluorescent display fluoreszierende Anzeige
   vacuum-grown crystal im Vakuum gezüchteter Kristall
   vacuum layer Vakuumschicht
   vacuum level Vakuumniveau
   vacuum-tight vakuumdicht
   vacuum tube Vakuumröhre
   vacuum-tube circuit Röhrenschaltung
   vacuum-tube oscillator Röhrengenerator, Röhrenoszillator

vacuum-tube rectifier Röhrengleichrichter
vacuum valve abgeschmolzene Röhre, (Hoch)Vakuumröhre
vague undeutlich, verschwommen
vain nichtig, wirkungslos
valence Valenz, Wertigkeit
　valence band Valenzband
　valence-band edge Valenzbandkante
　valence-band level Valenzbandniveau
　valence bond Valenzbindung
　valence electron Valenzelektron
valency Wertigkeit
valid erlaubt, gültig, zulässig, zutreffend
validate, to auf Gültigkeit prüfen, bestätigen
validity Gültigkeit
valley Minimum (einer Kurve), Tal
　valley point Talpunkt
　valley-point current Talstrom
valuation Bewertung
value, to bewerten
value Größe, Wert, Zahlenwert
　value-added network Datexnetz
　value assignment Wertzuweisung
valve (Elektronen)Röhre, Ventil, Röhren...
　valve characteristic Röhrenkennlinie
　valve characteristics Röhrenkenndaten
　valve circuit Röhrenschaltung
　valve envelope Röhrenkolben
　valve hiss Röhrenrauschen
　valve-operated röhrenbetrieben
　valve rectifier Röhrengleichrichter
　valve voltmeter Röhrenvoltmeter
Van Allen radiation belt van Allen-Strahlungsgürtel
Van de Graaff accelerator/generator Van de Graaff-Generator

vanadium Vanadium (chem. Element)
vane Fahne, Platte (Kondensator), Schaufel
vanish, to verschwinden
vanishing point Fluchtpunkt
vapor Dampf, Dunst
　vapor-deposited aufgedampft
　vapor deposition Aufdampfen
　vapor diffusion Diffusion aus der Dampfphase
　vapor phase Dampfphase
　vapor-phase epitaxy Gasphasenepitaxie
vaporization Verdampfung, Verdunstung, Zerstäubung
vaporize, to abdampfen, verdampfen, zerstäuben
vapour s. vapor
var Var (Einh. d. elektr. Blindleistung)
varactor (variable capacitor) Varaktor (Diode mit spannungsgesteuertem PN-Übergang)
variable Variable, Veränderliche
variable einstellbar, regelbar, variabel, veränderbar, veränderlich
　variable accessibility variable Erreichbarkeit
　variable-air capacitor Luft-Drehkondensator
　variable-capacitance diode Kapazitätsdiode
　variable capacitor Drehkondensator, einstellbarer Kondensator
　variable-film resistor Schichtdrehwiderstand, Schichtschiebewiderstand
　variable frequency veränderliche (durchstimmbare) Frequenz
　variable-frequency oscillator freischwingender Oszillator, VFO
　variable gain einstellbare Verstärkung

variable-hold-off regelbare Verzögerung
variable in frequency frequenzveränderlich
variable mains transformer Regelnetztransformator
variable-mu amplifier Exponentialverstärker
variable phase veränderliche Phase
variable-phase oscillator Phasenschiebergenerator
variable-ratio transformer Stelltransformator
variable-reluctance device Element mit veränderlichem magnetischem Widerstand
variable resistance Regelwiderstand
variable resistor Drehwiderstand, veränderbarer Widerstand
variable wire-wound resistor Drahtdrehwiderstand
variance Standardabweichung, Varianz (Quadrat der mittleren quadratischen Abweichung)
variant Abwandlung, Sonderausführung, Variante
variate Zufallsvariable
variation Abweichung, Änderung, Schwankung, Streuung, Variation
  variation in load Belastungsänderung
  variation in performance Leistungsstreuung
  variation in resistance Widerstandsänderung
  variation of characteristics Streuung der Kenndaten
  variation of mains Netzschwankung
variational method Variationsverfahren
varicap (variable-capacitance diode) Kapazitätsdiode, Varaktor
varied mannigfach, variiert

variety Mannigfaltigkeit, Vielfältigkeit
variometer Variometer
various mehrere, verschiedene
varistor (variable resistor) Varistor, (spannungs)veränderbarer Widerstand
varnish Firnis, Lack
varnished cambric Isolierband
vary, to abweichen, schwanken, variieren, sich verändern, wechseln
  vary around zero, to um Null schwanken
  vary as, to sich im gleichen Verhältnis ändern wie
  vary exponentially with, to sich exponentiell ändern mit
  vary smoothly, to gleichmäßig regeln
vast ausgedehnt, (weit)reichend
VATE (vertical anisotropic etching) VATE (vertikale anisotrope Ätzung; Herstellungsverfahren von VMOST)
VCO (voltage-controlled oscillator) VCO (spannungsgesteuerter Oszillator)
VCS (voltage-controlled current source) spannungsgesteuerte Stromquelle
VDR (voltage-dependent resistor) spannungsabhängiger Widerstand, VDR
vector Vektor (Math)
  vector algebra Vektoralgebra (Math)
  vector analysis Vektoranalysis, Vektorrechnung (Math)
  vector array processor Vektorfeldprozessor
  vector diagram Zeigerdiagramm
  vector field Vektorfeld (Phys)
  vector impedance komplexer Widerstand
  vector interrupt gerichtete Unterbrechung
  vector power Scheinleistung

vector product Vektorprodukt, äußeres Produkt
vector-scan method Vektor-Scan-Verfahren (Elektronenstrahlverfahren, bei dem nichtzubelichtende Strukturen übersprungen werden)
vector space Vektorraum
vectored zeigergesteuert
vectored interrupt gerichtete Unterbrechung
vectorial display vektorielle Darstellung
vee V-förmig
velocity Geschwindgkeit
velocity microphone Druckgradientenmikrofon
velocity-modulated geschwindigkeitsmoduliert
velocity-modulation tube Triftröhre
velocity of light Lichtgeschwindigkeit
velocity of rotation Umdrehungsgeschwindigkeit
velocity of sound Schallgeschwindigkeit
vendor Verkäufer
Venn diagram Venn-Diagramm (Logik)
vent Luftloch, Öffnung
vent plug Verschlußstopfen
vented cell geschlossene Zelle
ventilate, to (be)lüften
ventilating system Belüftungsanlage
ventilation Belüftung
venture Risiko, Wagnis
verbal wortgetreu, wörtlich
verbatim Wort für Wort
verge Einfassung, Rand
verifiable kontrollierbar, nachweisbar
verification Bestätigung, Beweis, Nachweis, Prüfung
verification code Prüfcode

verifier Prüfgerät
verify, to bestätigen, beweisen, prüfen, verifizieren
verifying unit Prüfgerät
vernier Feinsteller, Nonius
vernier adjustment Noniuseinstellung
vernier dial Feineinstellung
vernier scale Noniusskala
versatile beweglich, drehbar, vielseitig (verwendbar)
versatility Vielseitigkeit
version Ausführung, Variante
versus als Funktion von, in Abhängigkeit von
vertex Ecke, Scheitel(punkt), Seite
vertical lotrecht, senkrecht, vertikal, Vertikal...
vertical deflection Vertikalablenkung, Y-Ablenkung
vertical dimension vertikale Abmessung
vertical displacement Vertikalverschiebung, Y-Verschiebung
vertical final stage Y-Endstufe
vertical frequency Bildfrequenz
vertical gain Vertikalverstärkung, Y-Verstärkung
vertical mounting stehende Montage
vertical redundancy check Querprüfung (der Parität)
vertical rolling Bilddurchlauf
vertical spacing Zeilenvorschub
vertical structured MOS VMOS (vertikal geätzte MOS-Struktur)
vertical transistor Substrattransistor
very sehr, wahr
very fast memory Schnellspeicher
very high frequency Ultrakurzwelle (30 MHz bis 300 MHz)

very large-scale integration Höchstintegration, VLSI
very low frequency Längstwellen (3 kHz bis 30 kHz)
vessel Gefäß
vestige Rest, Rudiment, Überrest
vestigial sideband Restseitenband
vet, to prüfen
VF (voice frequency) Sprachfrequenzbereich (300 Hz bis 3,4 kHz)
VF oscilloscope VF-Oszilloskop
VF telegraphy Wechselstromtelegrafie
VFO (variable-frequency oscillator) VFO (freischwingender Oszillator)
VGE (vapor growth epitaxy) Gasphasenepitaxie
VHF (very high frequency) VHF-Bereich (Frequenzbereich von 30 MHz bis 300 MHz)
VHF receiver UKW-Empfänger
VHLL (very high-level language) höhere Programmiersprache
VHSIC (very high-speed integrated circuit) VHSIC (schnelle integrierte Schaltungstechnik)
VI-curve U-I-Kennlinie
via über
via Verbindungskontakt
  via mask Fenstermaske
  via window Kontaktfenster
vibrate, to schwingen
vibrating oszillierend, schwingend
  vibrating reed instrument Zungenfrequenzmesser
  vibrating relay Unterbrecherrelais
  vibrating test Rüttelprüfung
vibration Schwingung
  vibration antinode Schwingungsbauch
  vibration conditions Rüttelbedingungen

vibration exciter Schwingungserreger
vibration pick-up Schwingungsaufnehmer
vibration-proof erschütterungsfest
vibration resistance Erschütterungsfestigkeit, Rüttelfestigkeit, Vibrationsfestigkeit
vibrational Schwingungs...
vibrationfree schwingungsfrei
vibrationless erschütterungsfrei, schwingungsfrei
vibrator Rüttler, Schwingungserzeuger, Vibrator
vibrometer Schwingungsmeßgerät
vicinity Nachbarschaft, Nähe
Vickers hardness Vickers-Härte
video Video, Bild..., Fernseh..., Video...
video carrier Bildträger
video detector Bildgleichrichter
video display telephone Bildschirmtelefon
video engineering Videotechnik
video frequency Frequenz des Bildsignals
video-frequency amplifier Videoverstärker
video map Karteneinblendung
video mixer Bildmischgerät
video signal Bildsignal, Videosignal
video tape recorder Videobandgerät, Videorecorder
video terminal Datensichtgerät
video transmitter Bildsender
videoconference Konferenzfernsehen
videodisk Bildplatte
videophone Bildfernsprecher
videotext Videotext (Übertragen von Zeichen in die vertikalen Austastlücken eines Fernsehsignals)

vidicon Vidikon (speichernder Bildzerleger für Fernsehbildaufnahme)
vidicon camera tube Vidikonaufnahmeröhre
view Ansicht, in Hinsicht auf, Blick ...
   view from the cable side Ansicht von der Anschlußseite
viewing angle Beobachtungswinkel
viewing head Abtastkopf (Photozelle)
viewing screen Beobachtungsschirm, Bildschirm
viewing storage tube Sichtspeicherröhre
viewing time Betrachtungsdauer
viewing unit Sichtgerät
viewport Darstellungsfeld, Fenster
vignetting Abschattung (Bild, dessen Kontrast zum Untergrund hin stufenlos abnimmt)
violate, to nicht einhalten, übertreten, verletzen
violation Nichteinhaltung, Übertretung, Verletzung
violent heftig
violet Violett
VIP (vertical isolation with polysilicon) VIP (vertikale Isolationstechnik mit polykristallinem Silizium als Isolator)
virgin ungebraucht, unbenutzt
   virgin curve jungfräuliche Kurve, Neukurve
virtual imaginär, scheinbar, virtuell
   virtual address virtuelle Adresse
   virtual call gewählte virtuelle Verbindung
   virtual circuit/connection virtuelle Verbindung (Verm)
   virtual earth virtuelle Masse
   virtual junction temperature innere Ersatztemperatur

virtually independent praktisch unabhängig
viscosity Viskosität, Zähigkeit
viscous viskos (zähflüssig)
visibility Sichtbereich, Sichtreichweite
visible sichtbar, wahrnehmbar
   visible indication Sichtanzeige
   visible light sichtbares Licht
   visible range/spectrum sichtbares Spektrum (400 nm bis 750 nm)
vision Sehen, Bild ...
   vision frequency Bildfrequenz
   vision signal Bildsignal
   vision transmitter Bildsender
visit, to besuchen
visual sichtbar, Seh..., Sicht...
   visual acuity Sehschärfe
   visual check Sichtprüfung
   visual display Sichtanzeige
   visual display unit Bildschirm
   visual efficiency Sehleistung
   visual indication Sichtanzeige
   visual inspection Sichtprüfung
   visual output visuelle Informationsdarstellung
   visual power Sehleistung
   visual presentation sichtbare Darstellung
   visual transmitter Bildsender
visualize, to sich ein Bild machen von, sich veranschaulichen
vitreous glasig, Glas...
   vitreous semiconductor glasartiger Halbleiter
VLF (very low frequency) Längstwellen (3 kHz bis 30 kHz)
VLSI (very large-scale integration) Höchstintegration, VLSI
VMOS (vertical MOS) VMOS (MOS-Technik mit einem V-förmigen Graben)

vocabulary Wörterverzeichnis, Vokabular
vocal Stimm...
  vocal cords Stimmbänder
vocoder (voice operated decoder) Vocoder (Sprachcodierer zur Sprachsignalübertragung mit geringer Übertragungsgeschwindigkeit)
voice Sprache, Stimme, Sprach...
  voice analyzer Sprachanalysator
  voice channel Sprachkanal
  voice coder Sprachanalysator, Vocoder
  voice communication Sprachübertragung, Sprechverbindung
  voice-frequency Sprachfrequenz (32 Hz bis 16 kHz), Tonfrequenz
  voice-frequency telegraphy Wechselstromtelegrafie
  voice-grade line Fernsprechleitung
  voice line Sprachkanal
  voice mail Sprachnachrichtensystem
  voice-modulated sprachmoduliert
  voice-operated sprachgesteuert
  voice protection Sprachschutz
  voice synthesis Sprachsynthese
  voice transmission Sprachübertragung
void Hohlraum, Leerraum, farbfreie Stelle (beim Ausdruck), Leerstelle (Kristallgitter)
  void of space charge frei von Raumladung
  void result Ergebnis ohne Aussage, unbestimmter Ausdruck (Math)
volatile flüchtig, unbeständig
  volatile memory flüchtiger Speicher (Halbleiterspeicher, dessen Informationsinhalt bei Stromausfall verlorengeht)
volatilize, to verflüchtigen
volt Volt (Einh. d. elektr. Spannung)
volt-ampere reactive Blindleistung in VA, Var (Einh. d. Blindleistung)
voltage Spannung
  voltage adjustment Spannungseinstellung
  voltage breakdown Spannungsdurchbruch
  voltage-controlled spannungsgesteuert
  voltage conversion Spannungswandlung
  voltage-dependent resistor spannungsabhängiger Widerstand, VDR
  voltage direction Zählrichtung der Spannung
  voltage divider Spannungsteiler
  voltage-dividing Spannungsteiler...
  voltage excursion Spannungsauslenkung
  voltage glitch Spannungsspitze
  voltage gradient Spannungsgefälle
  voltage harmonics Spannungsoberschwingungsgehalt
  voltage impulse Spannungsstoß
  voltage loop Spannungsbauch
  voltage loop capacity Spannungsbelastbarkeit
  voltage node Spannungsknoten
  voltage-operated spannungsgesteuert
  voltage overshoot Spannungsüberschreitung
  voltage pick-up Spannungsabtastung
  voltage proof durchschlagsfest
  voltage ramp Spannungssägezahnschwingung
  voltage reference Bezugsspannung, Prüfspannung
  voltage regulation Spannungsregelung, Spannungsstabilisierung
  voltage-regulator diode Spannungsstabilisatordiode, Z-Diode

voltage scaler Spannungsuntersetzer
voltage sensing Abtasten von Spannungen
voltage slicing Spannungsunterteilung
voltage span Spannungsbereich
voltage spectrum Spannungsspektrum
voltage standard Normalspannungsquelle, Spannungsnormal
voltage standing-wave ratio Spannungs-Stehwellenverhältnis, Welligkeitsfaktor
voltage step Spannungssprung
voltage superposition Spannungsüberlagerung
voltage surge Spannungsstoß, Stoßspannung
voltage swing Spannungshub, Spannungsschwankung
voltage transient momentane Überspannung, Spannungsübergangszustand
voltage-variable capacitor spannungsveränderbarer Kondensator
voltaic galvanisch
  voltaic cell galvanisches Element
voltameter Coulombmeter
voltmeter Spannungsmesser, Voltmeter
volume Band (Dv), Lautstärke, Rauminhalt, Volumen
  volume compressor Dynamikpresser
  volume control Lautstärkeregelung
  volume distribution räumliche Verteilung
  volume expander Dynamikdehner
  volume expansion coefficient kubischer Ausdehnungskoeffizient
  volume-header label Band-Anfangskennsatz
  volume integral Raumintegral
  volume range Dynamikumfang, Lautstärkebereich

volume resistance Durchgangswiderstand
volume resisting spezifischer Durchgangswiderstand
volume set Bandmenge
volume-unit meter VU-Meter (Lautstärkemeßgerät)
volumes of data Datenmengen
voluntary freiwillig
VOR (VHF omnidirectional range) VOR (Funkortungssystem)
vortex Strudel, Wirbel
vortical Wirbel...
voucher Nachweis, Quittung
vowel Selbstlaut, Vokal
VPE (vapor-phase epitaxy) Gasphasenepitaxie
VRC (vertical redundancy check) Querparitätsprüfung
VSW (very short waves) Meterwellen (10 m bis 1 m)
VSWR (voltage standing-wave ratio) Spannungs-Stehwellenverhältnis
VT (vertical tabulation) Vertikaltabulator (CCITT-Alphabet Nr. 5)
VTL (variable threshold logic) VTL (Schwellwerteinstellung durch Spannungsänderung)
VTR (video tape recorder) Videorecorder
vulgar allgemein, gewöhnlich
  vulgar fraction gemeiner Bruch (Math)
vulnerability Anfälligkeit, Verwundbarkeit
VU (volume-unit) meter VU-Meter
VVC (voltage-variable capacitance) Varaktor (Bauelement mit spannungsabhängigem Kapazitätswert)
VVS (voltage-controlled voltage source) spannungsgesteuerte Spannungsquelle

W

wafer Halbleitereinkristall-Scheibe, Wafer
wafer-scale integration Waferintegration
wafer-shaped in Wafergröße
wafer stepping Waferdirektbelichtung
wafer tray Wafermagazin
wafering Schneiden von dünnen Kristallplättchen
waggon Waggon
Wagner earth/ground Hilfsbrücke, Wagnerscher Hilfszweig
waist Einschnürung
wait, to warten
wait call Warteaufruf
wait condition Wartestatus
wait loop Warteschleife
waiting Warten
  waiting array Wartefeld
  waiting place Warteplatz
  waiting queue Warteschlange
  waiting system Wartesystem
  waiting time Wartedauer
  waiting traffic Warteverkehr
  waiting traffic carried Wartebelastung
wake, to aufmerksam werden, erwachen, sich klar werden über
wake Nachlauf, Sog
walk, to gehen
walkie-lookie tragbares Fernsehaufnahmegerät
walkie-talkie tragbares Funksprechgerät, tragbares Sende- und Empfangsgerät
walking code Walking-Code
walkout Überdeckungsgenauigkeit

walkout effect "Walkout"-Effekt (Abhängigkeit der Durchbruchspannung von der angelegten Spannung)
wall Mulde, Potentialtopf, Wand
wall angle Böschungswinkel
wall displacement Wandverschiebung (z.B. Weißscher Bezirke)
wall socket (Wand)Steckdose
wall tube isolator Durchführungsisolator
wamoscope Wamoskop (Bildwiedergaberöhre)
WAN (wide area network) Weitbereichsnetz (Gegensatz: LAN)
wander Echowanderung, Wanderung (Rad)
wander lead freie Zuleitung (Anschlußleitung)
wander through, to hindurchwandern
want, to wollen, wünschen
wanted Soll...
  wanted signal Nutzsignal
war Krieg
warble, to wobbeln
warble tone generator Wobbeltongenerator
warbler Wobbler
warm, to (an)wärmen, sich erwärmen
  warm up, to anheizen, aufwärmen
warm warm
  warm boot Warmstart (Start eines Betriebssystems, wenn sich der Urlader noch im Arbeitsspeicher befindet)
  warm up period/time Anheizzeit, Anwärmzeit
warming Erwärmen, Aufheizen
  warming curve Aufheizkurve
  warming-up delay Anheizzeit
warn, to warnen
warning Warnsignal, Warnung
  warning signal Alarmsignal
warp Verformung, Verwerfung

warpage Durchbiegung (von Leiterplatten)
warping Verwerfen, Verziehen
  warping of frequency scale nichtlineare Frequenztransformation für Filtertoleranzschemata vom kontinuierlichen in den zeitdiskreten Bereich
warranty Garantie
wash out, to löschen
washer Unterlegscheibe
washout emitter Vollemittertransistor
waste, to verbrauchen, verschwenden
waste Abfall, Verlust, Leer...
  waste instruction Leerbefehl
watch (Armband)Uhr
watchdog (circuit) Totemannschaltung, Überwachungsschaltung
  watchdog timing Laufzeitüberwachung
watcner Beobachter
water Wasser
  water absorption Wasseraufnahme
waterproof wasserdicht, spritzwasserfest
watertight wasserdicht
watt Watt (Einh. d. Leistung)
wattage Leistung (in Watt)
  wattage rating Nennleistung
watthour meter Elektrizitätszähler
wattless wirkleistungslos, wattlos, Blind...
  wattless component Blindkomponente
wattmeter Wattmeter
wave Welle
  wave analyzer Frequenzanalysator
  wave band Wellenbereich
  wave carrier modulation Schwingungsmodulation
  wave component Wellenanteil
  wave diffraction Wellenbeugung
  wave digital filter Wellendigitalfilter

  wave duct Hohlleiter
  wave equation Wellengleichung
  wave filter Wellenfilter
  wave front Wellenfront
  wave function Wellenfunktion
  wave impedance Feldwellenwiderstand
  wave interaction Wellenwechselwirkung
  wave mechanics Wellenmechanik
  wave number Wellenzahl
  wave packet Wellenpaket
  wave propagation Wellenausbreitung
  wave quantization Wellenquantisierung
  wave shape Wellenform
  wave soldering Schwallbadlöten
  wave tilt Wellenfrontwinkel
  wave train Wellenzug
  wave-vector space k-Raum (Phys)
  wave velocity Wellenausbreitungsgeschwindigkeit
waveform Kurvenform, Wellenform
  waveform analyzer Kurvenformanalysator
  waveform distortion Wellenverzerrung
  waveform generator Wellenformgenerator
  waveform-shaping wellenformend
wavefront Wellenfront
waveguide Hohlkabel, Hohlleiter, Wellenleiter
  waveguide cavity Wellenleiterhohlraum
  waveguide feeder Hohlleiterspeiseleitung
  waveguide filter Wellenfilter
  waveguide joint Hohlleiterkopplung
  waveguide junction Hohlleiterübergang
  waveguide shim Kontaktblech (Hohlleiter)

waveguide twist verdrillter Hohlleiter
waveguide wavelength Leiterwellenlänge (Hohlleiter)
wavelength Wellenlänge
  wavelength constant Phasenkonstante
  wavelength coverage Wellenlängenbereich
  wavelength cutoff Wellenlängengrenze
  wavelength-dependent wellenlängenabhängig
  wavelength limit Grenzwellenlänge
  wavelength sensitivity Wellenlängenempfindlichkeit
  wavelength threshold Wellenlängengrenze
wavelike wellenartig
waviness Welligkeit
wavy wellig
wax Wachs
way Art, Methode, Weg, Weise
weak schwach, Schwach...
  weak coupling lose Kopplung
  weak interaction schwache Wechselwirkung
weaken, to (ab)schwächen
weapon Waffe
wear, to abnutzen
wear(ing) Abnutzung, Verschleiß, Abnutzungs..., Verschleiß...
  wear-resistant abriebfest
wearout Ermüdung
  wearout failure Verschleißausfall
weather Wetter
  weather clutter Wetterecho
  weather-tight wetterfest
weave Welligkeit
web Gewebe, Gurt, Netz, Papierrolle
  web crystal Hautkristall
webbed verwoben
weber Weber (Einh. d. magn. Flusses)

wedge Keil
  wedge bonding Keilkontaktierung
  wedge-shaped keilförmig
week Woche
Wehnelt cathode Wehnelt-Katode
weigh, to wägen, wiegen
weight, to beschweren, bewerten
weight Bewertung, Gewicht, Wertigkeit
  weight of a binary code word Gewicht eines Binärwortes
weighted bewertet, gewichtet
  weighted noise bewertetes Rauschen
  weighted signal-to-noise ratio Geräuschspannungsabstand
  weighted value gewichtete Größe
weighting Bewertung, Gewichtung
  weighting filter Bewertungsfilter
  weighting function Gewichtsfunktion
weird komisch, verrückt
Weiss domain Weißscher Bezirk
weld, to schweißen
  welded connection Schweißverbindung
welding Schweißen
  welding seam Schweißnaht
well also, gut, nun
  well-defined eindeutig, gebündelt, scharf abgegrenzt
  well-proved bewährt
  well-suited gut geeignet
  well under way im Kommen
well Mulde, (Potential)Topf
wellknown wohlbekannt
west Westen
Weston cell Weston-Element (Cadmiumelement)
wet, to anfeuchten, benetzen
wet feucht, naß, Naß...
  wet anodization nasse Anodisierung
  wet battery/cell Naßelement
  wet (chemical) etching naßchemisches Ätzen

wet contact Naßkontakt
wetting Benetzung
what was, welche(r,s)
what(so)ever was auch immer
Wheatstone (measuring) bridge Wheatstone-Brücke (Widerstandsmeßbrücke)
wheel Rad
when als, wann, wenn
whence daher, woraus
whenever wann auch immer
where wo, wobei
whether ob
which welche(r,s)
whichever beliebig
while während, wenn auch
whip Peitsche, Winde
  whip aerial Stabantenne
whir(r), to schwirren, surren
whisker Kontaktdraht
whistle Pfeife
white weiß
  white (Gaussian) noise weißes Rauschen
  white level Weißwert
  white-to-black frequency swing Bildfrequenzbereich
whizzer Zentrifuge
who der, welche(r,s), wer
  who are you "Wer da?" (Telegrafie)
whole ganz, gesamt, Gesamt...
why warum
wide breit, weit, Breit..., Weit...
  wide-angle Weitwinkel
  wide band Breitband
  wide-band filter breitbandiges Filter
  wide-band response Breitbandfrequenzgang
  wide frequency range großer Frequenzumfang
  wide tolerance große Toleranz

widen, to aufweiten, (sich) verbreitern
widespread breit, häufig
width Breite, Länge
Wien bridge Wien-Brücke
Wien's displacement law Wiensches Verschiebungsgesetz
wiggle, to sich schlängeln, wackeln mit
wildcard etwa: Joker
will, to veranlassen, wollen
Wilson chamber Nebelkammer
win, to gewinnen
Winchester disk Winchester-Platte (Magnetplatte mit hoher Aufzeichnungsdichte)
wind, to aufziehen, wickeln
  wind off, to abspulen, abwickeln
wind Wind
winding Bewickelung, Windung, Wicklungs...
  winding capacitance Wicklungskapazität
  winding diagram Wicklungsschema
  winding wire Wickeldraht
Windom antenna Windom-Antenne
window (Kontakt)Fenster
  window edge Öffnungskante
windowing Ausschnittdarstellung, "Fensterung" (Bereichsbegrenzung von Zeit- oder Frequenzfunktionen durch Anwendung von Fensterfunktionen)
wing Flügel
wipe, to (ab)wischen, abreiben
  wipe out, to auslöschen
wiped joint Lötwulst
wiper Kontaktarm, Schleifer
  wiper contact Schleifkontakt, Wischkontakt
wiping contact Wischkontakt
wiping relay Wischrelais

wire, to beschalten, Drähte verlegen, verdrahten, zusammenschalten
  wire up, to verdrahten
wire Ader, Draht, Leitung, Telegramm
  wire bonding Drahtkontaktierung
  wire break Drahtbruch
  wire broadcasting Drahtfunk
  wire cloth Drahtgewebe
  wire-ended mit Anschlußdrähten versehen
  wire ga(u)ge Standardquerschnitt von Leitungen
  wire guide Drahtführung
  wire printer Nadeldrucker
  wire size Drahtdurchmesser
  wire spring relay Federdrahtrelais
  wire stripper Abisolierwerkzeug
  wire wrap Drahtwickeltechnik
  wire-wrap edge connector Steckleiste mit Wickelverdrahtung
wired AND verdrahtete UND-Verknüpfung, Phantom-Und-Verknüpfung
wired-in festverdrahtet
wired OR verdrahtete ODER-Verknüpfung, Phantom-ODER-Verknüpfung
wired program verdrahtetes Programm
wireless drahtlos
  wireless message Funktelegramm
  wireless plant Funkanlage
wirewound drahtgewickelt
  wirewound resistor Drahtwiderstand
wiring Leitungsdraht, Verdrahtung
  wiring capacitance Verdrahtungskapazität
  wiring diagram Stromlaufplan, Verdrahtungsplan
  wiring scheme Beschaltungsplan, Schaltplan
wise klug, weise
wish, to wünschen
with bei, durch, mit

withdraw, to entnehmen (von Daten aus einem Speicher), herausziehen
withdrawal Abziehen (Stecker)
  withdrawal force Ziehkraft
withhold, to hindern, zurückhalten
within innerhalb
without außerhalb, ohne
withstand, to aushalten, standhalten, widerstehen
witness Beweis, Zeuge
wobbler Wobbelgenerator
wobbling Wobbeln
wobbulate, to wobbeln
wobbulator Wobbelgenerator
wolfram Wolfram (chem. Element)
wonder, to erstaunt sein, sich fragen, sich überlegen, sich wundern
wonderful wunderbar
wood Holz
wooden hölzern, langweilig, steif
woofer Tieftonlautsprecher
wool Wolle
word Wort (in Dv.: Gruppe von z.B. 16 Bits), Wort...
  word delimiter Wortsymbol
  word generator Wortgenerator
  word machine Wortmaschine, wortorientierter Rechner (Rechner mit fester Operandenlänge)
  word processing Textverarbeitung
  word representation Wortdarstellung
  word separator Wortbegrenzungszeichen
  word size Wortlänge
  word spotting Auffinden eines bandgespeicherten Wortes
work, to arbeiten, funktionieren
  work from, to gespeist werden von
  work in reverse, to in umgekehrter Richtung arbeiten
  work into, to einspeisen

work Arbeit
　work area Arbeitsbereich
　work function Austrittsarbeit
　work schedule Arbeitsablaufplan
　work station Arbeitsplatz
　work study Arbeitsstudie
workability Verarbeitbarkeit
worked example ausgearbeitetes Beispiel
working Arbeits..., Betriebs...
　working capacity Arbeitsvermögen
　working copy Arbeitskopie
　working life Betriebsdauer
　working load Nutzlast
　working memory Arbeitsspeicher
　working point dynamischer Arbeitspunkt
　working program Arbeitsprogramm
　working Q Kreisgüte (unter Belastung)
　working range Quantisierungsbereich
　working reliability Betriebssicherheit
　working speed Arbeitsgeschwindigkeit
　working storage Arbeitsspeicher
　working temperature Betriebstemperatur
　working time Verarbeitungszeit
　working voltage Betriebsspannung
workspace Arbeitsbereich (in einem Speicher)
world Welt
　world coordinates Weltkoordinaten
　world event Naturereignis
worldwide weltweit
worn abgenutzt, verbraucht
worse schlecht, schlimm
worsen, to (sich) verschlechtern, (sich) verschlimmern
worst case Grenzfall, ungünstigste Bedingung, ungünstigster Fall

worst case design Entwurf unter Berücksichtigung der ungünstigsten Bedingungen
worst condition ungünstigster Fall
wow schnelle periodische Geschwindigkeitsänderung (z.B. bei einem Magnetband), "Wimmern"
WP (word processing) Textverarbeitung
wpm (words per minute) Worte pro Minute
wrap, to (ein)wickeln, umhüllen
wrap Wickel
　wrap post Wickelstift
　wrap-spring clutch Federkupplung
　wrap terminal Wickelanschluß
wraparound Bildumlauf
wrapped connection Wickelverbindung
write, to aufzeichnen, bearbeiten, belichten (Wafer), (ein)schreiben, einspeichern
write enable Freigabesignal zum Einschreiben einer Information in einen Speicher
write-in Eingabe
write instruction Schreibbefehl
write-out Aufzeichnen, Ausgabe
write-protected schreibgeschützt
write protection Schreibsperre
write track Schreibspur
writing Schreiben
　writing cycle Schreibzyklus
wrong falsch
　wrong connection Falschverbindung, Fehlverbindung
WS (working storage) Arbeitsspeicher
WSI (wafer-scale integration) Waferintegration
wye connection Sternschaltung, Y-Schaltung
wye-delta connection Sterndreieck-Schaltung

X

X-amplifier X-Verstärker (Tv)
X-axis Abszissenachse, X-Achse
X-band X-Band (5,2 GHz bis 11 GHz)
X-coordinate Abszisse (X-Achse)
X-intercept Abschnitt auf der X-Achse
X-irradiated röntgenbestrahlt
X-radiated röntgenbestrahlt
X-ray Röntgenstrahl, Röntgen...
  X-ray lithography Röntgenstrahllithographie (Verfahren zur Herstellung integrierter Schaltungen)
  X-ray pattern Röntgenbild
  X-ray stepper Röntgenbelichtungsanlage
xenon Xenon (chem. Element)
xerography Xerografie (Vervielfältigungsverfahren)
Xmitter Sender
XOR (exclusive OR) ausschließendes ODER
XSO (crystal-stabilized oscillator) quarzstabilisierter Oszillator
XY display XY-Anzeige
XY recorder Koordinatenschreiber

Y

Y amplifier Vertikalverstärker (Tv), Y-Verstärker
Y-axis Ordinatenachse
Y-connected circuit Sternschaltung
Y-connection Y-Verbindung
Y-coordinate Ordinate (Y-Achse)
Y-cut Y-Schnitt (Krist)
Y-deflection Y-Ablenkung
Y-doped mit Yttrium dotiert
Y-match Delta-Anpassung
Y-matrix Y-Matrix (Leitwertmatrix)
Y-network Sternschaltung
Y-parameter Y-Vierpolparameter
Y-shift Y-Verschiebung
Y-voltage Sternspannung
YAG:Nd3+ (yttrium-aluminium-granat:neodym) **laser** YAG:Nd3+-Laser (Yttrium-Aluminium-Granat-Kristall, dotiert mit dreiwertigen Neodymionen)
Yagi array Yagi-Antenne
yard Yard (1 Yard = 0,91 m)
year Jahr
yellow Gelb
yellowness Vergilbung
yet noch, schon, sogar
  yet-to-be developed noch nicht entwickelt
yield, to (er)geben, führen, hervorbringen, liefern
yield Ausbeute, Ertrag, Güte
  yield curve Ausbeutekurve
YIG (yttrium-iron-garnet) **laser** YIG-Laser (Yttrium-Eisen-Granat-Laser)
yoke Joch
ytterbium Ytterbium (chem. Element)
yttrium Yttrium (chem. Element)

Z

Z-alignment Höhenjustierung
Z-axis Applikatenachse, optische Achse, Z-Achse
  Z-axis modulation Helligkeitsmodulation
Z-coordinate Z-Koordinate
Z-current Z-Strom
Z-diode Z-Diode (veralt.: Zener-Diode)
Z motion Bewegung in Z-Richtung

Z-parameter   Z-Parameter (Vierpol)
Z-transformation   Z-Transformation (Math)
zap, to   löschen
Zeeman effect   Zeeman-Effekt (Phys)
Zener breakdown   Z-Durchbruch
Zener diode   Z-Diode (veralt.: Zener-Diode)
Zener effect   Zener-Effekt
Zener knee voltage   Z-Kniespannung
Zener voltage   Z-Spannung
zenith   Scheitel, Zenith
zepp(elin) antenna   Zeppelin-Antenne
zero, to   auf Null einstellen, einregeln
zero   Null, Nullpunkt, Nullstelle
zero   quellenfrei, Null...
  zero-access storage   Schnellspeicher
  zero-address instruction   adressenfreier Befehl
  zero adjust   Nullabgleich
  zero adjuster   Nullpunkteinsteller
  zero adjustment   Nullpunktabgleich, Nullpunkteinstellung
  zero balance   Nullpunktkorrektur
  zero bias   Vorspannung Null
  zero compression   Nullunterdrückung
  zero conductor   Nulleiter
  zero crossing   Nulldurchgang
  zero current condition   Bedingung verschwindenden Stromes
  zero displacement   Nullpunktverschiebung
  zero drift   Nullpunktdrift
  zero error   Nullpunktfehler
  zero-field   feldfrei
  zero flag   Kennzeichenbit für Null
  zero insertion loss   Restdämpfung
  zero jitter   Nullpunktunruhe
  zero level   Nullniveau, Pegel der Bezugsgröße
  zero-level address   unmittelbare Adresse
  zero line   Nullinie
  zero offset   Nullpunktverschiebung
  zero page   Nullseite (die ersten 256 Bytes im Arbeitsspeicher eines Mikrocomputers)
  zero point   Nullpunkt
  zero position   Nullage
  zero potential   Nullpotential
  zero setting   Nulleinstellung
  zero shift   Nullpunktverschiebung
  zero state   Nullzustand
  zero suppression   Nullunterdrückung
zeroes of polynomials   Nullstellen von Polynomen (Math)
zerofill, to   mit Nullen auffüllen
zeroing   Nullpunkteinstellung
zigzag, to   sich zickzackförmig fortbewegen (fortpflanzen)
zigzag connection   Zickzack-Verbindung
zigzag filter   Zickzack-Filter (spulensparende Bandpaßschaltung)
zinc   Zink (chem. Element)
zinc-plate, to   (galvanisch) verzinken
zirconium   Zirkonium (chem. Element)
zonal   Zonen...
zone   Bereich, Zone
  zone doping   Zonendotierung
  zone floating   (tiegelfreies) Zonenschmelzen
  zone melting   Zonenschmelzen
  zone of silence   empfangslose Zone
  zone purification   Zonenreinigung
  zone refining   Zonenreinigungsverfahren
zoned   ungepackt
zoning   Verzonung
zoom lens   Gummilinse, Zoom-Objektiv
zyklotron   Zyklotron (Teilchenbeschleuniger)

UNITS
EINHEITEN

SI BASE UNITS
SI-BASISEINHEITEN

quantity / Basisgröße	name / Name	symbol / Zeichen	quantity / Basisgröße	name / Name	symbol / Zeichen
lenth / Länge	meter / Meter	m	thermodynamic temperature / thermodynamische Temperatur	kelvin / Kelvin	K
mass / Masse	kilogram / Kilogramm	kg	amount of substance / Stoffmenge	mole / Mol	mol
time / Zeit	second / Sekunde	s			
electric current / elektrische Stromstärke	ampere / Ampere	A	luminous intensity / Lichtstärke	candela / Candela	cd

SI DERIVED UNITS WITH SPECIAL NAMES
ABGELEITETE SI-EINHEITEN MIT BESONDEREN NAMEN

quantity / Größe	name / Name	symbol / Zeichen	quantity / Basisgröße	name / Name	symbol / Zeichen
plane angle / ebener Winkel	radian / Radiant	rad; 1 rad = 1 m/m	electric resistance / elektrischer Widerstand	ohm / Ohm	Ω; 1 Ω = 1 V/A
solid angle / Raumwinkel	steradian / Steradiant	sr; 1 sr = 1 m^2/m^2	conductance / elektrischer Leitwert	siemens / Siemens	S; 1 S = 1/Ω
frequency / Frequenz	hertz / Hertz	Hz; 1 Hz = 1/s	magnetic flux / magnetischer Fluß	weber / Weber	Wb; 1 Wb = 1 Vs
force / Kraft	newton / Newton	N; 1 N = 1 kgm/s^2	magnetic flux density / magnetische Flußdichte	tesla / Tesla	T; 1 T = 1 Wb/m^2
energy, work, quantity of heat / Energie, Arbeit, Wärmemenge	joule / Joule	J; 1 J = 1 Nm = 1 Ws	inductance / Induktivität	henry / Henry	H; 1 H = 1 Wb/A
			luminous flux / Lichtstrom	lumen / Lumen	lm; 1 lm = 1 cd sr
power, radiant flux / Leistung, Wärmestrom	watt / Watt	W; 1 W = 1 J/s	illuminance / Beleuchtungsstärke	lux / Lux	lx; 1 lx = 1 lm/m^2
quantity of electricity, electric charge / Elektrizitätsmenge, elektrische Ladung	coulomb / Coulomb	C; 1 C = 1 As	activity of ionizing radiation source / Aktivität einer radioaktiven Substanz	becquerel / Becquerel	Bq; 1 Bq = 1/s
electric potential, potential difference / elektrisches Potential, elektrische Spannung	volt / Volt	V; 1 V = 1 J/C	absorbed dose / Energiedosis	gray / Gray	Gy; 1 Gy = 1 J/kg
capacitance / Kapazität	farad / Farad	F; 1 F = 1 C/V			

Anhang

PREFIXES
VORSATZE

factor / Faktor	prefix / Vorsatz	symbol / Vorsatzzeichen		factor / Faktor	prefix / Vorsatz	symbol / Vorsatzzeichen
10^{18}	exa / Exa	E		10^{-1}	deci / Dezi	d
10^{15}	peta / Peta	P		10^{-2}	centi / Zenti	c
10^{12}	tera / Tera	T		10^{-3}	milli / Milli	m
10^{9}	giga / Giga	G		10^{-6}	micro / Mikro	µ
10^{6}	mega / Mega	M		10^{-9}	nano / Nano	n
10^{3}	kilo / Kilo	k		10^{-12}	pico / Piko	p
10^{2}	hecto / Hecto	h		10^{-15}	femto / Femto	f
10^{1}	deka / Deka	da		10^{-18}	atto / Atto	a

PHYSICAL CONSTANTS
PHYSIKALISCHE KONSTANTEN

quantity / Größe	symbol / Zeichen	value / Wert	quantity / Größe	symbol / Zeichen	value / Wert
angstrom / Angström	Å	$1 Å = 10^{-10}$ m	permittivity in vacuum / Permittivität im Vakuum	ε_0	$8,854 \cdot 10^{-12}$ F/m
Avogadro constant / Avogadro-Konstante	N_{AVO}	$6,022 \cdot 10^{23}$ 1/mol	Planck constant / Plancksche Konstante	k	$6,626 \cdot 10^{-34}$ Js
Boltzmann constant / Boltzmann-Konstante	k	$1,38 \cdot 10^{-23}$ J/K	speed of light in vacuum / Vakuumlichtgeschwindigkeit	c	$2,9979 \cdot 10^{8}$ m/s
elementary charge / Elementarladung	q	$1,602 \cdot 10^{-19}$ C	thermal voltage at 300 K / thermische Spannung bei 300 K	kT/q	0,0259 V
electron rest mass / Elektronenruhemasse	m_0	$0,91 \cdot 10^{-30}$ kg			
electron volt / Elektronvolt	eV	$1 eV = 1,602 \cdot 10^{-19}$ J = 23,053 kcal/mol			

GREEK ALPHABET
GRIECHISCHES ALPHABET

Letter (Buchstabe)		Name (Begriff)	
Capital (groß)	small (klein)		
A	α	Alpha (Alpha)	Angles (Winkel), coefficients (Koeffizienten), attenuation constant (Dämpfungskonstante), absorption factor (Absorptionsfaktor), area (Fläche) (Nach DIN: Dämpfungsbelag, Dämpfungskoeffizient, Dissoziationsgrad, elektrischer Strombelag, Feinstrukturkonstante, Längenausdehnungskoeffizient, Rekombinationskoeffizient, (Schall)Absorptionsgrad, spezifische Aktivität, Wärmeübergangskoeffizient, Winkelbeschleunigung)
B	β	Beta (Beta)	Angles (Winkel), coefficients (Koeffizienten), phase constant (Phasenkontante) (Nach DIN: Phasenbelag, Phasenkoeffizient)
Γ	γ	Gamma (Gamma)	Specific quantity (spezifische Größe), angles (Winkel), electrical conductivity (elektrische Leitfähigkeit), propagation constant (Ausbreitungskonstante) (Nach DIN: Grenzflächenspannung, gyromagnetischer Koeffizient, Oberflächenspannung, spezifische Gammastrahlenkonstante (gr), Schiebung, Verhältnis der spezifischen Wärmekapazitäten, Volumenausdehnungskoeffizient)
Δ	δ	Delta (Delta)	Density (Dichte), angles (Winkel), increment (Differential), decrement (logarithmisches Dekrement) determinant (Determinante (gr)), permittivity (Permittivität (gr)) (Nach DIN: Abklingkoeffizient, Dämpfungsgrad, Massenüberschuß (gr), Schalldissipationsgrad, (Schicht)Dicke, Verlustwinkel)
E	ε	Epsilon (Epsilon)	Dielectric constant (Dielektrizitätskonstante), permittivity (Permittivität), base of natural logarithm (Basis des natürlichen Logarithmus), electric intensity (elektrische Feldstärke) (Nach DIN: Ausstrahlungswinkel, Dehnung, Emissionsgrad, relative Längenänderung, Schnellspaltfaktor)
Z	ζ	Zeta (Zeta)	Coordinates (Koordinaten), coefficients (Koeffizienten) (Nach DIN: Schnellspaltfaktor)
H	η	Eta (Eta)	Intrinsic impedance (Wellenwiderstand), efficiency (Wirkungsgrad), surface charge density (Oberflächenladungsdichte), hysteresis (Hysterese), coordinates (Koordinaten) (Nach DIN: dynamische Kompressibilität, Neutronenausbeute, (Raum)Ladungsdichte, Richtausbeute, Schallausschlag)
Θ	θ	Theta (Theta)	Angular phase displacement (Verschiebung des Phasenwinkels), time constant (Zeitkonstante), reluctance (Reluktanz), angles (Winkel) (Nach DIN: Dämpfungsgrad, elektrische Durchflutung (gr), (Celcius-)Temperatur)
I	ι	Iota (Jota)	Unit vector (Einheitsvektor)

GREEK ALPHABET
GRIECHISCHES ALPHABET

Letter (Buchstabe)		Name (Begriff)	
Capital (groß)	small (klein)		
K	κ	Kappa (Kappa)	**Susceptibility** (Suszeptibilität), **coupling coefficient** (Kopplungskoeffizient) (Nach DIN: Isentropenexponent, elektrische Leitfähigkeit, Kompressibilität)
Λ	λ	Lambda (Lambda)	**Wavelength** (Wellenlänge), **attenuation constant** (Dämpfungskonstante), **permeance** (Permanenz) (Nach DIN: mittlere freie Weglänge, Leistungsfaktor, Verbleibwahrscheinlichkeit (gr), Wärmeleitfähigkeit, Zerfallskonstante)
M	μ	Mu (My)	**Prefix micro-** (Vorsatz Mikro-), **permeability** (Permeabilität), **amplification factor** (Verstärkungsfaktor) (Nach DIN: Beweglichkeit, chemisches Potential, linearer Schwächungskoeffizient, magnetisches Moment, Reibungszahl)
N	ν	Nu (Ny)	**Reluctivity** (Reluktivität), **frequency** (Frequenz) (Nach DIN: Neutronenausbeute, stöchiometrische Zahl eines Stoffes)
Ξ	ξ	Xi (Xi)	**Coordinates** (Koordinaten) (Nach DIN: Arbeitsgrad, Schallausschlag, Wicklungsfaktor)
O	ο	Omicron (Omikron)	-
Π	π	Pi (Pi)	3,1416 (Kreiszahl) (Nach DIN: osmotischer Druck (gr))
P	ρ	Rho (Rho)	**Resistivity** (spezifischer elektrischer Widerstand), **volume charge density** (Raumladungsdichte), **coordinates** (Koordinaten) (Nach DIN: Reaktivität, (Schall)Reflexionsgrad)
Σ	σ	Sigma (Sigma)	**Surface charge density** (Oberflächenladungsdichte), **complex propagation constant** (komplexe Fortpflanzungskonstante), **electrical conductivity** (elektrische Leitfähigkeit), **leakage coefficient** (Streufaktor), **sign of summation** (Summenzeichen, gr) (Nach DIN: Anklingkoeffizient, Druckspannung, Flächenladungsdichte, Grenzflächenspannung, Ladungsbedeckung, Normalspannung, Oberflächenspannung, Repetenz, Stefan-Boltzmann-Konstante, Wellenzahl, Wirkungsquerschnitt, Wirkungsquerschnittdichte (gr), Wuchskoeffizient, Zugspannung)
T	τ	Tau (Tau)	**Time constant** (Zeitkonstante), **volume resistivity** (spezifischer Durchgangswiderstand), **time-phase displacement** (zeitliche Phasenverschiebung), **transmission factor** (Übertragungsfaktor), **density** (Dichte) (Nach DIN: Halbwertsbreite (gr), mittlere Lebensdauer, Rauminhalt, (Schall)Transmissionsgrad, Schubspannung)
Y	υ	Upsilon (Ypsilon)	-

GREEK ALPHABET
GRIECHISCHES ALPHABET

Letter (Buchstabe)			
Capital (groß)	small (klein)	Name (Begriff)	
Φ	φ	Phi (Phi)	**Magnetic flux** (magnetischer Fluß), **angles** (Winkel), **scalar potential** (skalares Potential) (Nach DIN: elektrisches Potential, Fluenz (gr), Leistungsdichte, osmotischer Koeffizient, Phasenwinkel, Phasenverschiebewinkel, Strahlungsflußdichte, Teilchenflußdichte, Wärmestrom (gr))
X	χ	Chi (Chi)	**Electric susceptibility** (elektrische Suszeptibilität), **angles** (Winkel) (Nach DIN: Kompressibilität)
Ψ	ψ	Psi (Psi)	**Dielectric flux** (dielektrischer Fluß), **phase difference** (Phasendifferenz), **coordinates** (Koordinaten), **angles** (Winkel) (Nach DIN: elektrischer Fluß (gr), Energiefluenz (gr), Energieflußdichte, Stahlungsflußdichte)
Ω	ω	Omega (Omega)	**Angular velocity** (Winkelgeschwindigkeit), **ohm** (Ohm), **solid angle** (Raumwinkel) (Nach DIN: Kreisfrequenz, Winkelfrequenz)

SIGNAL DIODES
SIGNALDIODEN

I_F	forward current Vorwärtsstrom	R_θ	thermal resistance Wärmewiderstand
I_{FSM}	repetitive peak forward current periodischer Spitzendurchlaßstrom	T_j	junction temperature Sperrschichttemperatur
I_{FSM}	surge peak forward current Durchlaßstoßstrom	t_{fr}	forward recovery time Durchlaßverzögerungszeit
I_0	average rectified forward current Mittelwert des Richtstromes	t_p	pulse time Impulsdauer
I_R	reverse current Rückwärtsstrom	t_r	rise time Anstiegszeit
I_{RRM}	repetitive peak reverse current periodischer Spitzensperrstrom	t_{rr}	reverse recovery time Sperrverzögerungszeit
I_{RSM}	surge peak reverse current Sperrstoßstrom	t_w	pulse average time mittlere Impulsdauer
P_F	forward power dissipation Durchlaßleistung	$V_{(BR)}$	breakdown voltage Durchbruchspannung
P_R	reverse power dissipation Sperrleistung	V_F	forward voltage Vorwärtsspannung
Q_S	stored charge gespeicherte Ladung	V_R	reverse voltage Rückwärtsspannung
		V_{RWM}	working peak reverse voltage Betriebsspitzensperrspannung
		V_{RRM}	repetitive peak reverse voltage periodische Spitzensperrspannung
		V_{RSM}	nonrepetitive peak reverse voltage Stoßspitzensperrspannung

VARIABLE CAPACITANCE DIODES
KAPAZITÄTS-(VARIATIONS-)DIODEN

		g_i	conductance of the intrinsic diode Leitwert der inneren Diode
		L_s	series equivalent inductance Ersatz-Serieninduktivität
		Q_{eff}	effective Q value effektive Güte
C_j	junction capacitance Sperrschichtkapazität	Q_s	stored charge Sperrverzögerungsladung
C_p	stray capacitance parasitäre Gehäusekapazität	r_s	series equivalent resistance Ersatz-Serienwiderstand
C_{tot}	terminal capacitance Gesamt-Kleinsignal-Kapazität zwischen den Anschlüssen	n	efficiency Wirkungsgrad
f_{co}	cut-off frequency Grenzfrequenz	τ	carrier lifetime Ladungsträgerlebensdauer

MIXER DIODES
MISCHDIODEN

		P_{CW}	cw power Dauerstrichleistung
		P_{RF}	rf power Hf-Leistung
C_{tot}	terminal capacitance Gesamtkapazität	P_{RFP}	pulse rf power Hf-Impulsleistung
$E_{HFM,M}$ or $W_{HFM,M}$	burn-out energy Grenzenergie	S_V or VSWR	voltage standing wave ratio Stehwellenverhältnis (Welligkeitsfaktor)
L	conversion loss Mischdämpfung	y_t	diode (terminal) admittance Dioden-(Gesamt-)Admittanz
L_s	series inductance Serieninduktivität	z_{if}	if terminal impedance Zf-Anschlußimpedanz

TUNNEL DIODES
TUNNELDIODEN

		I_p	peak point current Höckerstrom
		I_V	valley point current Talstrom
C_j	junction capacitance of the intrinsic diode Kapazität der inneren Diode	L_s	total series equivalent inductance Ersatz-Serieninduktivität
C_p	stray capacitance Querkapazität	r_s	total series equivalent resistance Ersatz-Serienwiderstand
C_{tot}	terminal capacitance Gesamtkapazität	V_p	peak point voltage Höckerspannung
f_r	resistive cut-off frequency Entdämpfungsgrenzfrequenz	V_{pp}	projected peak voltage Spannung beim projizierten Gipfelpunkt
g_i	negative conductance of the intrinsic diode Leitwert der inneren Diode (im fallenden Kennlinienbereich)	V_V	valley point voltage Talspannung

ZENER DIODES
Z-DIODEN

I_Z Zener current
Z-Strom

I_{ZK} knee current
Z-Meßstrom (Kniestrom)

I_{ZM} maximum zener current
maximaler Z-Strom

V_Z Zener voltage
Z-Spannung (Durchbruchspannung)

V_{ZM} Zener voltage at maximum rated current
Z-Spannung bei maximal erlaubtem Arbeitsstrom

z_Z Zener impedance at I_Z
dynamische Z-Impedanz beim Strom I_Z

TRANSISTORS
BIPOLARTRANSISTOREN

$C_{cb,ce,eb}$ interterminal capacitance (collector-to-base, collector-to-emitter, emitter-to-base)
Anschlußkapazität (Kollektor-Basis, Kollektor-Emitter, Emitter-Basis)

C_{ixo} open-circuit input capacitance (x = b (common base) or e (common emitter))
Eingangskapazität bei offenem Eingang (x = b (Basisschaltung) oder e (Emitterschaltung))

C_{ixs} short-circuit input capacitance (x = b or e)
Kurzschluß-Eingangskapazität (x = b oder e)

C_{oxo} open-circuit output capacitance (x = b or e)
Ausgangskapazität bei offenem Eingang (x = b oder e)

C_{oxs} short-circuit output capacitance (x = b or e)
Kurzschluß-Ausgangskapazität (x = b oder e)

C_{rbs} short-circuit reverse transfer capacitance (x = b or e)
Kurzschluß-Rückwirkkapazität (x = b oder e)

C_{tx} depletion-layer capacitance (x = c or e)
(Verarmungs-)Grenzsperrschichtkapazität (x = c oder e)

F   noise figure
Rauschmaß

f_{hfx} small-signal short-circuit forward current transfer ratio cut-off frequency (x = b or e)
untere Grenzfrequenz der Kleinsignal-Kurzschluß-Stromverstärkung (x = b oder e)

f_{max} maximum frequency of oscillation
obere Schwinggrenzfrequenz

f_T transition frequency
Transitfrequenz (Frequenz, bei der die Kleinsignal-Kurzschluß-stromverstärkung auf 1 extrapoliert ist)

f_1 frequency of unity current transfer ratio
Frequenz bei Stromverstärkung 1

G_{PX} large-signal insertion power gain (X = B or E)
Großsignal-Leistungsverstärkung (X = B oder E)

G_{px} small-signal insertion power gain (x = b or e)
Kleinsignal-Leistungsverstärkung (x = b oder e)

G_{TX} large-signal transducer power gain (X = B or E)
Großsignal-Übertragungs-Leistungsverstärkung (X = B oder E)

G_{tx} small-signal transducer power gain (x = b or e)
Kleinsignal-Übertragungs-Leistungsverstärkung (x = b oder e)

h_F static forward current transfer ratio
Gleichstromverstärkung

h_f small-signal short-circuit forward current transfer
Kleinsignal-Kurzschluß-Stromverstärkung

h_i small-signal short-circuit input impedance
Kleinsignal-Kurzschluß-Eingangsimpedanz

h_o small-signal open-circuit output admittance
Leerlauf-Ausgangsleitwert

h_r small-signal open-circuit reverse voltage transfer ratio
Leerlauf-Spannungsrückwirkung

$I_{B,C,E}$ d.c. current (base, collector, or emitter)
Basis-, Kollektor- oder Emitter-Gleichstrom

TRANSISTORS
BIPOLARTRANSISTOREN

$I_{b,c,e}$ — rms value of alternating component of base (collector, emitter) current
Basis-, Kollektor- oder Emitter-Wechselstrom (Effektivwert)

$i_{B,C,E}$ — instantaneous total value of base (collector, emitter) current
momentaner Basis-, Kollektor- oder Emitter-Gesamtstrom (Momentanwert)

I_{BEV} — d.c. base cutoff current
Basisreststrom

I_{CBO} — d.c. collector cutoff current with open base
Kollektor-Basis-Reststrom bei offenem Emitter

I_{CEY} — d.c. collector cutoff current (with third subscript Y)
Kollektor-Emitter-Reststrom (mit drittem Index Y)
O: open base (offene Basis)
R: resistance between base and emitter (Widerstand zwischen Basis und Emitter)
S: base short-circuited to emitter (kurzgeschlossene Basis-Emitter-Strecke)
V: voltage between base and emitter (Spannung zwischen Basis und Emitter)
X: circuit between base and emitter (definierte Schaltung zwischen Basis und Emitter)

I_{EBO} — d.c. emitter cutoff current, collector open
Emitter-Basis-Reststrom bei offenem Kollektor

I_n — noise current, equivalent input
Rauschstrom (bezogen auf den Eingang)

N_F — noise figure
Rauschmaß

P_T — total nonreactive power input to all terminals
Gesamtverlustleistung

$r_b C_c$ — collector-base time constant
Kollektor-Basis-Zeitkonstante

$r_{CE(sat)}$ — saturation resistance, collector-to-emitter
Kollektor-Emitter-Sättigungswiderstand

R_θ — thermal resistance
Wärmewiderstand

s_f — forward transmission coefficient
Eingangs-Übertragungsfaktor, Spannungsübersetzungsverhältnis

s_r — reverse transmission coefficient
Rückwirkungsfaktor, Spannungsrückwirkungsverhältnis

s_i — input reflection coefficient
Eingangsreflexionsfaktor

s_o — output reflection coefficient
Ausgangsreflexionsfaktor

T_j — junction temperature
Sperrschichttemperatur

$t_{d(off)}$ — turn-off delay time
Abschaltverzögerungszeit

$t_{d(on)}$ — turn-off delay time
Einschaltverzögerungszeit

t_f — fall time
Abfallzeit

t_{off} — turn-off time
Ausschaltzeit

t_{on} — turn-on time
Einschaltzeit

t_p — pulse time
Impulsdauer

t_r — rise time
Anstiegszeit

t_s — storage time
Speicherzeit

t_w — pulse average time
mittlere Impulsdauer

$V_{BB,CC,EE}$ — d.c. supply voltage (base, collector, emitter)
Basis-, Kollektor-, Emitter-Versorgungsgleichspannung

$V_{BC,BE,...}$ — d.c. or average voltage (base-to-collector, base-to-emitter..)
Spannung zwischen Basis-Kollektor, Basis-Emitter,...

V_{BR} — breakdown voltage
Durchbruchspannung

$V_{CB(fl)}$ — d.c. open-circuit voltage (floating potential, collector-to-base)
Kollektor-Basis-Leerlaufspannung

$V_{CE(ofs)}$ — collector-to-emitter offset voltage
Kollektor-Emitter-Offset-Spannung

$V_{CE(sat)}$ — saturation voltage, collector-to-emitter
Kollektor-Emitter-Sättigungsspannung

V_n — noise voltage (equivalent input)
Rauschspannung bezogen auf den Eingang

TRANSISTORS
BIPOLARTRANSISTOREN

V_{RT}	reach-trough (punch-through) voltage Durchgreifspannung	y_i	small-signal short-circuit input admittance Kleinsignal-Eingangsscheinleitwert
y_f	small-signal short-circuit forward transfer admittance Kleinsignal-Vorwärtssteilheit	y_o	small-signal short-circuit output admittance Kleinsignal-Ausgangsscheinleitwert
		y_r	small-signal short-circuit reverse admittance Kleinsignal-Rücksteilheit

---

POWER TRANSISTORS
LEISTUNGSTRANSISTOREN

c_{ibo} open-circuit input capacitance
Eingangskapazität bei offenem Eingang (Basisschaltung)

c_{obo} open-circuit output capacitance
Ausgangskapazität bei offenem Eingang

f_{hfe} small-signal short-circuit forward current transfer ratio cut-off frequency
untere Grenzfrequenz der Kleinsignal-Kurzschluß-Stromverstärkung

f_T transistion frequency
Transitfrequenz

G_{PE} large-signal insertion power gain
Großsignal-Leistungsverstärkung

$h_{X,x}$ s. Bipolartransistor

$I_{B,C,E}$ d.c. base (collector, emitter) current
Basis-, Kollektor-, Emitter-Gleichstrom

$I_{b,c,e}$ rms value of alternating component of base (collector, emitter) current
Basis-, Kollektor-, Emitter-Wechselstrom (Effektivwert)

$i_{B,C,E}$ instantaneous total value of base (collector, emitter) current
Basis-, Kollektor-, Emitter-Gesamtstrom (Momentanwert)

I_{CEY} d.c. collector cutoff current (with third subscript Y)
Kollektor-Emitter-Reststrom (mit drittem Index Y)
0: open base (offene Basis)
R: resistance between base and emitter (Widerstand zwischen Basis und Emitter)
S: base short-circuited to emitter (kurzgeschlossene Basis-Emitter-Strecke)

V: voltage between base and emitter (Spannung zwischen Basis und Emitter)
X: circuit between base and emitter (definierte Schaltung zwischen Basis und Emitter)

I_{EBO} d.c. emitter cutoff current (collector open)
Emitter-Basis-Reststrom bei offenem Kollektor

P_{BE} d.c. power input (to the base)
Gleichstrom-Eingangsleistung zur Basis

P_{BE} instantaneous total power input (to the base)
momentane Eingangsleistung zur Basis

P_{OE} large-signal output power
Großsignal-Ausgangsleistung

P_T total nonreactive power input
Gesamtverlustleistung

R thermal resistance
Wärmewiderstand

s_i/s_{11} input reflection coefficient
Eingangs-Reflexionsfaktor

s_r/s_{12} forward transmission reflection coefficient
Rückwirkungsfaktor

s_f/s_{21} reverse transmission reflection coefficient
Eingangs-Übertragungsfaktor

s_o/s_{22} output reflection coefficient
Ausgangs-Reflexionsfaktor

T_A ambient temperature
Umgebungstemperatur

T_C case temperature
Gehäusetemperatur

T_J virtual junction temperature
innere Ersatztemperatur

Anhang

POWER TRANSISTORS
LEISTUNGSTRANSISTOREN

T_{stg}	storage temperature Lagerungstemperatur
t_x	s. Bipolartransistor
$V_{(BR)}$	breakdown voltage Durchbruchspannung
$V_{BB,CC,EE}$	d.c. supply voltage (base, collector, emitter) Basis-, Kollektor-, Emitter-Versorgungsgleichspannung
$V_{BE(sat)}$	d.c. saturation voltage, base-to-emitter Basis-Emitter-Sättigungsgleichspannung
$V_{CE(sat)}$	d.c. saturation voltage, collector-to-emitter Kollektor-Emitter-Sättigungsgleichspannung

$V_{CEO(sus)}$	sustaining voltage, collector-to-emitter with base open Kollektor-Emitter-Spannung bei in Rückwärtsrichtung betriebenem Kollektorübergang und Basisstrom 0
$V_{EB(fl)}$	d.c. open-circuit voltage (floating potential), emitter-to-base Emitter-Basis-Leerlauf-Gleichspannung
V_{EBO}	d.c. emitter-to-base voltage, collector open Emitter-Basis-Gleichspannung bei in Rückwärtsrichtung betriebenem Emitterübergang und Kollektorstrom 0
y_f	short-circuit forward transfer admittance Transadmittanz, Kurzschlußübertragungsfaktor vorwärts
y_i	short-circuit input admittance Kurzschluß-Eingangsadmittanz
y_o	short-circuit output admittance Kurzschluß-Ausgangsadmittanz
y_r	short-circuit reverse transfer admittance Remittanz, Kurzschlußübertragungsadmittanz rückwärts
$Z_\theta(t)$	transient thermal impedance thermische Übergangsimpedanz

FIELD-EFFECT TRANSISTORS
FELDEFFEKT-TRANSISTOREN

b_f	small-signal forward transfer susceptance (Kleinsignal-)Imaginär-Vorwärtssteilheit
b_r	small-signal reverse transfer susceptance (Kleinsignal-)Imaginär-Rückwärtssteilheit
b_i	small-signal input susceptance Eingangs-Blindleitwert
b_o	small-signal output susceptance Ausgangs-Blindleitwert
C_{ds}	drain-source capacitance Drain-Source-Kapazität
C_{du}	drain-substrate capacitance Drain-Substrat-Kapazität
C_{iss}	short-circuit input capacitance (common source) (Kleinsignal-)Eingangskapazität (Source-Schaltung)
C_{oss}	short-circuit output capacitance (common source) (Kleinsignal-) Ausgangskapazität (Source-Schaltung)

C_{rss}	short-circuit reverse transfer capacitance (common-source) (Kleinsignal-)Rückwirkungskapazität (Source-Schaltung)
F	noise figure Rauschmaß
g_f	small-signal forward transfer conductance Kleinsignal-Real-Vorwärtssteilheit
g_r	small-signal reverse transfer conductance Kleinsignal-Real-Rückwärtssteilheit
g_i	small-signal input conductance Kleinsignal-Eingangswirkleitwert
g_o	small-signal output conductance Kleinsignal-Ausgangswirkleitwert
G_p	small-signal insertion power gain Kleinsignal-Übertragungs-Leistungsverstärkung
I_D	d.c. drain current Drainstrom
$I_{D(off)}$	drain cutoff current Drainreststrom
$I_{D(on)}$	on-state drain current Drainstrom in leitendem Zustand

FIELD-EFFECT TRANSISTORS
FELDEFFEKT-TRANSISTOREN

I_{DSS}	zero-gate-voltage drain current Drainstrom bei Gatespannung 0	$r_{DS(on)}$	static drain-source on-state resistance Drain-Source-Widerstand bei leitendem Zustand
I_G	d.c. gate current Gatestrom	R_θ	thermal resistance Wärmewiderstand
I_{GF}	forward gate current Gatedurchlaßstrom	s_x	s. Bipolartransistor
I_{GR}	reverse gate current Gatesperrstrom	T_j	junction temperature Sperrschichttemperatur
I_{GSS}	reverse gate current, drain short-circuited to source Gatesperrstrom bei kurzgeschlossenem Drain	t_x	s. Bipolartransistor
		$V_{(BR)}$	breakdown voltage Durchbruchspannung
I_{GSSF}	forward gate current, drain short-circuited to source Gatedurchlaßstrom bei kurzgeschlossenem Drain	$V_{DD,GG,SS}$	d.c. supply voltage (drain, gate, source) Drain-, Gate-, Source-Versorgungsgleichspannung
I_{GSSR}	reverse gate current drain short-circuited to source Gatesperrstrom bei kurzgeschlossenem Drain	V_{DG}	drain-gate voltage Drain-Gate-Spannung
		V_{DS}	drain-source voltage Drain-Source-Spannung
I_n	noise current (equivalent input) Rauschstrom (auf den Eingang bezogen)	$V_{DS(on)}$	drain-source on-state voltage Drain-Source-Spannung bei leitendem Zustand
I_S	d.c. source current Sourcestrom	V_{DU}	drain-substrate voltage Drain-Substrat-Spannung
$I_{S(off)}$	source cutoff current Sourcesperrstrom	V_{GS}	gate-source voltage Gate-Source-Spannung
I_{SDS}	zero-gate-voltage source current Sourcestrom bei Gatespannung 0	$V_{GS(off)}$	gate-source cutoff voltage Gate-Source-Abschnürspannung
		$V_{GS(th)}$	gate-source threshold voltage Gate-Source-Schwellenspannung
N_F	noise figure Rauschmaß	V_{GU}	gate-substrate voltage Gate-Substrat-Spannung
$r_{ds(on)}$	small-signal drain-source on-state resistance Kleinsignal-Drain-Source-Widerstand bei leitendem Zustand	V_n	noise voltage, equivalent input Rauschspannung (bezogen auf den Eingang)
		V_{SU}	source-substrate voltage Source-Substrat-Spannung
		y_x	s. Bipolartransistor

UNIJUNCTION TRANSISTORS
UNIJUNCTION-TRANSISTOREN

		I_V	valley current Talpunkt-Emitterstrom
		r_{BB}	interbase resistance Interbasis-Widerstand
		V_{B2B1}	interbase voltage Interbasis-Spannung
$I_{B2(mod)}$	modulated interbase current modulierter Basisstrom	$V_{EB1(sat)}$	emitter-to-base 1 voltage Emitter-Basis 1-Restspannung
I_{EB2O}	emitter reverse current Emittersperrstrom	V_p	peak-point voltage Höckerspannung
I_p	peak-point current Höckerstrom	V_V	valley voltage Talpunktspannung

THYRISTORS
THYRISTOREN

$I_{(BO)}$	static breakover current Kippstrom	I_R	static reverse current Rückwärtssperrstrom
$I_{(BR)}$	static reverse breakdown current stationärer Rückwärtsdurchbruchstrom	I_{RRM}	repetitive peak reverse current periodischer Rückwärtsspitzensperrstrom
I_D	static off-state current Vorwärtssperrstrom	$(di/dt)_{crit}$	critical rate of rise of on-state current kritische Stromsteilheit
I_{DM}	peak off-state current höchstzulässiger Vorwärtssperrstrom	Q_s	lag charge Nachaufladung
I_{DRM}	repetitive peak off-state current periodischer Vorwärtsspitzenstrom	t_g	circuit commutated turn-off time Freiwerdezeit
I_G	static gate current Steuerstrom	t_{gd}	gate-controlled delay time Zündverzögerungszeit
I_{GM}	peak gate current höchstzulässiger Vorwärtsspitzensteuerstrom	t_s	storage time Spannungsnachlaufzeit
I_{GD}	static gate nontrigger current nichtzündender Steuerstrom	V_{GD}	static gate nontrigger voltage nichtzündende Steuerspannung
I_{GQ}	static gate turn-off current Mindestabschaltstrom	V_{GQ}	static gate turn-off voltage Mindestabschaltspannung
I_{GT}	static gate trigger current Zündstrom	V_{GT}	static gate trigger voltage Zündspannung
I_H	static holding current Haltestrom	V_R	static reverse voltage Rückwärtsgleichsperrspannung
I_L	static latching current Einraststrom	V_{RRM}	repetitive peak reverse voltage periodische Rückwärtsspitzensperrspannung
		V_{RSM}	nonrepetitive peak reverse voltage Rückwärtsstoßspitzensperrspannung
		V_{RWM}	working peak reverse voltage Rückwärtsscheitelsperrspannung
		V_T	static on-state voltage Durchlaßspannung

TTL-CIRCUITS
TTL-SCHALTUNGEN

f_{max}	maximum clock frequency maximale Taktfrequenz	I_{OS}	short-circuit output current Kurzschlußausgangsstrom
I_{CC}	supply current Versorgungsgleichstrom	I_{CCH}	supply current, output high Stromaufnahme, H-Pegel am Ausgang
I_{IH}	high-level input current H-Eingangsstrom	I_{CCL}	supply current, output low Stromaufnahme, L-Pegel am Ausgang
I_L	low-level input current L-Eingangsstrom	t_h	hold time Haltezeit
I_{OH}	high-level output current H-Ausgangsstrom	t_{HZ}	output disable time from high level (3-state output) Laufzeit beim Übergang von H-Pegel nach hoher Impedanz
$I_{O(off)}$	off-set output current Offset-Ausgangsstrom	t_{LZ}	output disable time from low level (3-state output) Laufzeit beim Übergang von L-Pegel nach hoher Impedanz

TTL-CIRCUITS
TTL-SCHALTUNGEN

t_{PHL}	propagation delay time, high-to-low level output Durchlaufverzögerungszeit von H- nach L-Pegel	t_{TLH}	transition time, low-to-high level output Übergangszeit von L- nach H-Pegel
		t_{THL}	transition time, high-to-low level output Übergangszeit von H- nach L-Pegel
		t_w	average pulse width mittlere Impulsdauer
t_{PLH}	propagation delay time, low-to-high level output Durchlaufverzögerungszeit von L- nach H-Pegel	V_{IH}	high-level input voltage Eingangsspannung, H-Pegel
		V_{IL}	low-level input voltage Eingangsspannung, L-Pegel
t_{PZH}	output enable time to high level (3-state output) Durchlaufverzögerungszeit beim Übergang von hoher Impedanz nach H-Pegel	V_{T^+}	positive-going threshold voltage Schaltspannung, dU/dt positiv
		V_{T-}	negative-going threshold voltage Schaltspannung, dU/dt negativ
		V_{OH}	high-level output voltage Ausgangsspannung, H-Pegel
t_{PZL}	output enable time to low level Durchlaufverzögerungszeit beim von Übergang von hoher Impedanz nach L-Pegel	V_{OL}	low-level output voltage Ausgangsspannung, L-Pegel
		$V_{0(on)}$	on-state output voltage Ausgangsspannung im eingeschalteten Zustand
$t_{release}$	release time Auslösezeit		
t_{su}	setup time Vorbereitungszeit	$V_{0(off)}$	off-state output voltage Ausgangsspannung im ausgeschalteten Zustand

OPERATIONAL AMPLIFIERS
OPERATIONSVERSTÄRKER

		I_n	equivalent input noise current äquivalenter Eingangsrauschstrom
		I_{OS}	short-circuit output current Kurzschlußausgangsstrom
A_V	large-signal voltage amplification Großsignal-Spannungsverstärkung	k_{SVR}	supply voltage rejection ratio Unterdrückung der Wirkung von Versorgungsspannungsänderungen
A_{VD}	differential voltage amplification Differenz-Spannungsverstärkung	k_{SVS}	supply voltage sensitivity Empfindlichkeit gegen Versorgungsspannungsänderungen
B1	unity-gain bandwidth Bandbreite bei Verstärkung 1	P_D	total power dissipation Gesamtverlustleistung
C_i	input capacitance Eingangskapazität	r_i	input resistance Eingangswiderstand
CMRR	common-mode rejection ratio Gleichtakt-Unterdrückungsverhältnis	r_{id}	differential input resistance differentieller Eingangswiderstand
F	noise figure Rauschmaß	r_0	output resistance Ausgangswiderstand
		SR	slew rate Flankensteilheit
I_{CC}	supply current Versorgungsstrom		
I_{IB}	input bias current Eingangsruhestrom	t_r	rise time Flankenanstiegszeit
I_{IO}	input offset current Eingangsoffsetstrom	t_{tot}	total response time (settling time) Gesamtreaktionszeit

OPERATIONAL AMPLIFIERS
OPERATIONSVERSTÄRKER

v_{IC} **common-mode input voltage**
Gleichtakt-Eingangsspannung

v_{ID} **differential input voltage**
Differenzeingangsgleichspannung

v_{IO} **input offset voltage**
Eingangsoffsetspannung

v_n equivalent input noise voltage
äquivalente Eingangsrauschspannung

v_{OPP} maximum peak-to-peak output voltage
höchstzulässige Schwankungsbreite für die Ausgangsspannung

z_{iC} common-mode input impedance
Gleichtakt-Eingangsimpedanz

z_O output impedance
Ausgangsimpedanz

Hinweis auf weitere Bücher des Verlages:

Prof.Dr.F.Krause

MATHEMATIK: VORKURS
für Naturwissenschaftler und Ingenieure

XI, 402 Seiten. 354 Abbildungen. 1983. Kartoniert. DM 24,00
ISBN 3-922410-06-5

Priv.-Doz.Dr.H.Kagermann
Priv.-Doz.Dr.W.Köhler

AUFGABENSAMMLUNG THEORETISCHE PHYSIK
TEIL 1: MECHANIK

216 Seiten. 77 Abbildungen. **96 Aufgaben mit vollständigen
Lösungen.** 1983. Kartoniert. DM 18,00
ISBN 3-922410-00-6

TEIL 2: ELEKTRODYNAMIK

260 Seiten. 70 Abbildungen. **81 Aufgaben mit vollständigen
Lösungen.** 1984. Kartoniert. DM 25,00
ISBN 3-922410-07-3

Prof.Dr.-Ing.K.Hoffmann

PLANUNG UND AUFBAU ELEKTRONISCHER SYSTEME

214 Seiten. 88 Abbildungen. 1985. Kartoniert. DM 25,00
ISBN 3-922410-09-X

Verlag Zimmermann-Neufang · Antoniusstraße 9
5441 Ulmen · Telefon: 02676 / 1464

Hinweis auf weitere Bücher des Verlages in Vorbereitung:

Prof.Dr.W.Nolting

QUANTENTHEORIE DES MAGENTISMUS

Teil 1: Grundlagen
Teil 2: Modelle

Prof.Dr.G.Heber

MATHEMATISCHE HILFSMITTEL DER PHYSIK

Teil 1 und 2

Prof.Dr.-Ing.K.Hoffmann
Dr.-Ing.G.Rücklé

AUFGABENSAMMLUNG ELEKTRONISCHE SCHALTUNGSTECHNIK

Prof.Dr.H.J.W.Müller-Kirsten

MATHEMATISCHE METHODEN DER PHYSIK

Verlag Zimmermann-Neufang · Antoniusstraße 9
5441 Ulmen · Telefon: 02676 / 1464